사례중심
경찰관직무집행법

김재광
이경락
김진용

박영사

머 리 말

2024년 「경찰행정법」 제7판, 2025년 「경찰행정법입문」 제9판에 이어 2025년 8월 「사례중심 경찰관직무집행법」을 출간한다. 「사례중심 경찰관직무집행법」은 2007년에 발간한 「경찰법각론」과 2012년에 출간한 「경찰관직무집행법」(도서출판 학림)을 잇는 경찰관직무집행법 관련 전문서이다. 참고로 2012년에 출간한 「경찰관직무집행법」은 한국, 일본, 미국, 독일 등 4개 국가의 경찰관직무집행법을 비교법적으로 연구한 전문서이다.

이번에 출간한 「사례중심 경찰관직무집행법」은 제자들과 함께 펴낸 것으로 경찰관직무집행법에 관한 지속적인 연구의 토대를 쌓았다는 점에서 의미가 크다고 생각한다. 아울러 경찰관직무집행법에 대한 사례연구에 관한 전문서가 부족한 법 현실에서 「사례중심 경찰관직무집행법」의 발간은 경찰관을 꿈꾸는 학생들의 교과서로서뿐만 아니라 치안현장을 뛰는 일선 경찰관들에게도 실무지침이 될 것으로 기대한다.

「사례중심 경찰관직무집행법」은 총 3개의 장으로 구성되었다. 제1장은 「경찰관직무집행법」 총칙, 제2장은 표준적 경찰직무조치, 제3장은 경찰행정상 손해전보 등이다.

제1장 「경찰관직무집행법」 총칙에서는 제1절 경찰관직무집행법의 의의, 제2절 「경찰관직무집행법」의 제·개정 주요내용, 제3절 「경찰관직무집행법」의 목적, 제4절 경찰관 직권의 법원칙, 제5절 경찰관의 직무, 제6절 경찰권의 근거, 제7절 경찰권의 행사(발동), 제8절 경찰권 행사의 한계 등을 다루었다.

제2장 표준적 경찰직무조치에서는 제1절 권력적 행정조사에 해당하는 경찰직무조치(Ⅰ. 소지품(흉기소지 여부)조사, Ⅱ. 정보의 수집), 제2절 경찰상 즉시강제에 해당하는 경찰직무조치(Ⅰ. 경찰상 즉시강제에 해당하는 경찰조치의 종류, Ⅱ. 강제보보호조치, Ⅲ. 위험발생의 방지조치, Ⅳ. 범죄의 제지, Ⅴ. 위험방지를 위한 출입, Ⅵ. 경찰장비의 사용, Ⅶ. 경찰장구의 사용, Ⅷ. 분사기 또는 최루탄의 사용, Ⅸ. 무기의 사용, Ⅹ. 경찰착용기록장치의 사

용), 제3절 하명의 성질을 가진 경찰직무조치(Ⅰ. 위험한 사태에 있어서 관리자 등에 대한 조치명령, Ⅱ. 국가중요시설에 대한 접근제한명령, 공개장소에의 출입요구), 제4절 국민에게 사실상의 불이익을 줄 수 있는 비권력적 경찰직무조치(Ⅰ. 경찰의 임의활동과 경찰관직무집행법, Ⅱ. 불심검문, Ⅲ. 임의동행, Ⅳ. 미아, 병자, 부상자 등의 임의보호조치, Ⅴ. 위험발생에 있어서 경고, Ⅵ. 범죄의 예방을 위한 경고, Ⅶ. 사실조회 및 직접확인), 제5절 그 밖의 「경찰관직무집행법」 규정(Ⅰ. 국제협력, Ⅱ. 범인검거 등 공로자 보상, Ⅲ. 소송 지원, Ⅳ. 직무 수행으로 인한 형의 감면, Ⅴ. 벌칙) 등을 다루었다.

제3장 경찰행정상 손해전보에서는 제1절 개설, 제2절 행정상 손해배상(국가배상), 제3절 행정상 손실보상(적법한 경찰의 조치에 대한 손실보상) 등을 다루었다.

본서는 2025년 8월까지의 경찰관직무집행법 관련 이론 및 판례의 발전과 법령의 제정·개정을 전반적으로 반영하였다.

앞으로도 성실한 연구를 통해 독자들의 성원에 보답하고자 한다. 독자 제현의 뜨거운 격려와 질정(叱正)을 기대한다.

공저자가 오랜 기간 경찰청 성과평가위원회 위원(2006~2017), 경찰청 새경찰추진자문위원회 위원, 충남경찰청 경찰개혁자문위원회 위원장, 국립경찰대학 발전자문협의회 위원, 경찰수사연수원 발전자문위원회 위원 등으로 활동하는 동안 경찰실무와 경찰행정법이론에 대해 깊은 이해를 할 수 있도록 배려해주신 경찰청장님, 경찰대학장님을 비롯한 경찰관계자 여러분에게 이 자리를 빌려 감사한 마음을 전하는 바이다. 대한민국 경찰이 한층 더 국민들에게 신뢰받고 존중받는 '국민의 든든한 경찰'이 되어 국민의 안전과 민생을 책임져 주기를 기대한다. 본서가 그러한 경찰의 동반자가 되고자 한다.

본서의 발간에는 선문대학교 법과대학원 박사과정 제자들인 이경락 교수와 김진용 박사가 공저자로 함께 참여하였다. 특히 이경락 교수는 현직 경찰관으로서 사례 발굴에 많은 노력을 해주었다. 평소 '아름다운 학문적 사제동행'을 꿈꿔온 입장에서 깊은 의미가 있고 다행스럽게 생각한다. 그리고 선문대학교 법과대학원 제자들인 양지수 박사, 김선태 박사, 박사과정의 전희영 선생, 이호재 석사, 아스데 세마 모야 변호사, 남 현 선생의 학운(學運)과 건승(健勝)을 간절히 기원하는 바이다.

마지막으로 어려운 출판환경에도 불구하고 본서의 출간을 허락해주신 박영사 안종만 회장님과 안상준 대표님께 감사드린다. 그리고 편집뿐만 아니라 교정까지

보며 좋은 교과서를 만들기 위해 각별히 애써주신 김선민 이사님과 발간작업을 적극적으로 지원해주신 마케팅팀 정연환 과장님을 비롯한 박영사 관계자 여러분께 깊이 감사드린다.

2025년 8월
공 저 자

차　　례

제1장 「경찰관 직무집행법」 총칙

제1절 「경찰관 직무집행법」의 의의 ······ 3

제2절 「경찰관 직무집행법」의 제 · 개정 주요내용 ······ 4

1. 1953년 12월 14일 제정/4
2. 1981년 4월 13일 개정/4
3. 1998년 12월 31일 개정/5
4. 1989년 6월 16일 개정/6
5. 1991년 3월 8일 개정/6
6. 1996년 8월 8일 개정/6
7. 1999년 5월 24일 개정/7
8. 2004년 12월 23일 개정/7
9. 2006년 6월 21일 개정/8
10. 2011년 8월 4일 개정/9
11. 2013년 4월 5일 개정/9
12. 2014년 5월 20일 개정/9
13. 2014년 11월 19일 개정/10
14. 2014년 5월 20일 개정/11
15. 2014년 5월 20일 개정/12
16. 2015년 1월 6일 개정/13
17. 2016년 1월 27일 개정/13
18. 2017년 7월 26일 개정/13
19. 2018년 4월 17일 개정/14
20. 2018년 12월 24일 개정/14
21. 2020년 12월 22일 개정/15
22. 2020년 12월 22일 개정/15
23. 2020년 12월 22일 개정/16
24. 2021년 10월 19일 개정/16
25. 2022년 2월 3일 개정/17
26. 2024년 1월 30일 개정/17
27. 2024년 1월 30일 개정/18
28. 2024년 3월 19일 개정/18

제3절「경찰관 직무집행법」의 목적 ······ 19

제4절 경찰관 직권의 법원칙 ······ 19

1. 비례의 원칙/19
2. 권한남용금지의 원칙/23

제5절 경찰관의 직무 ······ 24

제6절 경찰권의 근거 ······ 25

Ⅰ. 경찰법상 일반수권조항 ······ 25

1. 일반수권조항의 인정문제/25
2. 일반수권조항에 따른 경찰권 발동의/요건 31

Ⅱ. 개별적 수권조항 ······ 35

제7절 경찰권의 행사(발동) ······ 35

제8절 경찰권 행사의 한계 ······ 36

Ⅰ. 비례의 원칙 ······ 36

Ⅱ. 소극목적의 원칙: 권한남용금지의 원칙 ······ 36

Ⅲ. 공공의 원칙: 권한남용금지의 원칙 및 비례의 원칙 ······ 37

1. 의 의/37 2. 인정 근거/37
3. 내 용/38

Ⅳ. 국민의 생명, 신체 및 재산의 보호의무 ······ 39

Ⅴ. 경찰책임의 원칙 ······ 40

1. 경찰책임의 의의/40 2. 경찰책임의 주체/40
3. 행위책임/42 4. 상태책임/44
5. 다수자책임(복합적 책임)/45 6. 긴급시 제3자의 경찰책임/46
7. 경찰책임의 승계/47 8. 경찰권의 발동과 손실보상/48

제2장 표준적 경찰직무조치

제1절 권력적 행정조사에 해당하는 경찰직무조치 ······ 53

Ⅰ. 소지품(흉기소지 여부)조사 ······ 53

1. 소지품(흉기소지 여부)조사의 의의/53
2. 소지품(흉기소지 여부)조사의 성질/54
3. 소지품(흉기소지 여부)조사의 한계/56
4. 소지품(흉기소지 여부)조사와 신체의 수색/56
5. 흉기가 발견된 경우의 조치/57 6. 관련 사례학습/57

Ⅱ. 정보의 수집 ······ 59

1. 의 의/59 2. 정보수집의 법적 성질/60
3. 정보수집의 내용/61 4. 정보수집의 한계/62

제2절 경찰상 즉시강제에 해당하는 경찰직무조치 ······ 63

Ⅰ. 경찰상 즉시강제에 해당하는 경찰조치의 종류 ······ 63

Ⅱ. 강제보호조치 ······ 63

1. 강제보호조치의 의의/64 2. 강제보호조치의 요건과 대상/65
3. 강제보호조치와 적법절차/71 4. 임시영치의 기간/72
5. 보 호 실/72 6. 관련 사례학습/73

Ⅲ. 위험발생의 방지조치 ········ 80
1. 의　　의/81　2. 위험발생의 방지조치의 종류/81
3. 관련 사례학습/84
Ⅳ. 범죄의 제지 ········ 91
1. 의　　의/91　2. 범죄의 제지의 요건/91
3. 범죄의 제지의 대상/93　4. 관련 사례학습/94
Ⅴ. 위험방지를 위한 출입 등 ········ 96
1. 의　　의/97　2. 긴급출입/98
3. 예방출입: 다수인이 출입하는 장소에 대한 출입요구/98
4. 대간첩작전을 위한 검색/99
5. 출입·검색시의 증표제시 및 관계인의 정당한 업무의 방해금지/99
6. 관련 사례학습/99
Ⅵ. 경찰장비의 사용 ········ 104
1. 경찰장비의 의의/104　2. 경찰장비의 사용요건/105
3. 위해성 경찰장비의 사용요건 및 통제/105
Ⅶ. 경찰장구의 사용 ········ 107
1. 경찰장구의 의의/107　2. 사용요건 및 한계/107
3. 관련 사례학습/108
Ⅷ. 분사기 또는 최루탄의 사용 ········ 117
1. 의　　의/117　2. 분사기 및 최루탄사용의 요건/119
3. 한　　계/119　4. 관련 사례학습/120
Ⅸ. 무기의 사용 ········ 126
1. 무기의 개념/126　2. 무기사용의 요건/127
3. 치명적 사격(사살)의 허용성/132　4. 특수무기, 폭발물의 사용/132
5. 무기사용의 한계/132　6. 관련 사례학습/134
Ⅹ. 경찰착용기록장치의 사용 ········ 145
1. 경찰착용기록장치의 개념/146　2. 경찰착용기록장치의 사용요건/147
3. 경찰착용기록장치의 사용 고지 등/147
4. 영상음성기록정보 관리체계의 구축·운영/148
5. 관련 사례학습/148

제3절　하명의 성질을 가진 경찰직무조치 ········ 151

Ⅰ. 위험한 사태에 있어서 관리자 등에 대한 조치명령 ········ 151
1. 위해방지상 필요하다고 인정되는 조치명령/151
2. 경찰하명을 이행하지 않은 경우의 처벌/152

Ⅱ. 국가중요시설에 대한 접근제한명령 ········ 152
Ⅲ. 공개장소에의 출입요구 ········ 153

제4절 국민에게 사실상의 불이익을 줄 수 있는 비권력적 경찰직무조치 ········ 154

Ⅰ. 경찰의 임의활동과 「경찰관 직무집행법」 ········ 154
1. 행정기관의 활동과 개별법률의 근거/154
2. 경찰의 임의활동을 법률에서 규정하는 의미/154
3. 국민에게 사실상의 불이익을 줄 수 있는 비권력적 경찰조치의 종류/155

Ⅱ. 불심검문 ········ 155
1. 불심검문의 의의/156 2. 불심검문의 법적 성질과 대상/157
3. 불심검문의 판단요소와 판단기준/159
4. 불심검문의 방법/160 5. 불심검문과 적법절차/162
6. 불심검문으로서의 자동차검문/163 7. 관련 사례학습/166

Ⅲ. 임의동행 ········ 181
1. 임의동행의 의의와 법적 성질/182
2. 임의동행에 있어서 임의성의 판단기준/183
3. 동행사유/183 4. 임의동행과 실력행사/184
5. 임의동행과 체포/186 6. 임의동행과 적법절차/186

Ⅳ. 미아, 병자, 부상자 등의 임의보호조치 ········ 187
1. 미아, 병자, 부상자 등의 임의보호조치의 의의와 법적 성질/188
2. 보호조치의 방법/189
3. 긴급구조요청의 거부금지/189

Ⅴ. 위험발생에 있어서 경고 ········ 189
Ⅵ. 범죄의 예방을 위한 경고 ········ 191
Ⅶ. 사실조회 및 직접확인 ········ 192
1. 의 의/192 2. 사실조회 및 직접확인/193
3. 출석요구/193

제5절 그 밖의 「경찰관 직무집행법」 규정 ········ 194

Ⅰ. 국제협력 ········ 194
Ⅱ. 범인검거 등 공로자 보상 ········ 194
Ⅲ. 소송 지원 ········ 196
Ⅳ. 직무 수행으로 인한 형의 감면 ········ 197
Ⅴ. 벌 칙 ········ 198

제3장 경찰행정상 손해전보

제1절 개　설 ··· 203

제2절 행정상 손해배상 ··· 203

제1항 개　설 ··· 203

Ⅰ. 개　념 ··· 203

Ⅱ. 행정상 손해배상의 분류 ··· 203

Ⅲ. 국가배상책임의 인정근거 ··· 204

1. 국가배상책임의 역사적 발전/204　2. 이론적 근거/204
3. 실정법상 근거/205
4. 좁은 의미(협의)의 공공단체의 배상책임의 법적 근거/205
5. 공무수탁사인의 배상책임의 근거/206

Ⅳ. 국가배상책임(또는 국가배상법)의 성격 ··· 207

제2항 국가의 과실책임(국가배상법 제2조 책임): 공무원의 위법행위로 인한 국가배상책임 ··· 207

Ⅰ. 개　념 ··· 207

Ⅱ. 국가배상책임의 성질 ··· 207

1. 대위책임설/208　2. 자기책임설/208
3. 중 간 설/209　4. 판례의 입장/209
5. 국가배상책임의 성질에 관한 논의의 실익/209

Ⅲ. 국가배상책임의 성립요건 ··· 210

1. 공 무 원/210　2. 직무행위/211
3. 직무를 집행하면서(직무관련성)/212
4. 법령 위반(위법)/213　5. 고의 또는 과실/223
6. 위법과 과실의 관계/225　7. 손　해/226
8. 인과관계/226

Ⅳ. 공무원의 배상책임 ··· 227

1. 공무원의 피해자에 대한 배상책임(선택적 청구권)/227
2. 공무원의 국가에 대한 구상책임/229
3. 공무원의 국가에 대한 구상권/229

제3항 영조물의 설치·관리의 하자로 인한 배상책임 ··· 230

Ⅰ. 영조물책임의 성립요건 ··· 230

1. 공공의 영조물의 개념/230 2. 설치나 관리의 '하자'/231
Ⅱ. 국가에 대한 구상책임 ………… 240
제4항 국가배상책임의 감면사유 ………… 240
Ⅰ. 불가항력 ………… 240
Ⅱ. 예산부족 ………… 241
Ⅲ. 피해자의 과실 ………… 241
Ⅳ. 불법행위 또는 영조물의 하자와 감면사유의 경합 ………… 242
Ⅴ. 영조물책임의 감면사유와 공무원의 과실의 경합 ………… 242
제5항 배상책임자 ………… 242
Ⅰ. 피해자에 대한 배상책임자 ………… 242
1. 국가배상법 제6조 제1항의 입법취지/242
2. 관리주체와 비용부담주체의 의의와 범위/244
Ⅱ. 종국적 배상책임자 ………… 245
1. 원인책임자에 대한 구상권/245
2. 관리주체와 비용부담주체 사이의 최종적 책임의 분담/246
제6항 국가배상법상 특례규정 ………… 248
Ⅰ. 배상심의회에 대한 배상신청 ………… 248
Ⅱ. 손해배상의 기준에 관한 특례 ………… 249
Ⅲ. 군인 등에 대한 국가배상청구권의 제한(특별법에 의한 보상) ………… 249
1. 국가배상법 제2조 제1항 단서의 취지/249
2. 이중배상금지규정(국가배상청구권 제한규정)의 위헌 여부/250
3. 특별보상규정의 위헌 여부/250 4. 적용요건/250
5. 적용범위/252 6. 관련 문제/252
Ⅳ. 양도 등 금지 ………… 253
Ⅴ. 국가배상청구권의 소멸시효 ………… 253
Ⅵ. 차량사고와 국가배상 ………… 253
Ⅶ. 미합중국군대의 구성원 등의 행위로 인한 국가배상 ………… 254
Ⅷ. 외국인의 국가배상청구 ………… 255
제3절 행정상 손실보상 ………… 255
제1항 행정상 손실보상의 의의 ………… 255

제2항 행정상 손실보상의 근거 ···· 255
Ⅰ. 이론적 근거 ···· 255
Ⅱ. 존속보장과 가치보장 ···· 256
1. 존속보장/256 2. 가치보장/256
3. 존속보장과 가치보장의 관계/256
Ⅲ. 실정법상 근거 ···· 256
1. 헌법적 근거/256 2. 법률상 근거/257
3. 분리이론과 경계이론/257 4. 손실보상규정 흠결시의 권리구제/260
제3항 행정상 손실보상의 요건 ···· 263
Ⅰ. 적법한 공용침해 ···· 263
1. 공공필요/263 2. 법률의 근거/264
3. 공용침해(공용수용 · 공용사용 · 공용제한)/264
Ⅱ. 공용침해로 손실이 발생하였을 것 ···· 264
Ⅲ. 특별한 희생(손해) ···· 264
1. 형식적 기준설/265 2. 실질적 기준설/265
3. 결론: 복수기준설/266
제4항 행정상 손실보상의 기준과 내용 ···· 267
Ⅰ. 행정상 손실보상의 일반적 기준: 정당한 보상의 원칙 ···· 267
1. 완전보상설/267 2. 상당보상설/268
3. 결　　어/268
Ⅱ. 행정상 손실보상의 구체적 기준과 내용 ···· 268
제5항 행정상 손실보상의 방법 ···· 269
Ⅰ. 현금보상의 원칙 ···· 269
Ⅱ. 채권보상 ···· 269
Ⅲ. 대토보상 ···· 269
Ⅳ. 사전보상의 원칙 ···· 270
제6항 보상액의 결정방법 및 불복절차 ···· 270
Ⅰ. 협의에 의한 결정 ···· 270
Ⅱ. 행정청에 의한 결정 ···· 271
1. 토지보상법상 토지수용위원회의 재결에 따른 결정/271
2. 개별법령상 행정청 등의 처분에 따른 결정/274

Ⅲ. 소송에 의한 결정 ········· 275
Ⅳ. 법률의 근거 없는 수용 또는 보상 없는 공익사업 시행의 경우 권리구제 ········· 275
1. 손해배상청구/275 2. 부당이득반환청구/276
제7항 적법한 경찰의 조치에 대한 손실보상청구권 ········· 276
Ⅰ. 경찰손실보상청구권의 의의 ········· 277
Ⅱ. 경찰책임자 및 경찰비책임자의 손실보상청구권 ········· 278
1. 경찰책임자에 대한 손실보상청구권/278
2. 경찰비책임자의 손실보상청구권/279
3. 경찰보조자의 손실보상청구권/279
Ⅲ. 손실보상의 원칙과 보상액 ········· 279
1. 손실보상의 원칙/279 2. 손실보상액/280
3. 인과관계/281
Ⅳ. 손실보상의 지급 절차 및 방법 ········· 282
1. 보상금 지급 청구서 제출/284
2. 손실보상심의위원회가 설치된 기관으로의 보상금 지급 청구서 이송/284
3. 행정정보의 공동이용을 통한 행정정보 확인/285
4. 보상 여부 및 보상금액 결정/285 5. 자료 보완 요구/285
6. 청구 각하 결정/285 7. 결정 내용의 통지/286
8. 지급방법: 원칙상 지정 예금계좌 입금방법/286
9. 지급원칙: 원칙상 일시불 지급, 예외적 분할 지급/286
10. 보상금의 추가 지급 청구/286
Ⅴ. 보상액의 결정 및 불복절차 ········· 287
1. 손실보상심의위원회의 설치/287 2. 불복절차/289
3. 보상금의 환수절차/289

주요 참고문헌 ········· 291
부 록 ········· 291
경찰관 직무집행법/293
경찰관 직무집행법 시행령/303
판례색인 ········· 313
사항색인 ········· 317

제 1 장
경찰관 직무집행법 총칙

제1장 「경찰관 직무집행법」 총칙

제1절 「경찰관 직무집행법」의 의의

19세기 독일을 대표하는 공법학자(公法學者)인 게오르크 옐리네크(Georg Jellinek)는 "그것 없이는 국가를 생각할 수조차 없는 권한이 존재하는바, 경찰이 바로 그것이다"라고 하였다.

사회생활을 영위하는 인류가 최초로 출현하였을 때부터 경찰제도는 이미 존재하였다고 보는 것이 일반적인 견해이다. 그것은 시대를 초월하여 한 집단, 한 국가에 있어서 법과 질서의 유지는 집단이나 국가행정구조의 초석을 이루기 때문이다. 따라서 국가는 불가결한 제도의 하나로서 반드시 상설의 경찰조직을 두고 있다.

공공의 안녕과 질서를 유지하기 위해서 일반통치권에 기초하여 국민에게 명령·강제하고 자연적 자유를 제한하는 행정작용을 경찰(警察)이라 한다. 이와 같은 작용으로 발동되는 권력을 경찰권(警察權)이라 한다.

공공의 안녕과 질서 유지라는 이념을 구체화하는 것으로서의 경찰개념과 이를 보장하기 위한 유효한 기관을 의미하는 제도로서의 경찰은 한 국가의 정부 및 통치구조의 정신(sprit)과 질(quality)을 시험하는 시금석(試金石)으로 되어 있다.

오늘날 경찰행정의 양상은 인공지능·글로벌화로 인하여 경찰의 역할과 기능에 대한 국가사회적 요구가 계속 확대되고 있으므로 경찰활동의 근거가 되는「경찰관 직무집행법」의 중요성은 더욱 강조되고 있다. 또한 경찰활동은 활동범위가 다양할 뿐만 아니라 그 권한의 발동으로 인해 국민의 자유와 권리가 크게 제한될 가능성이 크므로 경찰권 발동의 한계를 엄격하게 할 필요가 있다.

「경찰관 직무집행법」은 1953년 12월 14일 법률 제299호, 전문 9개조로 제정되었다. 그동안 27차례의 개정이 이루어졌다.

제2절 「경찰관 직무집행법」의 제·개정 주요내용

1. 1953년 12월 14일 제정[1)]

[신규제정]

경찰관이 국민에 대한 생명·신체·재산의 보호, 범죄의 예방, 공안의 유지, 기타 법령집행등의 직무를 충실히 수행하도록 하기 위하여 필요한 사항을 정하려는 것임.

① 경찰관은 수상한 거동 기타 주위의 사정을 합리적으로 판단하여 죄를 범하였거나 범하려고 하고 있다고 의심할 만한 상당한 이유가 있는 자 또는 이미 행하여진 범죄 또는 행하여지려고 하는 범죄에 관하여 그 사실을 안다고 인정되는 자를 정지시켜 질문할 수 있도록 함.

② 경찰관은 인명 또는 신체에 위해를 미치거나 재산에 중대한 손해를 끼칠 우려가 있는 천재·사변·공작물의 손괴등의 사태가 발생할 때에는 경고·피난 등의 필요한 조치를 할 수 있도록 함.

③ 경찰관은 범죄행위가 목전에 행하여지려고 하는 것을 인정한 때에는 그 예방을 위하여 관계자에 필요한 경고를 발하거나 그 행위를 제지할 수 있도록 함.

④ 경찰관은 범인의 체포, 도주의 방지, 자기 또는 타인의 생명, 신체에 대한 방호, 공무집행에 대한 항거를 억제하기 위하여 필요하다고 인정되는 상당한 이유가 있을 때에는 그 사태를 합리적으로 판단하여 필요한 한도 내에서 무기를 사용할 수 있도록 함.

2. 1981년 4월 13일 개정[2)]

[전문개정]

현행 경찰관직무집행법은 전후 일본의 경찰관직무집행법을 직역한 것으로서 현재 우리나라의 실정에 맞지 아니할 뿐 아니라, 치안수요의 급증에 따라 법적 근거없이 사실상 수행하고 있는 제경찰작용이 다양한바, 현 실정에 맞도록 명문화하여 경찰관의 직무집행에 합리성과 합법성을 보장하려는 것임.

① 경찰관의 직무의 범위를 현 실정에 맞도록 구체적으로 정함.

---

1) [시행 1953. 12. 14.] [법률 제299호, 1953. 12. 14., 제정]
2) [시행 1981. 4. 13.] [법률 제3427호, 1981. 4. 13., 전부개정]

② 경찰관이 정신착란자등 긴급구호를 요하는 자에 대하여 보건의료기관이나 공공구호기관에 구호를 요청한 때에는 정당한 이유없이 이를 거절하지 못하도록 함.
③ 대간첩작전 또는 소요사태의 진압을 위하여 필요한 때에는 일정한 지역에 대한 접근이나 통행을 제한하거나 금지할 수 있도록 함.
④ 경찰관은 범죄발생의 위험이 현저한 가택에 대한 방범계도를 위하여 필요한 때에는 관계인의 동의를 얻어 가택을 방문·계도할 수 있도록 함.
⑤ 경찰관서의 장은 직무수행에 필요한 경우 국가기관이나 공사단체등에 대하여 직무수행에 관련된 사실을 조회할 수 있으며, 긴급을 요할 때에는 소속경찰관으로 하여금 현장에 출장하여 그 사실을 확인할 수 있도록 함.
⑥ 구속수사중인 자, 구류형의 선고를 받은 자, 다른 수사기관에 의하여 구속되어 일시 수용이 의뢰된 자를 수용하기 위하여 유치장의 설치근거를 정함.
⑦ 무기등을 소지한 범인이 경찰관으로부터 3회 이상 투기명령을 받고도 이에 불응하면서 계속 항거할 때, 무장간첩이나 소요행위자가 투강명령이나 3회 이상의 해산명령을 받고도 이에 불응하면서 무기·폭발물등을 소지하고 계속 항거할 때에는 경찰관이 무기를 사용할 수 있도록 함.

3. 1998년 12월 31일 개정[3)]

[일부개정]
경찰권의 남용으로 인한 기본권침해의 소지가 있는 사항에 관하여 경찰권행사의 요건과 한계를 엄격하게 함으로써 경찰권행사의 적정을 도모하려는 것임.
① 경찰관으로부터 경찰관서에의 동행요구를 받은 자는 그 동행요구를 거절할 수 있도록 함.
② 경찰관이 불심검문을 하거나 동행을 요구할 경우 당해인에게 자신의 신분을 표시하는 증표를 제시하면서 소속과 성명을 밝히고 그 목적과 이유를 설명하여야 하며, 동행의 경우에는 동행장소를 밝힌 후 동행을 거부할 자유와 동행후 언제든지 경찰관서로부터 퇴거할 자유가 있음을 고지하도록 함.
③ 경찰관이 동행을 한 경우에는 당해인의 가족·친지등에게 동행한 경찰관의 신분, 동행장소, 동행목적과 이유를 고지하거나 본인으로 하여금 즉시 연락할 수 있는 기회를 부여하도록 하여야 하고, 변호인의 조력을 받을 권리가 있음을 고지하도록 함.

3) [시행 1989. 1. 31.] [법률 제4048호, 1988. 12. 31., 일부개정]

4. 1989년 6월 16일 개정[4)]

[일부개정]
각종 불법집회 및 시위진압을 위하여 최루탄이 사용되고 있는바, 이를 남용할 경우 국민의 생명·신체와 재산 및 공공시설에 현저한 위해발생의 소지가 있으므로 최루탄의 사용요건등을 규정하여 그 피해를 예방하려는 것임.
① 최루탄의 사용요건과 방법을 규정함.
② 최루탄을 사용할 경우 그 일시등 사용내용을 기록하여 보관하도록 함.

5. 1991년 3월 8일 개정[5)]

경찰관의 임의동행 및 경찰장구사용의 요건을 일부 완화하여 경찰의 민생치안활동의 효율적 수행을 뒷받침하려는 것임.
① 임의동행시 동행을 거부할 자유와 언제든지 경찰관서로부터 퇴거할 자유가 있음을 고지하도록 한 규정을 삭제함.
② 임의동행을 한 경우 3시간을 초과하여 경찰관서에 머물게 할 수 없도록 하던 것을 6시간으로 연장함.
③ 장기 3년 이상의 징역이나 금고에 해당하는 죄를 범한 범인에게 경찰장구를 사용할 수 있게 하던 것을 현행범이나 장기 3년 이상의 징역이나 금고에 해당하는 죄를 범한 범인에게 사용할 수 있도록 요건을 완화함.

6. 1996년 8월 8일 개정[6)]

[일부개정]
국제해양질서의 급격한 변화와 21세기 해양경쟁시대에 적극적으로 대비함으로써 우리의 무한한 해양잠재력을 개발하여 해양선진대국으로 도약하기 위한 기반을 조성하기 위하여, 여러 행정기관에 분산되어 있는 수산·해운·항만·해양환경보전·해양조사·해양자원개발·해양과학기술등 해양관련 행정기능을 통합하여 종합적인 해양개발과 이용·보전기능등을 전담할 해양수산부를 신설하고, 해양수산부장관소

---

4) [시행 1989. 6. 16.] [법률 제4130호, 1989. 6. 16., 일부개정]
5) [시행 1991. 3. 8.] [법률 제4336호, 1991. 3. 8., 일부개정]
6) [시행 1996. 8. 8.] [법률 제5153호, 1996. 8. 8., 타법개정]

속하에 해양에서의 경찰 및 오염방제업무를 담당할 해양경찰청을 신설하려는 것임.

7. 1999년 5월 24일 개정[7)]

◇ 개정이유

경찰관 직무집행을 위하여 사용중인 경찰장구·무기등을 포괄한 장비정의규정을 신설하여 이들 개념을 보다 명확히 하고, 경찰장비의 사용과 관련하여 안전성을 확보하기 위하여 인명 또는 신체에 위해를 가할 수 있는 경찰장비에 대하여는 장비의 종류, 사용기준, 안전교육, 안전검사의 기준을 대통령령으로 정하도록하며, 분사기 또는 최루탄 및 무기의 사용기록 보관, 경찰장비의 임의개조금지규정을 마련하려는 것임.

◇ 주요골자

가. 인명 또는 신체에 위해를 가할 수 있는 경찰장비에 대하여는 필요한 안전교육과 안전검사를 실시하고 그 대상이 되는 경찰장비의 종류, 사용기준, 안전교육, 안전검사의 기준등은 대통령령으로 정하도록 함(法 第10條第1項 및 第4項).

나. 경찰장비는 무기, 경찰장구, 최루제 및 그 발사장치, 감식기구, 해안감시기구, 통신기기, 차량, 선박, 항공기등 경찰의 직무수행을 위하여 필요한 장치와 기구로 포괄적으로 그 개념을 정의하고, 경찰장구 및 무기의 개념을 보다 세부적으로 규정함(法 第10條第2項, 第10條의2第2項 및 第10條의4第2項).

다. 경찰장비를 임의로 개조하거나 임의의 장비를 부착하여 통상의 용법과 달리 사용할 수 없도록 함(法 第10條第3項).

라. 대간첩·대테러작전등 국가안전에 관련되는 작전을 수행할 때에는 개인화기외에 공용화기를 사용할 수 있도록 함(法 第10條의4第3項).

8. 2004년 12월 23일 개정[8)]

[일부개정]

◇ 개정이유 및 주요내용

광역화·기동화되는 현대범죄에 효과적으로 대응하기 위하여 경찰서장 소속하에 두는 지서(支署)를 없애고 기존 여러 개의 파출소관할구역을 통합하여 하나의 관할구역으로 하는 지구대를 설치할 수 있도록 하는 한편, 정부조직법이 개정(법률 제7186

7) [시행 1999. 11. 25.] [법률 제5988호, 1999. 5. 24., 일부개정]
8) [시행 2004. 12. 23.] [법률 제7247호, 2004. 12. 23., 타법개정]

호, 2004. 3. 11. 공포 · 시행)되어 각 행정기관에 배치하는 정무직공무원은 법률에 근거를 두도록 함에 따라 경찰위원회규정에 의하여 정무직공무원으로 되어 있던 경찰위원회 상임위원에 대한 법적 근거를 마련하려는 것임.

9. 2006년 6월 21일 개정[9)]

◇ 「제주특별법」의 제정이유

종전의 제주도를 폐지하고, 제주특별자치도를 설치하여 자치조직 · 인사권 및 자치재정권 등 자치권을 강화하며, 교육자치제도의 개선과 자치경찰제의 도입을 통하여 실질적인 지방자치를 보장함으로써 선진적인 지방분권모델을 구축하는 한편, 제주특별자치도에 적용되고 있는 각종 법령상 행정규제를 폭넓게 완화하고, 중앙행정기관의 권한을 대폭 이양하며, 청정산업 및 서비스산업을 육성하여 제주특별자치도를 국제자유도시로 조성 · 발전시키려는 것임.

◇ 「제주특별법」의 주요내용

머. 제주특별자치도지사 소속의 자치경찰기구 설치(법 제106조 · 제107조 및 제109조)

제주특별자치도에 자치경찰단을 두고, 자치경찰단장은 자치총경으로 보하되, 제주특별자치도지사가 임명하도록 하며, 행정시에 자치경찰단의 자치경찰사무의 집행을 담당할 자치경찰대를 설치하도록 함.

버. 자치경찰의 사무 및 그 수행방법(법 제108조 및 제110조)

자치경찰은 주민생활과 밀접한 생활안전 · 지역교통 · 지역경비 사무 및 제주특별자치도 소관 특별사법경찰관리의 직무를 수행하도록 하고, 국가경찰과의 역할분담에 대한 협약은 제주특별자치도지사와 제주특별자치도지방경찰청장이 체결하도록 하되, 행정시장과 국가경찰서장에게 각각 위임하여 처리할 수 있도록 함.

서. 치안행정위원회(법 제113조 및 제114조)

국가경찰과 자치경찰간 사무분담 및 사무수행방법, 자치경찰의 운영 지원 등에 관하여 심의 · 의결하기 위하여 제주특별자치도지사 소속하에 치안행정위원회를 두되, 위원장 1인과 당연직 위원 2인을 포함하여 법관 · 교수 · 지역주민 등 11인의 위원으로 구성하도록 함.

어. 교통안전시설 관리업무의 이관(법 제138조 및 제139조)

---

9) [시행 2006. 7. 1.] [법률 제7849호, 2006. 2. 21., 타법개정]

현재 국가경찰이 담당하고 있는 교통안전시설 관리업무를 제주특별자치도에 이관하고, 교통안전시설에 관련된 사항을 심의하기 위하여 제주특별자치도지사 소속하에 민간전문가와 국가경찰 등이 참여하는 교통시설심의위원회를 두도록 함.

10. 2011년 8월 4일 개정[10)]

[일부개정]

◇ 개정이유 및 주요내용

「경찰관직무집행법」 제 2 조에 따른 경찰의 직무에는 「경찰법」 제 3 조에서 규정하고 있는 국가경찰의 임무 중 "국민의 생명 · 신체 및 재산의 보호"가 빠져 있고, 반대로 「경찰법」 제 3 조에 따른 국가경찰의 임무에는 「경찰관직무집행법」 제 2 조에서 규정하고 있는 경찰의 직무 중 "경비 · 요인경호 및 대간첩작전 수행"이 빠져 있어, 경찰의 임무에 관한 두 법의 규정을 상호 일치시키려는 것임.

11. 2013년 4월 5일 개정[11)]

[일부개정]

◇ 개정이유 및 주요내용

경찰관의 적법한 직무집행으로 인하여 재산상 손실이 발생한 경우 국가가 그 손실을 보상하도록 손실보상 규정을 신설함으로써 국민의 권익을 보호하고 경찰관의 안정적인 직무집행을 도모하려는 것임.

12. 2014년 5월 20일 개정[12)]

[일부개정]

◇ 개정이유

수사 및 재판과 관련한 국제협력에 대해서는 「국제형사사법공조법」에 구체적인 규정이 마련되어 있으나, 그 이외의 위험방지 또는 예방경찰 작용에 있어서의 국제협력에 대해서는 근거 규정이 마련되어 있지 않아 경찰의 업무수행에 어려움이 있고, "대테러 작전" 역시 국가경찰작용으로 수행하고 있으나 법문상 이에 대한 명확한

---

10) [시행 2011. 8. 4.] [법률 제11031호, 2011. 8. 4., 일부개정]
11) [시행 2014. 4. 6.] [법률 제11736호, 2013. 4. 5., 일부개정]
12) [시행 2014. 5. 20.] [법률 제12600호, 2014. 5. 20., 일부개정]

근거 조항이 없으므로 대테러 작전 수행 및 국제협력 관련 규정을 경찰관의 직무범위에 추가하고, 국제협력을 위한 개별적 수권조항을 마련하는 등 현행 경찰작용의 법적 근거를 명확히 하는 한편,

주요 경찰장비로서 시위진압에 사용되고 있는 살수차를 법률에 명시하며, 인명·신체에 위해를 가할 수 있는 경찰장비는 필요한 최소한도에서 사용하도록 하고, 이를 새로 도입하려는 경우에는 안전성 검사를 실시하여 그 결과보고서를 국회 소관 상임위원회에 제출하도록 함으로써 경찰장비의 안전성을 확보하고 나아가 국민의 신체·생명에 대한 보호가 보다 충실하게 이루어질 수 있도록 하려는 것임.

또한, 법 문장의 표기를 한글화하고, 어려운 용어를 쉬운 우리말로 풀어쓰며 복잡한 문장은 체계를 정리하여 간결하게 다듬음으로써 쉽게 읽고 잘 이해할 수 있으며 국민의 언어생활에도 맞는 법률이 되도록 하려는 것임.

◇ 주요내용

가. 대테러 작전 수행 및 국제협력 관련 규정을 경찰관의 직무 범위에 추가함(제 2 조).

나. 경찰청장 또는 해양경찰청장은 경찰관의 직무수행을 위하여 외국 정부기관, 국제기구 등과의 자료 교환, 국제협력 활동을 할 수 있도록 함(제 8 조의2 신설).

다. 경찰장비의 종류에 살수차를 명시하고, 살수차 사용 시 사용일시 등을 기록하여 보관하도록 함(제10조 제 2 항 및 제11조).

라. 인명 또는 신체에 위해를 끼칠 수 있는 위해성 경찰장비는 필요한 최소한도에서 사용하도록 명시함(제10조 제 4 항 신설).

마. 위해성 경찰장비를 새로 도입하는 경우 안전성 검사를 실시하도록 하고 그 안전성 검사의 결과 보고서를 국회 소관 상임위원회에 제출하도록 함(제10조 제 5 항 신설).

바. 또한, 법 문장의 표기를 한글화하고, 어려운 용어를 쉬운 우리말로 풀어쓰며 복잡한 문장은 체계를 정비하려는 것임.

13. 2014년 11월 19일 개정[13]

[일부개정]

◇ 개정이유

국가적 재난관리를 위한 재난안전 총괄부처로서 국무총리 소속으로 '국민안전처'를

---

13) [시행 2014. 11. 19.] [법률 제12844호, 2014. 11. 19., 타법개정]

신설하고, 현행 해양경찰청과 소방방재청의 업무를 조정·개편하여 국민안전처의 차관급 본부로 설치하며, 공직개혁 추진 및 공무원 전문역량 강화를 위하여 공무원 인사 전담조직인 인사혁신처를 국무총리 소속으로 설치하고, 교육·사회·문화 분야 정책결정의 효율성과 책임성을 제고하기 위하여 교육·사회·문화 부총리를 신설하려는 것임.

14. 2014년 5월 20일 개정[14)]

[일부개정]

◇ 개정이유

수사 및 재판과 관련한 국제협력에 대해서는 「국제형사사법공조법」에 구체적인 규정이 마련되어 있으나, 그 이외의 위험방지 또는 예방경찰 작용에 있어서의 국제협력에 대해서는 근거 규정이 마련되어 있지 않아 경찰의 업무수행에 어려움이 있고, "대테러 작전" 역시 국가경찰작용으로 수행하고 있으나 법문상 이에 대한 명확한 근거 조항이 없으므로 대테러 작전 수행 및 국제협력 관련 규정을 경찰관의 직무범위에 추가하고, 국제협력을 위한 개별적 수권조항을 마련하는 등 현행 경찰작용의 법적 근거를 명확히 하는 한편,

주요 경찰장비로서 시위진압에 사용되고 있는 살수차를 법률에 명시하며, 인명·신체에 위해를 가할 수 있는 경찰장비는 필요한 최소한도에서 사용하도록 하고, 이를 새로 도입하려는 경우에는 안전성 검사를 실시하여 그 결과보고서를 국회 소관 상임위원회에 제출하도록 함으로써 경찰장비의 안전성을 확보하고 나아가 국민의 신체·생명에 대한 보호가 보다 충실하게 이루어질 수 있도록 하려는 것임.

또한, 법 문장의 표기를 한글화하고, 어려운 용어를 쉬운 우리말로 풀어쓰며 복잡한 문장은 체계를 정리하여 간결하게 다듬음으로써 쉽게 읽고 잘 이해할 수 있으며 국민의 언어생활에도 맞는 법률이 되도록 하려는 것임.

◇ 주요내용

가. 대테러 작전 수행 및 국제협력 관련 규정을 경찰관의 직무 범위에 추가함(제 2 조).

나. 경찰청장 또는 해양경찰청장은 경찰관의 직무수행을 위하여 외국 정부기관, 국제기구 등과의 자료 교환, 국제협력 활동을 할 수 있도록 함(제 8 조의2 신설).

다. 경찰장비의 종류에 살수차를 명시하고, 살수차 사용 시 사용일시 등을 기록하여

14) [시행 2014. 11. 21.] [법률 제12600호, 2014. 5. 20., 일부개정]

보관하도록 함(제10조 제 2 항 및 제11조).

라. 인명 또는 신체에 위해를 끼칠 수 있는 위해성 경찰장비는 필요한 최소한도에서 사용하도록 명시함(제10조 제 4 항 신설).

마. 위해성 경찰장비를 새로 도입하는 경우 안전성 검사를 실시하도록 하고 그 안전성 검사의 결과 보고서를 국회 소관 상임위원회에 제출하도록 함(제10조 제 5 항 신설).

바. 또한, 법 문장의 표기를 한글화하고, 어려운 용어를 쉬운 우리말로 풀어쓰며 복잡한 문장은 체계를 정비하려는 것임.

15. 2014년 5월 20일 개정[15)]

[일부개정]

◇ 개정이유

수사 및 재판과 관련한 국제협력에 대해서는 「국제형사사법공조법」에 구체적인 규정이 마련되어 있으나, 그 이외의 위험방지 또는 예방경찰 작용에 있어서의 국제협력에 대해서는 근거 규정이 마련되어 있지 않아 경찰의 업무수행에 어려움이 있고, "대테러 작전" 역시 국가경찰작용으로 수행하고 있으나 법문상 이에 대한 명확한 근거 조항이 없으므로 대테러 작전 수행 및 국제협력 관련 규정을 경찰관의 직무범위에 추가하고, 국제협력을 위한 개별적 수권조항을 마련하는 등 현행 경찰작용의 법적 근거를 명확히 하는 한편,

주요 경찰장비로서 시위진압에 사용되고 있는 살수차를 법률에 명시하며, 인명·신체에 위해를 가할 수 있는 경찰장비는 필요한 최소한도에서 사용하도록 하고, 이를 새로 도입하려는 경우에는 안전성 검사를 실시하여 그 결과보고서를 국회 소관 상임위원회에 제출하도록 함으로써 경찰장비의 안전성을 확보하고 나아가 국민의 신체·생명에 대한 보호가 보다 충실하게 이루어질 수 있도록 하려는 것임.

또한, 법 문장의 표기를 한글화하고, 어려운 용어를 쉬운 우리말로 풀어쓰며 복잡한 문장은 체계를 정리하여 간결하게 다듬음으로써 쉽게 읽고 잘 이해할 수 있으며 국민의 언어생활에도 맞는 법률이 되도록 하려는 것임.

◇ 주요내용

가. 대테러 작전 수행 및 국제협력 관련 규정을 경찰관의 직무 범위에 추가함(제 2 조).

---

15) [시행 2014. 11. 21.] [법률 제12600호, 2014. 5. 20., 일부개정]

나. 경찰청장 또는 해양경찰청장은 경찰관의 직무수행을 위하여 외국 정부기관, 국제기구 등과의 자료 교환, 국제협력 활동을 할 수 있도록 함(제 8 조의2 신설).
다. 경찰장비의 종류에 살수차를 명시하고, 살수차 사용 시 사용일시 등을 기록하여 보관하도록 함(제10조 제 2 항 및 제11조).
라. 인명 또는 신체에 위해를 끼칠 수 있는 위해성 경찰장비는 필요한 최소한도에서 사용하도록 명시함(제10조 제 4 항 신설).
마. 위해성 경찰장비를 새로 도입하는 경우 안전성 검사를 실시하도록 하고 그 안전성 검사의 결과 보고서를 국회 소관 상임위원회에 제출하도록 함(제10조 제 5 항 신설).
바. 또한, 법 문장의 표기를 한글화하고, 어려운 용어를 쉬운 우리말로 풀어쓰며 복잡한 문장은 체계를 정비하려는 것임.

16. 2015년 1월 6일 개정[16)]

제명 "총포 · 도검 · 화약류 등 단속법"을 "총포 · 도검 · 화약류 등의 안전관리에 관한 법률"로 개정함.

17. 2016년 1월 27일 개정[17)]

[일부개정]
◇ 개정이유 및 주요내용
경찰청의 범인검거공로자 등에 대한 보상금은 현재 경찰청 훈령(범죄신고자등 보호 및 보상에 관한 규칙)에 근거하여 예산을 편성하고 집행하고 있는 실정임. 이에 범인검거 공로자 등에 대한 보상금 지급에 관한 규정을 법률로 상향함으로써 이에 대한 법적 근거를 마련하려는 것임.

18. 2017년 7월 26일 개정[18)]

정부조직법 개정에 따른 것임.

16) [시행 2016. 1. 7.] [법률 제12960호, 2015. 1. 6., 타법개정]
17) [시행 2016. 7. 28.] [법률 제13825호, 2016. 1. 27., 일부개정]
18) [시행 2017. 7. 26.] [법률 제14839호, 2017. 7. 26., 타법개정]

19. 2018년 4월 17일 개정[19)]

[일부개정]

◇ 개정이유 및 주요내용

「범죄피해자 보호법」에서는 국가가 수사 및 재판 과정에서 범죄피해자 보호 등을 위한 정보를 범죄피해자에게 제공하도록 의무화하고 있으며, 현재 경찰 · 검찰 · 법원 등에서 정보를 제공하고 있음.

그러나 위와 같은 정보 제공이 안내문을 교부하는 방식 등으로 이루어져 범죄피해자가 보호를 받을 수 있다는 사실을 제대로 인지하지 못하여 적극적인 보호를 받지 못하는 경우가 발생하고 있음.

이에 범죄피해자를 1차적으로 접하는 경찰의 직무에 '범죄피해자 보호'를 명시함으로써 범죄피해자를 경찰이 적극적으로 보호하도록 하고, 범죄피해자가 적시에 필요한 지원을 받을 수 있게 하려는 것임.

20. 2018년 12월 24일 개정[20)]

[일부개정]

◇ 개정이유 및 주요내용

현행법은 경찰관의 적법한 직무집행으로 인하여 국민이 재산상 손실을 입은 경우 국가가 그 손실을 보상하도록 규정하고 있음.

그런데 생명 또는 신체상 손실을 입은 경우에는 보상의 근거가 없어 국민들이 피해보상을 받는 데 한계가 있다는 지적이 있어 왔고, 손실을 입은 국민은 위법 · 적법을 가리지 않고 손해배상을 청구할 수밖에 없어 경찰관은 적법한 직무집행을 하고도 사비를 들여 손실을 보상하거나 이에 따른 직무집행에 대한 심리적 위축으로까지 이어지는 사례가 발생하여 이에 대한 보완이 필요하다는 주장이 있어 왔음. 또 보상금 지급절차의 투명성을 보장하기 위한 방안도 필요한 상황임.

이에 국가가 경찰관의 적법한 직무집행 과정에서 발생한 재산상 손실 외에 생명 또는 신체상의 손실에 대하여도 보상을 하도록 하되, 거짓 또는 부정한 방법으로 보상금을 받은 사람에 대하여는 해당 보상금을 환수하도록 하고, 손실보상심의위원회는

---

19) [시행 2018. 4. 17.] [법률 제15565호, 2018. 4. 17., 일부개정]
20) [시행 2019. 6. 25.] [법률 제16036호, 2018. 12. 24., 일부개정]

보상금 지급 후 경찰위원회에 정기적으로 보고하게 하며, 경찰청장 또는 지방경찰청장은 보상금을 반환하여야 할 사람이 대통령령으로 정한 기한까지 그 금액을 납부하지 아니한 때에는 국세 체납처분의 예에 따라 징수할 수 있도록 함으로써 해당 손실에 대한 국민의 권리구제를 강화함과 동시에 경찰관의 충실한 직무수행 및 투명한 보상금 지급절차가 되도록 하려는 것임.

21. 2020년 12월 22일 개정[21)]

[일부개정]

◇ 개정이유 및 주요내용

최근 경찰 개혁의 일환으로 인권보호의 중요성이 증대되고 있고, 이에 따라 경찰청은 인권교육의 실시, 범죄피해자 보호, 인권위원회 및 인권침해 사건 진상조사단의 운영 등 인권보호를 위한 많은 노력을 기울이고 있으나, 현행법상 경찰의 인권보호에 대한 표현이 명시되어 있지 않음.

한편, 현행법은 경찰관의 직무 중 하나로 치안정보의 수집·작성 및 배포를 규정하고 있으나 "치안정보"의 개념이 모호하여 이를 근거로 경찰이 자의적으로 광범위한 정보 수집활동을 할 수 있다는 우려가 계속되어 왔음.

이에 경찰관의 인권보호 의무를 법률에 명시하여 인권을 존중하는 경찰 활동을 정립하는 한편, 현행법상 "치안정보" 개념을 "공공안녕에 대한 위험의 예방과 대응을 위한 정보"로 수정하고, 경찰관이 수집·작성·배포와 이에 수반되는 사실의 확인을 할 수 있는 정보의 범위 및 처리 기준 등을 대통령령으로 구체적으로 정할 수 있는 위임 근거를 마련하려는 것임.

22. 2020년 12월 22일 개정[22)]

경찰법 전부를 개정하면서 법률명도 「국가경찰과 자치경찰의 조직 및 운영에 관한 법률」로 개정함.

---

21) [시행 2021. 1. 1.] [법률 제17688호, 2020. 12. 22., 일부개정]
22) [시행 2021. 1. 1.] [법률 제17689호, 2020. 12. 22., 타법개정]

23. 2020년 12월 22일 개정[23)]

[일부개정]

◇ 개정이유 및 주요내용

최근 경찰 개혁의 일환으로 인권보호의 중요성이 증대되고 있고, 이에 따라 경찰청은 인권교육의 실시, 범죄피해자 보호, 인권위원회 및 인권침해 사건 진상조사단의 운영 등 인권보호를 위한 많은 노력을 기울이고 있으나, 현행법상 경찰의 인권보호에 대한 표현이 명시되어 있지 않음.

한편, 현행법은 경찰관의 직무 중 하나로 치안정보의 수집·작성 및 배포를 규정하고 있으나 "치안정보"의 개념이 모호하여 이를 근거로 경찰이 자의적으로 광범위한 정보 수집활동을 할 수 있다는 우려가 계속되어 왔음.

이에 경찰관의 인권보호 의무를 법률에 명시하여 인권을 존중하는 경찰 활동을 정립하는 한편, 현행법상 "치안정보"의 개념을 "공공안녕에 대한 위험의 예방과 대응을 위한 정보"로 수정하고, 경찰관이 수집·작성·배포와 이에 수반되는 사실의 확인을 할 수 있는 정보의 범위 및 처리 기준 등을 대통령령으로 구체적으로 정할 수 있는 위임 근거를 마련하려는 것임.

24. 2021년 10월 19일 개정[24)]

[일부개정]

◇ 개정이유 및 주요내용

경찰관과 소방관은 직무 특성상 국민의 생명·신체 및 재산을 보호하기 위해 불가피하게 물리력을 사용하게 되고, 그 과정에서 사상이나 재산상 손해가 발생하여 해당 경찰관 또는 소방관이 민·형사상 소송에 휘말리는 경우가 있음.

그러나 소방관은 「소방기본법」에 소송지원의 법적 근거가 있는 반면, 경찰관의 경우 법률에 소송지원 근거 규정이 없음.

이에 경찰관이 직무를 안정적으로 수행할 수 있도록 직무수행으로 인하여 민·형사상 책임과 관련된 소송을 수행할 경우 경찰청장과 해양경찰청장이 소송수행에 필요한 지원을 할 수 있도록 법적 근거를 마련하려는 것임.

---

23) [시행 2021. 3. 23.] [법률 제17688호, 2020. 12. 22., 일부개정]

24) [시행 2021. 10. 19.] [법률 제18488호, 2021. 10. 19., 일부개정]

25. 2022년 2월 3일 개정[25)]

〔일부개정〕

◇ 개정이유 및 주요내용

현행법상 경찰공무원의 직무 수행 과정에서 경과실로 인해 발생한 사고에 대하여 형을 감면할 수 있는 근거가 미비하여 경찰관이 직무 집행에 소극적으로 임하고 있다는 지적이 제기되고 있는바,

살인 또는 상해·폭행의 죄, 아동학대범죄 등으로 타인의 생명·신체에 대한 위해 발생의 우려가 명백하고 긴급한 상황에서 경찰관이 그 위해를 예방·진압하는 등의 과정에서 타인에게 피해가 발생한 경우, 그 경찰관의 직무수행이 불가피하고 필요한 최소한의 범위에서 이루어졌으며 고의 또는 중대한 과실이 없는 경우에는 그 정상을 참작하여 형을 감경하거나 면제할 수 있도록 하려는 것임.

26. 2024년 1월 30일 개정[26)]

[일부개정]

◇ 개정이유 및 주요내용

경찰장비의 종류에 경찰착용기록장치를 추가하고, 경찰관이 필요한 최소한의 범위에서 경찰착용기록장치를 사용할 수 있는 직무를 규정하며, 경찰관이 경찰착용기록장치를 사용하여 기록하는 경우로서 이동형 영상정보처리기기로 사람 또는 그 사람과 관련된 사물의 영상을 촬영하는 때에는 불빛, 소리, 안내판 등의 방법으로 촬영사실을 표시하고 알리도록 하고, 경찰청장 등이 경찰착용기록장치로 기록한 영상·음성을 저장하고 데이터베이스로 관리하는 영상음성기록정보 관리체계를 구축·운영하도록 하는 등 현행 제도의 운영상 나타난 일부 미비점을 개선·보완함.

---

25) [시행 2022. 2. 3.] [법률 제18807호, 2022. 2. 3., 일부개정]
26) [시행 2024. 1. 30.] [법률 제20153호, 2024. 1. 30., 일부개정]

27. 2024년 1월 30일 개정[27)]

[일부개정]

◇ 개정이유 및 주요내용

경찰장비의 종류에 경찰착용기록장치를 추가하고, 경찰관이 필요한 최소한의 범위에서 경찰착용기록장치를 사용할 수 있는 직무를 규정하며, 경찰관이 경찰착용기록장치를 사용하여 기록하는 경우로서 이동형 영상정보처리기기로 사람 또는 그 사람과 관련된 사물의 영상을 촬영하는 때에는 불빛, 소리, 안내판 등의 방법으로 촬영 사실을 표시하고 알리도록 하고, 경찰청장 등이 경찰착용기록장치로 기록한 영상·음성을 저장하고 데이터베이스로 관리하는 영상음성기록정보 관리체계를 구축·운영하도록 하는 등 현행 제도의 운영상 나타난 일부 미비점을 개선·보완함.

28. 2024년 3월 19일 개정[28)]

[일부개정]

◇ 개정이유 및 주요내용

거짓 또는 부정한 방법으로 수령한 손실보상금의 환수 주체에 해양경찰청장과 지방해양경찰청장을 추가하고, 손실보상금 지급 후 손실보상심의위원회로부터 심사자료와 결과를 보고받는 대상에 해양경찰위원회를 추가하며, 범인검거 공로자 등에 대한 보상금 지급 및 환수 주체에 해양경찰청장, 지방해양경찰청장 및 해양경찰서장을 추가함.

---

27) [시행 2024. 7. 31.] [법률 제20153호, 2024. 1. 30., 일부개정]
28) [시행 2024. 9. 20.] [법률 제20374호, 2024. 3. 19., 일부개정]

제3절 「경찰관 직무집행법」의 목적

> 경찰관 직무집행법
>
> 제 1 조(목적) ① 이 법은 국민의 자유와 권리 및 모든 개인이 가지는 불가침의 기본적 인권을 보호하고 사회공공의 질서를 유지하기 위한 경찰관(경찰공무원만 해당한다. 이하 같다)의 직무 수행에 필요한 사항을 규정함을 목적으로 한다.
>
> ② 이 법에 규정된 경찰관의 직권은 그 직무 수행에 필요한 최소한도에서 행사되어야 하며 남용되어서는 아니 된다.

「경찰관 직무집행법」은 국민의 자유와 권리 및 모든 개인이 가지는 불가침의 기본적 인권을 보호하고 사회공공의 질서를 유지하기 위한 경찰관(경찰공무원만 해당한다. 이하 같다)의 직무 수행에 필요한 사항을 규정함을 목적으로 한다. 즉 경찰관이 국민에 대한 생명 · 신체 · 재산의 보호, 범죄의 예방, 공안의 유지, 그 밖의 법령집행 등의 직무를 충실히 수행하도록 하기 위하여 필요한 사항을 정하려는 것이다.

제4절 경찰관 직권의 법원칙

1. 비례의 원칙

> 경찰관 직무집행법
>
> 제 1 조(목적) ① 생략
>
> **② 이 법에 규정된 경찰관의 직권은 그 직무 수행에 필요한 최소한도에서 행사되어야 하며 남용되어서는 아니 된다.**
>
> 행정기본법
>
> 제10조(비례의 원칙) 행정작용은 다음 각 호의 원칙에 따라야 한다.
>
> 1. 행정목적을 달성하는 데 유효하고 적절할 것
> 2. 행정목적을 달성하는 데 필요한 최소한도에 그칠 것
> 3. 행정작용으로 인한 국민의 이익 침해가 그 행정작용이 의도하는 공익보다 크지 아니할 것

(1) 의 의

「경찰관 직무집행법」은 제 1 조 제 2 항에서 비례의 원칙을 규정하고 있다.

비례의 원칙이란 **과잉조치금지의 원칙**이라고도 하는데, 행정작용에 있어서 행정목적과 행정수단 사이에는 합리적인 비례관계가 있어야 한다는 원칙을 말한다. 특히 공권력 행사 중에서 경찰권발동의 법적 한계를 설정하는 원리로서 경찰비례의 원칙으로 성립하였다(김성수).

경찰이란 학문상 공공의 안녕과 질서를 유지하기 위하여 사인의 자유와 재산을 제한하는 권력적 활동을 지칭하지만, **경찰비례의 원칙은 경찰작용이 시민의 자유와 자유를 위협하는 위험성이 있는 것에 대응하여 그 발동을 억제하기 위해 구성된 것이다**(鹽野 宏).

(2) 근 거

비례의 원칙은 헌법 제37조 제 2 항 및 법치국가원리로부터 도출되는 법원칙이다. 「경찰관 직무집행법」은 "이 법에 규정된 경찰관의 직권은 그 직무 수행에 필요한 최소한도에서 행사되어야 하며 남용되어서는 아니된다"(제 1 조 제 2 항)고 규정하고 있다. 「행정기본법」도 제10조에서 규정하고 있다.

(3) 내 용

비례원칙(광의의)은 다음과 같은 세부원칙을 포함한다: 적합성의 원칙, 필요성의 원칙(최소침해의 원칙), 협의의 비례원칙(상당성의 원칙). **헌법재판소**와 같이 목적의 정당성을 비례원칙의 한 내용으로 보는 견해도 있지만, 목적의 정당성은 목적과 수단 사이의 이익형량의 문제가 아니므로 이 견해는 타당하지 않다. **목적의 정당성의 원칙**은 일반법원칙상 당연히 인정되는 **독자적 법원칙**이라고 보는 것이 타당하다.

「행정기본법」은 행정작용은 다음 각 호(1. 행정목적을 달성하는 데 유효하고 적절할 것, 2. 행정목적을 달성하는 데 필요한 최소한도에 그칠 것, 3. 행정작용으로 인한 국민의 이익 침해가 그 행정작용이 의도하는 공익보다 크지 아니할 것)의 원칙에 따라야 한다고 규정하고 있다(제10조).

1) 적합성의 원칙

적합성의 원칙이란 행정은 추구하는 행정목적의 달성에 적합한(유용한) 수단을 선택하여야 한다는 원칙을 말한다.

「경찰관 직무집행법」상 범죄행위의 예방과 제지를 위한 각종 수단들(예 경찰봉, 수갑, 포승, 분사기, 가스총, 최루탄, 무기 등)은 모두 이러한 경찰목적과 객관적 관련성을 가지고 있다.

[판례] 교통사고의 발생원인을 불문하고 졸업생이 낸 교통사고 비율에 따라 운전전문학원에게 운영정지 등을 할 수 있도록 한 것은 운전전문학원이 책임져야 할 범위를 넘어서는 것이므로, **도로교통법 제71조의15 제 2 항 제 8 호의 '교통사고' 부분은 입법목적을 달성하기 위한 수단으로서 부적절하며**, 운전전문학원의 영업 내지 직업의 자유를 필요 이상으로 제약하는 것이다(헌재 2005. 7. 21, 2004헌가30).

2) 필요성의 원칙(최소침해의 원칙)

필요성의 원칙이란 경찰위반의 상태를 배제하기 위해 필요한 경우여야 한다는 것이다. 또한 적합한 수단이 여러 가지인 경우에 국민의 권리를 최소한으로 침해하는 수단을 선택하여야 한다는 원칙이다(최소침해의 원칙). 예를 들면, 어떤 건물에 붕괴위험이 있는 경우에 적절한 보수로 붕괴위험을 막을 수 있음에도 철거라는 수단을 선택하여 철거명령을 내린 경우에 그 철거명령은 필요성의 원칙에 반하는 위법한 명령이다.

[판례 1] 입법자가 임의적(재량적) 규정으로도 법의 목적을 실현할 수 있음에도 **여객운송사업자가 지입제 경영을 한 경우** 구체적 사안의 개별성과 특수성(해당 사업체의 규모, 지입차량의 비율, 지입의 경위 등)을 전혀 고려하지 않고 **그 사업면허를 필요적으로(기속적으로) 취소하도록 한 여객자동차운송사업법 제76조 제 1 항 단서 중 제 8 호 부분이 비례의 원칙의 요소인 '피해최소성의 원칙' 및 '법익균형성의 원칙'에 반한다고 결정한 사례**(헌재 전원재판부 2000. 6. 1, 99헌가11 · 12(병합)).

[판례 2] **독서실 열람실 내 남녀별 좌석을 구분 배열하도록 하고 그 위반시 교습정지처분을 할 수 있도록 한** 「전라북도 학원의 설립 · 운영 및 과외교습에 관한 **조례」 제11조 제 1 호, 위 조례 시행규칙 제15조 제 1 항 〔별표 3〕은 과잉금지원칙에 반하여** 독서실 운영자의 직업수행의 자유와 독서실 이용자의 일반적 행동자유권 내지 자기결정권을 침해하는 것으로 헌법에 위반된다(대판 2022. 1. 27, 2019두59851).

3) 협의의 비례원칙(상당성의 원칙, 법익균형성의 원칙)

협의의 비례원칙(상당성의 원칙)이란 행정조치를 취함에 따른 불이익(사익)이 그것에 의해 달성되는 이익(공익)보다 심히 큰 경우에는 그 행정조치를 취해서는 안 된다는 원칙을 말한다.

협의의 비례원칙을 적용함에 따른 이익형량에 있어서 행정조치로 인하여 달성되는 공익과 사익을 한쪽으로 하고 그로 인하여 침해되는 공익과 사익을 다른 한쪽으로 하여 이익형량을 하여야 한다. 이익형량이 심히 균형을 잃은 경우에 재량처분이 위법(違法)하게 되며 이익형량이 다소 균형을 잃은 경우에는 부당(不當)에 그친다. 그 이유는 이익형량에 있어서 행정청의 재량권을 인정하여야 하기 때문이다.

[판례 1] 행정청이 면허취소의 재량권을 갖는 경우에도 그 재량권은 **면허취소처분의 공익 목적뿐만 아니라 공익침해의 정도와 그 취소처분으로 인하여 개인이 입게 될 불이익을 비교교량하여…비례의 원칙…에 어긋나지 않게끔 행사되어야 할 한계를 지니고 있고** 이 한계를 벗어난 처분은 위법하다고 볼 수밖에 없다(대판 1985. 11. 12, 85누303〈운전면허취소처분의 취소사건〉).

[판례 2] 종전의 대법원 판례는 음주운전을 한 개인택시 운전사에게 음주운전을 이유로 운전면허를 취소한 것은 운전면허의 취소를 통하여 달성하고자 하는 공익(그러한 처분으로 음주운전을 막고 그로 인하여 국민의 안전을 보장한다는 이익)보다 운전면허의 취소로 개인택시 운전사가 받는 불이익(면허의 취소와 그로 인한 생업의 상실 및 개인택시 운전면허의 상실로 인한 불이익)이 크다고 보아 운전면허의 취소처분을 비례원칙 위반으로 위법한 것으로 보아 취소하는 경우가 적지 않았다. 그런데, 그 후 대법원은 동종의 사건에서 **판례를 변경하여 음주운전을 이유로 한 운전면허의 취소로 인하여 달성하고자 하는 공익이 개인택시 운전사가 그로 인하여 받는 불이익보다 크다고 보면서 그 운전면허의 취소처분을 적법한 것으로 보는 경향**이 있다(대판 1995. 9. 26, 95누6069; 대판 1996. 1. 26, 94누16168).

(4) 적 용 례

비례의 원칙은 모든 행정분야 및 모든 행정권 행사에 적용된다. 특히 재량권 행사의 한계, 부관의 한계, 경찰권 발동의 한계, 급부행정의 한계가 된다. 비례의 원칙의 파생원칙으로는 수익적 행정행위의 취소·철회의 제한법리(이익형량의 원칙), 형량명령이론, 과잉급부금지의 원칙 등이 있다.

[판례] 경찰관은 범인의 체포 또는 도주의 방지, 타인 또는 경찰관의 생명·신체에 대한 방호, 공무집행에 대한 항거의 억제를 위하여 필요한 때에는 **최소한의 범위 안에서 가스총을 사용할 수 있으나,** 가스총은 통상의 용법대로 사용하는 경우 사람의 생명 또는 신체에 위해를 가할 수 있는 이른바 **위해성 장비**로서 그 탄환은 고무마개로 막혀 있어 사람에게 근접하여 발사하는 경우에는 고무마개가 가스와 함께 발사되어 인체에 위해를 가할 가능성이 있으므로, 이를 사용하는 경찰관으로서는 인체에 대한 위해를 방지하기 위하여 상대방과 근접한 거리에서 상대방의 얼굴을 향하여 이를 발사하지 않는 등 **가스총 사용시 요구되는 최소한의 안전수칙을 준수함으로써 장비 사용으로 인한 사고발생을 미리 막아야 할 주의의무가 있다**(대판 2003. 3. 14, 2002다57218).

(5) 효　력

비례의 원칙은 평등의 원칙과 마찬가지로 헌법적 효력을 가진다. 비례의 원칙에 반하는 행정권 행사는 위법하고, 비례의 원칙에 반하는 법령은 위헌·무효가 된다.

2. 권한남용금지의 원칙

> 경찰관 직무집행법
>
> 제 1 조(목적) ① 생략
>
> ② **이 법에 규정된 경찰관의 직권은 그 직무 수행에 필요한 최소한도에서 행사되어야 하며 남용되어서는 아니 된다.**
>
> 행정기본법
>
> 제11조(성실의무 및 권한남용금지의 원칙) ① 행정청은 법령등에 따른 의무를 성실히 수행하여야 한다.
>
> ② **행정청은 행정권한을 남용하거나 그 권한의 범위를 넘어서는 아니 된다.**

행정법상 권한의 남용이란 행정기관의 권한이 법상 정해진 공익 목적에 반(反)하여 행사되는 것을 말한다. 권리남용금지의 원칙은 법치국가원리 내지 법치주의에 기초한 것이다(대판 2016. 12. 15, 2016두47659). 권한남용금지의 원칙은 행정의 목적 및 행정권한을 행사한 행정공무원의 내심의 의도까지 통제하는 원칙이다.

「행정기본법」은 권한남용금지의 원칙을 행정법의 일반원칙의 하나로 선언하고 있다. 즉 행정청은 행정권한을 남용하거나 그 권한의 범위를 넘어서는 아니 된다(제11조 제 2 항).

행정법상의 권한이 사적 목적으로 행사된 경우에 권한의 남용이 됨은 명백하다.

예를 들면, 공무원이 영업허가의 취소권을 허가취소의 대상이 되는 영업자와 경쟁관계에 있고 본인이 잘 알고 있는 다른 영업자의 이익을 위하여 행사한 것은 권한의 남용이 된다.

행정권을 정치적 목적으로 행사하는 것도 권한남용에 해당한다.

행정기관의 권한이 법상 정해진 목적이 아닌 전혀 다른 공익 목적을 위하여 행사된 경우에 그것은 권한의 남용에 해당한다. 그러나 행정목적을 위하여 행정기관 상호간에 협력할 의무도 있다고 보아야 하므로 행정청의 권한과 실질적 관련이 있는 다른 공익목적을 실현하기 위하여 행사되는 한에서는 권한의 남용에 해당하지 않는다고 보아야 할 것이다.

판례는 세무조사가 과세자료의 수집 또는 신고내용의 정확성 검증이라는 본연의 목적이 아니라 **부정한 목적**을 위하여 행하여진 것이라면 이는 **세무조사에 중대한 위법사유가 있는 경우**에 해당하고 이러한 세무조사에 의하여 수집된 과세자료를 기초로 한 **과세처분 역시 위법**하다고 보았다(대판 2016. 12. 15, 2016두47659).

제5절 경찰관의 직무

제 2 조(직무의 범위) 경찰관은 다음 각 호의 직무를 수행한다.
1. 국민의 생명 · 신체 및 재산의 보호
2. 범죄의 예방 · 진압 및 수사
2의2. 범죄피해자 보호
3. 경비, 주요 인사(人士) 경호 및 대간첩 · 대테러 작전 수행
4. 공공안녕에 대한 위험의 예방과 대응을 위한 정보의 수집 · 작성 및 배포
5. 교통 단속과 교통 위해(危害)의 방지
6. 외국 정부기관 및 국제기구와의 국제협력
7. 그 밖에 공공의 안녕과 질서 유지

「경찰관 직무집행법」은 경찰관의 직무로 1. 국민의 생명 · 신체 및 재산의 보호, 2. 범죄의 예방 · 진압 및 수사, 2의2. 범죄피해자 보호, 3. 경비, 주요 인사(人士) 경호 및 대간첩 · 대테러 작전 수행, 4. 공공안녕에 대한 위험의 예방과 대응을 위한 정보의 수집 · 작성 및 배포, 5. 교통 단속과 교통 위해(危害)의 방지, 6. 외국 정부기관 및 국제기구와의 국제협력, 7. 그 밖에 공공의 안녕과 질서 유지 등을 규정하고 있다(제 2 조).

제6절 경찰권의 근거

법률유보의 원칙에 따르면 일정한 행정권의 행사(중요사항유보설에 따르면 중요한 행정권의 행사)에는 법률의 수권(授權)이 있어야 한다. **법률유보원칙상의 수권**이란 원칙상 조직법상의 권한규정이 아니라 **작용법상의 수권**을 말한다. 그리고 **행정권의 수권**이란 원칙적으로 **개별적 수권**을 말한다. 그런데 경찰행정에 있어서는 경찰행정의 특수성에 비추어 일반적(개괄적) 수권도 가능하다는 견해가 제기되고 있다.

Ⅰ. 경찰법상 일반수권조항

1. 일반수권조항의 인정문제

일반수권조항(一般授權條項)이란 경찰권의 발동근거가 되는 개별적인 작용법적 근거가 없을 때 경찰권 발동의 일반적·보충적 근거가 될 수 있도록 개괄적(概括的)으로 수권된 일반조항을 말한다.

공공의 안녕과 질서를 유지하기 위하여 경찰권을 발동하여야 할 필요가 있는 경우에 법률에 개별적인 수권규정이 없는 경우에 일반수권조항이 경찰권 발동의 근거가 될 수 있는지에 대하여 견해가 대립되고 있다.

우리나라에서 **일반수권조항**(개괄적 수권조항이라고도 한다)의 논의는 두 차원, 즉 **입법론과 해석론의 차원**에서 행해지고 있다. 즉 일반수권조항을 규정하는 것이 우리 헌법질서상 가능한가 하는 논의(입법론)와 「경찰관 직무집행법」 제 2 조[29] 제 7 호, 제 2 조 제 7 호와 제 5 조 제 1 항 제 3 호, 제 5 조 제 1 항 제 3 호, 제 2 조 · 제 5 조 · 제 6 조의 결합 등이 경찰권 행사의 일반수권조항이 되는 것으로 해석될 수 있는가 하는 논의(해석론)가 그것이다.

---

29) 제 2 조(직무의 범위) 경찰관은 다음 각 호의 직무를 수행한다.
1. 국민의 생명·신체 및 재산의 보호
2. 범죄의 예방·진압 및 수사
2의2. 범죄피해자 보호
3. 경비, 주요 인사(人士) 경호 및 대간첩·대테러 작전 수행
4. 공공안녕에 대한 위험의 예방과 대응을 위한 정보의 수집·작성 및 배포
5. 교통의 단속과 교통 위해(危害)의 방지
6. 외국 정부기관 및 국제기구와의 국제협력
7. 그 밖에 공공의 안녕과 질서 유지

(1) 일반수권조항의 합헌성

경찰권 행사의 특수성에 의해 경찰행정법에서는 독일에서와 같이 일반수권조항을 적법한 수권조항으로 인정하여야 한다는 견해가 과연 헌법상 인정될 수 있는가 하는 문제가 제기된다.

1) 일반수권조항 합헌설

이 견해는 경찰행정법분야에서는 **경찰행정의 특성상** 일반적 수권도 인정하여야 한다는 것이다. ① 경찰권 발동상황의 다양성과 경찰권 발동이 필요한 상황의 예측불가능성에 비추어 경찰분야에서는 일반수권조항이 필요하고, ② 일반수권조항도 법률에 의해 규정되는 것이므로 헌법 제37조 제 2 항(법률유보의 원칙)에 정면으로 위배되는 것은 아니라고 본다.

2) 일반수권조항 위헌설

이에 대하여 일반수권조항은 현행 헌법상 위헌이라는 소수 견해가 있다.

① 이 견해는 우리 헌법상의 법률유보의 원칙은 행정권의 발동에 있어서의 법률의 수권은 개별적 수권이어야 한다고 보는 데 근거하고 있다. ② 또한 이 견해는 일반수권조항을 인정하게 되면 경찰권의 행사에 관하여 **백지의 포괄적 재량권**을 부여하는 것이 되어 경찰권의 남용으로 국민의 기본권이 침해될 우려가 크다는 데에도 근거하고 있다.

3) 사 견

경찰행정의 특성에 비추어 일반수권조항 합헌설이 타당하다.

(2) 현행법상 일반수권조항의 존재 여부

「경찰관 직무집행법」상 일반수권조항의 존재 여부와 관련해서 종래에는 제 2 조 제 7 호(그 밖의 공공의 안녕과 질서유지), 제 2 조 제 7 호와 제 5 조 제 1 항 제 3 호의 유추해석에 의해 인정하는 견해와 부정설이 주로 논의되었으나, 최근 들어 제 5 조 제 1 항 제 3 호(위험발생의 방지 등), 제 2 조 · 제 5 조 · 제 6 조(범죄의 예방과 제지)의 결합을 통한 유추해석에 의해 인정하는 견해들도 논의되고 있다. 한편 부정설은 ① 입법필요설과 ② 입법불필요설로 나뉜다.

1) 긍 정 설

가. 제 2 조 제 7 호를 일반수권조항으로 보는 견해 먼저 **전면적 긍정설**은 일반수권조항이 명문으로 규정되는 것이 바람직하지만 일반수권조항의 필요성 및 현재에 있어서의 일반수권조항의 흠결에 비추어 **일반수권조항이 입법되기 전까지는** 직무

규범에 포함되어 있는 「경찰관 직무집행법」 제 2 조 제 7 호를 권한규범(수권규범)[30]으로서의 일반조항으로 인정하여 경찰권의 발동을 가능하게 하여야 한다고 본다(류지태·박종수).

다음으로 부분적 인정설은 현행법상 일반수권조항을 인정할 수 있는가의 문제는 침해의 근거규범으로서 일반수권조항의 인정가능성의 문제와 비침해예방작용의 근거규범으로서의 일반수권조항의 인정가능성의 문제를 구분하여 보는 것이 타당하다고 본다. ① 침해작용의 경우에는 권한규범(수권규범)과 임무규정을 엄격히 구분하여야 하고, 침해적 경찰권의 발동에는 작용법적 수권규정의 근거가 있어야 하는데, 「경찰관 직무집행법」 제 2 조 제 7 호는 권한규범(수권규범)이 아니라 임무규범에 불과하며 사인에 대한 침해까지 가능하게 하는 규정으로 보아서는 아니 되며, 일반수권조항을 두는 입법조치가 필요하다. 그러나 ② 비침해예방작용에서 법적 근거는 임무규정만으로 족하다고 본다. 다만, 이러한 작용의 경우에도 개인의 권리·이익을 침해하기 위해서는 권한규범(수권규범)의 근거를 요한다(홍정선).

나. 제 2 조 제 7 호와 제 5 조 제 1 항 제 3 호의 유추해석[31]에 의해 인정하는 견해

이 견해는 일반수권조항을 「경찰관 직무집행법」 제 2 조 제 7 호와 제 5 조 제 1 항 제 3 호의 유추해석에 따라 인정하는 견해이다. 제 5 조 제 1 항 제 3 호는 개인적 법익에 대한 일반수권조항이라고 보고, 공동체적 법익에 대해서는 제 2 조 제 7 호를 유추적용하여 일반수권조항을 인정할 수 있다고 본다(손재영; 이기우).

다. 제 5 조 제 1 항 제 3 호의 유추해석에 의해 인정하는 견해 이 견해는 「경찰관 직무집행법」 제 5 조 제 1 항 제 3 호는 개인적 법익에 대한 위험이 존재하는 경우 위험방지조치를 수권하는 규정이기 때문에 사회적 법익이나 국가적 법익 또는 공공의 질서에 대한 위험이 존재할 때에는 경찰이 위험방지조치를 취할 수 없는 문제점이 발생한다고 보고, 이러한 문제점을 해결하기 위하여 사회적 법익이나 국가적 법익 또는 공공의 질서에 대한 위험이 존재할 때에는 개인적 법익에 대한 위험이 존재하는 경우에 위험방지조치를 수권하고 있는 법 제 5 조 제 1 항 제 3 호를 유추적용할 수 있다고 한다(서정범; 김성태; 홍준형). 한편 이 규정을 완전한 의미의 일반수권

---

30) 권한규범이라는 용어는 부적절하며 수권이라고 하는 것이 타당하다. 왜냐하면 일반적으로 행정법에서 **권한이라 하면 행정기관의 조직법상 권한**을 말하기 때문이다. 행정기관의 조직법상의 권한은 행정기관의 대외적 활동의 일반적인 한계를 의미한다.

31) 법률에 명시되어 있지 않은 사항에 대하여 그와 유사한 성질을 가지는 사항에 관한 법률을 적용하는 것을 유추해석이라고 한다.

조항이라고 할 수 없으며 제 5 조 제 1 항 제 3 호가 일반수권조항으로써 일반법으로 적용되는 것은 시기상조이며, 보호이익 측면과 수범자 측면, 비용상환 및 손실보상 측면 등의 법개정을 통해 보완될 때까지 유보되어야 할 것이라는 비판적인 견해도 있다(이기춘).

라. 제 2 조·제 5 조·제 6 조의 결합을 통한 유추해석에 의해 인정하는 견해 이 견해는 제 2 조 제 7 호에 규정된 "공공의 안녕과 질서유지"를 제 1 의 일반수권조항으로 보면서, 제 5 조 제 1 항 제 3 호를 개인적 법익의 보호를 위한 제 2 의 일반수권조항으로, 제 6 조를 국가적·사회적 법익의 보호를 위한 제 3 의 일반수권조항으로 보고 있다(朴正勳).

한편 「경찰관 직무집행법」 제 2 조 제 7 호를 일반수권조항으로 우선적으로 고려하여야 하나 동조항의 임무규범으로서의 성질이 강조되는 한, 제 5 조 제 1 항, 제 6 조가 보완적인 역할을 하여야 한다는 견해가 있다(이승민). 이 견해는 일반수권조항을 인정한다고 하더라도 이것이 「경찰관 직무집행법」을 전제로 하는 이상, 이는 제도적 의미의 경찰 외에 일반행정기관에는 적용되기 어려울 것이라고 한다. 따라서 이에 대해서는 입법을 통해 보완할 필요가 있을 것이라고 주장한다.

2) 부 정 설

「경찰관 직무집행법」 제 2 조 제 7 호, 제 5 조 제 1 항 제 3 호, 제 6 조를 일반수권조항으로 보는 것에 반대하는 견해이다. 부정설은 일반수권조항에 대한 입법필요성 여부에 따라 입법필요설과 입법불필요설로 나뉜다. 먼저 ① **입법필요설**(일반수권조항의 입법필요성 인정설)은 「경찰관 직무집행법」 제 2 조 제 7 호는 경찰의 직무범위 또는 조직법상의 일반적 권한을 정한 것이며 경찰권 발동의 작용법적 근거를 정한 것은 아니라고 보는데 근거하고 있다. 한편 현행 「경찰관 직무집행법」상의 개별적 수권조항들은 경찰상의 위험에 해당하는 경우를 포괄하고 있고, 특히 제 5 조 제 1 항은 다른 규정에서 규정하고 있지 않은 공백상태를 상당부분 규율하고 있어서 실무상 일반조항의 필요성이 그리 큰 것은 아니라고 보는 견해도 있다(김동희).

다음으로 ② **입법불필요설**(일반수권조항의 입법필요성 부정설)은 현행법상 일반수권조항이 존재하지 않을 뿐만 아니라 경찰권 발동의 근거조항은 개별적 근거조항이어야 하고, 경찰권의 일반적·포괄적 수권은 법치주의에 반하는 것으로서 허용될 수 없다는 견해이다(최영규).

3) 판　　례

아직 판례가 확립된 것이라고 볼 수는 없지만「경찰관 직무집행법」제 2 조에 근거하여 경찰권이 발동될 수 있다고 본 대법원 판결이 있다(아래 [판례 1]).

헌법재판소는 경찰법 제 3 조와「경찰관 직무집행법」제 2 조를 경찰권 발동의 일반수권조항으로 본다. 헌재 2011. 6. 30, 2009헌마406 결정에서 재판관 이동흡, 재판관 박한철의 반대의견도 이러한 입장을 취하고 있다(아래 [판례 3]). 그러나 재판관 김종대, 재판관 송두환의 보충의견은 "경찰의 임무 또는 경찰관의 직무 범위를 규정한 경찰법 제 3 조,「경찰관 직무집행법」제 2 조는 그 성격과 내용 및 일반수권조항이라 하여 국민의 기본권을 구체적으로 제한 또는 박탈하는 행위의 근거조항으로 삼을 수는 없다"고 하여 부정적인 입장을 취하고 있다(아래 [판례 4]).

[판례 1]　청원경찰법 제 3 조는 청원경찰은 청원주와 배치된 기관, 시설 또는 사업장 등의 구역을 관할하는 경찰서장의 감독을 받아 그 경비구역 내에 한하여 경찰관직무집행법에 의한 직무를 행한다고 정하고 있고, 한편 **경찰관직무집행법 제 2 조에 의하면** 경찰관은 범죄의 예방, 진압 및 수사, 경비, 요인 경호 및 대간첩작전수행, 치안정보의 수집작성 및 배포, 교통의 단속과 위해의 방지 기타 공공의 안녕과 질서유지 등을 그 직무로 하고 있는 터이므로 **경상남도 양산군 도시과 단속계 요원으로 근무하고 있는 청원경찰관이** 공소 외 2인이 원심판시와 같이 1984. 12. 29. 경상남도 양산군 장안면에 있는 피고인의 집에서 피고인의 형 공소 외 1이 **허가 없이 창고를 주택으로 개축하는 것을 단속한 것은 그들의 정당한 공무집행에 속한다고 할 것**이므로, 이를 폭력으로 방해한 피고인의 판시소위를 공무집행방해죄로 다스린 원심조치는 정당하다(대판 1986. 1. 28, 85도2448〈특수공무집행방해등〉). **[평석]** 판례는 단순히 위법건축물의 단속이 청원경찰의 직무범위에 속한다는 것을 판시하였을 뿐 단속조치가 구체적으로 어떤 수권규정에 근거하고 있는지를 언급하고 있지 아니하다.

[판례 2]　**주민등록증을 발급할 때 열 손가락의 지문을 날인하도록 하고, 경찰청장이 주민등록증 발급 신청서에 날인되어 있는 지문정보를 보관 전산화하고 이를 범죄수사 목적으로 이용하는 것은 개인정보자기결정권을 침해하는지 여부**(소극): 주민등록법 제17조의8 제 2 항 본문은 주민등록증의 수록사항의 하나로 지문을 규정하고 있을 뿐 '오른손 엄지손가락 지문'이라고 특정한 바가 없으며, 이 사건 **시행령조항에서는 주민등록법 제17조의8 제 5 항의 위임규정에 근거**하여 주민등록증발급신청서의 서식을 정하면서 보다 정확한 신원확인이 가능하도록 하기 위하여 **열 손가락의 지문을 날인하도록 하고 있는 것**이므로, 이를 두고 법률에 근거가 없는 것으로서 **법률유보의 원칙에 위배되는 것으로 볼 수는 없다**(헌재 2005. 5. 26, 99헌마513, 2004헌마190(병합) 전원재판부〈주민등록법제17조의8등위헌확인등〉)." **[평석]** 경찰청장이 명문의 규정이 없이 지문정보를 보관하는 행위가 법률유보의 원칙에 위배되는 것이라고 볼 수 없다고 한 사례로서 경찰법 제 3 조 및「경찰관 직무집행법」제 2 조에도 근거하

고 있다고 보았다. 이에 대해서는 반대의견이 있다. 즉 경찰법 제 3 조는 조직법이며 「경찰관 직무집행법」 제 2 조는 일반적인 직무집행의 범위를 규정한 것에 불과하다는 것이다 (재판관 송인준, 재판관 주선회, 재판관 전효숙의 반대의견).

[판례 3] "시의적절하고 효율적인 경찰권 행사를 위한 현실적 필요성이 있다는 점과 경찰권 발동의 근거가 되는 일반조항을 인정하더라도 경찰권 발동에 관한 조리상의 원칙이나 법원의 통제에 의해 그 남용이 억제될 수 있다는 점을 종합해 보면, **경찰 임무의 하나로서 '그 밖의 공공의 안녕과 질서유지'를 규정한 경찰법 제 3 조 및 경찰관직무집행법 제 2 조는 일반적 수권조항**으로써 경찰권 발동의 법적 근거가 될 수 있다고 할 것이다"(헌재 2011. 6. 30, 2009헌마406. 재판관 이동흡, 재판관 박한철의 반대의견).

[판례 4] "그 성격과 내용 및 아래와 같은 이유로 **'일반적 수권조항'이라 하여 국민의 기본권을 구체적으로 제한 또는 박탈하는 행위의 근거조항으로 삼을 수는 없으므로** 위 조항 역시 이 사건 통행제지행위 발동의 법률적 근거가 된다고 할 수 없다. 우선 우리 헌법이 국민의 자유와 권리를 제한하는 경우 근거하도록 한 '법률'은 개별적 또는 구체적 사안에 적용할 작용법적 조항을 의미하는 것이지, 조직법적 규정까지 포함하는 것이 아니다. 다음으로 이를 일반적 수권조항이라고 보는 것은 각 경찰작용의 요건과 한계에 관한 개별적 수권조항을 자세히 규정함으로써 **엄격한 요건 아래에서만 경찰권의 발동을 허용하려는 입법자의 의도를 법률해석으로 뒤집는 것**이다. 또한 **국가기관의 임무 또는 직무에 관한 조항을 둔 다른 법률의 경우에는 이를 기본권제한의 수권조항으로 해석하지 아니함에도 경찰조직에만 예외를 인정하는 것은 법치행정의 실질을 허무는 것**이다. 마지막으로 만약 위 조항들이 일반적 수권조항에 해당한다고 인정하더라도 **명확성의 원칙 위반**이라는 또 다른 위헌성을 피할 수 없으므로 결국 합헌적인 법률적 근거로 볼 수 없게 된다. **따라서 경찰청장의 이 사건 통행제지행위는 법률적 근거를 갖추지 못한 것이므로 법률유보원칙에도 위반하여 청구인들의 일반적 행동자유권을 침해한 것이다**"(헌재 2011. 6. 30, 2009헌마406. 재판관 김종대, 재판관 송두환의 보충의견).

4) 사 견

생각건대, 첫째, 「경찰관 직무집행법」 제 2 조 제 7 호는 경찰의 임무규정일 뿐이며 수권규정이라고 할 수 없다. 둘째, 「경찰관 직무집행법」 제 5 조 제 1 항 제 3 호는 일반수권조항의 성격을 갖는다고 볼 여지가 있으나 개인적 법익의 보호만이 그 대상이 되며 공동체적 법익의 보호는 그 대상이 되지 않는다. 셋째, 「경찰관 직무집행법」제 5 조에 의해 취할 수 있는 경찰조치도 경고와 제지에 국한된다는 점에서 한계가 있다. 따라서 **부정설이 타당하며** 독일[32)]처럼 **별도의 일반수권조항을 신설할 필요**

32) 「독일 통일경찰법모범초안」 제 8 조(일반적 권한) ① 경찰은 제 9 조로부터 제24조까지가 경찰의 권한을 특별히 규율하지 않는 한, 구체적인 경우에 존재하는 공공의 안녕 또는 질서에 대

가 있다(입법필요설).

다만, 국민에 대한 경찰권 발동이 아닌 경찰활동(예 국민의 프라이버시를 침해하지 않는 일반적인 정보의 수집)이나 국민에 대한 경찰권의 발동이라도 법률유보의 원칙이 적용되지 않는 사항인 경우(예 경찰상 지도)에는 법률의 수권 없이도 경찰작용이 가능하다(홍정선).

2. 일반수권조항에 따른 경찰권 발동의 요건

일반수권조항에 따라 경찰권이 발동되기 위하여는 일정한 요건을 갖추어야 한다. ① 공공의 안녕 또는 질서에 위해(危害) 또는 장애가 존재하여 이를 예방하거나 제거할 필요가 있어야 한다. ② 일반수권조항에 의한 경찰권의 발동은 개별수권조항에 의한 경찰권 발동이 불가능한 경우에 보충적으로 인정된다. ③ 경찰권의 발동은 원칙상 재량에 속한다. 이를 나누어 고찰하면 다음과 같다.

(1) 공공의 안녕 또는 질서에 위해 또는 장애가 존재하여 이를 예방하거나 제거할 필요가 있을 것

1) 공공의 안녕

공공의 안녕이란 ① 개인의 생명·건강·자유 및 재산의 안전과 ② 국가와 그 기관의 온전성을 말한다. 따라서 개인의 법익뿐만 아니라 공동체의 법익도 경찰상 보호의 대상이 된다.

가. 개인적 법익의 보호 개인의 생명·건강·자유·재산 등 개인적 법익도 경찰상 보호의 대상이 된다. 그러나 이에는 **다음과 같은 제한이 존재**한다. ① 사법상의 권리의 보호와 사인간의 법적 분쟁의 해결은 원칙적으로 경찰의 직무에 속하지 않는다. **개인의 법익이 타인에 의해 침해된 경우에 법원에 의해 구제될 수 없거나 법원에 의한 구제가 현저히 곤란한 경우에 한하여 보충적으로 경찰에 의한 보호의 대상이 된다.** 또한 경찰권에 의한 개인적 법익의 보호는 잠정적인 것이어야 한다. 이를 **경찰권 행사의 보충성의 원칙**이라 한다. ② 개인적 법익의 보호가 **공익을 위하여 필요한 경우**이어야 한다. 경찰권은 순수하게 사익의 보호만을 위하여는 행사될 수 없다.

예를 들면, 낭비벽이 있는 알콜중독자의 경우 ① 그 가족이나 알콜중독자의 재산을 보호하기 위하여는 경찰권이 행사될 수 없으나, ② 알콜중독자가 판단력을 상

한 위험을 방지하기 위하여 필요한 조치를 취할 수 있다.

실하고 알콜중독자 자신의 생명 또는 신체에 큰 위해가 발생한 경우에는 **일시적으로 보호조치**를 취할 수 있다. ③ 이 경우에도 「경찰관 직무집행법」 제 4 조 제 1 항 제 1 호의 요건에 해당하는 경우에는 일반수권조항의 보충성의 원칙에 비추어 해당 개별조항에 따른 경찰권이 발동되어야 하며 일반수권조항에 따른 경찰권의 발동은 인정되지 않는다.

나. 공동체 법익의 보호 경찰권은 국가와 그 기관의 온전성을 보호하기 위하여 행사될 수 있다. 보호의 대상이 되는 기관에는 의회, 정부, 법원, 국가의 행정청, 지방자치단체 및 공공시설(영조물)이 포함된다. 공동체 법질서(객관적 법질서)의 보호도 경찰권의 대상이 될 수 있다. 즉 공법규정의 위반은 공공의 안녕에 대한 위해가 된다고 본다. 특별한 공적인 이해관계가 있는 경우(**예** 경찰정보원의 신원 누설)에는 국가기관활동의 기능보호를 위해 촬영금지가 인정될 수 있다는 견해가 있다(류지태·박종수).

2) 공공의 질서

공공의 질서란 공동체 생활을 유지하기 위하여 불가결한 것으로 요구되는 가치질서 및 윤리질서를 말한다. 그때그때의 윤리관 및 가치관에 따를 때 공동생활을 위하여 불가결한 것으로 인식되는 불문규범의 총체를 말한다. 도덕적 질서는 공공의 질서의 유지와 관계있는 한에서만 경찰권 발동의 대상이 된다(**예** 혼인외 동거는 공공의 질서에 반하는 것이 아님).

공공의 질서를 형성하는 가치적·윤리적 질서는 시대에 따라 지역에 따라 다를 수 있으므로 공공의 질서의 내용은 시대에 따라 변하는 것이며 지역에 따라 다를 수 있다.

다원사회에서 개인의 윤리관과 가치관은 최대한 존중되어야 하므로 공공의 질서는 매우 엄격하게 최소한으로 인정되어야 한다.

독일의 판례는 ① 공동묘지에서 무도회를 개최하는 것 ② 사형수의 초상을 광고에 사용하는 것 ③ 화장 후에 남은 유골을 전시 판매하는 것 ④ 학교숙제를 대행하는 것 등을 공공의 질서에 반하는 행위의 예로 들고 있다(정하중).

[판례] 전기통신사업법 제53조 제 1 항은 '공공의 안녕질서 또는 미풍양속을 해하는 통신'으로 규정하고 이를 금지하고 있는바, 여기서의 '공공의 안녕질서'는 위 헌법 제37조 제 2 항의 '국가의 안전보장·질서유지'와, '미풍양속'은 헌법 제21조 제 4 항의 '공중도덕이나 사회윤리'와 비교하여 볼 때 동어반복이라 해도 좋을 정도로 전혀 구체화되어 있지 아니

하다. **적어도 공권력에 의하여 표현의 내용을 규제하는 입법에서 아무런 추가적인 제한요건 없이 막연히 '공공의 안녕질서 또는 미풍양속을 해하는'이라는 잣대로 일체의 표현을 규제하는 것**은 표현의 자유에서 요구하는 **명확성의 요청에 현저하게 부응하지 못한 것**이라 하지 않을 수 없다(헌재 2002. 6. 27, 99헌마480〈전기통신사업법 제53조등 위헌확인〉).

3) 공공의 안녕 또는 질서에 대한 위해 또는 장애의 존재

가. 위　해　　공공의 안녕이나 공공의 질서에 대한 위해(危害)란 공공의 안녕이나 공공의 질서를 침해할 상당한 위험을 말한다. 경찰권의 발동요건이 되는 공공의 안녕이나 공공의 질서에 대한 위해는 개연성이 있는 위해이어야 한다(예 ① 야간에 운전자가 인적이 전혀 없는 도로에서 교통신호를 준수하지 않은 경우, ② 구체적인 경우에 그로 인하여 교통상 장해가 발생할 수 있다는 것에 대한 고려 없이 주차금지표지판을 무시한 경우). 침해의 가능성만으로는 안 되며 개연성(상당한 가능성)이 있어야 한다. 경찰권 발동으로 표현의 자유가 제한되는 경우에는 '명백하고 현존하는 위험'(clear and present danger)이 있어야 한다.

[판례] **「집회 및 시위에 관한 법률」상 집회의 사전 금지 또는 제한이 있는 경우 및 실제 이루어진 집회가 당초 신고 내용과 달리 타인의 법익이나 공공의 안녕질서에 직접적이고 명백한 위험을 초래하지 않은 경우, 사전에 금지통고된 집회라는 이유만으로 해산을 명하고 이에 불응하였다고 하여 처벌할 수 있는지 여부(소극)**: 「집회 및 시위에 관한 법률」(이하 '집시법'이라 한다)상 일정한 경우 집회의 자유가 사전 금지 또는 제한된다 하더라도 이는 다른 중요한 법익의 보호를 위하여 반드시 필요한 경우에 한하여 정당화되는 것이며, **특히 집회의 금지와 해산은 원칙적으로 공공의 안녕질서에 대한 직접적인 위협이 명백하게 존재하는 경우에 한하여 허용될 수 있고, 집회의 자유를 보다 적게 제한하는 다른 수단, 예컨대 시위 참가자수의 제한, 시위 대상과의 거리 제한, 시위 방법, 시기, 소요시간의 제한 등 조건을 붙여 집회를 허용하는 가능성을 모두 소진한 후에 비로소 고려될 수 있는 최종적인 수단이다.** 따라서 사전 금지 또는 제한된 집회라 하더라도 실제 이루어진 집회가 당초 신고 내용과 달리 평화롭게 개최되거나 집회 규모를 축소하여 이루어지는 등 **타인의 법익 침해나 기타 공공의 안녕질서에 대하여 직접적이고 명백한 위험을 초래하지 않은 경우에는 이에 대하여 사전 금지 또는 제한을 위반하여 집회를 한 점을 들어 처벌하는 것 이외에 더 나아가 이에 대한 해산을 명하고 이에 불응하였다 하여 처벌할 수는 없다**(대판 2011. 10. 13, 2009도13846).

공공의 안녕질서에 대한 위해의 존재와 관련하여 문제되는 것이 ① 오상위험, ② 잠재적 위험, ③ 외관상 위험이다.

① 오상위험(경찰공무원이 어떤 상황을 '주관적으로' 위험하다고 판단하였으나, 그 상황판단이 잘못되었거나 장래의 예측에 하자가 있어 그런 판단에 상응하는 '객관적인' 위험은 실제로 존

재하지 않는 경우: 약간의 물적 손해를 일으킨 화재가 있은 후에 과민한 경찰관 갑은 가옥이 붕괴될 위험을 두려워하여 즉시 퇴거할 것을 명한 경우)은 경찰권 발동의 대상이 아니다.

② 잠재적 위험(처음에는 구체적인 위험이 존재하지 않고 장래의 외부적 사정이 부가됨으로써 비로소 경찰상의 보호이익에 대한 구체적인 위험이 발생하는 경우)에 있어서는 사전배려(사전예방)의 원칙이 적용될 수 있는 경우를 제외하고는 경찰권이 발동될 수 없다.

③ 외관상 위험(행정청이 개입하는 시점에서의 합리적인 판단에 의할 때 위험을 인정할 객관적인 근거는 존재하지만, 사후에 위험이 실제로는 존재하지 않았다는 것이 밝혀질 경우: 갑이 자동차열쇠를 잃어버려서 한밤중에 자신의 자동차문을 철사로 열려고 하는데, 경찰관 을이 절도를 저지하려고 갑에게 경찰권을 발동한 경우)에 있어서는 경찰권의 개입이 가능하다(박상희·서정범).

사전배려의 원칙(사전예방의 원칙)이란 종래의 전통적인 경찰법제에 의해 관리될 수 없는 위험인 불확실한 위험(잠재적 위험)이 중대하고 회복할 수 없는 손해를 발생시킬 수 있는 위험인 경우 공권력의 발동을 정당화하는 이론이다(예 순찰행위, 정보수집행위, 경찰상의 관찰행위 등).

공공의 안녕에 대한 위해와 공공의 질서에 대한 위해는 둘 중의 하나만 존재하면 족하다.

나. 장 애 공공의 안녕이나 공공의 질서에 대한 장애(障碍)란 공공의 안녕이나 공공의 질서에 대한 위험이 실현되어 손해가 이미 발생하여 계속되고 있는 상태를 말한다. 즉 손상이 발생했지만 법익침해가 계속되는 경우 혹은 손상이 발생된 상태가 또 다른 손상을 초래할 개연성이 있는 경우를 말한다. 법익에 대한 손상이 이미 발생하고 있기 때문에 장래에 대한 경찰작용은 방지가 아닌 제거로 설명되지만 이러한 장애제거 역시 위험방지의 한 형태로서 예방적 경찰작용으로 분류된다. 장애의 제거는 결과적으로 시간상 가장 급박한 위험에 대한 방지를 의미한다고 볼 수 있다.[33]

공공의 안녕이나 공공의 질서에 대한 장애가 경찰권 발동의 대상이 되는 것은 장래의 위해를 제거하기 위한 것이다. 그러므로 공공의 안녕이나 공공의 질서에 대한 장애로 인한 경찰권 발동도 이미 발생한 손해를 제거하는 것을 내용으로 하지만 실질적으로는 예방적인 성격을 갖는다고 할 수 있다.

---

33) 김성태, 「경찰정보활동임무」, 84쪽.

공공의 안녕이나 공공의 질서에 대한 장애의 경우에도 하나만 존재하면 된다.

4) 위해나 장애를 예방하거나 제거할 필요

공공의 안녕이나 공공의 질서에 대한 위해 및 장애라는 **불확정개념은** 원칙상 법 **개념이며 경찰권 발동기관에게 판단의 여지가 인정되지 않는다.** 그러나 '위해나 장애를 예방하거나 제거할 필요'의 판단에는 경찰권 발동기관에게 판단여지 또는 재량권이 인정된다고 보아야 한다. 경찰재량은 통상 위해나 장애를 예방하거나 제거할 필요(경찰권 발동의 필요) 여부의 결정시에 인정된다.

(2) 개별수권조항에 의한 수권의 불비(보충성의 원칙)

공공의 안녕이나 공공의 질서에 위해 또는 장애가 존재하여 이를 예방하거나 제거할 필요가 있는 경우에도 이에 관하여 개별수권조항에 의해 경찰권 발동의 근거가 규정되어 있는 경우에는 일반수권조항에 근거한 경찰권 발동이 인정될 수 없다.

(3) 경찰재량

경찰권의 발동은 원칙상 재량권에 속한다. 다만, 재량권의 영으로의 수축이론에 의해 재량권 발동에 있어 재량권이 인정되지 않는 경우가 있다.

Ⅱ. 개별적 수권조항

「경찰관 직무집행법」상 개별적 수권조항으로는 「경찰관 직무집행법」 제 3 조(불심검문), 제 4 조(보호조치 등), 제 5 조(위험 발생의 방지 등), 제 6 조(범죄의 예방과 제지), 제 7 조(위험방지를 위한 출입) 등이 있다.

제7절 경찰권의 행사(발동)

경찰권의 행사(발동)는 「경찰관 직무집행법」상 경찰권의 발동에 관한 내용으로 이에 대해서는 제 2 장 '표준적 경찰직무조치'에서 구체적으로 기술하고자 한다.

제8절 경찰권 행사의 한계

경찰권 행사의 한계는 ① 법규상의 한계와 ② 행정법의 일반원칙상의 한계로 나눌 수 있다.

경찰권 행사는 성문의 법규정에 구속될 뿐만 아니라 불문법인 행정법의 일반원칙에도 구속된다. 경찰행정분야에서는 **행정법의 일반원칙 중 특히 비례의 원칙이 중**요하다. 그리고 경찰권의 행사에는 **경찰의 본질에서 오는 일정한 한계**가 있다. 소극목적의 원칙, 공공의 원칙, 국민의 생명·신체 및 재산의 보호의무, 경찰책임의 원칙이 이에 해당한다. 다만, 이러한 경찰의 본질에서 오는 경찰권의 한계는 경찰권의 한계에 관한 경찰행정법상의 독자적인 의의를 가지는 측면이 없지 않지만 경찰권 발동의 독자적인 위법근거로 볼 수는 없고, 권한남용금지의 원칙, 사생활보호의 원칙, 비례의 원칙 등 헌법원칙이나 법의 일반원칙 등을 통하여 법적 구속력을 갖는다고 보는 것이 타당하다.

Ⅰ. 비례의 원칙

비례의 원칙은 헌법적 효력을 갖는 법의 일반원칙으로서 경찰권의 발동에도 적용된다. 경찰행정에 관련된 법률규정에서 비례의 원칙을 규정하고 있는 경우도 있지만(「경찰관 직무집행법」 제 1 조 제 2 항, 제 7 조 제 1 항, 제10조의2 제 1 항 등), 비례원칙은 **실정법률의 규정과 관계없이 경찰권 행사를 구속하는 헌법적 효력을 갖는 법원칙**이다. 그리하여 경찰권 행사에 있어서는 공공의 안녕과 질서에 대한 위해를 예방하고 제거할 필요성과 경찰권의 발동으로 인하여 경찰권의 발동대상이 되는 당사자에게 가해지는 기본권 등 권익에 대한 제한 사이에 합리적인 비례관계가 유지되어야 한다. 비례의 원칙은 적합성의 원칙, 필요성의 원칙(최소침해의 원칙) 및 협의의 비례원칙(상당성의 원칙)을 그 내용으로 한다(자세한 것은 전술 '법의 일반원칙' 참조).

Ⅱ. 소극목적의 원칙: 권한남용금지의 원칙

경찰은 공공의 안녕과 질서를 유지하기 위하여 공공의 안녕과 질서에 대한 위해를 방지하고 제거하는 것을 목적으로 하는 소극적인 행정작용이다. 이를 **소극목적의 원칙**이라 한다. 따라서 경찰기관은 법령에 특별한 규정이 없는 한 이러한 소극적인 경찰목적을 넘어 공공의 복리를 증진시키거나 사회경제질서를 유도할 목적으로 경찰권을 행사할 수 없다.

소극적인 경찰목적을 넘는 경찰권의 행사는 권한남용금지의 원칙 위반으로 위법하다. 예를 들면, 과당경쟁을 막기 위하여 식품위생법규 위반행위를 단속하는 것은 위법하다. 다만, 경찰권 행사에 의해 달성하려는 행정목적이 경찰목적과 실체적으로 관련이 있는 경우에는 적법하다고 할 수 있을 것이다.

[판례] 구청장이 관할구역 내의 분뇨처리에 관하여 이미 허가를 받은 영업자와 대행계약을 체결하였고, 그 영업자의 관할구역 내 분뇨 등의 처리능력이 충분하며, **추가로 영업허가를 할 경우 과당경쟁으로 인하여 폐해가 발생할 수 있다는 등의 사유**는 분뇨 등 관련 영업허가의 기준을 갖추어 허가신청을 한 자에 대하여 **허가를 거부할 만한 특별한 사정이라고 볼 수 없다**(서울행판 1999. 12. 14, 99구4371〈영업허가신청반려처분취소〉).

Ⅲ. 공공의 원칙: 권한남용금지의 원칙 및 비례의 원칙

1. 의 의

경찰은 공공의 안녕과 질서의 유지를 목적으로 하는 작용이다. 따라서 개인의 활동에 대하여는 원칙상 개입할 수 없고, 예외적으로 그 개인의 활동이 공공의 안녕과 질서에 위해를 가하는 경우에 한하여 경찰권을 발동할 수 있다. 이를 **공공의 원칙** 또는 **사생활자유의 원칙**이라 한다.

2. 인정 근거

종래 공공의 원칙은 경찰권의 조리상의 한계로 보는 것이 일반적인 견해였으나, **오늘날에 있어서는 헌법원칙에 포섭되는 원칙으로 보는 견해가 유력**하다. ① 사생활불가침의 원칙·사주소불간섭의 원칙은 헌법상 거주의 자유와 사생활의 비밀과 자유(헌법 제14조, 제17조)의 경찰법에의 적용이며, ② 민사관계불간섭의 원칙은 권력분립의 원칙상 당연하다고 보는 견해, 공공의 원칙은 비례의 원칙의 한 내용이라고 보는 견해 등이 그러하다.

생각건대, 공공의 원칙은 기본적으로 경찰의 본질에 관한 이론으로 경찰권의 범위를 정하는 이론이다. 공공의 원칙은 오늘날에도 경찰권의 사적 관계에의 개입을 막는 이론으로서 독자적인 존재의의를 갖는다. 다만, 경찰권의 한계로서의 공공의 원칙은 그 자체가 독자적인 법원칙이 아니라 권한남용금지의 원칙과 비례의 원칙을 통하여 경찰권의 한계가 된다고 보는 것이 타당하다.

3. 내 용

(1) 사생활불가침의 원칙

사생활불가침(私生活不可侵)의 원칙이란 경찰기관은 공공의 안녕 및 질서와 관계없는 개인의 생활이나 행동에 간섭하여서는 안 된다는 원칙을 말한다. 사회공공의 안녕 및 질서와 관계없음에도 경찰이 사생활에 개입하는 것은 헌법상의 프라이버시 권리를 침해하고 권한남용이 되어 위법하다. 또한 비례의 원칙(특히 적합성의 원칙)에도 반한다. 그러나 사생활이라 하여도 공공의 안녕 및 질서에 위해를 야기하는 경우(예 데이트폭력)에는 경찰권이 발동될 수 있다.

(2) 사주소불간섭의 원칙

사주소불간섭(私住所不干涉)의 원칙이란 경찰기관은 공공의 안녕 및 질서와 관계없는 개인의 사주소를 침해해서는 안 된다는 원칙을 말한다. 사주소란 일반공중의 통행으로부터 차단된 장소를 말한다. 주택뿐만 아니라 비거주건물이나 공간(예 공장·사무실·창고 등)도 사주소에 포함된다. 공공의 안녕 및 질서와 관계없음에도 경찰이 사주소에 들어가는 것은 헌법상의 프라이버시권리, 주거의 자유를 침해하고, 권한남용이 되어 위법하다. 또한 비례의 원칙(특히 적합성의 원칙)에도 반한다. 그러나 사주소 내의 행위라도 공공의 안녕 및 질서에 위해를 야기하는 경우에는 경찰권이 발동될 수 있다. 다만, 이 경우에도 비례의 원칙(특히 협의의 비례원칙) 등에 반하여서는 안 된다. 예를 들면, 사주소 내에서의 소음이 이웃의 생활의 평온을 해치는 경우에는 경찰권이 발동될 수 있다.

(3) 민사관계불간섭의 원칙

민사관계불간섭(民事關係不干涉)의 원칙이란 경찰기관은 공공의 안녕 및 질서와 관계없이 민사관계에 개입해서는 안 된다는 원칙을 말한다. 공공의 안녕 및 질서와 관계없음에도 경찰이 민사문제(예 임대차관계에서 임차인이 계약기간이 만료되었음에도 방을 빼지 않는 행위)에 개입하는 것은 헌법상의 사경제자유의 원칙을 침해하고, 권한남용이 되어 위법하다. 또한 비례의 원칙(특히 적합성의 원칙)에도 반한다. 그러나 민사

문제라도 공공의 안녕 및 질서에 위해를 야기하는 경우에는 경찰권이 발동될 수 있다. **경찰이 개입할 수 있는 민사영역**으로는 ① 사권(私權)의 실현에 경찰이 조력하는 경우와 ② 부당요구와 위법한 자력구제(自力救濟)가 행해지려고 하는 경우를 들 수 있는데, 후자가 대부분이라 할 수 있다(박응광). 다만, 이 경우에도 비례의 원칙(특히 협의의 비례원칙) 등에 반하여서는 안 된다. 예를 들면, 경찰기관은 암표매매행위(범칙금 16만원)를 단속할 수 있다(「경범죄 처벌법」 제 3 조 제 2 항 제 4 호).

민사관계불개입원칙은 19세기 말 프로이센에서 경찰관이 민사분쟁에 개입하여 직권을 남용하는 것을 금지하는 것에서 비롯된 것인데, 일제강점기 일본을 거쳐 우리나라에 도입된 이후 금과옥조(金科玉條)처럼 굳어져버렸다는 비판적인 견해가 있다(朴正勳). 즉 "이미 20세기 초 프로이센 고등행정재판소는 사적인 재산권이라 하더라도 민사재판을 통한 법원의 보호를 적시에 받을 수 없는 급박한 상황 하에서는 (당시에는 실질적 의미의) 경찰이 개입할 수 있는 권한이 있다"는 여러 판례를 남겼다. 1945년 이후 **「연방과 주의 통일적 경찰법의 모범초안」**은 제 1 조 제 1 항 제 1 문의 "경찰은 공적 안전 또는 질서에 대한 위험을 방지할 임무를 갖는다"라는 개괄적 임무조항에 이어, 동조 제 2 항에서 "사권의 보호는 법원에 의한 보호가 적시에 이루어질 수 없고 경찰의 개입 없이는 권리의 실현이 불가능하게 되거나 현저히 곤란해질 경우에 한하여 경찰이 이 법률에 따라 이를 행한다"라는 이른바 **사권보호조항**을 두었다. "**독일의 대부분의 주에서 입법이 이루어졌다**"라고 지적하고 있다.

Ⅳ. 국민의 생명, 신체 및 재산의 보호의무

경찰기관은 직무상 국민의 생명, 신체 및 재산을 보호하기 위하여 노력하여야 할 일반적인 의무를 진다. 경찰권의 발동에는 재량권이 인정되고, 경찰력에는 일정한 한계가 있으므로 경찰권이 발동되지 않았거나 경찰권이 잘못 행사되었다고 하여 그것만으로 경찰권의 행사나 불행사가 위법하다고 할 수는 없다. 그러나 재량권이 영(零)으로 수축하는 경우에는 경찰권의 불행사는 위법하게 되며 경찰권의 행사가 직무상 손해방지의무에 위반하는 경우에는 위법하고 과실이 있어 국가배상책임을 인정할 수 있다(대판 1998. 8. 25, 98다16890).

Ⅴ. 경찰책임의 원칙

1. 경찰책임의 의의

경찰책임이란 경찰상 위해의 발생에 대한 책임을 말한다. 즉 경찰위반의 상태(위해)가 발생한 경우에 그 원인을 제공한 자가 경찰권 발동의 상대방이 되어 명령 또는 강제라는 불이익을 받을 지위를 말한다(최영규). 경찰책임이 있는 자를 **경찰책임자**라 한다. 발생된 위해를 제거하기 위한 경찰권의 행사는 원칙상 경찰책임이 있는 자에게 행하여져야 한다. 이것을 **경찰책임의 원칙**이라 한다. 그러나 경찰책임자에 대한 경찰권의 발동이 어려운 경우에는 예외적으로 경찰책임이 없는 자에게도 경찰권이 발동될 수 있다.

통상 경찰권의 발동은 고권적 조치로서 그 상대방의 기본권을 제한하게 되므로 법률유보의 원칙에 따라 경찰권 발동의 상대방은 법률로 규정되어야 한다. **경찰책임의 이론은** 경찰권 발동의 대상자를 법률로 정하는 경우에 그 **입법의 기준**이 된다. 그런데 경찰권 발동의 대상을 규정하는 법률의 규정이 추상적으로 규정되어 있거나, 일반수권조항의 경우 또는 개별수권조항의 경우에도 경찰권 발동의 대상자를 백지로 규정하고 있는 경우가 있을 수 있고, 이 경우에는 해석에 의해 경찰권 발동의 대상자를 정하여야 하고 이 해석에 있어서 경찰책임의 이론이 **해석기준**이 된다.

경찰책임에는 행위책임과 상태책임이 있다. 행위책임과 상태책임에는 1명의 경찰책임자가 있는 경우도 있지만 경찰책임자가 여러 명인 경우도 있다. 후자의 경우를 다수자책임의 문제라고 한다. 또한 행위책임과 상태책임이 경합하는 경우도 있다. 이와 같이 경찰책임자가 여러 명인 경우에 누가 우선적으로 경찰권 발동의 대상이 되는가 하는 문제가 제기된다. 그리고 경찰책임이 타인에게 승계되는가 하는 문제와 행정기관이 경찰책임자인 경우에 경찰권 발동의 대상이 될 수 있는가 하는 것이 또한 문제가 된다.

2. 경찰책임의 주체

자연인과 사법인이 경찰책임의 주체가 될 수 있다고 보는 것에는 이견(異見)이 없지만 공법인이나 국가기관이 경찰책임의 주체가 될 수 있는가에 관하여는 견해가 대립되고 있다.

(1) 자연인 및 사법인

경찰책임은 **경찰책임자의 고의 또는 과실을 요하지 않으므로** 행위능력이나 불법행위능력이 없는 자연인(自然人)도 경찰책임자가 될 수 있다. 다만, 행위능력이 없는 경찰책임자에 대한 경찰권의 발동으로 인한 의무부과처분은 법정대리인에게 송달되어야 한다.

사법인(私法人)뿐만 아니라 권리능력 없는 사단(예 동창회, 친목회)도 경찰책임자가 될 수 있다.

(2) 공법인 및 행정기관

공법인 및 행정기관(이하 '공법인 등'이라 한다)이 경찰책임의 주체가 될 수 있는가 하는 문제가 제기된다(예 국방부가 관리하는 비행장, 사격장에서의 소음 등). 공법인 등의 경찰책임의 문제는 공법인 등이 경찰관계법령에 구속되는가 하는 **실질적 경찰책임**의 문제와 공법인 등이 경찰상 위해를 제거하기 위한 경찰권 발동의 대상이 될 수 있는가 하는 **형식상 경찰책임**의 문제를 구분하여야 한다.

1) 실질적 경찰책임

법우위의 원칙상 공법인등도 경찰법규를 준수하여야 할 의무를 진다는 것이 일반적 견해이다(박상희·서정범). 다만, 공법인 등이 담당하는 공적 임무의 수행을 위하여 실질적 경찰책임이 면제될 수 있다. 이에 관한 법률의 규정이 있는 경우는 물론이고, 명문의 규정이 없는 경우에도 공법인 등의 공적 임무의 수행을 통한 공익과 공공의 안녕과 질서의 유지라는 공익을 **비교형량**하여 공법인 등의 실질적 경찰책임이 면제될 수 있다(김성수).

2) 형식적 경찰책임

공법인 등의 형식적 경찰책임(공법인 등이 경찰상 위해의 제거를 위한 경찰권 발동의 대상이 될 수 있는가)에 관하여 부정설, 긍정설(제한적 긍정설)이 대립하고 있다. **부정설**은 다른 국가기관에 대한 경찰상 위해를 제거하기 위한 경찰권 발동을 부정하는 견해이다(홍정선). 그 이유는 조직법상 이러한 형식적 경찰책임이 인정된다면 이는 국가나 지방자치단체 또는 다른 공법인에 대한 경찰행정관청의 우위를 인정하는 결과가 되기 때문이라고 한다(김성수). **긍정설**(제한적 긍정설)은 경찰기관의 위해방지를 위한 경찰권 발동은 원칙적으로 다른 국가기관에 대해서도 인정되어야 한다고 본다. 다만, 다른 국가기관의 적법한 임무수행을 방해하지 않는 범위 안에서만 경찰기관의 경찰권 발동이 가능하다고 한다(박윤흔·정형근). 엄밀히 말하면, 이 견해는 제한적 긍정설이라 하는 것이 타당하다. 생각건대, **제한적 긍정설이 타당하다**. 즉 경찰권의 발동으로 달성되는 공익이 다른 국가기관의 업무수행으로 인한 공익보다 훨씬 큰 경우에는 국가기관 등에 대한 경찰책임을 인정하는 것이 타당하다. 다만, 이 경우에 다른 국가기관에 경찰권을 발동하기 위하여는 행정권한법정주의의 원칙상 법률의 근거가 있어야 할 것이다.

3. 행위책임

(1) 행위책임의 개념

행위책임(行爲責任)이란 자기 또는 자기의 보호·감독하에 있는 **사람의 행위**(예 ① 지하철의 선로 위에 드러눕는 행위, ② 주유소의 종업원이 부정휘발유를 판매한 경우, ③ 인터넷상의 콘텐츠에 대하여 콘텐츠를 작성하여 올리는 행위)로 인하여 질서위반의 상태가 발생한 경우에 행위자 또는 사용자가 지는 경찰상의 책임을 말한다. 행위책임은 **우리나라 헌법재판소도 인정하는 자기책임원리**(Selbstverantwortung)**를 근거**로 한다. 경찰상 행위책임은 민사책임이나 형사책임과는 다른 내용을 갖는다. ① 경찰상 행위책임은 민사책임이나 형사책임과 달리 행위자의 의사능력, 행위능력 및 과실 여부를 묻지 않고 인정되는 책임이다. ② 경찰상 행위책임에 있어서의 인과관계는 민사책임에서의 상당인과관계와는 다르다(후술 '인과관계' 참조).

(2) 행 위

경찰상 위해의 상태를 발생시킨 행위는 작위뿐만 아니라 부작위도 포함된다. **작위**란 일정한 적극적 행위로 나아가 법적 책임을 져야 하는 일정한 행위를 하는 경우를 말한다. 반면 **부작위**란 질서위반상태의 발생을 방지할 법적 의무가 있는 자가 그 의무를 이행하지 않고 있는 것을 말한다.

(3) 타인의 행위에 대한 책임 여부

타인을 보호 또는 감독하는 자는 피보호자 또는 피감독자의 행위로 인하여 생긴 질서위반의 상태에 대하여 경찰상 책임을 진다. 타인의 행위에 대하여 경찰책임이 인정되는 경우에도 행위자의 경찰책임이 면제되는 것은 아니다. 즉 **실제의 행위자와 감독자가 동시에 경찰책임**을 진다. 경찰책임자는 법률로 정하여야 한다. 따라서 타인의 행위에 대하여 책임을 지도록 하는 경우에는 **법률에 근거가 있어야 한다**(양벌규정).

(4) 주관적 책임요건(고의·과실)의 불요

경찰책임의 경우 행위자인 피감독자나 감독자의 고의 또는 과실은 원칙상 그 요건이 되지 않는다. 타인의 행위에 대한 보호자 또는 감독자의 경찰책임은 민사상의 사용자나 후견인의 책임과 달리 보호자 또는 감독자의 고의·과실을 요하지 않는다. 피감독자의 고의나 과실을 요하지도 않는다. 다만, 경찰상 형벌에 처할 때에는 특별한 규정이 없는 한 형법총칙이 적용되어 고의가 있는 경우에 한하여 책임을 지고, 위법성에 대하여는 위법성인식가능성이 있어야 한다. 물론 법에서 과실이 있는 경우에도 처벌하는 규정을 둘 수 있다.

(5) 인과관계

1) 의 의

경찰책임이 인정되기 위하여는 발생된 경찰상의 위해와 경찰책임자의 행위(타인의 행위로 인한 책임의 경우에는 피감독자의 행위) 사이에 인과관계가 존재하여야 한다. 이에 대해서는 학설대립이 있다. **직접원인설**은 원칙적으로 경찰위반상태를 직접 야기한 행위자만이 경찰책임을 지고 간접적인 원인제공자는 경찰책임을 지지 않는다는 견해이다. **조건설**은 경찰위반상태의 조건이 된 모든 행위는 경찰위반상태의 원인이 된다는 견해이다. **상당인과관계설**은 인과관계를 일반경험칙에 따라 피해자 구제의 견지에서 인과관계를 판단하는 견해이다. **현재의 일반적 견해는 직접원인설**이다. 직접원인설에 따르면 경찰위반상태에 직접적인 원인을 제공한 자만이 경찰책임이 있고, 간접적인 원인만을 제공한 자는 경찰책임자가 되지 않는다.

2) 직접원인의 판단기준

행위자가 직접원인자인가 간접원인자에 불과한가는 어떠한 기준에 의해 판단되는가.

생각건대, **직접원인의 판단기준은 책임의 일반이론 및 관계기본권의 보장 및 경찰행정목적의 달성을 고려하여 결정되어야 할 것이다.** ① 경찰위반상태에 대한 행위자의 원인의 중대성이 고려되어야 한다. 경찰위반상태에 대하여 단순히 조건을 제공하거나 원인을 제공한 자를 경찰책임자로 보아서는 안될 것이다. ② 발생된 경찰위반의 상태의 중대성, 긴급성 및 행위자에게 경찰행정목적을 달성하기 위하여 위해의 제거의무를 부과하는 것의 타당성이 고려되어야 한다. ③ 경찰권 발동으로 인한 기본권의 제한 여부 및 정도를 고려하여 경찰권의 발동으로 그 대상자의 기본권이 지나치게 침해되어서는 안 될 것이다.

4. 상태책임

(1) 상태책임의 의의

상태책임이란 물건의 소유자 및 물건을 사실상 지배하는 자가 그의 지배범위 안에서 그 물건으로부터 경찰위반의 상태가 발생한 경우에 위해제거조치의 상대방이 됨으로써 지게 되는 책임을 말한다. 어떤 물건의 상태가 객관적으로 위해를 조성하고 있는 경우에 그 물건의 관리자가 지는 책임이다(최영규)(예 ① 자동차가 주차금지 구역에 주차되어 있는 경우에 소유자의 책임, ② 인터넷상의 콘텐츠의 위법적 내용을 알 수 있고, 그를 차단하는 것이 기술적으로 가능한 경우의 서비스제공자의 책임). 상태책임은 물건의 위험한 상태가 경찰상 위해를 야기하고 있는 경우에 해당 물건에 대하여 지배력이 있는(해당 물건의 위험한 상태에 대하여 영향력을 미칠 수 있는) 자에게 그 경찰상 위해를 제거하도록 하는 것이 타당하다는 데 근거한다. 상태책임은 물건으로부터 경제적 이익을 얻는 사람은 물건으로부터 발생하는 위험 또는 장해에 대해서도 원칙적으로 책임을 부담하여야 한다는 사고에 기초하고 있다(홍정선). 따라서 **상태책임의 근거는 헌법 제23조 제2항의 재산권의 공공복리적합의무라고** 할 수 있다.

(2) 상태책임의 주체

상태책임의 주체는 경찰상 위해를 야기하고 있는 물건의 소유자, 해당 물건에 대하여 사실상 지배력을 미치고 있는 자이다. ① **사실상 지배력을 미치고 있는 자의 경우** 점유자뿐만 아니라 물건에 대한 권원의 유무와 관계없이 물건을 현실적으로 지배하고 있는 자에게도 상태책임이 인정된다. ② 그리고 **소유권자의 경우** 물건의 소유권자는 통상 2차적인 책임자가 된다. ③ 그러나 **물건이 도난당한 경우**와 같이 사실상 지배력을 미치고 있는 자가 소유자의 의사와 관계없이 지배력을 행사하고 있는 경우에는 **소유권자는 상태책임을 지지 않는다**고 보아야 한다.

(3) 상태책임의 요건 및 한계

① 상태책임이 인정되기 위하여는 물건의 상태가 경찰상 위해를 야기하고 있어야 한다. ② 원칙상 경찰상 위해의 발생원인에 관계없이 상태책임이 인정된다. 그 이유는 해당 물건의 이용으로부터 일정한 이익을 얻은 때에는 이러한 이용과 연계되어 있는 불이익에 대해서도 책임을 져야 하기 때문이다(류지태·박종수). ③ 그러나 소유권자 등이 감당하여야 할 위험영역을 넘는 비정형적인(소유권자 등에게 전혀 책임이 없는) 사건에 의하여 해당 물건이 경찰상 위해를 야기하고 있는 경우에는 소유

권자 등의 상태책임이 배제되는 것으로 보아야 한다. 다만, 후술하는 바와 같이 경찰상 긴급한 경우에 예외가 인정될 수 있다. ④ 애초에는 물건의 상태가 경찰상 위해를 야기하지 않았으나 물건의 소유자나 점유자의 귀책사유 없는 사정변경에 의해 공공의 안녕과 질서에 위해를 가하게 된 경우에 해당 물건의 소유자나 점유자는 상태책임을 지는가 하는 것이 문제된다. 이것이 바로 **잠재적 위험의 실현에 대한 경찰책임의 문제**이다. 이 경우에도 경찰책임을 인정하는 것이 타당하다. 왜냐하면 상태책임은 지배권자의 귀책사유와 관계없이 현재의 물건의 상태로 인하여 경찰상 위해가 발생된 경우에 인정되는 것이어야 하기 때문이다.

5. 다수자책임(복합적 책임)

경찰책임자가 다수인 경우에 누구에게 경찰권을 발동할 것인가 하는 문제가 제기된다. **다수자책임**의 문제는 경찰상 위해가 다수인의 행위에 의해 야기되거나 행위책임과 상태책임이 경합하게 되는 경우 등에 제기된다.

(1) 경찰권 발동 대상자의 결정

경찰책임자가 다수인 경우에는 경찰상 위해제거의 효율성과 비례의 원칙을 고려하여 경찰권 발동의 대상자를 결정하여야 한다. ① 일차적으로는 **경찰상 위해제거의 효율성을 고려**하여야 한다. 따라서 경찰권 발동을 누구에게 할 것인가는 원칙적으로 경찰권 발동자의 재량에 속한다. ② 이차적으로는 **경찰상 위해에 보다 중요한 원인을 제공한 자에게 우선적으로 경찰권이 행사**되어야 한다. 이러한 측면에서 행위책임과 상태책임이 경합하는 경우에는 우선적으로 행위책임자에 대하여 경찰권이 발동되어야 하고, 동일인이 복합적인 책임을 지는 경우에는 하나의 책임을 지는 자보다는 복합적 책임을 지는 자가 우선적으로 경찰권 발동의 대상이 되어야 한다.

(2) 다수책임자 사이의 비용부담: 비용상환청구권의 인정 여부

다수책임자의 경우에 경찰권 발동이 적법한 경우에 경찰책임의 이행에 드는 비용의 부담을 어떻게 할 것인가. 달리 말하면 민법상의 사무관리규정이나 연대채무에 기한 비용상환청구권이 인정될 것인가 하는 문제가 제기된다.

이에 관하여는 긍정설, 부정설과 절충설이 대립되고 있다. **긍정설**은 다수의 경찰책임자 중에서 어느 한 사람에게만 경찰권이 발동된 경우에는 그 사람은 다른 경찰책임자에게 민법상의 연대책임자 사이의 책임의 분담에 관한 규정과 법리를 유추적용하여 비용상환을 청구할 수 있다는 견해이다. **부정설**은 다수의 경찰책임자 중에서 어느 한 사람에게만 경찰권이 발동된 경우에는 그 자는 다른 경찰책임자에게 비용상환을 청구할 수 없다는 견해이다. 절충설은 다수책임자의 경우에 경찰기관이 특정인에게만 경찰권을 발동하였다고 하더라도 해당 원인행위의 중대성에 비추어 해당 당사자에 대한 경찰권의 발동이 위해방지를 위한 흠 없는 재량권 행사로 볼 수 있는 경우에는 해당 당사자의 다른 당사자에 대한 민법상의 사무관리에 관한 규정이나 연대채무에 근거한 비용상환청구권은 인정될 수 없다고 본다(홍정선). 그러나 각 행위책임자들이나 상태책임자들이 부담하는 의무내용이 동일한 경우에는 민법상의 연대채무자 간의 내부구상권에 관한 규정이 유추적용될 수 있다고 본다(박윤흔·정형근). 생각건대, 긍정설이 타당하다. 그 논거는 다음과 같다. 경찰권의 발동의 문제와 다수책임자 사이의 비용부담의 문제는 별개의 문제로 보는 것이 타당하다. 즉 경찰권 발동은 경찰상 위해의 효율적인 제거가 주된 기준이 되는데 반하여 다수책임자 사이의 비용부담의 문제는 책임분담의 원리에 따라 결정되는 것이 정의의 원칙에 비추어 타당하다. 다수책임자 사이의 비용부담은 민법상의 연대채무자 사이의 책임분담의 법리를 유추적용하여 원인행위의 중대성과 경찰상 위해의 발생에 대한 기여의 정도에 비례하여 분배하고, 원인행위의 중대성과 위해의 발생에 대한 기여에 대한 입증이 어려운 경우에는 동일하게 비용을 분담하여야 할 것이다.

6. 긴급시 제 3 자의 경찰책임

(1) 의 의

경찰상 위해나 장애에 직접 책임이 없는 제 3 자에 대하여 경찰권이 발동될 수 있는가 하는 문제가 제기된다.

(2) 요 건

1) 경찰상 긴급상태

경찰상 긴급상태(緊急狀態)의 경우에 한하여 이를 긍정하여야 할 것이다. 경찰상 긴급상태란 경찰상 중대한 위해나 장애의 제거가 필요함에도 경찰책임자에게 경찰권을 발동할 수 없거나(예 경찰책임을 야기한 자의 사망) 발동하여도 경찰상 위해나 장애를 제거하기 어렵고, 경찰행정기관의 개입에 의해 경찰상 위해나 장애를 제거할 수 없는 상태를 말한다.

2) 비례의 원칙

제 3 자에게 경찰권을 발동하는 경우에는 비례의 원칙에 따라야 한다. 따라서 경찰행정기관 및 경찰책임자에 의해 경찰상 위해나 장애를 제거할 수 없어야 하고, 경찰상 위해나 장애를 제거할 필요성이 경찰권의 발동으로 제 3 자가 입게 되는 불이익보다 커야 한다.

3) 법률의 근거

제 3 자에 대한 경찰권의 발동에는 법률의 근거가 있어야 한다. 원칙상 개별법에 근거가 있어야 하지만, 예외적으로 일반수권조항에 근거하여서도 인정될 수 있을 것이다. 이에 대하여 법치행정의 원칙에 비추어 가장 전형적인 권력작용인 경찰권을 일반수권조항에 따라 비책임자인 제 3 자에 대해 발동할 수 없다고 보아야 한다는 반대견해가 있다.

(3) 손실보상

제 3 자에 대한 경찰권의 발동으로 제 3 자가 특별한 손실을 입은 경우에 그 손실을 보상해 주어야 한다(자세한 것은 후술 '적법한 경찰의 조치에 대한 손실보상청구권' 참조).

7. 경찰책임의 승계

경찰책임자가 사망하거나 영업 또는 물건을 양도한 경우에 경찰상 책임이 상속인이나 양수인에게 이전되는가 하는 문제가 제기된다.

(1) 행위책임의 승계문제

행위책임은 인적 성질의 책임이고 공법상 책임이므로 원칙상 양수인에게 양도가 인정되지 않는다고 보아야 한다. **부정설이 다수설이며 타당하다. 다만, 상속은 포괄적인 승계이므로 행위책임도 원칙상 상속인에게 승계된**다고 보아야 할 것이다. 이에 대하여 경찰상 의무가 대체가능한 경우에는 법률의 근거가 있는 경우에 승계가 가능하다고 보는 견해가 있다(정하중). **행정법규 위반이 제재처분의 대상이 되거나 가중요건이 되는 경우에 이러한 행정법규 위반이라는 사실이 영업의 양수인에게 이전되는가 하는 문제도** 경찰책임(경찰의무)의 승계문제로 보는 견해가 많으나, 이는 **행정법규 위반효과의 이전이라는 별도의 문제로 보는 것이** 타당하다.

(2) 상태책임의 승계문제

상태책임의 승계문제에 관한 학설은 다음과 같다. **긍정설**은 소유권을 양도하거나 포기한 자는 원칙상 상태책임을 면하고, 양수인이 상태책임을 진다는 견해이다. **이 견해가 다수설**이다. **승계규범필요설**은 일반적인 승계가능성 외에 승계요건을 정한 승계규범이 있어야 상태책임이 승계된다는 견해이다. 경찰책임의 승계에는 법률의 근거가 있어야 하고, 법률이 정한 승계요건을 충족하여야 한다고 본다. 다만, 포괄승계의 경우에는 상속에 관한 민법 제997조, 제1005조를 일반적 법사상의 표현으로 유추적용할 수 있다고 본다(정하중). **개별적 결정설**은 포괄승계와 특별승계, 구체적 책임(경찰책임이 경찰처분에 의해 구체화되어 있는 경우)의 승계와 추상적 책임(경찰처분에 따라 구체화되지 않은 법령상의 책임)의 승계를 구별하여 개별적으로 판단하여야 한다는 견해이다. 추상적 책임은 승계되지 않는다. 생각건대, 양수인은 양수 후에 경찰상 위해가 계속되는 한 상태책임을 진다. 그러나 이 경우에 양수인이 상태책임을 지는 것은 양도인의 상태책임을 승계하여 지는 것이 아니라 경찰상 위해가 발생하고 있는 현재 해당 물건을 소유하고 지배하고 있기 때문에 새로이 상태책임을 지는 것이다(신규책임설).

(3) 법률의 근거

경찰책임(경찰의무)의 승계에는 법률의 근거가 있어야 한다고 보는 견해가 있으나(정하중), 행위책임의 승계에는 법률의 근거가 있어야 하나 상태책임의 승계에는 법률의 근거가 없어도 된다고 보는 견해가 타당하다.

(4) 경찰책임의 승계와 비용부담

경찰책임의 이행에 필요한 비용부담에 관한 양도인과 양수인의 합의는 효력이 있다(예 토양이 오염된 토지를 매매하면서 명시적 또는 묵시적으로 토양의 오염으로 인한 경찰책임의 이행에 필요한 비용은 양수인이 부담한다는 합의가 있었던 경우).

양도인과 양수인 사이에 경찰책임의 이행에 필요한 **비용부담에 관한 합의가 없었던 경우**에는 경찰책임의 이행으로 인한 비용의 최종적 책임자는 양도인이라고 보아야 할 것이다. 다만, 양수인의 과실로 비용이 증가한 경우에는 그 한도 내에서는 양수인이 비용을 부담하여야 할 것이다.

8. 경찰권의 발동과 손실보상

경찰책임이 있는 자에 대한 적법한 경찰권의 발동으로 경찰책임자가 손실을 입어도 원칙상 손실보상을 해 줄 필요가 없다. 왜냐하면, 경찰책임자는 경찰권 발동의 원인을 제공한 자로서 책임을 지는 것이기 때문이다. 다만, 사회통념상 수인한도를 넘는 손실에 대하여는 손실보상을 해주어야 한다.

경찰책임이 없는 제 3 자에 대한 경찰권 발동으로 제 3 자가 특별한 손해를 입은 경우 손실보상을 해주어야 한다.

「경찰관 직무집행법」은 경찰관의 적법한 직무집행으로 인하여 손실발생의 원인에 대하여 책임이 없는 자가 생명·신체 또는 재산상의 손실을 입은 경우(손실발생의 원인에 대하여 책임이 없는 자가 경찰관의 직무집행에 자발적으로 협조하거나 물건을 제공하여 재산상의 손실을 입은 경우를 포함한다) 및 손실발생의 원인에 대하여 책임이 있는 자가 자신의 책임에 상응하는 정도를 초과하는 생명·신체 또는 재산상의 손실을 입은 경우에 국가는 **정당한 보상**을 하여야 한다고 규정하고 있다(제11조의2 제 1 항). 제 1 항에 따른 보상을 청구할 수 있는 권리는 손실이 있음을 안 날부터 5년간 행사하지 아니하면 시효의 완성으로 소멸한다(제 2 항). 경찰청장 또는 시·도경찰청장은 손실보상심의위원회의 심의·의결에 따라 보상금을 지급하고, 거짓 또는 부정한 방법으로 보상금을 받은 사람에 대하여는 해당 보상금을 환수하여야 한다(제 4 항).

외관상 위험(표현위험)**의 경우 외관상 위험책임자**(외관상 위험을 야기한 자)**는 경찰책임자는 아니다.** 외관상 위험의 경우 외관상 위험을 고의 또는 과실로 야기한 경우가 아닌 한 경찰권 발동으로 외관상 위험책임자가 손해를 입은 경우에는 특별한 희생으로 손실보상을 해주어야 한다.

비책임자를 보호하기 위하여 행해진 경찰조치로 비책임자에게 손해가 발생한 경우(예 경찰책임 없는 자의 주택의 화재를 진압하기 위하여 울타리를 파괴한 경우) 특별한 희생이라고 볼 수 없으므로 손실보상의 대상이 되지 않는다.[34] 손해를 입은 비책임자가 경찰권 발동의 대상이 아닌 제 3 자인 경우에는 특별한 희생에 해당하는 경우(예 화재시 전선을 끊음으로 인하여 제 3 자가 입은 특별한 손해) 손실보상의 대상이 된다.

경찰권 발동으로 인한 특별한 희생에 대한 보상규정이 없는 경우에는 보상규정 없는 공용침해의 문제가 된다.

---

34) 김병기, 한국경찰법학회 학술회의 발표문, 2008. 10. 10, 17~18쪽.

제 2 장
표준적 경찰직무조치

제 2 장 표준적 경찰직무조치

제1절 권력적 행정조사에 해당하는 경찰직무조치

> 경찰관 직무집행법
>
> 제 3 조(불심검문) ① 경찰관은 다음 각 호의 어느 하나에 해당하는 사람을 정지시켜 질문할 수 있다.
>
> 1. 수상한 행동이나 그 밖의 주위 사정을 합리적으로 판단하여 볼 때 어떠한 죄를 범하였거나 범하려 하고 있다고 의심할 만한 상당한 이유가 있는 사람
> 2. 이미 행하여진 범죄나 행하여지려고 하는 범죄행위에 관한 사실을 안다고 인정되는 사람
>
> ② 경찰관은 제 1 항에 따라 같은 항 각 호의 사람을 정지시킨 장소에서 질문을 하는 것이 그 사람에게 불리하거나 교통에 방해가 된다고 인정될 때에는 질문을 하기 위하여 가까운 경찰서·지구대·파출소 또는 출장소(지방해양경찰관서를 포함하며, 이하 "경찰관서"라 한다)로 동행할 것을 요구할 수 있다. 이 경우 동행을 요구받은 사람은 그 요구를 거절할 수 있다
>
> ③ 경찰관은 제 1 항 각 호의 어느 하나에 해당하는 사람에게 질문을 할 때에 그 사람이 흉기를 가지고 있는지를 조사할 수 있다.
>
> ⑦ 제 1 항부터 제 3 항까지의 규정에 따라 질문을 받거나 동행을 요구받은 사람은 형사소송에 관한 법률에 따르지 아니하고는 신체를 구속당하지 아니하며, 그 의사에 반하여 답변을 강요당하지 아니한다.

Ⅰ. 소지품(흉기소지 여부)조사

1. 소지품(흉기소지 여부)조사의 의의

흉기의 소지란 범죄현장에서 사용할 의도 아래 흉기를 몸 또는 몸 가까이에 소지하는 것을 말한다.

소지품(흉기소지 여부)조사란 경찰관이 불심검문시에 질문에 부수하여 상대방의 협력에 기초하지 않고 소지품(흉기소지 여부)을 조사하는 것을 말한다. 여기서 흉기란 ① 칼 등 그 물건의 본래의 성능이 사람을 살상함에 충분한 도구와 ② 가위·드라이버·곤봉 등 용법에 따라서는 사람을 살상할 수 있는 모든 것이 포함된다고 할 것이다. 소지란 '무엇을 가지고 있다'는 것을 의미한다.

「경찰관 직무집행법」은 불심검문 시에 흉기를 가지고 있는지에 대한 조사를 규정하고 있으며(법 제 3 조 제 3 항), 흉기를 발견한 때에는 경찰관서에 임시로 영치하여 놓을 수 있도록 규정하고 있다(법 제 4 조 제 3 항).

여기서의 조사의 성격은 경찰관의 불심검문에 수반하는 부수적 처분으로서의 소지품(흉기소지 여부)조사를 의미하는 것으로 수사 자체는 아니고 수사의 전 단계적 조치라고 할 수 있다.

흉기를 가지고 있는지를 조사하기 위하여는 상대방의 신체 및 소지품에 대하여 접촉을 하게 되므로 신체의 자유에 대한 제한의 측면이 있다.

검문대상자의 소지품은 판단의 유력한 실마리를 제공하는 까닭에 질문자는 흔히 그것에 관심을 가지고 질문을 던지기 마련이다. 상대방이 질문에 응하지 아니하는 경우에 그 복장이나 휴대품의 바깥면을 가볍게 만져 그 이상의 유무를 확인하는 것은 「경찰관 직무집행법」 제 3 조의 정지·질문에 부수하는 행위로서 적법하다고 할 수 있다.

불심검문의 일환으로서 소지 여부를 조사할 수 있는 것은 흉기뿐이며, 마약이나 위조지폐 등과 같은 물건은 「경찰관 직무집행법」상 조사의 대상이 되지 않는다(최영규).

2. 소지품(흉기소지 여부)조사의 성질

「경찰관 직무집행법」상 불심검문시 행해지는 소지품(흉기소지 여부)조사의 성질 및 영장요구 여부에 관하여는 수색설, 수색부정설, 강제조사설, 행정상 즉시강제설, 비권력적 조사설, 권력적 행정조사설 등이 대립되고 있다.

① 수색설은 불심검문은 거동이 수상한 자의 의복이나 휴대품을 가볍게 손으로 만지면서 행해지므로 그 실질이 수색에 해당한다고 보고, 수색을 법관의 영장 없이 행하도록 한 「경찰관 직무집행법」은 문제가 있다고 한다(이상규). 「경찰관 직무집행법」 제 3 조 제 3 항에 따른 흉기 소지 여부의 조사는 「헌법」 제12조 제 3 항의 "수색"에 해당하기 때문에 경찰관이 흉기 소지 여부를 조사할 때에는 원칙적으로 법관이

발부한 영장을 제시하여야 하지만, 여기서는 긴급을 요하는 경우에 해당하기 때문에 영장주의의 예외가 인정된다는 견해도 있다(손재영). 참고로 수색이란 「형사소송법」상 물건 또는 사람의 발견을 목적으로 사람의 신체·물건·주거 그 밖의 장소에 대하여 행하여지는 강제처분을 말한다.

② 수색부정설은 소지품검사는 장래의 위해발생을 예방하기 위하여 행하여지며, 범죄행위가 행하여진 후 행하여지는 경우에도 증거물 발견목적도 있기는 하지만 주로 해당 흉기의 사용으로 다시 범죄가 범하여지는 것을 예방하기 위한 것이라 할 것이며, 시간적으로 급박한 반면 상대방에게 미치는 피해가 일시적이며 비교적 경미하다는 점을 감안할 때 헌법 제12조 제 3 항의 수색에 해당하지 않는다고 본다(박윤흔·정형근).

③ 강제조사설은 흉기조사는 영장 없이 이루어지는 강제조사의 성격을 갖는다고 본다(홍정선).

④ 행정상 즉시강제설은 흉기소지 여부 조사는 주로 경찰상 위해방지의 차원에서 행해지고 시간적으로 급박한 상황하에서 행해지므로 경찰상 즉시강제로서의 성질을 가지며 수색에 요구되는 영장은 요구되지 않는다고 본다(류지태·박종수).

⑤ 비권력적 조사설은 흉기소지 여부의 조사는 기본적으로 비권력적인 조사로서 헌법 제12조 제 3 항의 수색에 해당하지 않으며, 영장을 요하지 않는다고 한다(최영규).

생각건대, 소지품(흉기소지 여부) 조사는 주된 목적이 범죄의 예방에 있고, 그 조사는 신체의 자유를 침해하지 않는 한도 내에서 가볍게 행해져야 하므로 사법작용으로서의 수색이라고 할 수는 없으므로 반드시 영장이 필요하다고 할 수는 없다. 그 법적 성격은 어느 정도의 강제력이 수반되는 권력적인 행정조사로 보는 것이 타당하다. 흉기소지 여부 조사는 그것만으로 직접 행정목적을 달성하는 것이 아니라 위해방지조치라는 행정을 위한 자료의 수집으로서의 성질이 강하다고 보아야 하므로 즉시강제라기보다는 권력적 행정조사로 보는 것이 타당하다(권력적 행정조사설 또는 강제조사설). 다만, 이 경우에도 흉기를 소지하였다고 인정할 수 있는 고도의 개연성 내지는 특수한 혐의가 필요하다는 견해도 있다(이재상).

한편 경찰관의 직무질문에 따른 소지품검사에 대해 일본 최고재판소 판례는 “임의수단으로 허용되는 것이기 때문에, 소지인의 승낙을 얻어 그 한도에서 그것을 행하는 것이 원칙이라고” 하면서, “수색에 이르지 않는 정도의 행위는, 강제에 이르지 않는 한, 예를 들어 소지인의 승낙이 없더라도, 소지품검사의 필요성, 긴급성, 그것에 의해 침해되는 개인의 법익과 보호되는 공공의 이익과의 형량(權衡) 등을 고려하여, 구체적 상황하에서 상당하다고 인정되는 한도에서 허용되는 경우가 있다"고 판시하였다(最判 昭和53(1978). 9. 7. 日刑集 32권 6호 1672면, 百選Ⅰ 112).

[판례] **경찰관이 불심검문 대상자 해당 여부를 판단하는 기준 및 불심검문의 적법 요건과 내용:** 경찰관직무집행법(이하 '법'이라고 한다)의 목적, 법 제1조 제1항, 제2항, 제3조 제1항, 제2항, 제3항, 제7항의 내용 및 체계 등을 종합하면, 경찰관이 법 제3조 제1항에 규정된 대상자(이하 '불심검문 대상자'라 한다) 해당 여부를 판단할 때에는 불심검문 당시의 구체적 상황은 물론 사전에 얻은 정보나 전문적 지식 등에 기초하여 불심검문 대상자인지를 객관적·합리적인 기준에 따라 판단하여야 하나, 반드시 불심검문 대상자에게 형사소송법상 체포나 구속에 이를 정도의 혐의가 있을 것을 요한다고 할 수는 없다. 그리고 경찰관은 불심검문 대상자에게 질문을 하기 위하여 범행의 경중, 범행과의 관련성, 상황의 긴박성, 혐의의 정도, 질문의 필요성 등에 비추어 목적 달성에 필요한 최소한의 범위 내에서 사회통념상 용인될 수 있는 상당한 방법으로 대상자를 정지시킬 수 있고 질문에 수반하여 흉기의 소지 여부도 조사할 수 있다(대판 2014. 2. 27, 2011도13999).

3. 소지품(흉기소지 여부)조사의 한계

소지품(흉기소지 여부)조사에서 일반적으로 ① 외부에서 관찰하는 행위, ② 소지품(흉기소지 여부)에 대하여 질문하는 행위, ③ 소지품(흉기)의 임의제시를 요구하는 행위 등은 인정된다. 다만, ④ 소지자의 승낙없이 휴대품을 빼앗는 행위, ⑤ 옷의 주머니에 손을 넣는 행위, ⑥ 가방을 열어서 소지품을 끄집어내는 행위 등의 허용 여부에 대해서는 견해가 나뉘고 있다.

소지품(흉기소지 여부)을 조사하기 위하여는 상대방의 신체 및 휴대품에 대하여 접촉을 하게 되므로 신체의 자유에 대한 제한의 측면이 있음을 부인하기 어렵다. 따라서 예외적으로 실력행사가 허용되는 경우로는 질문의 필요성 및 상당성(범죄의 중대성·혐의의 농후성)에 유의하여 그 옳고 그름을 판단하여야 할 것이다. 그리고 흉기를 소지하고 있다고 의심되는 때에는 질문자 및 본인의 생명·신체의 안전의 확보라는 관점에서 다소간 융통성 있게 해석할 필요가 있을 것이다.

4. 소지품(흉기소지 여부)조사와 신체의 수색

신체의 수색은 단지 의복, 신체의 표면과 어려움 없이 접촉가능한 신체의 입이나 귀 등을 수색하는 것을 말한다. 신체의 수색은 적법하게 구류 또는 구속당한 자에 있어서 공격이나 도주를 방지하거나 압수의 목적으로 활용되거나 보호조치를 한 사람의 경우에는 신분을 확인하기 위한 수단으로 허용된다. 입법론으로서 신체와 물건에 대한 수색의 근거규정을 신설할 필요가 있다는 주장이 제기되고 있다(서정범·이영돈).

5. 흉기가 발견된 경우의 조치

「경찰관 직무집행법」은 조사의 결과 흉기가 발견된 경우에는 경찰관서에 임시로 영치해서 놓을 수 있다(법 제4조 제3항). 이에 대해 관련법의 적용 여부를 구체적으로 제시한 견해가 있다(최영규, 301쪽). ① 흉기가 범죄에 사용되었거나 범죄에 사용할 목적으로 소지한 것으로 인정되는 경우에는 해당 범죄에 대한 수사절차가 개시된다. ② 그렇지 않더라도 「폭력행위 등 처벌에 관한 특례법」상의 범죄에 사용될 우려가 있는 흉기라면 동법상의 우범자로서 처벌대상이 된다(동법 제7조). ③ 칼·쇠몽둥이 등 사람의 생명 또는 신체에 중대한 해를 입히는 데 사용될 연장을 정당한 이유 없이 숨기어 지니고 다닌 경우에는 「경범죄처벌법」에 따른 처벌대상이 된다(동법 제3조 제1항 제2호). ④ 「총포·도검·화약류 등 안전관리법」에 따라 소지가 금지된 흉기라면 동법에 따른 처벌의 원인이 될 것이다(동법 제70조 제1항 제2호, 제71조 제1호).

6. 관련 사례학습

【관련 사례 1】 마약류 소지·투약 의심자에 대한 경직법상 소지품 조사의 한계

가. 사실관계

2023. 3. 12. 02:10~02:30경, 제보자 C가 112 신고를 통해 '어떤 사람이 텔레그램으로 불상의 여성과 필로폰을 맞으려 한다. 경기도 의정부시 B 노상에서 만나기로 하였다. 검정 마스크, 회색 맨투맨, 검정색 크로스백 메고 있다. 그가 택시에서 내렸다.'며 마약 소지 용의자의 인상착의를 알려주었고, 구체적인 위치를 실시간으로 알렸다.

A가 C와 02:18까지 텔레그램을 하던 중, 지령을 받은 경찰관이 B 노상에 임장하여 인상착의와 일치하는 자와 대면하였고, 경찰관은 "관내에 신고가 들어왔고 불필요한 물건을 소지하고 계신다는 얘기를 전해 들었다. 「경찰관 직무집행법」에 따라 가방을 좀 보여 달라."고 하였다. 이에 A가 "뭘 자꾸 봅니까. 뭐가 있는데요. … 희한하네 지

나가는 사람 붙잡고. 보세요, 다 디비 보소", "자, 여기요. 이거 봤어요?"라고 불만을 표하면서 소지하던 클러치백, 종이가방, 지갑을 경찰관에게 건네주었다. 수색 과정에서 경찰관 중 한 명이 'D지구대 E 경사'라고 하며 자신의 소속과 신분을 밝혔다.

수색 과정에서 경찰관들이 A의 소지품 중 통장을 발견하고서는 "통장 안을 좀 봐도 되냐"고 물었다. A는 종전보다 목소리를 높이며 "아 안 된다니까. 뭘 열어봅니까. 통장은 개인 사유물인데 뭘 자꾸 보려고 하냐. 이걸 왜 보는데요. 112에 신고해 달라"며 격하게 항의하였다.

이 때, 경찰관 중 1인이 A의 왼팔을 붙잡자, "내가 도망갑니까. 놔라고. 남의 가방에 손대지 말라고요.", "치지 말고, 잠깐만. 통장 안이고 뭐고 잠깐 있어보라고요 아저씨. 영장도 없이 지나가는 사람 붙잡고…"라고 하였다(왼팔을 30초 정도 붙잡고 진행).

그러자 경찰관이 "불심검문에 의거해가지고 그걸 저희가 할 수 있도록 되어 있어요."라고 하였으며, 이후 A가 "차에 타서 보여줄게요. 사람들 많은 데서 뭘 보여줍니까. 아따, 그러니까 탑시다. 지금까지 다 강제였어요. 미란다도 안 했고"라고 말하고 순찰차에 탑승하였다.

탑승 직후 통장을 펼치다가 통장 안에 있던 주사기가 떨어져 경찰관이 이를 발견하게 되었으며, 경찰관 중 1인이 "여기 주사기 있잖아요"라고 말한 후, 다른 경찰관이 "당신을 마약류 혐의로 현행범 체포합니다."라고 고지하였다. A는 체포되어 지구대로 인치되었고 경찰관은 A가 소지하던 클러치백 내부 소지품을 다시 확인하다가, 수첩 커버에서 흰색가루가 들어 있는 접힌 종이 2점을 발견하고 형소법 제216조 제 3 항에 따라 영장없이 압수하였다(빈 주사기, 흰색가루가 든 종이 2점에 관해 사후 영장 발부).

나. 법원의 판단

1) 원심 판단(의정부지방법원 2023. 7. 11. 선고 2023고단709 판결)

가) 불심검문 부분

경찰관들은 채팅 앱 대화내용을 기초로 한 제보자의 신고에 따라 A를 발견한 것이므로, A가 필로폰을 투약할 계획이라는 점, 또는 필로폰을 소지하고 있을 것이라는 점을 알고 있었다. 그렇다면 A에 대한 검문은, 상황의 긴박성, 혐의의 정도, 질문의 필요성에 비추어 목적 달성에 필요한 범위 내에서 상당한 방법으로 이루어진 「경찰관 직무집행법」 제 3 조 제 1 항의 검문으로 볼 수 있으므로 적법하다고 판단하였다.

나) 검문과정에서 이루어진 소지품 조사

노상에서 이루어진 수색(1차 수색)에 관하여, 경찰관은 'A가 소지한 클러치백, 종이가방 내부를 봐도 되겠냐.'고 요청하였고, A는 불만을 표하기는 하였으나 '보세요, 다 디비보세요.'라고 말하였으며, 그 과정에서 경찰관들이 A의 임의수색 동의 의사에 제약을 줄 만한 강제력을 행사하였다거나 위협적인 언사를 하지도 않았으므로 A의 1차 수색에 대한 동의 의사는 임의적이었다고 인정하였다.

다음으로 A가 순찰차에 탑승한 직후의 수색(2차 수색)에 관하여는, ① 2차 수색을 앞두고 A가 “영장 없이 남의 물건을 볼 수 있냐”라며 보인 수색 거부 태도, ② 경찰관들의 “현장성 같은 거 충분히 판단할 수 있습니다”, “불심검문 차원에서 저희가 얘기했어요. 자 112신고는 영장 없이 볼 수도 있어요” 등의 언행(A의 팔을 약 30초간 붙잡고 있었고, 영장 없이도 수색이 가능한 것처럼 말한 사실), ③ 경찰관들이 A에게 ‘수색을 거부할 수 있다거나 수색 개시 후라도 절차의 중단을 요청할 수 있다’는 취지를 고지하지 않은 점 등을 종합하면, A가 2차 수색에 앞서 (압수수색)영장이 없다는 점을 지적하면서 임의수색에 동의하지 않겠다는 의사를 분명하게 밝힌 이상, A가 마지못해 ‘차에 타서 보여줄게요. 사람들 많은데서 뭘 보여줍니까.’라고 말하였다 하더라도, 이 말을 2차 수색에 관한 임의성 있는 승낙 의사라고 평가하기는 어렵다고 하였다.

Ⅱ. 정보의 수집

경찰관 직무집행법

제 8 조의2(정보의 수집 등) ① 경찰관은 범죄·재난·공공갈등 등 공공안녕에 대한 위험의 예방과 대응을 위한 정보의 수집·작성·배포와 이에 수반되는 사실의 확인을 할 수 있다.

② 제 1 항에 따른 정보의 구체적인 범위와 처리 기준, 정보의 수집·작성·배포에 수반되는 사실의 확인 절차와 한계는 대통령령으로 정한다.

1. 의 의

정보(Intelligence)란 일반적으로 정보기관이 조직활동을 통하여 수집된 첩보를 평가·분석·종합·해석하여 얻어진 지식을 말한다. 따라서 정보의 자료가 되는 첩보(Information)와 구별되며, 새로이 알려지는 것이고 행동하기 전에 알아야 할 것이라는 점에서 이미 알려진 것을 의미하는 지식(Knowledge)과도 구별된다.[35] 한편 「정보경찰활동규칙」(경찰청 훈령 제909호)은 **정보활동**을 공공안녕에 대한 위험의 예방 및 대응을 위한 정보의 수집·분석·종합·작성 및 배포와 그에 수반되는 사실확인·조사를 위한 행위로 정의하고 있다.

35) 경찰청, 「경찰실무전서」, 2000, 1085쪽.

정보를 경찰업무에 따라 분류하면 일반정보, 보안정보 및 외사정보로 구분된다. **일반정보**는 국가안전 및 사회공공질서유지 등 포괄적인 정보활동에서 입수되는 정보로서 경찰업무 전반에 걸친 정보이다. 일반정보에는 정치·경제·사회·노동·교육·문화·종교·범죄·교통정보 등이 포함되어 있다. **보안정보**는 북한의 이념에 동조하고 국익을 해하는 세력에 대한 활동상황이나 단체·개인에 대한 정보수집, 국내에서의 간첩활동을 차단하기 위한 정보활동으로서 국가안전과 직결되는 중요한 활동이다. **외사정보**는 자국인 또는 내국인에 관계되는 정보를 제외한 모든 정보로서 국내에 주재하는 외국인 또는 외국기관에 해외에 거주하는 동포로서 국내 제반 정세에 미치는 영향력 및 취약성에 관한 지식을 말한다.[36)]

정보의 수집 등이란 정보를 수집·작성·배포 및 사실 확인하는 것을 말한다. 한편 행정조사기본법은 **행정조사**를 행정기관이 정책을 결정하거나 직무를 수행하는데 필요한 정보나 자료를 수집하기 위하여 현장조사·문서열람·시료채취 등을 하거나 조사대상자에게 보고요구·자료제출요구 및 출석·진술요구를 행하는 활동으로 정의하고 있다(행정조사기본법 제 2 조 제 1 호).

「경찰관 직무집행법」 제 8 조의2는 범죄·재난·공공갈등 등 공공안녕에 대한 위험의 예방과 대응을 위한 정보의 수집·작성·배포 및 이에 수반하는 사실의 확인에 대해 규정하고 있다.

2. 정보수집의 법적 성질

정보수집은 위험방지를 위한 준비·위험에 대한 사전배려에 해당한다. 그러나 개인정보에 대해서는 자기결정권이 인정되기 때문에 권리를 침해하는 정보수집을 위해서는 법적 근거가 필요하다.

경찰의 강제수단이 동원되는 정보수집은 개인의 기본권을 침해하는 경찰작용으로 권력적 행정조사라 할 수 있다. 따라서 직무규범이 아닌 개별적인 수권규범이 필요하다. 즉 정보경찰작용은 헌법이 보호하는 국민의 개인정보자기결정권을 제한 또는 침해할 수 있는 행정작용이므로 법률에 수권규범의 형식으로 명시적인 근거가 필요하다. 또한 공공의 안녕을 유지하기 위하여 필수적이고 직접적인 정보를 대상으로 필요최소한도 내에서 이루어져야 한다(김용주).

---

36) 경찰청, 「경찰실무전서」, 2000, 1091~1092쪽.

3. 정보수집의 내용

(1) 공공안녕에 대한 위험의 예방과 대응을 위한 정보의 수집·작성·배포

경찰관은 범죄·재난·공공갈등 등 공공안녕에 대한 위험의 예방과 대응을 위한 정보의 수집·작성·배포를 할 수 있다(경찰관 직무집행법 제 8 조의2 제 1 항).

1) 범죄·재난·공공갈등의 의의

① 범죄의 개념 범죄의 개념에 관하여는 형식적 범죄개념과 실질적 범죄개념으로 나누어 검토할 필요가 있다. **형식적 범죄개념**은 범죄를 형벌법규에 의하여 형벌이 부과되는 행위라고 정의한다. **실질적 범죄개념**은 법질서가 어떤 행위를 형벌로써 처벌할 수 있는가, 즉 범죄의 실질적 요건이 무엇인가를 밝히는 범죄개념을 말한다. 생각건대, 범죄는 법익침해임과 동시에 의무위반이라고 할 수 있다. 형식적 의미의 범죄는 구성요건에 해당하고 위법하고 책임 있는 행위를 의미한다. 따라서 범죄가 성립하기 위해서는 구성요건해당성과 위법성 및 책임이 있어야 한다. 이를 범죄의 성립요건이라고 한다.[37)]

② 재난의 개념 「재난 및 안전관리 기본법」(약칭: 재난안전법)은 **재난**이란 국민의 생명·신체·재산과 국가에 피해를 주거나 줄 수 있는 것으로서 다음 각 목(가. 자연재난: 태풍, 홍수, 호우(豪雨), 강풍, 풍랑, 해일(海溢), 대설, 한파, 낙뢰, 가뭄, 폭염, 지진, 황사(黃砂), 조류(藻類) 대발생, 조수(潮水), 화산활동, 소행성·유성체 등 자연우주물체의 추락·충돌, 그 밖에 이에 준하는 자연현상으로 인하여 발생하는 재해, 나. 사회재난: 화재·붕괴·폭발·교통사고(항공사고 및 해상사고를 포함한다)·화생방사고·환경오염사고 등으로 인하여 발생하는 대통령령으로 정하는 규모 이상의 피해와 국가핵심기반의 마비, 「감염병의 예방 및 관리에 관한 법률」에 따른 감염병 또는 「가축전염병예방법」에 따른 가축전염병의 확산, 「미세먼지 저감 및 관리에 관한 특별법」에 따른 미세먼지 등으로 인한 피해)의 것을 말한다고 정의하고 있다(재난안전법 제 3 조 제 1 호).

③ 공공갈등의 개념 **공공갈등**이란 공공정책을 수립하거나 추진하는 과정에서 발생하는 국가, 지방자치단체, 공공기관과 국민 간의 이해관계 충돌을 말한다.[38)]

2) 위험의 예방과 대응을 위한 정보의 수집·작성·배포

① 위 험 위험이란 어떠한 상태나 행위가 그의 객관적으로 예상될 수

---

37) 이재상·장영민·강동범, 「형법총론」(제 9 판)(박영사, 2017), 71~73쪽.
38) 이에 대해 자세한 것은 김재광, 「국책사업갈등관리법론」(박영사, 2013), 1쪽 이하 참조.

있는 진행이 저지되지 않는다면 경찰상 보호법익을 손상할 개연성이 있는 경우를 의미한다. 추상적 위험의 관념에 비추어보면 「경찰관 직무집행법」 제 2 조에 근거한 공공의 안녕과 질서를 유지하기 위한 예방적 경찰활동은 당연히 추상적 위험의 경우에도 이루어질 수 있다. 경찰의 정보활동 역시 추상적 위험에 대한 작용으로서 행해질 수 있다. 특히 정보활동은 구체적 위험이 발생하기 전, 보다 앞쪽 단계에서 위험을 예방하거나 사전 대비하는 목적으로 행해질 수 있다.[39]

② 정보의 수집·작성·배포 「경찰관 직무집행법」 제 8 조의2 제 1 항의 '수집·작성·배포'는 '처리'의 일종이라 할 수 있다. **정보의 작성**(생산)이란 수집된 첩보가 정보생산기관에 전달되어 정보사용자의 요구에 맞도록 평가·분석·종합·해석의 과정을 거쳐 정보보고서를 작성하는 과정을 말한다.[40] **정보의 배포**란 생산된 정보를 필요로 하는 공인된 사람과 기관, 즉 사용자에게 적절한 형태와 내용을 갖추어서 적시에 전파하는 것을 말한다.[41]

참고로 「개인정보 보호법」은 **처리**를 개인정보의 수집, 생성, 연계, 연동, 기록, 저장, 보유, 가공, 편집, 검색, 출력, 정정(訂正), 복구, 이용, 제공, 공개, 파기(破棄), 그 밖에 이와 유사한 행위라고 정의하고 있다(개인정보 보호법 제 2 조 제 2 호).

(2) 사실의 확인

경찰관은 정보의 수집 등에 수반되는 사실을 확인할 수 있다(경찰관 직무집행법 제 8 조의2 제 2 항).

4. 정보수집의 한계

경찰관은 정치관여나 사찰목적의 정보처리, 정보수집을 위한 강요행위, 정보누설, 민간단체와 정당사무소의 상시적 출입, 수집목적 외 용도의 정보사용 등을 하여서는 아니된다. 그리고 경찰관이 개인정보를 수집할 경우에는 개인정보보호법이 적용된다. 「경찰관 직무집행법」 제 8조 의2와 「경찰관의 정보수집 및 처리 등에 관한 규정」은 정보를 제공하는 자가 제공할 수 있는 개인정보가 구체적으로 규정되어 있지 아니하고 상대방의 개인정보 제공 근거도 없으므로 개인정보보호법 제18조 제 2 항의 "특별한 규정"에 해당하지 아니한다.[42]

---

39) 김성태, 「경찰 정보활동 임무－경찰관 직무집행법의 해석과 제안－」(박영사, 2021), 97쪽.
40) 경찰청, 「경찰실무전서」, 2000, 1097쪽.
41) 경찰청, 「경찰실무전서」, 2000, 1099쪽.
42) 김형규, 「경찰관직무집행법의 이론과 실제」, 229~230쪽.

제2절 경찰상 즉시강제에 해당하는 경찰직무조치

Ⅰ. 경찰상 즉시강제에 해당하는 경찰조치의 종류

「경찰관 직무집행법」상 경찰상 즉시강제에 해당하는 경찰조치로는 강제보호조치(법 제 4 조 제 1 항 제 1 호 및 제 2 호), 위험발생의 방지조치(동법 제 5 조), 위험방지를 위한 출입(동법 제 7 조), 범죄의 제지(동법 제 6 조). 경찰장구의 사용(동법 제10조의2), 분사기 등의 사용(동법 제10조의3), 무기의 사용(동법 제10조의4) 등이 있다.

즉시강제란 현재의 급박한 행정상의 장해를 제거하기 위한 경우로서 행정청이 미리 행정상 의무 이행을 명할 시간적 여유가 없는 경우 및 그 성질상 행정상 의무의 이행을 명하는 것만으로는 행정목적 달성이 곤란한 경우에 행정청이 곧바로 국민의 신체 또는 재산에 실력을 행사하여 행정목적을 달성하는 것을 말한다(행정기본법 제30조 제 1 항 제 5 호).

경찰상 즉시강제에 해당하는 경찰조치는 그 조치가 불가피한 최소한도 내에서만 행사되도록 발동·행사 요건을 신중하고 엄격하게 해석하여야 한다(대판 2012. 12. 13, 2012도11162).

Ⅱ. 강제보호조치

> 경찰관 직무집행법
>
> 제 4 조(보호조치 등) ① 경찰관은 수상한 행동이나 그 밖의 주위 사정을 합리적으로 판단해 볼 때 다음 각 호의 어느 하나에 해당하는 것이 명백하고 응급구호가 필요하다고 믿을 만한 상당한 이유가 있는 사람(이하 "구호대상자"라 한다)을 발견하였을 때에는 보건의료기관이나 공공구호기관에 긴급구호를 요청하거나 경찰관서에 보호하는 등 적절한 조치를 할 수 있다.
>
> 1. 정신착란을 일으키거나 술에 취하여 자신 또는 다른 사람의 생명·신체·재산에 위해를 끼칠 우려가 있는 사람
> 2. 자살을 시도하는 사람
> 3. 미아, 병자, 부상자 등으로서 적당한 보호자가 없으며 응급구호가 필요하다고 인정되는 사람

> ② 제 1 항에 따라 긴급구호를 요청받은 보건의료기관이나 공공구호기관은 정당한 이유 없이 긴급구호를 거절할 수 없다.
> ③ 경찰관은 제 1 항의 조치를 하는 경우에 구호대상자가 휴대하고 있는 무기·흉기 등 위험을 일으킬 수 있는 것으로 인정되는 물건을 경찰관서에 임시로 영치(領置)하여 놓을 수 있다.
> ④ 경찰관은 제 1 항의 조치를 하였을 때에는 지체 없이 구호대상자의 가족, 친지 또는 그 밖의 연고자에게 그 사실을 알려야 하며, 연고자가 발견되지 아니할 때에는 구호대상자를 적당한 공공보건의료기관이나 공공구호기관에 즉시 인계하여야 한다.
> ⑤ 경찰관은 제 4 항에 따라 구호대상자를 공공보건의료기관이나 공공구호기관에 인계하였을 때에는 즉시 그 사실을 소속 경찰서장이나 지방해양경비안전관서의 장에게 보고하여야 한다.
> ⑥ 제 5 항에 따라 보고를 받은 소속 경찰서장이나 지방해양경비안전관서의 장은 대통령령으로 정하는 바에 따라 구호대상자를 인계한 사실을 지체 없이 해당 공공보건의료기관 또는 공공구호기관의 장 및 그 감독행정청에 통보하여야 한다.
> ⑦ 제 1 항에 따라 구호대상자를 경찰관서에서 보호하는 기간은 24시간을 초과할 수 없고, 제 3 항에 따라 물건을 경찰관서에 임시로 영치하는 기간은 10일을 초과할 수 없다.

1. 강제보호조치의 의의

강제보호조치란 자기나 타인의 생명·신체와 재산에 위해를 끼칠 우려가 있는 사람에 대해 그 위해를 방지하기 위하여 **잠정적으로 신체의 자유를 제한**하여 보호하는 조치를 말한다. 이는 제 4 조의 보호조치 중 강제보호(제 4 조 제 1 항 제 1 호 및 제 2 호)에 해당하는 것으로 대인적 즉시강제에 해당한다. 보호조치 중 임의조치(제 4 조 제 1 항 제 3 호)는 비권력적 사실행위로서 후술하고자 한다.

> **[판례]** 경직법 제 4 조 제 1 항 제 1 호에서 규정하는 술에 취한 상태로 인하여 자기 또는 타인의 생명·신체와 재산에 위해를 미칠 우려가 있는 피구호자에 대한 보호조치는 경찰행정상 즉시강제에 해당하므로, 그 조치가 불가피한 최소한도 내에서만 행사되도록 발동·행사요건을 신중하고 엄격하게 해석하여야 한다(대판 2012. 12. 13, 2012도11162).

강제보호조치는 예방적 이유에 따른 경찰의 자유박탈로서「경찰관 직무집행법」제 4 조 제 1 항 제 1 호 및 제 2 호에서 규정하고 있다. 강제보호조치는 경찰상 즉시강제에 해당하는 것으로, 신체의 자유에 대한 제한을 수반하므로 엄격한 요건과 절차하에 행해져야 한다.

보호의 실태는 형사소송법상의 구류와 동일하지만, 범죄의 수사 또는 범죄에 대한 제재로서 행해지는 것이 아닌 점에서 구별된다. 보호는 자유로운 의사형성이 불가능한 상태에 있는 경우에 허용되고, 보호의 목적은 개인의 생명, 신체 등의 법익의 보호에 제한된다. 자유로운 의사에 따라 경찰에게 신세를 질 것을 요청하는 경우는 보호에 해당하지 아니한다. 그것은 자유의 박탈, 즉 권리침해가 없기 때문이다.

2. 강제보호조치의 요건과 대상

(1) 강제보호조치의 요건

강제보호조치의 대상을 판단함에 있어서는 일반적 사회통념에 비추어 판단해야 한다. 따라서 합리적 판단에 따르지 않고 개인적 독단에 따른 강제보호조치는 위법하다.

「경찰관 직무집행법」은 강제보호조치의 요건으로 수상한 행동이나 그 밖의 주위 사정을 합리적으로 판단해 볼 때, ① 정신착란을 일으키거나 술에 취하여 자신 또는 다른 사람의 생명·신체·재산에 위해를 끼칠 우려가 있는 사람과 자살을 시도하는 사람, 미아, 병자, 부상자 등으로서 적당한 보호자가 없으며 응급구호가 필요하다고 인정되는 사람일 것이 명백할 것, ② 구호대상자에 대하여 응급구호가 필요하다고 믿을 만한 상당한 이유가 있을 것 등이다(법 제 4 조 제 1 항 제 1 호·제 2 호). 여기서 '**응급**'은 상황의 긴급성을 의미하며, '**구호**'는 사람을 구제하여 생명·신체 및 재산을 보호하는 것으로 의학적인 치료 필요성만으로 한정되지 않는다(경찰청, 「보호조치업무메뉴얼」).

(2) 강제보호조치의 대상

「경찰관 직무집행법」은 본인의 의사와 관계없이 강제보호조치를 취할 수 있는 대상자로서 정신착란을 일으키거나 술에 취하여 자신 또는 다른 사람의 생명·신체·재산에 위해를 끼칠 우려가 있는 사람(제 1 호)과 자살을 시도하는 사람(제 2 호)을 규정하고 있다.

정신착란자란 정신질환자, 정신질환자로 의심되는 자 및 사회통념상 정상이 아닌 자를 포함하는 의미이다. '**정신질환자**'는 「정신보건법」 제 3 조 제 1 호에 규정된 정신질환자로 **선천적인 정신병**과 알코올 및 약물중독이나 스트레스성 질환과 같은 **후천적 정신병**을 모두 포함한다. 그리고 '**정상이 아닌 경우**'란 이상한 흥분, 마약 등에 의한 환각상태, 피해망상, 이상행동 등을 말하며, 단순한 불쾌감의 표현이나 과장된 표현, 정서불안 정도는 해당되지 않는다.

술 취한 상태에 있는 사람(주취자)이란 과음하여 사리분별력을 상실한 상태에 있는 사람을 말한다. 대법원은 '술에 취한 상태'를 '피구호자가 술에 만취하여 정상적인 판단능력이나 의사능력을 상실한 정도에 이른 것'이라고 판시하고 있다(대판 2012. 12. 13, 2012도11162).

[판례 1] 술에 취한 사람으로 인정한 사례: 음주운전으로 적발된 주취운전자가 도로 밖으로 차량을 이동하겠다며 단속 경찰관으로부터 보관중이던 차량 열쇠를 반환받아 몰래 차량을 운전하여 가던 중 사고를 일으킨 경우, 국가배상책임이 인정된다(대판 1998. 5. 8, 97다54482).

[판례 2] 술에 취한 사람으로 인정한 사례: 피고인은 2010. 8. 27. 11:45경 울산 북구 매곡동 소재 'ㅇㅇ돼지국밥' 식당 인근 편도 2차선 도로의 갓길에 자신의 차량을 시동을 켠 채 정차하여 두고 그 앞 횡단보도 위에 누워 있다가, 음주운전을 하는 차량이 있다는 신고를 받고 출동한 경찰관 공소외 1, 2가 피고인을 도로 밖으로 끌어내려 하자 이에 저항하며 욕설을 하였고, 위 경찰관들은 피고인이 술에 만취되어 대화도 제대로 하지 못하며 오줌을 싸고 혼자서 걷지도 못하자 피고인을 경찰관직무집행법 제 4 조 제 1 항에 따른 보호조치 대상자로 보아 순찰차 뒷자리에 태운 뒤 울산중부경찰서 농소1파출소로 데려왔으며, 경찰관 공소외 2는 위 파출소에 도착한 직후인 2010. 8. 27. 12:25부터 같은 날 12:45까지 사이에 피고인에게 3회에 걸쳐 음주측정을 요구하였으나 피고인은 이에 불응한 사실을 알 수 있고, 위 음주측정 요구 당시 피고인에 대한 보호조치가 종료된 상태였다고 볼 만한 자료는 전혀 없다. 이러한 사실들을 앞서 본 법리에 비추어 보면, 경찰관이 농소1파출소로 보호조치된 피고인에게 음주측정을 요구한 것은 구 도로교통법 제44조 제 2 항에 따른 것이라고 할 것이므로, 그러한 음주측정요구에 불응한 피고인의 행위는, 피고인에 대한 보호조치가 경찰관직무집행법을 위반한 것으로서 위법하다는 등 다른 특별한 사정이 없는 한, 음주측정불응죄에 해당한다고 보아야 한다(대판 2012. 3. 29, 2011도10012).

[판례 3] 술에 취한 사람으로 인정하지 않은 사례: 화물차 운전자인 피고인이 경찰의 음주단속에 불응하고 도주하였다가 다른 차량에 막혀 더 이상 진행하지 못하게 되자 운전석에서 내려 다시 도주하려다 경찰관에게 검거되어 지구대로 보호조치된 후 음주측정요구를 거부하였다고 하여 도로교통법 위반(음주측정거부)으로 기소된 사안에서, 제반 사정을 종합할 때 피고인을 지구대로 데려간 행위를 적법한 보호조치라고 할 수 없고, 그와 같이 위법한 체포 상태에서 이루어진 음주측정요구에 불응하였다고 하여 음주측정거부에 관한 도로교통법 위반죄로 처벌할 수는 없는데도, 이와 달리 보아 유죄를 선고한 원심판결에 법리오해 등 위법이 있다고 한 사례(대판 2012. 12. 13, 2012도11162 [공용물건손상 · 도

로교통법위반(무면허운전) · 공무집행방해 · 상해 · 도로교통법위반(음주측정거부)].

[판례 4] 술에 취한 사람으로 인정하지 않은 사례: 사업가 민모(54)씨는 2013년 6월 22일 자정께 일행과 함께 술을 마시고 대리운전을 이용하다 기사와 시비가 붙었다. 대리비가 문제였다. 술에 취한 상태에서 주먹다짐까지 벌어지자 대리기사는 화가 나 민씨 일행과 차량을 도로에 내버려두고 인근 파출소로 가버렸다. 이후 민씨는 자신의 차량을 직접 1분가량 운전해 집에 주차한 뒤, 곧바로 대리기사가 있는 파출소로 갔다. 경찰은 만취 상태이던 민씨에게 음주측정을 요구했지만 민씨는 이를 거부하고 집으로 돌아가겠다고 했다. 하지만 경찰은 계속 음주측정을 요구했고 실랑이가 벌어졌다. 옥신각신하던 경찰은 민씨에게 수갑을 채웠다. 민씨는 음주측정을 거부한 혐의(도로교통법 위반)로 기소됐다. 하지만 1,2심 법원은 민씨에게 무죄를 선고했고, 대법원은 이 같은 하급심 판단을 지지했다. 대법원 형사2부(주심 박상옥 대법관)는 민씨의 상고심(2015도7096)에서 무죄를 선고한 원심을 최근 확정했다. 재판부는 판결문에서 "민씨가 음주운전을 한 때로부터 약 35분 이상 지난 시점에 스스로 파출소에 찾아와 음주운전의 현행범으로 볼 수 없는데도 경찰은 민씨의 퇴거를 가로막은 채로 위법한 체포 · 감금을 했다"며 "위법한 체포 · 감금 상태에서 이뤄진 음주측정요구에 불응했다고 민씨를 음주측정거부죄로 처벌할 수는 없다"고 밝혔다. 이어 "민씨가 음주운전을 했다고 인정할만한 상당한 이유가 있다고 하더라도 경찰의 위법한 음주측정요구에 대해서까지 응할 의무가 있다고 봐 이를 강제하는 것은 부당하다"며 "음주측정을 위해 운전자를 강제로 연행하려면 수사상의 강제처분에 관한 형사소송법상의 절차에 따라야 한다"고 설명했다.

자살을 시도하는 사람(자살시도자)이란 극약을 소지하였거나 투신(投身)목적으로 강변에서 방황하는 등 주위의 상황과 본인의 거동 등을 합리적으로 판단할 때에 자살을 결행할 위험성이 있는 사람을 말한다. 단순히 '죽어버리겠다', '살기가 싫다'는 말만 하고 별다른 행동은 하지 않는 경우는 강제보호조치 대상자로 보기 어렵다.

미아, 병자, 부상자 등으로서 적당한 보호자가 없으며 응급구호가 필요하다고 인정되는 사람도 보호조치가 필요하다. 구호대상자가 보호조치를 거부하면 강제보호조치를 해서는 아니된다.

(3) 강제보호조치의 방법

「경찰관 직무집행법」은 보호조치의 방법으로서 보건의료기관이나 공공구호기관에 긴급구호를 요청하거나 경찰관서에 보호하는 등 적당한 조치를 할 수 있다고 규정하고 있다(법 제 4 조 제 1 항). **보건의료기관**이란 보건소, 병원, 한의원, 조산소 등 **응급조치**로 생명 · 신체의 구조를 행할 수 있는 공 · 사기관을 말하고, **공공구호기관**이란 국가나 지방자치단체가 설립한 아동보호소, 부녀보호소, 양로원 등의 일체의 사회보장시설을 말한다. 경찰관서란 경찰서, 지구대, 파출소 등 경찰청 소속 기관을 말한다. 경찰관서에의 보호는 대상자를 적절히 보호할 수 있는 기관을 찾지 못하여 적절한 기관을 확보할 때까지 일시적으로 경찰관서에 보호하는 것을 목적으로 한다. 따라서 경찰관서에서 나가지 못하도록 제한하는데 그쳐야 하고, 수갑이나 포승 등을 사용하여 활동을 제한할 수는 없다(최영규).

신체의 결박행위가 허용되기 위한 요건으로 ① 당사자가 정신착란이나 술 취한 상태에서 경찰관이나 제 3 자를 공격하거나 계속적인 저항을 하는 경우 및 물건을 손상시키는 행위를 하는 경우 ② 당사자가 도주하려고 하는 경우 ③ 계속하여 자살을 기도하거나 자신의 신체에 상해를 입히고자 하는 경우를 드는 견해가 있다(류지태·박종수).

그리고 적당한 조치와 관련하여 본인의 의사에 반하여 할 수 있는가가 문제가 된다. 본인의 의사와 관계없이 강제보호조치를 취할 수 있는 대상자인 정신착란자, 술 취한 상태에 있는 사람, 자살을 기도하는 사람은 가능하다.

응급을 요하는 구호조치는 행정상 즉시강제이며 상대방에게 수인의무가 있다. 본인이 거절하는 경우에도 법률의 규정을 획일적으로 적용함이 없이 충분한 의사능력이나 판단능력을 결한다고 인정되는 경우에는 저항을 배제하여 강제적으로 보호할 수 있다고 해석하여야 한다.

「위해성 경찰장비의 사용기준 등에 관한 규정」(대통령령)은 "경찰관은 범인·주취자 또는 정신착란자의 자살 또는 자해기도를 방지하기 위하여 필요한 때에는 수갑·포승 또는 호송용포승을 사용할 수 있다"고 규정하고 있다(제 5 조). 일본 판례에서는 폭언을 하고 침을 뱉는 등의 행위를 한 만취자의 양발에 수갑을 채워 제압한 행위(岡山地判 平成 6. 4. 21, 判時 127호, 95면)를 적법하다고 하고, 등수갑의 사용(高知地判 昭和 48. 11. 14, 下民集 24권 9~12호, 836면)은 위법이라고 한다.

[판례 1] 강제보호조치가 적법하다고 판시한 사례: 정신질환자인 세입자에 의해 살해당하는 집주인의 유족이 정신질환자의 평소 행동에 대한 사법경찰관의 수사 미개시 및 긴급구호권 불행사를 이유로 제기한 추가배상청구를 배척한 사례 [해설] [1] 긴급구호권한과 같은 경찰관의 조치권한은 일반적으로 경찰관의 전문적 판단에 기한 합리적인 재량에 위임되어 있는 것이나, 그렇다고 하더라도 구체적 상황하에서 경찰관에게 그러한 조치권한을 부여한 취지와 목적에 비추어 볼 때 그 불행사가 현저하게 불합리하다고 인정되는 경우에는, 그러한 불행사는 법령에 위반하는 행위에 해당하게 되어 국가배상법상의 다른 요건이 충족되는 한, 국가는 그로 인하여 피해를 입은 자에 대하여 국가배상책임을 부담한다. [2]

정신질환자의 평소 행동에 포함된 범죄 내용이 경미하거나 범죄라고 볼 수 없는 비정상적 행동에 그치고 그 거동 기타 주위의 사정을 합리적으로 판단하여 보더라도 정신질환자에 의한 집주인 살인범행에 앞서 그 구체적 위험이 객관적으로 존재하고 있었다고 보기 어려운 경우, 경찰관이 그때그때의 상황에 따라 그 정신질환자를 훈방하거나 일시 정신병원에 입원시키는 등 경찰관직무집행법의 규정에 의한 긴급구호조치를 취하였고, 정신질환자가 퇴원하자 정신병원에서의 장기 입원치료를 받는 데 도움이 되도록 생활보호대상자 지정의뢰를 하는 등 그 나름대로의 조치를 취한 이상, 더 나아가 경찰관들이 정신질환자의 살인범행 가능성을 막을 수 있을 만한 다른 조치를 취하지 아니하였거나 입건·수사하지 아니하였다고 하여 이를 법령에 위반하는 행위에 해당한다고 볼 수 없다는 이유로, 사법경찰관리의 수사 미개시 및 긴급구호권 불행사를 이유로 제기한 국가배상청구를 배척한 사례(대판 1996. 10. 25, 95다45927).

[판례 2] 강제보호조치가 위법하다고 판시한 사례: 경찰관이 염전사장에게 "사고나면 큰일나니 조치 잘하라"라고 경고하고, 구호대상자의 부모에게 연락하였다. 그런데 부모가 구호대상자에 대한 청구권 포기 및 양육 위임각서를 염전사장에게 교부하면서 구호대상자를 인계해 가지 않았음에도 경찰관이 더 이상 조치를 취하지 않은 경우(대판 2019. 4. 5, 2018다300067). [해설] 도움을 청한 장애인을 염주에게 되돌려 보내기까지 하고 이미 실종자로 등록된 피해자에게 보호조치를 취하지 않은 경찰의 책임을 인정한 사례이다.

(4) 긴급구조요청의 거부금지

「경찰관 직무집행법」은 "긴급구조를 요청받은 보건의료기관이나 공공구호기관은 정당한 이유 없이 긴급구호를 거절할 수 없다"고 규정하고 있다(법 제 4 조 제 2 항).

정당한 이유란 의사의 장기출장이나 병원의 수리 등과 같이 객관적으로 보아 진료가 불가능한 상태를 말하므로 의사가 취침중이라든가 병원시설이 일부 부족한 상태와 같은 상황은 적정한 조치하에서 진료가 가능하므로 정당한 이유 있는 때에 포함되지 않는다.

(5) 위험야기물건의 임시영치

보호조치의 경우 경찰관은 구호대상자가 휴대하고 있는 무기·흉기 등 위험을 일으킬 수 있는 것으로 인정되는 물건은 경찰관서에 임시로 영치(領置)하여 놓을 수 있다(법 제 4 조 제 3 항). 영치란 위험방지를 위하여 어떤 물건의 소유권자 혹은 그 밖의 정당한 권원을 가진 자의 사실상 지배를 종료시키고, 경찰이나 행정청 및 그로부터 권한을 위임받은 자의 새로운 사실상의 지배를 발생시키는 것을 말한다. 영치는 영치명령과 사실행위인 그의 집행을 통하여 이루어진다. 그 조치의 목적상 물건을 임치하여 타인이 그 물건에 대해 영향을 미칠 가능성을 배제하려는 것이 경찰에게 중요한 의미를 가질 때에만 영치라고 할 수 있다(예 도로상에서 자동차를 치우는 것은 공법상의 임치관계의 성립을 목적으로 하는 것이 아니라, 도로교통영역에서의 위험방지를 위한 것이기 때문에 자동차 견인조치는 영치가 아니다).

위험야기물건의 임시영치는 대물적 즉시강제에 해당한다(서정범 역, 「경찰법 사례연구」, 98~99쪽). 임시영치는 영장 없이 이루어지는 강제처분으로 볼 수 있다는 견해도 있다(최영규, 류지태·박종수). 영치는 직접강제에 포섭시키는 견해도 있다(정하중). 영치는 개념상 압수에 필연적으로 연결된 개념인바, 압수절차에서의 영장주의가 담보하고자 하는 조사상대방의 법익을 압수에 후행하는 영치절차에서의 직접강제단계에서 보장하고자 하는 것이다(한웅희).

임시영치란 물건의 소지가 경찰상 위험을 발생케 할 만한 상당한 이유가 있다고 인정되는 경우에 일시 그 소지를 박탈하여 경찰관서에서 강제적으로 보관하는 것을 말한다. 이 경우에 임시영치를 한 경찰관서의 장은 상대방에게 그 증명서를 교부하여 임시영치한 사실을 증명하고 그 반환이 원활하게 이루어지도록 하여야 한다. 따라서 영치에 있어서 어떤 물건이 실제로 자살목적으로 사용되어질 것이라는 사실이 인정될 수 있는지의 여부는 중요하지 않으며, 그 물건이 일반적으로 그러한 목적에 사용되기에 적합하다는 것만으로 충분하다.

(6) 경찰관서에서의 강제보호조치기간

「경찰관 직무집행법」상 경찰관서에서의 보호는 24시간을 초과하여서는 안 된다고 규정하고 있다(법 제4조 제7항 전단). 사회보장시설과 달리 경찰관서에서의 보호는 실질적인 자유를 제한하는 측면이 있기 때문이다. **판례**도 "피구호자의 가족 등에게 피구호자를 인계할 수 있다면 특별한 사정이 없는 한 경찰관서에서 피구호자를 보호하는 것은 허용되지 않는다"고 판시하였다(대판 2012. 12. 13, 2012도11162). 24시간 이내라도 보호의 요건이 없게 된 경우에는 그 시점 이후는 보호를 계속할 수 없다.

일본 판례는 만취상태를 벗어난 후에 있어서의 보호의 계속은 필요 이상의 신체의 구속으로 위법이고(大阪地判 平成 5. 7. 12, 判時 1478호, 146면), 또한 피보호자의 상태에서 보아 가족 등에게 인도하는 것이 적당하지 않는 경우에는 신체구속으로부터 24시간 이내의 한도에서 친족 등의 면회·인도요구를 거절할 수 있다고 판시하고 있다(福岡地判 昭和 56. 11. 20, 判タ 460호, 123면).

3. 강제보호조치와 적법절차

「경찰관 직무집행법」은 보호조치로 인한 개인의 권익침해를 방지하기 위하여 일정한 적법절차조항을 두고 있다. 즉 「경찰관 직무집행법」은 "경찰관은 제 1 항의 조치를 하였을 때에는 지체 없이 구호대상자의 가족·친지 또는 그 밖의 연고자에게 그 사실을 알려야 하며, 연고자가 발견되지 아니할 때에는 구호대상자를 적당한 공공보건의료기관이나 공공구호기관에 즉시 인계하여야 한다"고 규정하고 있다(법 제 4 조 제 4 항).

> [판례] 경찰관직무집행법 제 4 조 제 1 항·제 4 항에 의하면 경찰관은 수상한 거동 기타 주위의 사정을 합리적으로 판단하여 **술 취한 상태로 인하여 자기 또는 타인의 생명, 신체와 재산에 위해를 미칠 우려가 있는 자**에 해당함이 명백하여 응급의 구호를 요한다고 믿을 만한 상당한 이유가 있는 자를 발견한 때에는 24시간을 초과하지 아니하는 범위 내에서 동인을 경찰관서에 보호하는 등 적절한 조치를 취할 수 있으나, 이 경우에도 **경찰관이 이러한 조치를 한 때에는 지체 없이 이를 피구호자의 가족, 친지, 기타의 연고자에게 그 사실을 통지하여야 한다**(대판 1994. 3. 11, 93도958).

여기서 '**가족·친지 또는 그 밖의 연고자**'란 민법규정에 따라 그 범위가 정해지는데, **가족·친지**는 민법상의 가(家)의 소속 구성원 및 인척 등을 포괄적으로 말하고, **연고자**란 본인과 사회적·심리적으로 긴밀한 관계자(예 내연의 처 등)를 말한다. 그리고 '**적당한 공공보건의료기관이나 공공구호기관**'이란 법령에 따라 구호대상자를 구호할 의무를 지는 기관 및 법령에 따라 규정되어 있지는 않지만 사회통념상 보호에 적당한 시설로 인정되는 기관이 포함된다.

그리고 「경찰관 직무집행법」은 "경찰관은 제 4 항에 따라 구호대상자를 공공보건의료기관이나 공공구호기관에 인계하였을 때에는 즉시 그 사실을 소속 경찰서장이나 지방해양경비안전관서의 장에게 보고하여야 한다"고 규정하고 있다(법 제 4 조 제 5 항). 또한 「경찰관 직무집행법」은 "제 5 항의 보고를 받은 소속 경찰서장이나 지방해양경비안전관서의 장은 대통령령으로 정하는 바에 따라 구호대상자를 인계한 사실을 지체 없이 해당 공공보건의료기관 또는 공공구호기관의 장 및 그 감독행정청에 통보하여야 한다"고 규정하고 있다(법 제 4 조 제 6 항).

4. 임시영치의 기간

「경찰관 직무집행법」은 사인의 소유권 보호 차원에서 경찰관서에서의 임시영치는 10일을 초과할 수 없다(법 제 4 조 제 7 항)고 규정하고 있으나, 총포·마약 등의 금제품(禁制品)의 경우에는 법정절차에 따라 영치·몰수 등의 조치가 취해진다.

5. 보 호 실

(1) 보호실의 의의

보호실이란 경찰서 내에 일정한 자를 사실상 유치하기 위해 설치한 구역을 말한다. 이는 보호조치된 자를 수용하기 위해 설치·운영되고 있는 시설이다. 실무에서는 보호대상자 외에 형사절차상의 연행자, 불구속 피의자, 임의동행자 등은 보호실에 유치하지 않고 유치장에 수용하고 있다. **판례**는 구속영장을 받음이 없이 피의자를 보호실에 유치함은 영장주의에 위배되는 위법한 구금으로서 적법한 공무수행이라고 볼 수 없다고 보고 있다(대판 1994. 3. 11, 93도958〈폭력행위등처벌에관한법률위반, 공무집행방해〉).

[판례 1] **구속영장을 교부받음이 없이 피의자를 보호실에 유치함이 적법한 공무수행인지 여부**: 가. 경찰서에 설치되어 있는 보호실은 영장대기자나 즉결대기자 등의 도주방지와 경찰업무의 편의 등을 위한 수용시설로서 사실상 설치, 운영되고 있으나 현행법상 그 설치근거나 운영 및 규제에 관한 법령의 규정이 없고, 이러한 보호실은 그 시설 및 구조에 있어 통상 철창으로 된 방으로 되어 있어 그 안에 대기하고 있는 사람들이나 그 가족들이 출입이 제한되는 등 일단 그 장소에 유치되는 사람은 그 의사에 기하지 아니하고 일정장소에 구금되는 결과가 되므로, 경찰관직무집행법상 정신착란자, 주취자, 자살기도자 등 응급의 구호를 요하는 자를 24시간을 초과하지 아니하는 범위내에서 경찰관서에 보호조치할 수 있는 시설로 제한적으로 운영되는 경우를 제외하고는 **구속영장을 발부받음이 없이 피의자를 보호실에 유치함은 영장주의에 위배되는 위법한 구금으로서 적법한 공무수행이라고 볼 수 없다.** 나. 피의자를 구속영장 없이 현행범으로 체포하든지 긴급구속하기 위하여는 체포 또는 긴급구속 당시에 헌법 및 형사소송법에 규정된 바와 같이 피의자에 대하여 범죄사실의 요지, 체포 또는 구속의 이유와 변호인을 선임할 수 있음을 말하고 변명할 기회를 준 후가 아니면 체포 또는 긴급구속할 수 없다. 다. 경찰관직무집행법 제 4 조 제 1 항, 제 4 항에 의하면 경찰관은 수상한 거동 기타 주위의 사정을 합리적으로 판단하여 술취한 상태로 인하여 자기 또는 타인의 생명, 신체와 재산에 위해를 미칠 우려가 있는 자에 해당함이 명백하며 응급의 구호를 요한다고 믿을 만한 상당한 이유가 있는 자를 발견한 때

에는 24시간을 초과하지 아니하는 범위 내에서 동인을 경찰관서에 보호하는 등 적절한 조치를 취할 수 있으나, **이 경우에도 경찰관이 이러한 조치를 한 때에는 지체 없이 이를 피구호자의 가족, 친지 기타의 연고자에게 그 사실을 통지하여야 한다**(대판 1994. 3. 11, 93도958〈폭력행위등처벌에관한법률위반, 공무집행방해〉).

[판례 2] **경찰서 조사대기실이** 조사대기자 등의 도주방지와 경찰업무의 편의 등을 위한 수용시설로서 그 안에 대기하고 있는 사람들의 출입이 제한되는 시설이라면, 일단 그 장소에 유치되는 사람은 그 의사에 기하지 아니하고 일정장소에 구금되는 결과가 되므로 **경찰관직무집행법상 정신착란자, 주취자, 자살기도자 등 응급의 구호를 요하는 자를 24시간을 초과하지 아니하는 범위 내에서 경찰관서에 보호조치할 수 있는 시설로 제한적으로 운영되는 경우를 제외하고는 구속영장을 발부받음이 없이 조사대기실에 유치하는 것은 영장주의에 위배되는 위법한 구금이라고 하지 않을 수 없다**(대판 1995. 5. 26, 94다37226).

(2) 유치장과의 구별

유치장은 법률에서 정한 절차에 따라 체포·구속된 사람 또는 신체의 자유를 제한하는 판결이나 처분을 받은 사람을 수용하기 위한 시설(법 제 9 조)로서 경찰서에 두는데, 보호시설인 보호실과는 그 법적 성격을 달리한다.

6. 관련 사례학습

【관련 사례 1】 정신착란자에 대한 미흡한 보호조치 사례

가. 사실관계

2017. 6. 1. 09:11경 서울 강남구 B에서 '아줌마가 옥상에 있는데, 팬티바람으로 있음, 4~50대 여자, 경찰에 신고하지 말아 달라고 했는데, 확인 요망'이라는 112 신고를 받고 C파출소 경찰관들이 같은 날 09:16경 현장에 출동하였고, 위 경찰관들은 가구매장 옥상에서 브래지어를 이용하여 자살을 하려는 D를 발견하여 파출소로 데려왔다.

C파출소 경찰관들은 D의 거주지가 대구이고 서울에는 거주할 장소가 없는 점, D가 정신과 치료를 받은 여성이고, 출동 당시 브래지어를 목에 묶어 자살을 시도하려 했던 점, 정신적으로 많이 불안해 보이는 점 등을 이유로 강남구 정신건강복지센터(이하 '강남복지센터'라 한다)에 상담을 요청하였다.

C파출소의 요청을 받고 강남복지센터 소속의 E, F가 출동하여 D에 대한 상담 및 D가 치료를 받았다는 대구의 G병원 주치의와 통화하였다. 그런데 위 주치의가 D가 G병원에서 10여년 간 정신과 치료를 받았는데 응급 입원조치를 하는 것보다 대구로 귀가조치하여 외래 치료를 받도록 하는 것이 좋겠다는 의견을 밝히고, D 또한 정신과 입원

을 거부하고 대구로 가겠다는 의사를 표시하자, C파출소 경찰관들은 순찰차로 D를 강남 고속버스터미널로 데리고 간 후 12:40경 출발하는 서대구행 버스표를 끊어 고속버스에 망인을 태워 보냈다.

C파출소 경찰관들은 D를 버스에 태워 보낸 후, 13:13경 위 버스가 들를 예정인 선산휴게소에서 D가 도주하지 못하도록 경북청 구미서에 공조 요청을 하였고, 13:18경 D가 서대구터미널에 도착하면 G병원까지 안내하도록 대구청에 공조 요청하였다.

C파출소의 공조 요청을 받고 위 휴게소에 경북지방경찰청 제3지구대 소속 고속도로 순찰대원 2명이 출동해 있었고, D가 탄 버스는 15:00경 선산휴게소에 도착하였다. 순찰대원들은 버스가 정차하는 것을 보고 버스 쪽으로 걸어가던 중 D가 급한 걸음으로 여자화장실로 가는 것을 보았는데, 순찰대원 중 1명은 D에 대한 이야기를 하는 버스기사와 대화를 나누고, 나머지 1명은 여자화장실 20미터 전방에서 D를 지켜보았다. 그런데 D는 여자화장실에 들어갔다가 10초 정도 후에 나와 화장실 뒤편으로 갔고, 이에 지켜보던 순찰대원이 따라갔으나 D를 찾지 못하였다.

D는 여자화장실 뒤편에 있던 쪽문을 통해 밖으로 나갔다가, 2017. 6. 1. 15:20경 구미시 옥성면 대원리에 있는 대원저수지에서 겉옷은 벗어 물가에 두고 속옷만 입은 채로 물에 빠져 익사한 상태로 발견되었다.

나. 법원의 판단

구체적인 직무를 수행하는 경찰관으로서는 제반 상황에 대응하여 자신에게 부여된 여러 가지 권한을 적절하게 행사하여 필요한 조치를 취할 수 있는 것이고, 그러한 권한은 일반적으로 경찰관의 전문적 판단에 기한 합리적인 재량에 위임되어 있는 것이나, 경찰관에게 권한을 부여한 취지와 목적에 비추어 볼 때 구체적인 사정에 따라 경찰관이 그 권한을 행사하여 필요한 조치를 취하지 아니하는 것이 현저하게 불합리하다고 인정되는 경우에는 그러한 권한의 불행사는 직무상의 의무를 위반한 것이 되어 위법하게 된다(대법원 2004. 9. 23. 선고 2003다49009 판결 참조).

자살기도자, 특히 D와 같이 장기간에 걸쳐 정신과 치료를 받고 있고 양극성 정동장애 진단을 받은 사람으로서 자살을 기도한 사람은 다시 극단적인 선택을 할 수 있는 가능성이 매우 높다. 더욱이 위 경찰관들은 신고를 받고 출동하였다가 D가 브래지어로 목을 매어 자살을 시도하였다는 사실과, 그로 인하여 목에 빨갛게 자국이 생긴 것을 확인하였던 것으로 보이며(부검감정서에는 목 앞부위에 형성된 끈자국이 보이고 끈자국 위쪽의 목부위 피부에서 다수의 점출혈이 보인다고 기재되어 있다), 대구에 거주하는 D가 연고도 없는 서울에서 발견되었고, 별다른 소지품도 없이 신발도 신고 있지 않았던 사실과 10년 이상 정신과 진료를 받고 있다는 사실을 확인하였으므로, D가 자살을 시도할 가능성이 있다는 사실을 충분히 예견할 수 있었을 것으로 보인다.

그렇다면 위 경찰관들은 「경찰관 직무집행법」 제 4 조 제 1 항의 규정에 따라 D에 대하여 긴급구호를 요청하거나 경찰관서에 보호하는 등의 적절한 조치를 취했어야 할 것으로 보인다. 그런데 비록 위 경찰관들이 강남복지센터에 상담을 요청하였고, 그 요청에 의하여 D와 상담을 진행한 담당자들이 D의 주치의와 D의 의사에 따라 입원조치를 하는 것보다 대구로 귀가하게 하여 외래 치료를 받도록 하는 것이 좋겠다는 의견을 밝힘에 따라 위 법에 따른 보호조치를 할 필요가 없다고 판단한 것을 두고 현저하게 불합리한 판단이라고 보기는 어렵다고 하더라도, D의 신병을 이미 확보한 경찰관들로서는 적어도 D를 가족 또는 D를 치료 또는 보호할 수 있는 병원으로 인계하거나 적어도 가족이나 병원에 인계될 때까지 D가 재차 자살을 기도하는 등의 위험을 초래하지 않도록 보호하여야 할 의무가 있었다고 보는 것이 타당하다.

그런데 위 경찰관들은 D의 보호를 위한 별다른 조치 없이 만연히 대구행 고속버스에 D를 태워 보냄으로써 D가 중간 휴게소에서 자살을 시도하는 것을 막지 못한 잘못이 있다. 즉 위 경찰관들이 고속버스 기사에게 D의 상태에 대하여 어느 정도 알려준 사실은 인정되지만, D의 가족 또는 보호자라거나 경찰관들의 보조자라고도 볼 수 없는 고속버스 기사에게 D를 인계한 것만으로 경찰관들이 의무를 다했다고 할 수는 없다(더욱이 고속버스 기사는 경찰관들에게 정신질환이 있는 것으로 보이는 D를 동승자 없이 혼자 태워 보내는 것에 대하여 불만을 표했으나, 선산휴게소에 경찰관들이 나와 있을 것이라며 부탁하는 경찰관들의 요청에 내키지 않았음에도 D를 태웠던 것으로 보인다). 또한 위 경찰관들이 경북청 구미서에 한 공조 요청의 내용도 D가 아침에 자살을 시도하였다거나 자살을 시도할 위험이 있는 사람이기 때문에 보호를 해야 한다는 것이 아니라, 단순히 휴게소에서 도주하지 못하도록 해 달라는 것에 불과하였다.

따라서 선산휴게소에 나와 있던 순찰대원들은 D를 단순 정신질환자로서 다른 사람들에게 행패를 부리지 못하게 하면 된다고 생각하였을 뿐이어서, D가 빠른 걸음으로 화장실로 가는 것을 보았음에도 순찰대원 중 1명만이 20미터 정도 떨어진 곳에서 D를 지켜보는 등의 소극적인 대처만을 하였고, 그로 인하여 D가 휴게소 쪽문으로 나가는 것을 막지 못한 것으로 보인다. D가 여자화장실에 들어갔기 때문에 출동한 남자 경찰관들이 화장실까지 들어가는 등의 감시를 제대로 할 수 없었다는 취지의 주장에 대해서는, 만일 D에 대한 정확한 정보가 제공되었다면 여자 경찰관이 함께 출동하거나 2명의 경찰관이 더욱 적극적으로 D의 신변을 보호하려는 조치를 취할 수 있었을 것으로 보이는바, 이는 결국 공조 요청을 하면서 정확한 정보를 제공하지 못한 잘못에 기인한 것으로 볼 수밖에 없다.

(서울중앙지방법원 2019. 5. 22. 선고 2018가합533770 판결)

【관련 사례 2】 주취자에 대한 보호조치의 요건과 대상

가. 사실관계

E는 사건 전날인 2022. 5. 3. 23:46경 남편인 A가 연락되지 않는다며 자살기도의 가능성이 있으니 남편을 찾아달라는 112신고를 접수하였다. 이튿날인 5. 4. 07:22경 서울 종로구 B동 C식당 근처 보도에서 A가 발견되자 경찰관들이 사건 현장에 출동하였는데, 당시 A는 식당 앞 계단에 술에 취해 누워 자고 있었다.

경찰관들은 A를 깨워 112신고 접수내용에 대해 설명하고 처 E에게 인계하기 위한 조치를 취하려고 하였는데, A는 경찰관들이 붙잡은 손을 뿌리치며 "내가 뭔 죄를 졌냐, 지랄이냐, 왜 그러느냐."라고 소리치고 서울혜화경찰서 소속 경찰관 D의 허벅지 등을 무릎으로 걷어찼다.

경찰관들은 A의 팔을 놓았고 '그냥 가시라'고 하였는데 A는 그 자리에서 경찰관 D에게 '내가 뭔 죄를 졌냐'고 계속 소리치며 항의하여 D는 차분하게 112신고를 접수받고 출동한 경위를 다시 설명하였으나 A는 이를 듣던 중 갑자기 위 D의 목을 팔꿈치로 치는 등으로 폭행하였고 경찰관들이 자세한 설명도 없이 자신을 범죄자 취급하며 위협적으로 대한다고 생각하여 항의하였다. 경찰관들은 A의 폭행 장면이 담긴 동영상을 촬영하였다.

동영상의 내용은, 경찰관 5명이 둘러싸고 있었고, A와 경찰관들은 서로 언성을 높이며 서로의 몸에 손을 대는 듯한 행동을 하였으며, 경찰관들이 A의 손을 붙잡으려 하자 A가 이를 뿌리쳤고, 다시 A와 경찰관이 서로 손짓을 하며 언성을 높이는 와중에 A가 다소 흥분한 태도를 보이자 경찰관들이 A의 손을 붙잡았으며, A가 항의하는 와중에 폭행이 발생하였다는 것이다.

나. 법원의 판단

1) 원심 판단(A는 무죄, 경찰관의 경직법 제 4 조, 제 6 조 위반)

요지	(피고인 A는 무죄) 경찰관의 보호조치 요건에 해당하지 않음

「경찰관 직무집행법」 제 4 조 제 1 항 제 1 호에서 규정하는 술에 취한 상태로 인하여 자기 또는 타인의 생명·신체와 재산에 위해를 미칠 우려가 있는 피구호자에 대한 보호조치는 경찰 행정상 즉시강제에 해당하므로, 그 조치가 불가피한 최소한도 내에서만 행사되도록 발동·행사 요건을 신중하고 엄격하게 해석하여야 한다. 따라서 위 조항의 '술에 취한 상태'란 피구호자가 술에 만취하여 정상적인 판단능력이나 의사능력을 상실할 정도에 이른 것을 말하고, 이 사건 조항에 따른 보호조치를 필요로 하는 피구호자

에 해당하는지는 구체적인 상황을 고려하여 경찰관 평균인을 기준으로 판단하되, 그 판단은 보호조치의 취지와 목적에 비추어 현저하게 불합리하여서는 아니 되며, 피구호자의 가족 등에게 피구호자를 인계할 수 있다면 특별한 사정이 없는 한 경찰관서에서 피구호자를 보호하는 것은 허용되지 않는다(대법원 2012. 12. 13. 선고 2012도11162 판결 등 참조).

당시의 현장상황에 비추어, 피고인 A는 '정신착란을 일으키거나 술에 취하여 자신 또는 다른 사람의 생명 · 신체 · 재산에 위해를 끼칠 우려가 있는 사람'이나 '자살을 시도하는 사람' 또는 '미아 · 병자 · 부상자 등으로서 적당한 보호자가 없으며 응급구호가 필요하다고 인정되는 사람'도 아니어서 「경찰관 직무집행법」 제 4 조(보호조치 등) 제 1 항에 근거하여 경찰관들이 A를 보건의료기관이나 공공구호기관에 긴급구호를 요청하거나 경찰관서에 보호하는 등 적절한 조치를 취할 수도 없으며, A가 경찰관들의 관여 또는 조치를 거부하고 있었던 이상, 경찰관들이 뚜렷한 법적 근거도 없이 A에게 어떠한 조치를 취하려고 하는 것은 허용될 수 없고, 그럼에도 경찰관들이 A에 대해 계속 어떠한 조치를 취하려고 하는 것은 위법한 공무집행에 해당한다.

(서울중앙지방법원 2023. 2. 2. 선고 2022고단2631 판결)

2) 항소심 판단

요지	(피고인 A 일부 유죄, 벌금 300만원) 경찰관의 보호조치를 경직법 제 4 조의 요건에 맞는 적법한 공무집행으로 인정

원심과 같이 이 사건 현장에서 경찰관들이 A의 팔을 붙잡은 행위는 「경찰관 직무집행법」 제 6 조 등에 근거한 적법한 공무집행으로 보기 어려우므로, 피고인 A가 이에 저항하여 경찰관 D의 허벅지를 무릎으로 걷어찬 행위는 공무집행방해죄에 해당하지 않는다.

경찰관들은 A의 처로부터 자살 가능성이 있다며 실종신고를 받고 그 전날 밤부터 계속하여 A를 찾기 위해 근처를 수색하다가 겨우 A를 발견한 것이므로, 술에 취해 길거리에서 자고 있던 A를 실종신고자인 처에게 인계하거나 적어도 처에게 A의 현 상태를 알리고 A의 자살 가능성에 대해 염려할 필요가 없어 보호조치의 필요성이 소멸하였다는 점이 인정되는 등의 사정변화가 없는 한 보호조치의 필요성이 계속되고 있다고 판단할 수밖에 없었을 것이고, 그런 판단에 따라 A에게 신고내용과 경찰관들의 조치를 설명하는 과정에서 A가 이 사건 폭행을 하였다.

A가 D의 목을 팔꿈치로 친 시점에는 이미 경찰관들이 A의 팔을 놓고 그곳을 떠날 수 있도록 길을 터 준 상태에서 항의하는 A에게 처로부터 자살할 것 같다는 실종신고를 받았다며 A에 대한 경찰관들의 공무집행에 대해 설명하는 도중이었으므로, 앞서 본 경찰관들의 위법한 직무집행(둘러싸고 팔을 붙잡는 등의 행위) 상태가 이미 종료되었다고 할 것인바, 피고인이 그 이후에 경찰관 D의 목을 팔꿈치로 쳐 폭행한 것을 두고

위법한 직무집행에 저항하는 행위라고 보기 어렵다.

(서울중앙지방법원 2023. 12. 8. 선고 2023노399 판결)

【관련 사례 3】 음주운전자 자동차 열쇠 임시영치

가. 사실관계

A는 2020. 10. 7. 05:39경 춘천시 B 앞 도로 약 10m 구간을 0.170%의 술에 취한 상태로 지인의 승용차인 BMW 520d를 운전하다가 주차된 오토바이를 충격하였다. 그로부터 약 10분 후 춘천경찰서 D지구대 소속 경찰관 E 경위와 F 경장이 현장에 도착하였고, A를 상대로 음주측정을 한 다음 귀가시키려고 하였다. 이에 A는 이 사건 승용차는 본인의 것이 아니라 지인의 것인데 지인과 현재 연락이 안 되어 대리운전기사를 통해 귀가하겠다고 하였다.

그런데 E 경위는 A에게 이 사건 승용차의 열쇠가 어디 있는지 물은 뒤 A가 승용차 내에 있다고 하자, 승용차 문을 열고 그 안에 있던 열쇠를 빼내어 손에 쥐었다. 이에 A가 "이렇게 열쇠를 뺐는 건 아니죠"라고 말하자, 경찰관 등은 "음주운전자 차량 키 저희가 영치할 수 있습니다. 일시적으로."라고 말하였다.

이에 A가 영치할 수 있다는 근거를 계속 보여 달라고 하자, 경찰관 등은 "그걸 어떻게 보여줘요", "「경찰관 직무집행법」 찾아보세요. 본인이", "법에 있는 건데 왜 보여드려야 하죠", "보여줄 필요도 없고 의무도 없어요"라고 답하였다. 그러자 A는 "의무도 없으면 뺐으면 안 되지"라고 말하면서 E 경위의 손 및 그 손에 쥐여 있던 열쇠를 함께 잡았다. 이에 경찰관 등이 "놓으시라고!"라고 말하자, A는 "(근거를) 보여 달라고 했잖아요. 영장 가지고 와요"라고 말했다. 경찰관 등은 A가 위와 같이 손과 열쇠를 잡은 후 30~40초 후에 바로 A를 공무집행방해죄의 현행범인으로 체포하였다.

나. 법원의 판단

1) 원심 판단

요지	(피고인 A의 공무집행방해의 점은 무죄) 경찰관의 자동차 키 영치는 위법

「경찰관 직무집행법」 제 4 조 제 3 항의 영치는 동조 제 1 항의 조치를 전제로 하고 있는데, 이 사건에서 A가 응급구호가 필요한 구호대상자인지도 의문일 뿐만 아니라 경찰관 등이 A에 대하여 긴급구호를 요청하거나 경찰관서에 보호하는 등의 조치를 취한 사실도 없으므로(오히려 경찰관 등은 위와 같은 보호조치 등은 물론이고 음주운전을 이유로 한 경찰관서 임의동행 요청 등도 하지 않았다), 경찰관 등은 경찰관 직무집행

법 제 4 조 제 3 항에 따라 이 사건 승용차의 열쇠를 영치할 수는 없다. 나아가 영치(領置)라 함은 임의제출물(任意提出物)이나 유류물(遺留物)을 대상으로 한 것이므로(대법원 1998. 5. 8. 선고 97다64482 판결, 형사소송법 제108조, 제218조, 일본 형사소송법 제221조 참조), A가 현장에서 명백히 반대 의사를 밝힌 이상 경찰관 등은 이 사건 승용차 열쇠를 영치할 수는 없다.

(서울중앙지방법원 2021. 6. 23. 선고 2020고단8007, 8756 판결)

3) 항소심 판단

요지	(피고인 A의 공무집행방해 유죄) 경찰관의 자동차 키 영치는 적법

경찰 행정상 즉시강제는 그 조치가 불가피한 최소한도 내에서만 행사되도록 그 발동·행사 요건을 신중하고 엄격하게 해석해야 하나, 원심이 적법하게 채택하여 조사한 증거들에 의하여 인정되는 다음과 같은 사정, 즉 ① 당시 A의 혈중알코올농도가 0.170%였던 점, ② A가 음주운전을 하여 주차된 오토바이를 충격해 물적 피해가 발생한 점, ③ 차량 내부에 키가 꽂혀있어 경찰관이 현장을 이탈할 경우 언제든지 음주운전이 가능했던 점, ④ 비록 경찰관의 주취운전자에 대한 권한 행사가 관계 법률의 규정 형식상 경찰관의 재량에 맡겨져 있다고 하더라도, 그러한 권한을 행사하지 아니한 것이 구체적인 상황하에서 현저하게 합리성을 잃어 사회적 타당성이 없는 경우에는 경찰관의 직무상 의무를 위배한 것으로서 위법하게 되므로(대법원 1998. 5. 8. 선고 97다54482 판결 등 참조), 음주운전을 적발한 경찰관으로서는 음주운전의 계속을 막기 위하여 조치를 취할 필요가 있었던 것으로 보이는 점, ⑤ 사건 현장에는 A 혼자만 남아 있었고, 경찰관 등은 A에게 가족 등 지인들에게 자동차 이동 및 자동차 열쇠 인계를 위하여 연락하라고 하였으나 A가 실제로 친구나 대리운전기사를 부르지는 않은 점, ⑥ 음주단속 실무상 자동차 열쇠는 보호자 등이 있으면 그에게 주고, 그렇지 않은 경우 운전자가 술이 깬 다음 지체없이 돌려주었던 것으로 보이는 점 등을 고려하면 자동차 열쇠를 임시 보관한 경찰관 등의 조치는 불가피한 최소한도 내에서 행사된 것으로서 적법하다고 판단된다.

(서울중앙지방법원 2022. 3. 30. 선고 2021노1752 판결)

【참고 사례 1】 응급 입원을 위한 보호조치

가. 사실관계

A는 2021. 7. 15. 춘천지방법원에서 공무집행방해죄 등으로 징역 10개월을 선고받고

2022. 1. 4. 춘천교도소에서 그 형의 집행을 종료한 자로, 2022. 5. 15.경부터 수회에 걸쳐 자살하겠다는 112신고를 하였고, 2023. 4. 18. 15:29경 서울 노원구 B아파트 C호의 자신의 주거지에서 '자살하겠다'는 내용의 112 신고를 하였다.

신고를 받고 출동한 서울노원경찰서 D지구대 소속 경사 E(남, 44세), 경장 F(남, 37세) 등 경찰관들이 A의 주거지에 들어갔을 때 A는 술에 취한 상태로 베란다 난간에서 투신하려 하고 있었고 A의 모친이 이를 막고 있었다.

경찰관들은 A의 자살·자해시도 및 타인에 대한 위해 방지 등을 위하여 A의 팔을 당겨 안방으로 데리고 들어간 뒤 수갑을 채웠고, A에 대한 응급 입원 등 보호조치를 하고자 지구대로 데려가려 하자, 위 E의 낭심과 허벅지 부위를 발로 차고, 위 F의 허벅지와 무릎 부위를 발로 찼다. 이 행위는 아파트 1층에 이르기까지 지속되었다. 이로써 A는 경찰공무원들의 국민의 생명, 신체의 보호 등에 관한 정당한 직무집행을 방해하였다.

나. 법원의 판단

경찰관들이 이 사건 당시 A에게 취한 장구 사용 등 일련의 조치들은 앞서 본 「경찰관 직무집행법령」의 각 규정에 따른 것으로서 적법하고, 달리 위법한 직무집행이 있었다고 볼 만한 사정을 찾을 수 없다.

(서울북부지방법원 2023. 11. 22. 선고 2023고단3538 판결)

Ⅲ. 위험발생의 방지조치

경찰관 직무집행법

제 5 조(위험 발생의 방지 등) ① 경찰관은 사람의 생명 또는 신체에 위해를 끼치거나 재산에 중대한 손해를 끼칠 우려가 있는 천재(天災), 사변(事變), 인공구조물의 파손이나 붕괴, 교통사고, 위험물의 폭발, 위험한 동물 등의 출현, 극도의 혼잡, 그 밖의 위험한 사태가 있을 때에는 다음 각 호의 조치를 할 수 있다.

1. 그 장소에 모인 사람, 사물(事物)의 관리자, 그 밖의 관계인에게 필요한 경고를 하는 것
2. 매우 긴급한 경우에는 위해를 입을 우려가 있는 사람을 필요한 한도에서 억류하거나 피난시키는 것
3. 그 장소에 있는 사람, 사물의 관리자, 그 밖의 관계인에게 위해를 방지하기 위하여 필요하다고 인정되는 조치를 하게 하거나 직접 그 조치를 하는 것

② 경찰관서의 장은 대간첩 작전의 수행이나 소요(騷擾) 사태의 진압을 위하여 필요하다고 인정되는 상당한 이유가 있을 때에는 대간첩 작전지역이나 경찰관서·무기고

> 등 국가중요시설에 대한 접근 또는 통행을 제한하거나 금지할 수 있다.
> ③ 경찰관은 제 1 항의 조치를 하였을 때에는 지체 없이 그 사실을 소속 경찰관서의 장에게 보고하여야 한다.
> ④ 제 2 항의 조치를 하거나 제 3 항의 보고를 받은 경찰관서의 장은 관계 기관의 협조를 구하는 등 적절한 조치를 하여야 한다.
> [전문개정 2014. 5. 20.]

1. 의　의

위험발생의 방지조치란 사람의 생명 또는 신체에 위해를 미치거나 재산에 중대한 손해를 끼칠 우려가 있는 위험한 사태가 있을 때에 그 위험 발생을 방지하기 위하여 취하는 조치를 말한다(법 제 5 조).

「경찰관 직무집행법」 제 5 조 제 1 항 제 3 호는 일반수권조항(개괄적 수권조항)의 성격을 갖는다고 볼 여지가 있다. 다만, 개인적 법익의 보호만이 그 대상이 되며 공동체적 법익의 보호는 그 대상이 되지 않는다는 점에서 한계가 있다.

위험발생의 방지를 위하여 경찰관이 취해야 할 수단과 요건을 규정하고, 직무를 명확하게 하여 이것을 공무로써 보장함과 아울러 그 권한의 남용을 방지하고자 하는 것이 본 규정을 둔 취지이다.

위험발생 방지조치는 억류, 피난조치 그 밖의 조치가 긴급하게 필요하여 경찰행정청의 의무부과행위가 선행됨이 없이 행하여지는 경우에는 경찰상 즉시강제의 성격을 갖는다고 할 것이며 대인적·대물적·대가택적 강제수단이라 할 수 있다.

2. 위험발생의 방지조치의 종류

일반적 위험발생 방지조치(법 제 5 조 제 1 항)와 대간첩작전수행과 소요사태진압을 위한 통행제한조치(법 제 5 조 제 2 항)로 나눌 수 있다.

(1) 일반적 위험발생 방지조치

1) 요　건

「경찰관 직무집행법」은 '사람의 생명 또는 신체에 위해를 끼치거나 재산에 중대한 손해를 끼칠 우려가 있는 천재(天災)(예 홍수, 가뭄, 지진쓰나미 등 자연재해), 사변(事變)(예 전쟁), 인공구조물의 파손이나 붕괴, 교통사고, 위험물의 폭발, 위험한 동물(예 광견, 분마류(빨리 달리는 말) 등)의 출현, 극도의 혼잡, 그 밖의 위험한 사태가 있을 때'

를 일반적 위험방지조치의 요건으로 들고 있다(법 제5조).

제 5 조 제 1 항 본문의 '위험'은 구체적인 위험을 말한다. 위험이란 합리적인, 즉 일반의 경험칙에 따른 판단에 따를 때 가까운 장래에 발생할 것이 예견되는 상태를 말한다. '구체적 위험'이란 구체적인, 즉 시간과 장소에 따라서 확정된 혹은 확정될 수 있는 상황으로부터 성립하는 위험을 말한다. 그리고 '추상적 위험'이란 특정한 행위 혹은 상태를 일반적·추상적으로 고찰했을 때 손해가 발생할 충분한 개연성이 있다는 결론에 도달되는 경우에 존재한다.[43)]

2) 대 상

「경찰관 직무집행법」은 위험방지조치의 대상으로서 그 장소에 모인 사람, 사물(事物)의 관리자, 그 밖의 관계인, 특히 긴급을 요할 때에는 위해를 받을 우려가 있는 자를 규정하고 있다(법 제5조 제1항).

3) 수단: 억류조치 또는 피난조치 및 위험방지의 조치

「경찰관 직무집행법」은 특히 긴급한 경우에는 위해를 입을 우려가 있는 사람을 필요한 한도에서 억류하거나 피난시킬 수 있다고 하여(법 제5조 제1항 제2호), 억류와 피난조치를 위험발생의 방지조치의 하나로 들고 있다. 억류조치나 피난조치는 당사자의 의사에 반하여 강제로 행해질 수 있다. 여기서 억류란 위험한 장소에 들어가지 못하도록 상대방의 의사에 불구하고 실력으로 저지하는 것을 말한다(예 화재가 난 건물에 들어가려는 건물주인을 들어가지 못하도록 제지하는 것). 피난이란 위험한 장소로부터 물러남을 실력으로 가능케 하는 것을 말한다(예 하천이 범람하여 주민의 생명에 위협이 될 때 주민의 생명을 보호하기 위하여 주민을 대피시키는 것).

제 2 호의 '매우 긴급한 경우'란 ① 경고를 하였으나 관계인이 대피 또는 예방조치를 취하지 않고 위험이 현실화하였거나 급박한 경우 또는 ② 관계인에게 경고를 할 시간적 여유조차 없는 급박한 경우를 말한다(최영규). 그리고 억류·피난조치는 필요한 한도에서만 허용된다. 즉 위험방지의 필요성과 상대방이 신체의 자유를 제한당함으로써 입는 불이익을 비교하여 전자가 우월한 경우에만 그러한 조치를 취할 수 있다(비례원칙).

경찰관은 위험사태가 발생한 경우 스스로 그 조치를 취할 수 있다(법 제5조 제1항 제3호). 이 조항은 위해방지조치의 내용을 특정하지 않고 개괄적으로 규정하고

43) 서정범·박병욱, "경찰법상의 위험개념의 변화에 관한 법적 고찰", 91쪽.

있다.

판례는 경찰이 위험발생방지조치를 취하지 아니한 채 그대로 방치하고 철수하여 버린 결과 운전자가 상해를 입은 경우에 국가배상책임을 인정한다(대판 1998. 8. 25, 98다16890).

[판례 1] 위험한 사태로 인정한 사례: 「경찰관 직무집행법」 제 5 조는 경찰관은 인명 또는 신체에 위해를 미치거나 재산에 중대한 손해를 끼칠 우려가 있는 위험한 사태가 있을 때에는 그 각 호의 조치를 취할 수 있다고 규정하여 **형식상 경찰관에게 재량에 의한 직무수행 권한을 부여한 것처럼 되어 있으나, 경찰관에게 그러한 권한을 부여한 취지와 목적에 비추어 볼 때 구체적인 사정에 따라 경찰관이 그 권한을 행사하여 필요한 조치를 취하지 아니하는 것이 현저하게 불합리하다고 인정되는 경우에는 그러한 권한의 불행사는 직무상의 의무를 위반한 것이 되어 위법하게 된다**.…경찰관이 농민들의 시위를 진압하고 시위과정에 도로상에 방치된 트랙터 1대에 대하여 이를 도로 밖으로 옮기거나 후방에 안전표지판을 설치하는 것과 같은 위험발생방지조치를 취하지 아니한 채 그대로 방치하고 철수하여 버린 결과, 야간에 그 도로를 진행하던 운전자가 위 방치된 트랙터를 피하려다가 다른 트랙터에 부딪혀 상해를 입었으므로 국가배상책임이 인정된다(대판 1998. 8. 25, 98다16890). [해설] 경찰이 트랙터를 도로 밖으로 옮기거나 그것이 어려우면 야간에 추돌사고를 방지하기 위해 트랙터 후방에 안전표지판을 설치하는 등 **위험발생의 방지조치를 취하지 않은 것이 직무상의 의무위반에 해당한다고 본 사례이다.**

[판례 2] 위험한 사태로 인정한 사례: 교통사고 발생신고를 받고 현장에 나온 경찰관으로서는 사고내용에 관한 다툼이 있어 사고현장보존의 필요성이 있다 하더라도 사고 발생의 위험성이 예견되는 경우 관계자에게 사고 발생을 막을 안전조치를 하도록 지시하거나 그것이 여의치 아니할 경우 위와 같은 조치를 직접 하여야 할 주의의무가 있다. 평소 차량의 통행이 많은 이 사건 도로변의 인도나 도로상에 건설자재 및 공사도구를 방치할 경우 그 곳을 통행하는 차량의 교통을 방해함은 물론 이 사건 사고와 같은 충돌사고의 위험성이 있고 더욱이 야간에는 시야가 제한됨은 물론 과속 주행차량이 많은 점에 비추어 위와 같은 위험성이 증대하는 데다 앞서 이 사건 펌프차량을 충격한 사고가 이미 발생한 바 있어서 그와 유사한 사고가 발생하리라고 쉽게 예견할 수 있으므로 관계자로서는 도로상에 위와 같은 장애물을 부득이 방치하는 경우에도 통행차량이 쉽게 식별할 수 있도록 점멸등과 같은 조명시설이나 야광안전표지판 등의 식별표지를 설치하거나 안전관리근무자를 배치하여 위와 같은 사고의 발생을 미리 막아야 할 것임에도 위 펌프차량의 뒤에 안전표지판 1개를 리어카로 받쳐 놓기만 한 채 방치한 것은 잘못이며 그것이 이 사건 사고발생의 원인이 되었다(대판 1992. 10. 27, 92다21371).

(2) 대간첩 작전 수행과 소요사태 진압을 위한 접근 또는 통행 제한조치

경찰관서의 장은 대간첩 작전 수행 또는 소요사태의 진압을 위하여 필요하다고 인정되는 상당한 이유가 있을 때에는 대간첩 작전지역이나 경찰관서·무기고 등 국가중요시설에 접근 또는 통행을 제한하거나 금지할 수 있다(법 제5조 제2항). 이 규정은 대간첩작전을 수행하거나 소요사태를 진압할 때에 무장공비나 소요군중으로부터 일반인을 분리시키고, 특정중요지역을 보호하기 위한 소요군중의 진입저지선을 설정할 수 있도록 하며, 작전이나 소요사태의 진압과정에서 파생될 우려가 있는 일반국민의 피해를 막고 무기탈취나 국가중요기관의 피습을 방지하여 작전 및 진압의 효율적 수행을 보장할 수 있도록 함으로써 대규모 피해상황을 방지하기 위한 초기단계의 대책이라 할 수 있다.

통행제한조치 등의 수단으로서는 접근 또는 통행의 제한·금지와 고지를 규정하고 있다(법 제5조 제2항). 접근 또는 통행의 제한 또는 금지의 대상은 대간첩작전지역 또는 경찰관서·무기고 등 국가중요시설이다.

3. 관련 사례학습

【관련 사례 1】 행정대집행 현장에서의 강제 피난 조치

가. 사실관계

2011. 6. 23. 09:00경 부산 영도구청(재난안전과)은 부산 영도구 봉래동 소재 주식회사 한진중공업 영도조선소 앞에 무단으로 설치된 천막을 철거하기 위해 철거요원 약 20여명을 투입하여 행정대집행을 하였다. 이때 공무원들이 행정대집행에 들어가는 것을 목격한 A는 철거를 방해하기 위해 한진중공업 정문 앞 첫 번째 설치된 파란색 천막 안으로 들어갔다.

영도구청의 병력지원 요청에 따라 행정대집행 현장에 나가있던 부산지방경찰청 1기동대 소속 경찰관 경사 B는 동료 경찰들과 함께 이를 보고, 위 천막 안으로 들어가 A에게 "행정대집행을 하려 하니 나가주세요" 라고 말하였다.

그러나 A는 "내가 앉아 있는데 왜 그러냐, 나 못나가겠다"고 소리치며 그 자리에서 드러눕고, 이를 본 위 경찰관이 A의 팔을 잡아 일으켜 세워주려고 하자, 위 경찰관을 향해 팔을 휘두르고 발길질을 하는 등 폭력을 행사하였다.

〈진행 단계별 사실〉

일시	진행 사실
2. 14.	민주노총 부산본부 등 8개 단체에서 영도조선소 정문 앞 인도에 천막 11개 동 설치
2. 14.~2. 17.	영도구청은 수차례 자진 철거를 경고, 이에 불응
6. O.	영도구청은 위 천막 등에 대하여 철거 결정(행정대집행), 영도경찰서에 경력지원 요청
6. 23. 08:30	영도구청은 직원 20명, 덤프트럭 등 4대, 해머, 지렛대 등을 준비하여 출발
6. 23. 09:00	대집행 통보를 한 후 철거 작업 시작. A가 철거작업 시작 후 천막에 도보로 입장하자 경찰관들이 들어와 나가줄 것을 요구, A가 거부하자 경찰관들이 A의 팔과 다리를 붙잡고 천막 밖으로 끌어내는 중 발로 경찰관들을 수회 차고 저항
6. 23. 09:20	천막 11개 동의 철거 완료, 바닥에 고정되어 있던 골조를 제거
6. 23. 09:55	영도조선소 정문 앞 불법시설물 철거 완료

나. 법원의 판단

제 5 조의 규정에 의하더라도 A를 이 사건 천막 안에서 밖으로 끌어내는 행위의 근거가 될 수 있는 조항은 제 5 조 제 1 항 제 2 호에 규정된 특히 긴급을 요할 때에는 위해를 받을 우려가 있는 자를 필요한 한도 내에서 억류하거나 피난시키는 것인데, 위 규정에 의하여 A를 이 사건 천막 안에서 밖으로 끌어내기 위하여는 '특히 긴급을 요할 때'라는 요건을 충족하여야 할 것이고, '특히 긴급을 요할 때'라는 요건은 위해를 받을 우려가 있는 자에 대한 인명 또는 신체에 대한 위해를 피하기 위하여 특히 긴급을 요할 때라고 보아야 할 것으로,

A가 이 사건 천막 안으로 들어갈 당시에 천막에 대한 행정대집행이 시작되기는 하였지만, 천막 밖에 묶어 놓았던 끈을 제거하는 작업을 시작한 시점이었고, 해머나 지렛대 등을 동원한 철거작업은 시작하기 전이었으며, 영도구청 공무원인 B는 A가 이 사건 천막 안에 들어가 있던 시점에 이 사건 천막 안에서 천막 철거를 위하여 끈을 푸는 작업을 하고 있었는데, 이 사건 천막 안에 들어갈 때 이미 A가 있었고, B가 들어오고 나서 잠시 후 경찰관이 들어와 A를 천막 밖으로 들어내었으며, B는 이 사건 천막 안에서 15분 내지 20분 정도 작업을 하였다.

이러한 사정을 종합하여 보면, A가 이 사건 천막 안에 들어가 있을 당시에 이 사건 천막의 철거 작업을 하던 영도구청 공무원 B도 이 사건 천막 안에 들어가 작업을 하였고, A가 경찰관에 의하여 이 사건 천막 밖으로 끌려 나오고 나서도 상당한 시간 동안 위 공무원 B가 이 사건 천막 안에서 작업을 하고 있었다.

그렇다면, A가 이 사건 천막 안에서 밖으로 경찰관에 의하여 끌려나올 당시를 기준으로 하면, 그 시점이 A를 이 사건 천막 밖으로 끌고 나오지 아니하면 A의 인명 또는 신체에 대하여 위해가 발생할 우려가 있어 특히 긴급을 요할 때에 해당한다고 볼 수 없다.

따라서 「경찰관 직무집행법」 제 5 조는 이 사건에 있어서 경찰관의 정당한 직무수행의 근거라고 볼 수 없다.

(부산지방법원 2012. 2. 13. 선고 2011고단6582 판결)

【관련 사례 2】 연좌 중 시위자 강제 피난조치

가. 사실관계

A는 2012. 5. 31. 11:50경 서귀포시 강정동에 있는 제주민군복합형관광미항 공사현장 사업단 주출입구 앞쪽에서 20여 명과 함께 연좌하여 레미콘 차량의 출입을 막고 있었다. 이에 서울지방경찰청 5기동단 52기동대 등 경찰관들은 위 장소로 출동하여 시위 등 관리 업무를 하고 있었다.

서귀포경찰서 경비과장은 연좌한 사람들에게 해산명령을 하였고, 당시 현장에 있던 경찰관들은 A를 비롯하여 연좌하여 있는 사람들에게 해산하여 줄 것을 당부하였으나 A는 위 요청을 받아들이지 않고 계속 자리에 앉아 있었다.

이에 경찰관인 경사 E, 순경 F 등이 A의 팔과 다리를 잡고 길 옆으로 이동시켰고 그 와중에 A가 격렬하게 몸부림을 치면서 이루 순경 F의 오른쪽 어깨부위와 경사 E의 왼쪽 어깨부위를 각각 물고, 왼손으로 경사 E의 왼팔 부위를 꼬집었다. E, F 등은 A를 길 옆쪽에 내려 놓은 뒤에 A로부터 폭행당하였다는 사실을 확인하고 A를 현행범으로 체포하였다.

나. 법원의 판단

「경찰관 직무집행법」 제 5 조 제 1 항에 의한다면, 이 사건과 같이 사람의 신체를 잡고 끌어내는 행위의 근거가 될 수 있는 조항은 제 2 호로 봄이 상당하다. 위 규정에 의하여 A를 끌어내기 위하여는 '특히 긴급을 요할 때'라는 요건을 충족하여야 할 것이고, '특히 긴급을 요할 때'라는 요건은 위해를 받을 우려가 있는 자에 대한 인명 또는 신체에 대한 위해를 피하기 위하여 특히 긴급을 요할 때라고 보아야 할 것이다.

인정사실에 의하면 A가 경찰관에 의하여 끌려나올 당시에 A에게 출입구를 벗어난 곳으로 끌고 나오지 아니하면 인명 또는 신체에 대하여 위해가 발생할 우려가 있어 특히 긴급을 요할 때에 해당한다고 할 수 없으므로 「경찰관 직무집행법」 제 5 조는 이 사건에 있어서 경찰관의 정당한 직무수행의 근거라고 볼 수 없다.

(제주지방법원 2012. 10. 17. 선고 2012고단736 판결)

※ 항소심(제주지법 2012노479)에서는 제 6 조 제 1 항(범죄의 예방과 제지)에 따라 범죄행위에 관한 실행의 착수 전에 행하여질 수 있을 뿐만 아니라, 이후 범죄행위가 계속되는 중에 그 진압을 위하여도 당연히 행하여질 수 있다고 보아 적법한 공무집행을 방해한 죄(징역 6월 집행유예 2년)를 인정하였다.

【관련 사례 3】 견딜 수 없는 소음에 대한 경찰관의 단전 조치

가. 사실관계

A는 평소 집에서 심한 고성과 욕설, 시끄러운 음악소리 등으로 이웃 주민들로부터 수회에 걸쳐 112신고가 있어 왔던 사람이다.

A는 2016. 6. 8. 23:40경 부산 부산진구 B빌라 C호 자신의 집에서 이웃 주민으로부터 'C호에서 난리가 났다'는 112신고를 받고 출동한 부산진경찰서 D지구대 소속 경위 E과 순경 F이 인터폰으로 소란스럽다는 신고를 받고 왔으니 문을 열어달라고 하였으나, "야, ㅇㅇ놈아, ㅇ새끼야, 꺼져라"고 욕설을 하고 위 경찰관들이 A를 만나기 위해 전기차단기를 내리자 화가 나 위험한 물건인 식칼(전체 길이 약 37cm, 칼날 길이 약 24cm)을 들고 나와 위 경찰관들에게 "야이, ㅇㅇ새끼야, 빨리 불 안키나, 이 ㅇ새끼들이 죽어볼래? 불 안키면 다 죽여버린다"라고 하면서 위 식칼로 경찰관들을 향해 찌를 듯이 협박하여 경찰관인 위 E과 위 F의 112신고 업무 처리에 관한 정당한 직무집행을 방해하였다.

다. 법원의 판단[44]

형법 제136조가 규정하는 공무집행방해죄는 공무원의 직무집행이 적법한 경우에 한하여 성립하는 것이고, 여기서 적법한 공무집행이라고 함은 그 행위가 공무원의 추상적 권한에 속할 뿐 아니라 구체적 직무집행에 관한 법률상 요건과 방식을 갖춘 경우를 가리키는 것이므로, 이러한 적법성이 결여된 직무행위를 하는 공무원에 대항하여 폭행이나 협박을 가하였다고 하여 공무집행방해죄가 성립되는 것은 아니다(대법원 2008. 12. 11. 선고 2008도8214 판결 등 참조). 한편, 공무집행방해죄는 공무원의 적법한 공무집행이 전제로 되는데, 추상적인 권한에 속하는 공무원의 어떠한 공무집행이 적법한지 여부는 행위 당시의 구체적 상황에 기하여 객관적·합리적으로 판단하여야 하고 사

44) 원심(2016고단3047)에서는 A의 공무집행방해를 인정, 징역 8월 실형 선고.

후적으로 순수한 객관적 기준에서 판단할 것은 아니다(대법원 2013. 8. 23. 선고 2011도4763 판결 등 참조).

소리를 지른다거나 노래를 크게 틀어놓았다 등의 112 신고내용에 비추어 A의 행위는 소음을 발생시킨 것에 불과한 점, 피해 경찰관들은 A에게 사전 고지 없이 갑작스럽게 단전 조치를 취한 것으로 보이는 점 등을 종합하면 당시 상황이 「경찰관 직무집행법」 제 5 조 제 1 항상 '사람의 생명 또는 신체에 위해를 끼치거나 재산에 중대한 손해를 끼칠 우려가 있는 위험한 사태가 있을 때'에 해당한다거나 A의 행위로 「경찰관 직무집행법」 제 6 조상 '사람의 생명·신체에 위해를 끼치거나 재산에 중대한 손해를 끼칠 우려가 있는 긴급한 경우'에 해당한다고 보이지 않으며, 그 결과 「경찰관 직무집행법」 제 7 조 제 1 항상 '경찰관직무집행법 제 5 조 제 1 항 및 제 6 조에 따른 위험한 사태가 발생하여 사람의 생명·신체 또는 재산에 대한 위해가 임박한 때에 그 위해를 방지하거나 피해자를 구조하기 위하여 부득이하다고 인정'되는 경우라고도 보이지 않는다. 그리고 A가 이미 소음을 발생시킨 이 사건에서 피해 경찰관들의 단전 조치가 목전에 행하여지려고 하는 범죄행위의 예방을 위한 경고라고 볼 수도 없다. 즉 피해 경찰관들의 단전조치는 구체적 직무집행에 관한 법률상 요건과 방식을 갖추지 못한 것으로서 적법한 직무집행으로 평가될 수 없다.

(부산지방법원 2016. 11. 11. 선고 2016노3442 판결)

※ 원심(부산지방법원 2016. 8. 25. 선고 2016고단3047 판결)에서 적법한 직무집행으로 평가한 사실을 항소심(2016노3442)에서는 제 5 조 내지 제 7 조의 문언에 해당하지 않는다고 보아 무죄를 선고하였으나 상고심(2016도19417)에서는 주거지에서 음악 소리를 크게 내거나 큰 소리로 떠들어 이웃을 시끄럽게 하는 행위는 「경범죄 처벌법」 제 3 조 제 1 항 제21호에서 경범죄로 정한 '인근소란 등'에 해당한다고 하여 경직법 제 6 조에 따라 경범죄에 해당하는 행위를 예방·진압·수사하고, 필요한 경우 제지할 수 있음을 인정하고 파기환송하였다.

【관련 사례 4】 교통방해 차량 이동 안내 조치

가. 사실관계

A는 노량진수산시장에서 'E'라는 상호로 활어소매업을 하면서 현대화 시장의 입주를 반대하는 노량진수산시장 현대화 비상대책 총연합회 회원으로 활동하던 중, 2016. 7. 30. 16:50경 서울 동작구 H에 있는 노량진수산시장에서 현대화 시장이전과 관련하여 수협 측과 대립하면서 수협 측이 노량진수산시장의 주차장 출입구에 화물차를 세워놓고 입구를 막아 놓은 것에 앙심을 품었다.

그리하여 A는 자신의 I차량을 현대화 시장 주차장 진입로에 주차시켜 놓고 차량소통이 원활치 못하게 하는 등 행패를 부리고, 112신고를 받고 출동한 J지구대 소속 경장 K으로부터 다른 차량통행에 방해가 되므로 이동 주차시켜 달라는 요청을 수차례

받고도 약 10분간 경찰의 요구에 불응하다가 차량을 이동시키려고 하는 과정에서 위 경찰관이 안내를 하려고 조수석에 왼쪽 발을 올려 승차하려는 순간, 양손으로 경찰관의 몸을 밀쳐내고 후진으로 급출발하여 도로에 넘어뜨리는 등 위험한 물건인 자동차를 이용하여 경찰관의 질서유지에 관한 정당한 공무집행을 방해하였다.

다. 법원의 판단

피고인 A가 신축시장 주차장 진입로에 주차하는 바람에 위 주차장으로 진입하려는 차량소통이 원활치 못하게 되었다는 사정 등을 경찰관 직무집행법 제 5 조 제 1 항이 정한 위험한 사태에 준하는 위험 발생이 임박하였다거나 그 위험 발생의 방지에 관한 조치가 필요한 상황이었다고 보더라도, ① 피고인 A는 이미 서울동작경찰서 L 경정 M의 지시에 따라 차량을 옮기기 위해 운전석에 착석한 상태였을 뿐만 아니라, A 차량의 조수석 자리에는 유아용 카시트가 설치되어 있어 성인이 그 자리에 착석하는 것이 사실상 불가능한 상태였던 점, ② M은 경장 K에게 A의 차량에 함께 타라고 지시하였으나 A에게는 그 내용 등을 전혀 고지하지 않았고, 위 K 또한 A에게 어떠한 목적으로 차량에 탑승하는지 등을 고지하지 않은 채 위와 같이 착석이 사실상 불가능한 조수석에 탑승을 시도한 점 등에 비추어 보면, 검사가 제출한 증거만으로는 위와 같은 조수석에의 탑승행위가 「경찰관 직무집행법」 제 5 조 제 1 항 제 3 호에 따른 위험예방을 방지하기 위한 적법한 요건과 방식을 갖춘 조치에 해당한다고 보기 어렵고, 달리 이를 인정할 만한 증거가 없다.

(서울중앙지방법원 2017. 7. 5. 선고 2016고정4083 판결)

【관련 사례 5】 노조의 업무방해 행위에 대한 위해방지

가. 사실관계

전국민주노동조합총연맹 전국공공운수노동조합 D는 대구 달서구 E에 있는 ㈜SPC 대구공장 물류센터에서, ‘G’ 물류회사인 ‘㈜H’측과 배송 차량 증차에 따른 배차·노선 조정 요구에 대한 거부 및 I단체 J노조 K분과 지입차주들과의 운행노선과 배송방식 차별 등을 문제 삼으며 파업에 돌입하였고, 대구성서경찰서에 “집회명 : L. 개최일시 : 21. 9. 13. 00:00~21. 10. 10. 23:59. 개최장소 : E 출입구 좌우100m(각 주입구 제외) 건너편 인도 100m. 시위 방법 : 방송차 선동 방송 / 피켓팅 / 구호제창 / 현수막 게시 / 천막. 참가 예정 단체 : D 본부 및 지부. 참가 예정 인원 : 49명”으로 하는 옥외집회 신고를 한 후 위 물류센터 앞 진입로에서 집회를 진행하여 왔다.

A를 포함한 조합원들은 2021. 9. 16.경부터 ㈜H 물류센터 출입구 앞 진입로에 집결하여 완성된 빵, 케이크, 생지 등을 운송하기 위해 회사 물류센터에 출입하려고 하는

화물차량에게 통행로를 내어 주지 않는 방법으로 이 사건 회사의 물류 배송업무를 방해하여 왔고, 경찰관들은 화물차량 통행을 위한 진입로를 확보하는 행위를 반복하였다. 경찰관들은 조합원들이 집회를 시작한 시점부터 위와 같은 업무방해 행위를 막기 위해 제지행위를 일부 하였을 뿐 조합원들이 구호를 외치고 현수막을 게시하는 등 방법으로 집회를 진행하는 것을 직접적으로 막은 적은 없었다.

2021. 9. 18. 오전에는 조합원이 이 사건 회사 물류센터로 입차하려는 화물차량에 달려들어 운전석 앞 유리 부분을 머리로 들이받아 큰 피해를 입은 사고도 발생한 상황이었다.

2021. 9. 18. 15:25경 위 물류센터 앞 진입로에 조합원 약 50여명과 함께 I단체 소속 지입차주들이 '㈜H' 제품 수송·배송업무를 위해 물류센터로 진입하려는 것을 저지하기 위해 집결하였고, 위 진입로 주변에서 위 조합원들의 화물차량 진출입 방해를 제지하기 위해 근무 중이던 대구광역시경찰청 제3기동대 소속 경찰관들과 대치하던 중, 경찰로부터 업무방해를 중지하고 해산하지 않으면 업무방해죄 등으로 처벌될 수 있다는 취지의 경고방송을 수회 들었음에도 불구하고 위 경찰관들과 몸싸움을 하며 이들을 밀쳐내고, 위와 같은 과정에서 대구광역시경찰청 제3기동대 M 소속 N 순경을 비롯한 위 대구광역시경찰청 소속 경찰관 기동대원들이 제지하는 데도 계속하여 위 N 순경이 착용하고 있는 방석모 끈을 세게 잡아당기고 N 순경을 손으로 밀쳐 뒤로 넘어지게 하는 등 폭행하여, 집회질서유지에 관한 경찰관들의 정당한 직무집행을 방해하였다.

나. 법원의 판단

「경찰관 직무집행법」 제 5 조 제 1 항 및 제 6 조는 '경찰관은 사람의 생명 또는 신체에 위해를 끼치거나 재산에 중대한 손해를 끼칠 우려가 있는 상황에서 그 장소에 모인 사람, 사물의 관리자, 그 밖의 관계인에게 필요한 경고를 하거나, 위해를 방지하기 위하여 필요한 조치를 할 수 있으며, 특히 범죄행위가 목전에 행해지려고 하고 있다고 인정될 때에는 이를 예방하기 위하여 관계인에게 필요한 경고를 하고, 그 행위로 인하여, 사람의 신체에 위해를 끼치거나 재산에 중대한 손해를 끼칠 우려가 있는 긴급한 경우에는 그 행위를 제지할 수 있다'고 규정하고 있으며, A가 D 조합원들과 공모하여 「경찰관 직무집행법」에 근거하여 적법한 공무집행 중인 경찰공무원들을 폭행하는 방법으로 그 직무집행을 방해하였음을 충분히 인정할 수 있다.

(대구지방법원 서부지원 2023. 9. 21. 선고 2022고단3741 판결)

Ⅳ. 범죄의 제지

> **경찰관 직무집행법**
>
> 제 6 조(범죄의 예방과 제지) 경찰관은 범죄행위가 목전(目前)에 행하여지려고 하고 있다고 인정될 때에는 이를 예방하기 위하여 관계인에게 필요한 경고를 하고, 그 행위로 인하여 사람의 생명·신체에 위해를 끼치거나 재산에 중대한 손해를 끼칠 우려가 있는 긴급한 경우에는 그 행위를 제지할 수 있다.
>
> [전문개정 2014. 5. 20.]

1. 의 의

범죄의 제지란 범죄가 행하여지려고 하는 **절박한 사태**에 **직면**하여 직접적으로 범죄를 저지하는 조치를 말한다(법 제 6 조). 그 법적 성질은 상황이 급박하여 의무부과행위가 없이 제지행위가 이루어지므로 경찰상 대인적 즉시강제라고 할 수 있다(대판 2021. 10. 28, 2017다219218). 가장 일반적인 것으로는 경찰봉의 사용이 있다.

2. 범죄의 제지의 요건

「경찰관 직무집행법」 제 6 조는 범죄의 제지의 요건으로서 "범죄행위가 목전(目前)에 행하여지려고 하고 있다고 인정될 때," "그 행위로 인하여 사람의 생명·신체에 위해를 끼치거나 재산에 중대한 손해를 끼칠 우려가 있는 긴급한 경우"를 요건으로 규정하고 있다.

판례는 "시간적·장소적으로 근접하지 않은 다른 지역에 위법한 집회·시위에 참가하기 위하여 출발 또는 이동하는 행위를 제지하는 것은 경찰관의 제지의 범위를 명백히 넘어 허용될 수 없다고 하였고(아래 [판례 1]). 경찰관의 제지는 범죄의 예방을 위하여 범죄행위에 관한 실행의 착수 전에 행하여질 수 있을 뿐만 아니라, 이후 범죄가 계속되는 중에 그 진압을 위하여도 당연히 행하여질 수 있다고 판시하였다(아래 [판례 2]). 즉 긴급성을 인정한 사례이다(아래 [판례 3] 참조).

[판례 1] **경찰관직무집행법 제 6 조 제 1 항(현행 제 6 조)에 의한 경찰관의 제지 조치 발동·행사 요건의 해석 방법**: 경찰관직무집행법 제 6 조 제 1 항(**현행 제 6 조**) 중 경찰관의 제지에 관한 부분은 범죄의 예방을 위한 **경찰 행정상 즉시강제에 관한 근거 조항**이다. 행정상 즉시강제

는 그 본질상 행정 목적 달성을 위하여 불가피한 한도 내에서 예외적으로 허용되는 것이므로, 위 조항에 의한 경찰관의 제지 조치 역시 그러한 조치가 불가피한 최소한도 내에서만 행사되도록 그 발동·행사 요건을 신중하고 엄격하게 해석하여야 한다. 그러한 해석·적용의 범위 내에서만 우리 헌법상 신체의 자유 등 기본권 보장 조항과 그 정신 및 해석 원칙에 합치될 수 있다. [2] 구 집회 및 시위에 관한 법률(2007. 5. 11. 법률 제8424호로 개정되기 전의 것)에 의하여 금지되어 그 주최 또는 참가행위가 형사처벌의 대상이 되는 위법한 집회·시위가 장차 특정지역에서 개최될 것이 예상된다고 하더라도, 이와 **시간적·장소적으로 근접하지 않은 다른 지역에서 그 집회·시위에 참가하기 위하여 출발 또는 이동하는 행위를 함부로 제지하는 것은 경찰관직무집행법 제 6 조 제 1 항의 행정상 즉시강제인 경찰관의 제지의 범위를 명백히 넘어 허용될 수 없다.** 따라서 이러한 제지 행위는 공무집행방해죄의 보호대상이 되는 공무원의 적법한 직무집행이 아니다(대판 2008. 11. 13, 2007도97940).
[해설] 이와 달리 원심은 "예방하려고 하는 범죄행위와 시간적·장소적으로 밀접한 상황이 아니라고 하더라도 여러 사정을 살펴 현재 감행하려고 하는 행위를 저지하지 못하면 그 이후에는 범죄행위를 예방하는 것이 현저히 어려워질 사정이 있어서 그 행위를 저지하는 것이 가장 적절하고 유효한 범죄행위 예방조치인 경우라면 경찰관직무집행법 제 6 조에 근거한 경찰관의 제지행위가 허용될 수 있다는 전제 아래, 서울시청 앞 광장 등에서 개최될 예정이었던 이 사건 집회에 관하여 관할 경찰관서장으로부터 구 집회 및 시위에 관한 법률에 의하여 금지되는 집회·시위라는 이유로 주최 금지통고가 있은 상태임을 알면서도 이에 참가하려고 하는 행위는 범죄행위에 해당하고, 서울로 출발하려는 행위를 각 지역에서 미리 차단하지 않으면 이후에 그 범죄행위를 예방하는 것이 현저히 어려우므로, 제천시 보양읍 주민자치단체 앞마당에서 위 집회·시위에 참가하기 위하여 출발하려고 하는 행위를 제지한 이 사건 경찰관의 행위는, **비록 집회·시위 예정시간으로부터 약 5시간 30분 전에 그 예정장소로부터 약 150㎞ 떨어진 곳에서 이루어진 것이라고 하더라도 경찰관직무집행법 제 6 조에 근거한 적법한 직무집행에 해당한다고 보았다**(대전고판 2007. 10. 31, 2007노284).

[판례 2] **경찰관직무집행법 제 6 조 제 1 항(현행 제 6 조)에 규정된 경찰관의 '경고'나 '제지'가 범죄행위에 관한 실행의 착수 이후 범죄행위가 계속되는 중에 그 진압을 위하여도 행하여질 수 있는지 여부(적극)**: 경찰관직무집행법 제 6 조 제 1 항(현행 제 6 조)은 '경찰관은 범죄행위가 목전에 행하여지려고 하고 있다고 인정될 때에는 이를 예방하기 위하여 관계인에게 필요한 경고를 발하고, 그 행위로 인하여 인명·신체에 위해를 미치거나 재산에 중대한 손해를 끼칠 우려가 있어 긴급을 요하는 경우에는 그 행위를 제지할 수 있다'고 규정하고 있다. **여기에 규정된 경찰관의 경고나 제지는** 그 문언과 같이 범죄의 예방을 위하여 범죄행위에 관한 실행의 착수 전에 행하여질 수 있을 뿐만 아니라, **이후 범죄행위가 계속되는 중에 그 진압을 위하여도 당연히 행하여질 수 있다고 보아야 한다.** 이와 같은 법리에 비추어, 공사현장 출입구 앞 도로 한복판을 점거하고 공사차량의 출입을 방해하던 피고인의 팔과 다리를 잡고 도로 밖으로 옮기려고 한 경찰관의 행위를 적법한 공무집행으로 보고 경찰관의 팔을 물어뜯은 피고인에 대한 공무집행방해 및 상해의 공소사실을 모두 유죄로 인정

한 원심의 판단은 정당하다. 거기에 상고이유의 주장과 같이 경찰관직무집행법 제 6 조 제 1 항(현행 제 6 조)에 관한 법리오해나 긴급성에 관한 판단누락 등의 잘못이 있다고는 할 수 없다(대판 2013. 9. 26, 2013도643).

[판례 3] 경찰관들이 ○○대학교 **출입문에서 집회참가자의 출입을 저지한 것**은 집회장소 사용승낙을 하지 않은 ○○대학교 당국의 집회저지요청에 따른 것임을 알 수 있어서 이는 **경찰관직무집행법 제 6 조의 주거침입행위에 대한 사전제지조치**로 보지 못할 바 아니다(대판 1990. 8. 14, 90도870).

일본 판례는 피켓대나 데모대에 대한 제지의 방법으로서는 ① 스크럼을 갈라놓아 피켓라인을 무너뜨리는 행위(福岡地判 昭和28(1953). 10. 14), ② 불법 체류하는 데모대를 압축한 다음 잡아당기고 밀어넣어 차례차례로 배제하는 행위(福岡地判 昭和45(1970). 10. 30), ③ 허가조건위반의 선도차량에 통행금지를 걸쳐놓고 동 위반의 데모에 대하여 병진규제(竝進規制)를 행하여 버티고 있는 데모대원을 한 사람씩 쏙쏙 잡아내는 행위(浦和地判 昭和3(1928). 5. 15), ④ 폭도화한 데모를 실력으로 해산시키는 행위(名古屋高判 昭和50(1975). 3. 27), ⑤ 방수차(放水車)에 의한 방수(東京地判 昭和40(1965). 8. 9) 등을 적법한 행위라고 하고, ① 위법피켓의 배제에 즈음하여 경찰봉으로 팔이나 머리를 때려 상해를 입히는 행위(橫濱地判 昭和34(1959). 9. 30), ② 기세를 보이는 취객의 팔을 비틀어 올려 점포 밖으로 데리고 나가 순찰차까지 연행하는 행위(廣島地判 昭和50(1975). 12. 9) 등을 위법한 행위라고 한다.

3. 범죄의 제지의 대상

제지란 실력의 행사로 범죄예비행위 및 범죄에 밀접하게 접근된 행위를 저지하는 것을 말한다. 제지의 대상은 인명·신체에 위해를 미치거나 재산에 중대한 손해를 끼칠 우려가 있는 행위이다. 현실적으로는 제지의 효력이 미치는 자는 목전의 범죄를 행하려는 자가 될 것이다.

그리고 개인의 생명, 신체 및 재산에 대하여 직접 위해를 주지 않는 위조, 증·수뢰, 배임, 횡령 등의 지능범이나 행정법규 위반의 죄는 원칙적으로 제지대상이 아니다.

4. 관련 사례학습

【관련 사례 1】 경찰관의 이격조치

가. 사실관계

A는 서울대병원 외래 내과 간호운영 기능직으로 공공운수노조 의료연대본부 서울지역지부 분회장을 맡고 있던 중, 2020. 6. 18. 16:00경 서울 동작구에 있는 보라매병원 본관 앞 인도에서 의료연대본부가 주최한 '정규직 전환 촉구' 집회에 참가하였다.

이후 16:48경 다른 집회 참가자들과 함께 병원 본관 정문을 통해 내부로 진입을 시도하였고, 이때 집회 상황을 관리하기 위해 현장에 대기하고 있던 서울지방경찰청 소속 기동대원 경찰관들과 대치하고 있었다.

당시 보라매병원은 코로나 전담 병원으로 출입절차가 엄격히 제한되어 있었는데, A 등은 집회 신고 장소를 벗어나 병원에 무단으로 진입을 시도하였다.

A는 집회 신고 장소를 벗어나 코로나19로 출입절차가 엄격히 제한된 병원에 무단으로 진입하려는 집회 참가자들을 저지하던 경찰관들의 이격(離隔)조치에 의해 병원 밖 집회 장소까지 나오던 중, 이에 저항하며 기동대 소속 경찰관인 순경 B의 왼쪽 팔꿈치와 복부 살을 손으로 움켜잡아 꼬집고 손바닥으로 그의 뺨을 2회 때려 B에게 약 14일간의 치료를 요하는 팔꿈치의 염좌, 표재성 손상 및 복부 찰과상을 가하였다.

나. 법원의 판단

「경찰관 직무집행법」 제 6 조는 "경찰관은 범죄행위가 목전에 행하여지려고 하고 있다고 인정될 때에는 이를 예방하기 위하여 관계인에게 필요한 경고를 하고, 그 행위로 인하여 사람의 생명·신체에 위해를 끼치거나 재산에 중대한 손해를 끼칠 우려가 있어 긴급한 경우에는 그 행위를 제지할 수 있다"고 정하고 있다. 위 조항 중 경찰관의 제지에 관한 부분은 범죄 예방을 위한 경찰 행정상 즉시강제, 즉 눈앞의 급박한 경찰상 장해를 제거할 필요가 있고 의무를 명할 시간적 여유가 없거나 의무를 명하는 방법으로는 그 목적을 달성하기 어려운 상황에서 의무불이행을 전제로 하지 않고 경찰이 직접 실력을 행사하여 경찰상 필요한 상태를 실현하는 권력적 사실행위에 관한 근거조항이다. 「경찰관 직무집행법」 제 6 조에 따른 경찰관의 제지 조치가 적법한 직무집행으로 평가되기 위해서는, 형사처벌의 대상이 되는 행위가 눈앞에서 막 이루어지려고 하는 것이 객관적으로 인정될 수 있는 상황이고, 그 행위를 당장 제지하지 않으면 곧 인명·신체에 위해를 미치거나 재산에 중대한 손해를 끼칠 우려가 있는 상황이어서, 직접 제지하는 방법 외에는 위와 같은 결과를 막을 수 없는 절박한 사태이어야 한다. 다만 경찰관의 제지 조치가 적법한지는 제지 조치 당시의 구체적 상황을 기초로 판단하여야 하고 사후적으로 순수한 객관적 기준에서 판단할 것은 아니다(대법원 2018. 12. 13. 선고 2016도19417 판결 참조).

검사가 제출한 증거[45]만으로는 A 등이 참가한 집회가 종료되지 않았다거나, 집회 및 시위에 관한 법률이 정하는 바에 따라 관할경찰관서장이 이 사건 이격조치 이전에 상당한 시간 이내에 해산할 것을 요청하고 해산을 명하였다거나, 이격조치를 하지 않으면 곧 인명·신체에 위해를 미치거나 재산에 중대한 손해를 끼칠 우려가 있는 절박한 상황이었다는 점을 인정하기에 부족하고, 달리 이를 인정할 증거가 없다.

(서울중앙지방법원 2022. 5. 26. 선고 2021고단2027 판결)

【관련 사례 2】 금지집회에 대한 상경 저지

가. 사실관계

A는 제천시농민회 사무국장이고, B는 제천시농민회 봉양읍 지회장으로, 2007. 3. 10. 서울시청 앞 광장 등에서 개최될 예정인 '한미 자유무역협정(FTA) 반대집회 범국민대회'에 참가하기 위해 농민회원을 비롯한 농민관련단체 회원들 약 20명이 같은 날 09:30경 제천시 봉양읍 주포리에 있는 봉양읍주민자치센터 앞마당에 모여서 그 중 10여 명이 12인승 승합차 1대에 동승하고 출발하려 하였다.

이에 제천경찰서 소속 경찰관들은 위 집회가 금지통고 되었다는 이유로 그 집회참가를 저지하기 위해 위 주민자치센터 정문의 양 기둥 사이에 교통순찰차 1대를 가로세우고 경비 지프차 1대를 뒷부분이 자치센터 쪽으로 향하도록 세워서 출입로를 봉쇄하였는데,

A는 2007. 3. 10. 09:55경 위 주민자치센터 앞마당에서, 위와 같이 정문을 막고 있는 교통순찰차인 53머1153호 옵티마 승용차의 운전석 앞 흙받기(펜더, fender) 부분을 발로 1회 걷어차서 수리비 186,450원 상당이 들도록 찌그러뜨려 공무소에서 사용하는 물건의 효용을 해하였다.

B는 같은 날 10:00경 같은 장소에서, 그곳 바닥에 있던 배수로 뚜껑(주철 성형물, 사각형 50㎝×50㎝×두께 5㎝, 무게 33kg) 1개를 집어 들어 위와 같이 정문을 막고 있는 경비 지프차인 충북 33라7585호 레토나 차량의 뒷유리창을 향해 던져 이를 깨뜨림으로써 수리비 270,000원 상당이 들도록 위 차량을 손상시켜 공무소에서 사용하는 물건의 효용을 해하였다.

---

45) 검사는, A 등 집회 참가자들이 보라매병원 내부로 들어가려는 행위는 당초의 집회가 종료되지 않고 연속된 상태에서 신고의 범위를 벗어난 집회로 보아야 하고, 당시 보라매병원은 코로나 감염병 전담병원으로 지정되어 있었으므로 감염병 예방 등을 위하여 경찰관은 경찰관 직무집행법 제 5 조 제 1 항, 제 6 조에 근거하여 이 사건 이격조치를 할 권한이 있음을 전제로 공소를 제기하였다.

나. 법원의 판단[46)]

비록 장차 특정 지역에서 구 집회 및 시위에 관한 법률에 의하여 금지되어 그 주최 또는 참가행위가 형사처벌의 대상이 되는 위법한 집회·시위가 개최될 것이 예상된다고 하더라도, 이와 시간적·장소적으로 근접하지 않은 다른 지역에서 그 집회·시위에 참가하기 위하여 출발 또는 이동하는 행위를 함부로 제지하는 것은 「경찰관 직무집행법」 제 6 조 제 1 항에 의한 행정상 즉시강제인 경찰관의 제지의 범위를 명백히 넘어서는 것이어서 허용될 수 없으므로, 이러한 제지행위는 공무집행방해죄의 보호대상이 되는 공무원의 적법한 직무집행에 포함될 수 없다.

(대법원 2008. 11. 13. 선고 2007도97940 판결)

Ⅴ. 위험방지를 위한 출입 등

경찰관 직무집행법

제 7 조(위험 방지를 위한 출입) ① 경찰관은 제 5 조 제 1 항·제 2 항 및 제 6 조에 따른 위험한 사태가 발생하여 사람의 생명·신체 또는 재산에 대한 위해가 임박한 때에 그 위해를 방지하거나 피해자를 구조하기 위하여 부득이하다고 인정하면 합리적으로 판단하여 필요한 한도에서 다른 사람의 토지·건물·배 또는 차에 출입할 수 있다.

② 흥행장(興行場), 여관, 음식점, 역, 그 밖에 많은 사람이 출입하는 장소의 관리자나 그에 준하는 관계인은 경찰관이 범죄나 사람의 생명·신체·재산에 대한 위해를 예방하기 위하여 해당 장소의 영업시간이나 해당 장소가 일반인에게 공개된 시간에 그 장소에 출입하겠다고 요구하면 정당한 이유 없이 그 요구를 거절할 수 없다.

③ 경찰관은 대간첩 작전 수행에 필요할 때에는 작전지역에서 제 2 항에 따른 장소를 검색할 수 있다.

④ 경찰관은 제 1 항부터 제 3 항까지의 규정에 따라 필요한 장소에 출입할 때에는 그 신분을 표시하는 증표를 제시하여야 하며, 함부로 관계인이 하는 정당한 업무를 방해해서는 아니 된다.

[전문개정 2014. 5. 20.]

46) 항소심(대전고등법원 2007. 10. 31. 선고 2007노284 판결)에서는 경직법 제 6 조의 범죄행위(금지통고 된 집회 참가)에 대한 제지에 해당한다고 인정.

1. 의 의

출입이란 경찰관이 일정한 장소에 들어가 그 장소에 체재하여 장소 내부에 있는 사람, 물건 또는 상태를 피상적으로 둘러보는 것을 말한다.

경찰관은 경찰상 위해의 예방을 위하여 타인의 토지·건물 또는 배 또는 차에 출입하여 조사할 필요가 있다. 그래서 「경찰관 직무집행법」 제 7 조는 위해의 방지, 피해자의 구조와 대간첩작전의 수행을 위하여 경찰관이 일정한 요건하에서 일정한 장소에 출입할 수 있음을 규정하고 있다. 그러나 이는 주거의 자유를 제한하는 것이므로 엄격한 요건하에서 인정되어야 한다. 즉 비공개된 장소에 대한 예외적 출입이므로 기본권과의 관련상 보다 엄격한 요건이 요구된다.

「경찰관 직무집행법」 제 7 조는 경찰관에게 위험방지를 목적으로 타인의 건물이나 선차(船車) 또는 흥행장·여관·음식점 등에 **'직접' 드나드는 물리적 출입**만을 허용하는지, 아니면 물리적 출입이 없이도 출입의 효과를 낼 수 있는 방법들, 예컨대 경찰관이 건물 밖이나 기술적 장치를 이용하여 건물 안을 감시하는 이른바 **'간접출입'**도 허용하는지의 문제가 있다(손재영). 출입을 하지 않고 가옥의 파수, 도청, 적외선카메라에 의한 감시는 프라이버시를 침해하는 것으로 허용되지 않는다고 보아야 한다.

「경찰관 직무집행법」 제 7 조의 '위험 방지를 위한 출입'은 대가택적 즉시강제수단으로서 동조 제 1 항은 긴급출입을, 동조 제 2 항은 예방출입을, 동조 제 3 항은 대간첩작전을 위한 검색을, 동조 제 4 항은 출입·검색시의 주의사항을 규정하고 있다.

한편 위험방지를 위한 출입을 개인의 신체·생명에 대한 급박한 위험을 제거하거나, 눈앞(目前)에 발생하는 범죄를 예방하고 제지하는 경우를 제외하고는 대부분 수인하명(受忍下命)을 전제로 하는 직접강제의 성질을 갖는다고 보는 견해(정하중), 출입의 법적 성질을 경찰조사의 성질을 갖는다고 보는 견해(홍정선)도 있으나, 대가택 즉시강제로 보는 것이 타당하다. 왜냐하면 직접강제는 의무의 불이행이 있는 경우에 의무자의 신체나 재산에 실력을 가하는 것으로, 행정대집행이나 이행강제금 부과의 방법으로는 행정상 의무 이행을 확보할 수 없거나 그 실현이 불가능한 경우에 실시하는 것이기 때문이다.

그것은 출입의 이유가 위험한 사태가 발생하여 사람의 생명·신체 또는 재산에 대한 "위해가 임박한 때에 그 위해를 방지하거나 피해자를 구조하기 위해서"(법 제 7 조 제 1 항), "범죄나 사람의 생명·신체에 대한 위해를 예방하기 위하여"(법 제 7 조

제 2 항), "대간첩작전수행을 위해 제 2 항에 따른 장소를 검색하기 위하여"(법 제 7 조 제 3 항) 등이므로 급박한 행정상의 장해를 제거할 필요가 있는 경우에 발동되는 행정상 즉시강제의 요건에 보다 더 부합하는 것으로 볼 수 있기 때문이다.

2. 긴급출입

긴급출입이 가능한 경우는 「경찰관 직무집행법」 제 5 조 제 1 항(사람의 생명 또는 신체에 위해를 끼치거나 재산에 중대한 손해를 끼칠 수 있는 천재·사변, 공작물의 손괴, 교통사고, 위험물의 폭발, 위험한 동물의 출현 및 극도의 혼잡 등의 발생)·제 2 항(대간첩작전의 수행중이거나 소요사태가 발생한 경우), 제 6 조(범죄행위가 목전에 행하여지려고 하고 있다고 인정될 때)에 규정한 위험한 사태의 발생, 인명·신체 또는 재산에 대한 위해가 절박한 때, 위해를 방지하거나 피해자를 구조하기 위하여 부득이하다고 인정할 때 등이며, 긴급출입은 합리적으로 판단하여 필요한 한도 내에서 출입할 수 있다(제 7 조 제 1 항).

긴급출입장소에 대해 「경찰관 직무집행법」은 타인의 토지·건물, 배 또는 차를 예시적으로 규정하고 있는데(법 제 7 조 제 1 항), 경찰권이 미치는 범위 내에서는 긴급출입의 객체로서 실질적으로 장소적 제한은 없다고 할 수 있다. 그러나 범죄수사의 목적을 위하여 경찰관이 긴급출입을 행하는 것은 허용되지 아니하고, 강제적인 수색·압수에 대하여는 영장을 필요로 한다.

3. 예방출입: 다수인이 출입하는 장소에 대한 출입요구

「경찰관 직무집행법」 제 7 조 제 2 항은 흥행장·여관·음식점·역 그 밖에 많은 사람이 출입하는 공개장소에 대한 출입요구를 규정하고 있다. 이를 **예방출입**이라고도 한다. 이러한 경우에는 그 장소의 공개적 성격으로 인해 그 요건이 완화됨은 물론 수인(受忍)의 정도도 보다 크다고 할 것이다.

경찰상 공개된 장소란 흥행장, 여관, 음식점, 역, 그 밖에 많은 사람이 출입하거나 집합하는 장소를 말한다. 해당 장소의 영업시간이나 해당 장소가 일반인에게 공개시간 내이면 제한된 영업금지시간이나 영업휴일에도 출입할 수 있고, 일반적으로 영업시간이라 할지라도 특별히 휴업하고 있는 경우에는 이 요건에 따른 출입이 허용되지 않는다. 여기에서 문제되는 것은 경찰관의 요구의 강제성의 정도인데, 강한 설득 정도는 허용된다고 보는 것이 타당하다.

'정당한 이유 없이 그 요구를 거절할 수 없다'는 규정은 정당한 거절에도 불구하고 경찰의 강제출입을 막는 과정에서의 폭행·협박은 정당한 공무에 대한 방해가 아니라고 보아 공무집행방해죄를 부인하는 것이 타당하다. 다만, 관리자가 정당한 이유 없이 거절한 때에는 경찰관은 실력을 행사하여 출입할 수 있다. 따라서 벌칙의 규정이 없다.

4. 대간첩작전을 위한 검색

「경찰관 직무집행법」 제 7 조 제 3 항은 우리나라 경찰의 특유한 임무로서 경찰상 공개된 장소에 필요한 경우 대간첩작전을 위한 검색에 대하여 규정하고 있다. 검색이란 검사·수색하는 것을 말하는데, 간첩을 발견하는 것에 한하지 않고 간첩을 발견하였을 때에 체포 및 진압하는 작용(예 사격 등의 전투행위)도 포함한다. 대간첩작전의 수행을 위한 검색에 있어서는 그 장소관리자의 동의를 요하지 않는다.

검색의 대상은 제 7 조 제 2 항에서 설명한 경찰상 공개된 장소에 대해서만 검색을 할 수 있으므로, 순수한 사인의 가옥 등에 대해서는 검색할 수 없다고 보아야 한다.

5. 출입·검색시의 증표제시 및 관계인의 정당한 업무의 방해금지

「경찰관 직무집행법」 제 7 조 제 4 항은 경찰관이 필요한 장소에 출입할 때에는 그 신분을 표시하는 증표(예 경찰공무원증 등)를 제시하여야 하며, 함부로 관계인의 정당한 업무(법령의 규정에 근거하여 수행되고 있는 업무와 사회통념에 의해 정당화되는 업무 포함)를 방해하여서는 아니 된다고 규정하고 있다.

6. 관련 사례학습

【관련 사례 1】 호텔 내 긴급출입

가. 사실관계

A는 2022. 1. 2. 04:00경 인천 부평구 B 호텔 C호에서, 전 여자친구인 D(여, 41세)와 술을 마시던 중 말다툼을 하다가 화가 나, D 소유의 LG ThinQ 휴대전화를 방바닥에 집어 던지고, 다시 위 휴대전화를 집어 세면대에 넣고 물에 잠기게 하여 위 휴대전화를 손괴하려 하였지만 미수에 그쳤다.

2022. 1. 2. 05:32경에는 인천 부평구 B 호텔에서, '여자 한 분이 협박당하고 카운터로 도망 왔다. 같이 투숙한 남성에게 협박당했다고 한다. 지금 카운터에 있다. 협박남이 때리려고 하고 협박하고 해서 지금 카운터로 도망 나왔다고 한다. 도망 나온 여

성분이 신고해달라고 해서 신고한다'는 112 신고를 받고 출동한 인천부평경찰서 E지구대 소속 경사 F, 경위 G가 B 호텔에 임장하였다. D는 1층 로비에서 맨발 상태로 기다리고 있었다.

경찰관들이 호텔 카운터 앞에 맨발로 서 있던 D의 진술을 청취한 다음 휴대전화를 찾아달라는 D의 요청으로 위 C호실로 가서 A에게 신고 내용을 설명해주고 객실 안으로 들어가려 하자 A는 손바닥으로 F의 가슴을 5회, 턱과 얼굴을 각각 1회 강하게 밀쳐 폭행하였으며, 이로써 A는 경찰관의 112 신고처리 등에 관한 정당한 공무집행을 방해하였다.

나. 법원의 판단

원심[47]이 적법하게 채택하여 조사한 증거들에 의하여 인정되는 사실 및 사정들에 비추어 보면, 당시 경찰관 F 등이 A가 투숙 중인 C호 객실로 진입한 행위는 공동 투숙객인 D의 동의가 있었고, 「경찰관 직무집행법」에 따른 위험방지를 위한 출입의 필요성도 있어 적법한 공무집행으로 판단된다.

D는 위 112 신고 접수 전에 A와 위 모텔 객실 C호에 함께 투숙하였다. D는 현장에 도착한 경찰관 F, G에게 '전에 사귀던 남자가 자신의 휴대전화를 물에 빠뜨리고, 때릴 듯이 협박을 했다. 자신의 휴대전화를 찾아 달라'는 취지로 진술하였다. 이에 경찰관 F 등이 C호 객실로 이동할 때 D도 경찰관 F 등을 뒤따라왔다. 이러한 사정에 비추어 경찰관 F 등이 객실 C호에 출입하는 데 공동 투숙객인 피해자 D가 동의하였다고 보는 것이 타당하다.

당시 D는 A의 휴대전화 손괴행위나 폭력적인 행동으로 인해 신발도 신지 아니한 채 자신의 휴대전화 등 소지품을 객실에 두고 도망쳐 나온 상태였다. 당시 경찰관 F 등은 D의 휴대전화가 손괴되었거나 손괴될 가능성이 높다고 보아 D 소유 재산에 대한 위해가 임박한 때에 해당한다고 판단한바, 이에 따라 경찰관 F 등은 D의 휴대전화를 비롯한 소지품을 찾기 위해 A가 투숙 중인 객실에 긴급히 출입하여 수색할 필요가 있었다고 보인다. 따라서 이는 「경찰관 직무집행법」 제 7 조에서 정한 재산에 대한 위해가 임박한 때에 해당한다.

한편 휴대전화에 사진 또는 동영상 촬영기능이 있고 손쉽게 그 파일을 삭제할 수 있다는 점에 비추어 보면, 경찰관 F 등은 D의 휴대전화를 그 즉시 회수하지 않으면 다른 범죄의 증거가 인멸되거나 회복할 수 없는 피해가 생길 수도 있다고 판단했을 가능성이 높다.

경찰관 F 등은 A가 투숙 중인 객실에 들어가기 위해 초인종을 누르고 잠시 후 객실 문을 연 A에게 '112 신고를 받아 출동하였고 D의 휴대전화 등을 찾기 위해 객실 내부

47) 인천지방법원 2023. 1. 27. 선고 2022고단5832 판결.

를 확인해 보겠다.'는 취지로 설명하였고, 이후 경찰관 F 등을 뒤따라 들어온 D가 침대 옆 베개 아래에서 자신의 휴대전화를 찾았다. 따라서 당시 경찰관 F 등은 적법한 절차와 방식을 갖추어 필요한 한도에서 적절한 조치를 하였다고 판단된다.

(인천지방법원 2024. 6. 4. 선고 2023노500 판결)

【관련 사례 2】 차량 긴급출입 및 신분 제시

가. 사실관계

경사 F(48세)는 2014. 4. 30. 서울종로경찰서 E 파출소에서 야간근무를 하던 중 G로부터 서울 종로구 C건물 앞에서 자가용자동차를 이용한 유상운송행위가 이루어지고 있으니 단속해달라는 신고를 받고 G과 함께 위 장소에 출동하였다.

G는 F에게 자신이 자가용자동차로 유상운송을 하는 차량을 잡을테니 멀리서 지켜보고 있다가 유상운송행위가 이루어지면 이를 단속하라고 하였고, F는 G로부터 약 10m 떨어진 인도에 서서 G의 행동을 주시하고 있었다.

그 무렵 A는 사업용자동차가 아닌 그랜저 승용차 차량을 운전하여 C건물 앞 편도 4차로 도로를 지나가던 중 G가 차량을 향해 손짓을 하자 G 앞에 정차한 후 조수석 창문을 열고 G와 사이에 대화를 나누었다. G가 "신설동 얼마요."하니까 A가 앞문 유리를 내린 상태에서 "만 원을 달라."고 하였다.

이를 본 F는 A의 눈에 띄지 않게 이 사건 차량 뒤쪽으로 접근하여 조수석 뒷좌석 문을 열고 왼발을 차량 안에 올려놓으며 차량 안으로 몸을 숙여 들어가려고 하였다. 당시 F는 A에게 자신의 신분을 표시하는 증표를 제시하거나 소속과 성명을 밝히지 아니하였다.

이때 A는 갑자기 이 사건 차량을 출발시켰고, F는 왼발을 차량 안에 넣고 오른발을 도로상에 둔 채 차량 문짝을 잡고 약 5m를 끌려가다가 도로 바닥에 넘어져 약 2주간 치료가 필요한 다발성 타박상을 입게 되었다.

F는 이 사건 차량과 거리가 떨어져 있어 A와 G 사이의 대화내용을 들을 수 없었으나 A가 유상운송행위를 하기 위해 G와 목적지, 가격 등을 흥정하고 있다고 판단하였고, 일단 A의 신병을 확보한 후 사실관계를 물어 현행범인으로 체포하거나 현장에서 계도할 목적으로 이 사건 차량에 탑승하려 한 것이라고 진술하였다.

나. 법원의 판단

F가 「경찰관 직무집행법」 제 7 조에 근거하여 이 사건 차량에 강제로 들어간 것이라고 하더라도, G가 손짓을 하자 A가 차량을 정차시킨 후 G과 대화를 나누는 등 유상운송행위로 의심되는 행위를 하였다는 사정만으로 곧 인명·신체 또는 재산에 대한 위해

가 절박하였다거나 이 사건 차량에 직접 출입하는 방법 외에는 그 위해를 막을 수 없는 부득이한 상황이 발생하였다고 보기 부족하다.

달리 F가 이 사건 차량의 뒷좌석 문을 강제로 열고 차량 안으로 들어가야 할 급박한 상황이 존재하였음을 인정할 증거가 없다(F의 진술만으로는 차량의 앞으로 가서 단속하는 것이 가능하지 않은 상황이었다고 인정하기 부족하다). 위와 같은 과정에서 F는 자신의 신분증을 제시하지도 않았으므로 「경찰관 직무집행법」 제 7 조 제 4 항에서 정한 절차적 요건도 갖추지 못하였다.

또한 F는 A의 유상운송행위가 확인되면 A를 현행범인으로 체포할 계획이었다고 하나, 진술 자체로도 체포절차에 착수한 것이 아닐 뿐만 아니라 A가 이 사건 차량으로 유상운송을 하려 하였다고 하더라도 이는 여객자동차 운수사업법 제90조 제 8 호, 제81조 제 1 항에 정한 여객자동차운수사업법위반죄에 해당하여 법정형이 '2년 이하의 징역 또는 2천만 원 이하의 벌금'이므로 체포의 필요성이 있었다거나 긴급체포의 요건에 해당한다고 할 수도 없다.

(서울중앙지방법원 2015. 8. 21. 선고 2014고합1189 판결)

> **참조 조문**
> 여객자동차 운수사업법
> 제90조(벌칙) 다음 각 호의 어느 하나에 해당하는 자는 2년 이하의 징역 또는 2천만원 이하의 벌금에 처한다.
> 8. 제81조를 위반하여 자가용자동차를 유상으로 운송용으로 제공하거나 임대한 자
> 제81조(자가용 자동차의 유상운송 금지) ① 사업용 자동차가 아닌 자동차(자가용 자동차)를 유상으로 운송용으로 제공하거나 임대하여서는 아니 된다.

【관련 사례 3】 가정폭력 상황의 긴급출입

가. 사실관계

2017. 12. 4. 07:35경, A와 같은 아파트 주민이 대구 달서구 B 아파트 C호에서 아버지와 아들이 싸우고 있다는 취지로 112 신고를 하였고, 위 신고를 받은 대구 달서경찰서 경찰관 F, E가 07:38경 사건 현장에 도착하였다.

경찰관들이 이 사건 현장에 도착하였을 당시에는 싸우는 소리는 전혀 들리지 않았고, A 주거지의 초인종을 수회 누르고, 현관문을 두드려도 아무런 인기척이 없었다.

이에 E가 112 신고자에게 확인전화를 하자 신고자는 "B아파트 C호가 확실하고 싸우는 소리가 들리고 개 짖는 소리가 들린다."라고 하였고, 경찰관이 신고자의 위치를 확인하려 하자 '내가 왜 이야기를 해야 되느냐'는 식으로 따져 더 이상 대화를 하지 못

하고 전화를 끊었다.

그사이 F가 A 주거지의 현관문을 열어보자 현관문이 열려 A의 허락 없이 A의 주거지에 들어갔고, E도 위 통화를 마친 후 F를 따라 A의 허락 없이 A의 주거지에 들어가 경찰관들과 A가 현관에서 마주하게 되었다.

경찰관들은 주거지 내 현관문 앞에서 A에게 신고를 받고 출동하였다고 설명하며 집 안에 문제가 없느냐고 물어보는 취지의 대화를 하였다.

이후에도 경찰관들이 퇴거하지 않은 채 범죄 여부를 추궁하는 취지의 대화를 하던 중 A는 "너것들이 뭐냐"라고 소리를 지르며 주방에 있던 빈 유리병(10cm×16cm) 1개를 경찰관을 향해 던지고 주먹으로 E 경찰관의 오른쪽 뺨과 턱 부위를 때리는 등 폭행하였다.

나. 법원의 판단

1) 원심 판단

경찰관들이 A에 대한 영장을 소지하거나 제시하지도 아니하였고, A를 현행범인이나 준현행범인으로 볼 만한 사정도 없는 상황에서 A의 허락 없이 A의 주거에 들어갔는바, 경찰관들의 위와 같은 행위는 적법한 공무집행에 해당한다고 볼 수 없어 이를 전제로 하는 공무집행방해죄는 성립하지 않는다고 판단하여 A에게 무죄를 선고하였다.

(대구지방법원 서부지원 2018. 10. 17. 선고 2018고단114 판결)

2) 항소심 판단

「경찰관 직무집행법」 제 7 조에 의하면, 경찰관은 위험한 사태가 발생하여 인명·신체 또는 재산에 대한 위해가 임박한 때에 그 위해를 방지하거나 피해자를 구조하기 위하여 부득이하다고 인정할 때에는 합리적으로 판단하여 필요한 한도 내에서 다른 사람의 토지·건물에 출입할 수 있도록 되어 있고, 「경찰방문및방범진단규칙」 제 5 조에 의하면, 경찰 방문은 방문 요청이 있거나 경찰서장 또는 지구대장이 필요하다고 인정할 때 상대방의 동의를 얻어 실시할 수 있다. … ① 경찰관들은 당시 A에 대한 영장을 소지하거나 이를 제시한 적이 없고, ② 당시 A의 주거지를 범행 직후의 장소로 볼 만한 사정이 없었으며, 더욱이 압수·수색·검증에 대한 사후 영장이 발부되지도 않았고, ③ 경찰관들이 A의 주거지 앞에 도착했을 때 아무런 인기척이 들리지 않았고, 이는 '지금도 다투는 소리와 개 짖는 소리가 들리고 있다'는 신고자의 신고 내용과 달랐으며, 신고자가 경찰관의 신원 파악 요청에 불응하는 등 신고의 진정성 자체가 의문이 드는 상황이었으므로 신고가 있었다는 이유만으로 위험한 사태가 발생하여 인명·신체 또는 재산에 대한 위해가 임박한 때에 해당했다고 보기 어려워 보인다. ④ 그 외에 A의 방문 요청이나 주거지 출입 동의가 있었다고 볼 수도 없다. 따라서 경찰관들이 이 사건 당시 A의 주거지에 임의로 출입한 것은 법률에서 정한 강제처분의 요건 또는 예외 사유에 해당하지 않아 적법한 공무집행행위에 해당한다고 볼 수 없으므로, A가 이에 대항하여 경찰관들에게 공소사실 기재 행위를 하였다 하더라도 이는 공무집행방해죄에 해당하지는 않는다.

(대구지방법원 2019. 3. 26. 선고 2018노4026 판결)

Ⅵ. 경찰장비의 사용

경찰관 직무집행법

제10조(경찰장비의 사용 등) ① 경찰관은 직무수행 중 경찰장비를 사용할 수 있다. 다만, 사람의 생명이나 신체에 위해를 끼칠 수 있는 경찰장비(이하 이 조에서 "위해성 경찰장비"라 한다)를 사용할 때에는 필요한 안전교육과 안전검사를 받은 후 사용하여야 한다.

② 제 1 항 본문에서 "경찰장비"란 무기, 경찰장구(警察裝具), 경찰착용기록장치, 최루제(催淚劑)와 그 발사장치, 살수차, 감식기구(鑑識機具), 해안 감시기구, 통신기기, 차량·선박·항공기 등 경찰이 직무를 수행할 때 필요한 장치와 기구를 말한다.

③ 경찰관은 경찰장비를 함부로 개조하거나 경찰장비에 임의의 장비를 부착하여 일반적인 사용법과 달리 사용함으로써 다른 사람의 생명·신체에 위해를 끼쳐서는 아니 된다.

④ 위해성 경찰장비는 필요한 최소한도에서 사용하여야 한다.

⑤ 경찰청장은 위해성 경찰장비를 새로 도입하려는 경우에는 대통령령으로 정하는 바에 따라 안전성 검사를 실시하여 그 안전성 검사의 결과보고서를 국회 소관 상임위원회에 제출하여야 한다. 이 경우 안전성 검사에는 외부 전문가를 참여시켜야 한다.

⑥ 위해성 경찰장비의 종류 및 그 사용기준, 안전교육·안전검사의 기준 등은 대통령령으로 정한다.

[전문개정 2014. 5. 20.]

1. 경찰장비의 의의

경찰장비란 경찰관이 직무를 수행하기 위하여 사용할 수 있는 물건을 말한다. 무기, 경찰장구, 최루제와 그 발사장치, 살수차, 감식기구, 해안 감시기구, 통신기기, 차량·선박·항공기 등 경찰이 직무를 수행할 때 필요한 장치와 기구를 말한다(법 제10조 제 2 항).

경찰장비의 사용은 경찰상 즉시강제의 성질을 갖는다. 한편 경찰장비를 사용할 때 반드시 미리 '경고'를 하여야 한다는 의미에서 이를 행정상 즉시강제로 보지 않고 직접강제라고 보는 견해도 있다(김유환). 그러나 경고는 사실행위이고 행정행위가 아니다(홍정선).

경찰관은 직무수행 중 경찰장비를 사용할 수 있다. 다만 사람의 생명이나 신체에 위해를 끼칠 수 있는 경찰장비(=위해성 경찰장비)를 사용할 때에는 필요한 안전교육과 안전검사를 받은 후 사용하여야 한다(법 제10조 제 1 항).

경찰의 개인장비는 크게 장구류와 무기류로 분류된다. ① 호신용 경봉·테이저건 등 저항하는 상대를 제압하는 장비를 장구로 분류하고, ② 권총·기관총 등 살상까지 가능한 장비는 무기로 분류한다.

경찰이 가장 흔히 사용하는 장구는 호신용 경봉(삼단봉)과 경찰봉이다. 경찰봉(52㎝)보다 가볍고 휴대하기 편한 호신용 경봉(전장 65㎝, 축소장 21㎝)을 선호한다. 경찰이 용의자를 체포할 때 가장 많이 쓰는 장구는 전자충격기로 이른바 테이저건(Taser Gun)이다. 테이저건은 유효사거리 4~5m로 5만 볼트 전류가 흐르는 전선이 달린 전기침 두 개가 발사된다. 이 침에 맞으면 중추신경계가 일시적으로 마비돼 상대를 5초간 무력화시킬 수 있다. 경찰이 사용하는 대표적인 무기는 38구경 리볼버 권총과 K3기관총이다. K3기관총은 대간첩작전이나 전시 등 특수한 상황에서 사용되는 공용화기이다.

2. 경찰장비의 사용요건

경찰장비를 임의로 개조하거나 임의의 장비를 부착하여 통상의 용법과 달리 사용함으로써 타인의 생명·신체에 위해를 주어서는 안 된다(법 제10조 제 3 항).

3. 위해성 경찰장비의 사용요건 및 통제

(1) 위해성 경찰장비의 의의

위해성 경찰장비란 사람의 생명이나 신체에 위해를 끼칠 수 있는 경찰장비를 말한다(법 제10조 제 1 항 단서). 여기서 위해란 생명·신체에 대한 침해를 말한다.

(2) 위해성 경찰장비의 종류

「경찰관 직무집행법」 제10조 제 6 항의 위임에 따라 제정된 법규명령인 「위해성 경찰장비의 사용기준 등에 관한 규정」(대통령령)은 인명 또는 신체에 위해를 가할 수 있는 경찰장비의 종류로, 경찰장구(수갑·포승<捕繩>·호송용포승·경찰봉·호신용경봉·전자충격기·방패 및 전자방패), 무기(권총·소총·기관총<기관단총을 포함한다. 이하 같다>·산탄총·유탄발사기·박격포·3인치포·함포·크레모아·수류탄·폭약류 및 도검), 분사기·최루탄 등(근접분사기·가스분사기·가스발사총<고무탄 발사겸용을 포함한다. 이하 같다> 및 최루탄<그 발사장치를 포함한다. 이하 같다>), 기타장비(가스차·살수차·특수진압차·물포·석궁·다목적발사기 및 도주차량차단장비) 등을 들고 있다(규정 제 2 조).

[판례] 집회나 시위 해산을 위한 살수차 사용은 집회의 자유 및 신체의 자유에 대한 중대한 제한을 초래하므로 살수차 사용요건이나 기준은 법률에 근거를 두어야 하고, 살수차와 같은 위해성 경찰장비는 본래의 사용방법에 따라 지정된 용도로 사용되어야 하며 다른 용도나 방법으로 사용하기 위해서는 반드시 법령에 근거가 있어야 한다. **혼합살수방법은 법령에 열거되지 않은 새로운 위해성 경찰장비에 해당하고 이 사건 지침은 혼합살수의 근거 규정을 둘 수 있도록 위임하고 있는 법령이 없으므로, 이 사건 지침은 법률유보원칙에 위배**되고 **이 사건 지침만을 근거로 한 이 사건 혼합살수행위 역시 법률유보원칙에 위배된다**(헌재 2018. 5. 31, 2015헌마476).

(3) 위해성 경찰장비의 사용요건과 한계

위해성 경찰장비는 필요한 최소한도에서 사용하여야 한다(법 제10조 제 4 항).

[판례] **구 경찰관 직무집행법 제10조 제 3 항에서 말하는 경찰장비**는 '인명 또는 신체에 위해를 가할 수 있는 경찰장비(이하 '위해성 경찰장비'라 한다)'를 뜻한다(위 규정 제 2 조 참조). **위해성 경찰장비는** 그 사용의 위험성과 기본권 보호 필요성에 비추어 볼 때 **본래의 사용방법에 따라 지정된 용도로 사용되어야 하며** 다른 용도나 방법으로 사용하기 위해서는 반드시 법령에 근거가 있어야 한다. (2) 불법적인 농성을 진압하는 방법 및 그 과정에서 **어떤 경찰장비를 사용할 것인지는** 구체적 상황과 예측되는 피해 발생의 구체적 위험성의 내용 등에 비추어 경찰관이 재량의 범위 내에서 정할 수 있다. 그러나 그 직무수행 중 **특정한 경찰장비를 필요한 최소한의 범위를 넘어 관계 법령에서 정한 통상의 용법과 달리 사용함으로써 타인의 생명·신체에 위해를 가하였다면**, 불법적인 농성의 진압을 위하여 그러한 방법으로라도 해당 경찰장비를 사용할 필요가 있고 그로 인하여 발생할 우려가 있는 타인의 생명·신체에 대한 위해의 정도가 통상적으로 예견되는 범위 내에 있다는 등의 **특별한 사정이 없는 한 그 직무수행은 위법하다**고 보아야 한다. [2] 경찰이 점거파업을 진압하기 위하여 헬기에서 공장 옥상으로부터 30~100m 고도로 제자리 비행을 하여 조합원들을 헬기 하강풍에 노출되게 하는 방법으로 헬기를 사용하여 불법적인 농성을 진압하는 것은 경찰장비를 위법하게 사용함으로써 적법한 직무수행의 범위를 벗어났다고 볼 여지가 있다고 한 사례(대판 2022. 11. 30, 2016다26662, 26679, 26686).

(4) 위해성 경찰장비의 안전성에 대한 국회의 통제

경찰청장은 위해성 경찰장비를 새로 도입하려는 경우에는 대통령령으로 정하는 바에 따라 안전성 검사를 실시하여 그 안전성 검사의 결과보고서를 국회 소관 상임위원회에 제출하여야 한다. 이 경우 안전성 검사에는 외부 전문가를 참여시켜야 한다(법 제10조 제 5 항).

Ⅶ. 경찰장구의 사용

> 경찰관 직무집행법
>
> 제10조의2(경찰장구의 사용) ① 경찰관은 다음 각 호의 직무를 수행하기 위하여 필요하다고 인정되는 상당한 이유가 있을 때에는 그 사태를 합리적으로 판단하여 필요한 한도에서 경찰장구를 사용할 수 있다.
>
> 1. 현행범이나 사형·무기 또는 장기 3년 이상의 징역이나 금고에 해당하는 죄를 범한 범인의 체포 또는 도주 방지
> 2. 자신이나 다른 사람의 생명·신체의 방어 및 보호
> 3. 공무집행에 대한 항거(抗拒) 제지
>
> ② 제 1 항에서 "경찰장구"란 경찰관이 휴대하여 범인 검거와 범죄 진압 등의 직무수행에 사용하는 수갑, 포승(捕繩), 경찰봉, 방패 등을 말한다.
>
> [전문개정 2014. 5. 20.]

1. 경찰장구의 의의

경찰장구란 경찰관이 휴대하여 범인검거와 범죄진압 등 직무수행에 사용하는 수갑·포승·경찰봉·방패 등을 말한다(법 제10조의2 제 2 항). 경찰장구의 사용은 경찰상 즉시강제의 성질을 갖는다.

경찰장구의 종류로는 수갑·포승·호송용포승·경찰봉·호신용경봉·전자충격기·방패 및 전자방패 등이 있다.

2. 사용요건 및 한계

「경찰관 직무집행법」은 장구의 사용은 사람의 신체나 재산에 손상을 줄 수 있으므로 사태를 합리적으로 판단하여 필요한 한도 내에서 사용하도록 규정하고 있다.

「경찰관 직무집행법」은 장구사용의 요건으로 ① 현행범인인 경우, ② 사형·무기 또는 장기 3년 이상의 징역이나 금고에 해당하는 죄를 범한 범인의 체포·도주의 방지를 위한 경우, ③ 자신이나 다른 사람의 생명·신체의 방어 및 방호를 위한 경우, ④ 공무집행에 대한 항거의 제지를 위한 경우 등을 들고 있다. 그리고 ⑤ 상당한 이유가 있어야 한다. 즉 장구를 사용하지 않고는 다른 수단이 없는 경우에 한한다(법 제10조의2 제 1 항).

[판례] **무죄추정을 받는 피의자라 하더라도** 그에게 구속의 사유가 있어 구속영장이 발부, 집행된 이상 **신체의 자유가 제한되는 것은 당연한 것**이고, 특히 수사기관에서 구속된 피의자의 도주, 항거 등을 억제하는 데 필요하다고 인정할 **상당한 이유가 있는 경우에는 필요한 한도 내에서 포승이나 수갑을 사용할 수 있는 것**이며, 이러한 조치가 무죄추정의 원칙에 위배되는 것이라고 할 수는 없다(대판 1996. 5. 14, 96도561).

이와 관련하여 일본 판례는 시위대와 200미터 거리를 두고 평온하게 대치하고 있는 상황에서 몇몇 시위자를 잡아 경찰봉으로 폭행을 가한 경우에 대해 직접성을 부인한 예가 있다(東京高裁判決 昭和 30. 10. 21). 또한 우리나라의 하급심 판례 중에는 파출소에서 수갑을 꽉 채워 손목신경이 손상됐다며 국가를 상대로 낸 손해배상청구소송에서 원고 일부승소판결을 내린 사례가 있다.

[판례] **수갑은 사람의 생명, 신체에 위해를 가할 우려가 있는 경찰장구**로 손목에 꽉 채워 손을 움직일 수 없을 정도로 조이지 않도록 해야 하는 등 안전수칙을 지켜야 한다… 원고의 상해는 파출소 경찰관들이 원고의 행동을 제지하는 데 주안을 둔 나머지 **안전수칙을 제대로 이행하지 않아 발생했기에 국가는 손해배상책임이 있다**(서울지법 남부지원 민사 5 단독 2003년 7월 23일 판결: 2001년 10월 술집에서 소란을 피운 혐의로 파출소에 연행된 김모씨는 파출소에서도 소란을 피운다는 이유로 양손을 뒤로 한 채 수갑에 채워졌다가 손목신경을 다쳐 전치 4개월의 상해를 입자, 국가를 상대로 3천만원의 손해배상청구소송을 냈다).

3. 관련 사례학습

【관련 사례 1】 자살기도자 대상 수갑 사용

가. 사실관계

A는 2021. 7. 15. 춘천지방법원에서 공무집행방해죄 등으로 징역 10개월을 선고받고 2022. 1. 4. 춘천교도소에서 그 형의 집행을 종료한 자로, 2022. 5. 15.경부터 수회에

걸쳐 자살하겠다는 112신고를 하였고, 2023. 4. 18. 15:29경 서울 노원구 B아파트 C호의 자신의 주거지에서 '자살하겠다'는 내용의 112신고를 하였다.

신고를 받고 출동한 서울노원경찰서 D지구대 소속 경사 E(남, 44세), 경장 F(남, 37세) 등 경찰관들이 A의 주거지에 들어갔을 때 A는 술에 취한 상태로 베란다 난간에서 투신하려 하고 있었고 A의 모친이 이를 막고 있었다.

경찰관들은 A의 자살·자해시도 및 타인에 대한 위해 방지 등을 위하여 A의 팔을 당겨 안방으로 데리고 들어간 뒤 수갑을 채웠고, A에 대한 응급 입원 등 보호조치를 하고자 지구대로 데려가려 하자, 위 E의 낭심과 허벅지 부위를 발로 차고, 위 F의 허벅지와 무릎 부위를 발로 찼다. 이 행위는 아파트 1층에 이르기까지 지속되었다. 이로써 A는 경찰공무원들의 국민의 생명, 신체의 보호 등에 관한 정당한 직무집행을 방해하였다.

나. 법원의 판단

경찰관은 술에 취한 사람의 자살 또는 자해기도를 방지하기 위하여 필요한 때에는 수갑, 포승 또는 호송용포승을 사용할 수 있고(「경찰관 직무집행법」 제10조 제 1 항, 제 6 항, 위해성 경찰장비의 사용기준 등에 관한 규정 제 5 조), 자신이나 다른 사람의 생명·신체의 방어 및 보호에 관한 직무를 수행하기 위해 필요하다고 인정되는 상당한 이유가 있을 때에는 그 사태를 합리적으로 판단하여 필요한 한도 내에서 수갑 등 경찰장구를 사용할 수 있다(「경찰관 직무집행법」 제10조의2 제 1 항 제 2 호, 제 2 항).

(서울북부지방법원 2023. 11. 22. 선고 2023고단3538 판결)

> 참조 조문
>
> 「위해성 경찰장비의 사용기준 등에 관한 규정」(대통령령)
>
> 제 5 조(자살방지등을 위한 수갑등의 사용기준 및 사용보고) 경찰관은 범인·술에 취한 사람 또는 정신착란자의 자살 또는 자해기도를 방지하기 위하여 필요한 때에는 수갑·포승 또는 호송용포승을 사용할 수 있다. 이 경우 경찰관은 소속 국가경찰관서의 장(경찰청장·해양경찰청장·시·도경찰청장·지방해양경찰청장·경찰서장 또는 해양경찰서장 기타 경무관·총경·경정 또는 경감을 장으로 하는 국가경찰관서의 장을 말한다. 이하 같다)에게 그 사실을 보고해야 한다.

【관련 사례 2】 호송 중 수갑 사용

가. 사실관계

A는 ○○○○교회 담임목사로 2019. 2. 15. 한국기독교○○○ 회장으로 취임하였다.

A는 2019. 10. 3. 대통령 하야 요구를 위한 집회를 개최하였는데, 위 집회에서 일부 참가자들이 경찰관을 폭행하고 질서 유지선을 침범하는 등의 폭력을 행사하는 사건이 발생하였다.

서울중앙지방검찰청 검사는 A가 2019. 10. 3.자 집회에서 참가자들에게 물리적 충돌을 지시하였다는 혐의 등과 관련하여 2019. 12. 27. 서울중앙지방법원에 특수공무집행방해죄 등으로 A에 대한 구속영장을 청구하였다.

서울중앙지방법원은 2019. 12. 30. 유효기간을 2020. 1. 6.까지로 하는 구인영장을 발부하면서 구속 전 피의자심문기일을 2020. 1. 2. 오전 10:30으로 지정하였다. A는 2020. 1. 2. 구속 전 피의자심문에 임의출석 하였고, 이때 A에 대한 구인영장이 집행되어 원고는 법원에 인치된 상태에서 심문을 받았다.

A에 대한 구속 전 피의자심문은 2020. 1. 2. 오후 12:36경 종료되었고, 서울중앙지방법원이 형사소송법 제201조의2 제10항, 제71조의2에 의해 서울종로경찰서를 유치 장소로 지정함에 따라 서울종로경찰서 소속 경찰관은 같은 날 오후 12:53경부터 오후 1:20경까지 A를 서울중앙지방법원에서 유치 장소인 서울종로경찰서로 호송하면서 상관의 사전 지시에 따라 A에게 수갑과 수갑가리개를 사용하였다.

서울중앙지방법원 앞에 취재를 나와 있던 언론사들은 A가 수갑과 수갑가리개를 착용하고 있는 모습을 언론 매체에 보도하였다.

서울종로경찰서 소속 경찰관들은 서울종로경찰서에 도착한 직후 A에 대한 수갑을 해제하고 A를 서울종로경찰서 유치장에 유치하였다. 한편, 서울중앙지방법원은 2020. 1. 2. 오후 10:25경 A에 대한 구속영장청구를 기각하였고, 이에 따라 서울종로경찰서장은 A를 유치장에서 석방하였다.

A는, 서울종로경찰서 소속 경찰관들이 구속 전 피의자심문 이후 A를 유치장으로 호송하는 과정에서 도주 우려 등이 없음에도 변호인이 퇴정한 상황에서 기습적으로 A에게 수갑을 채워 그 모습을 법정 밖에 대기하고 있던 많은 취재진에게 그대로 노출시켰고, 이는 A의 신체의 자유 및 인격권을 침해하는 행위에 해당한다는 이유로 국가인권위원회에 진정을 하였다.

국가인권위원회는 2021년 초 '이 사건 수갑사용행위가 A의 인격권을 침해하였다고 인정하기는 어려우나, A에게 수갑을 착용시키지 않고 경찰서로 호송하는 것이 특별히 문제가 있다고 보이지 않는 상황에서 이루어진 이 사건 수갑사용행위는 과도한 공권력 행사로 헌법 제12조의 신체의 자유를 침해하는 것이다.'라는 이유로 경찰청장 등 피진정인들에게, 피의자 호송 시 과잉 경찰 장구 사용사례가 발생하지 않도록 경찰관들에게 직무교육을 실시할 것과 피의자 호송시 수갑 사용으로 인한 인권침해를 방지하기 위해 구 피의자 유치 및 호송규칙(2021. 7. 15. 경찰청훈령 제1025호로 개정되기 전의 것, 이하 '구 피의자 유치 및 호송규칙'이라 한다) 제50조 제 1 항을 재량규정으로 개정할 것을 권고하는 결정을 하였다.

A는 2020. 4. 1. 서울종로경찰서장의 이 사건 수갑사용행위가 A의 신체의 자유 및 인격권을 침해한 것이라고 주장하며 헌법재판소 2020헌마506호로 헌법소원심판을 청구하였다.

헌법재판소는 2023. 7. 20. '이 사건 수갑사용행위는 2020. 1. 2. 이미 종료되어 이에 관한 심판을 구할 주관적인 권리보호이익이 존재하지 않는다. 이 사건 수갑사용행위 당시 시행되고 있던 구 피의자 유치 및 호송규칙 제50조 제 1 항이 헌법소원심판청구 이후 피의자 유치 및 호송규칙(2021. 7. 15. 경찰청훈령 제1025호로 개정된 것) 제50조 제 1 항으로 개정되었으므로, 특별한 사정이 없는 한 서울종로경찰서장이 구속 전 피의자심문에 임의 출석한 피의자에 대하여 수갑을 사용하지 않을 것이므로, 이 사건 수갑사용행위와 동일한 유형의 행위가 반복될 위험이 있다고 보기 어려운바, 이 사건 수갑사용행위와 관련하여 헌법재판소가 추가적으로 헌법적 해명을 할 필요성이 인정된다고 보기 어렵다.'라는 이유로 원고의 헌법소원심판청구를 각하하였다.

참조 조문

「구 피의자 유치 및 호송 규칙」 경찰청훈령 제1003호, 2021. 1. 22.

제50조(피호송자의 포박) ① 호송관은 호송관서를 출발하기 전에 반드시피호송자에게 수갑을 채우고 포승으로 포박하여야 한다. 다만, 구류선고 및 감치명령을 받은 자와 고령자, 장애인, 임산부 및 환자 중 주거와 신분이 확실하고 도주의 우려가 없는 자에 대하여는 수갑 등을 채우지 아니한다.

「피의자 유치 및 호송 규칙」 경찰청훈령 제1025호, 2021. 7. 15.

제50조(피호송자에 대한 수갑 등의 사용) ① 호송관은 제47조 제 2 항의 호송주무관의 허가를 받아 「경찰관 직무집행법」 제10조의2 제 1 항 및 「위해성 경찰장비의 사용기준 등에 관한 규정」 제 4 조에 따라 필요한 한도에서 호송대상자에 대하여 수갑 또는 수갑·포승을 사용할 수 있다. 다만, 구류선고 및 감치명령을 받은 자와 미성년자, 고령자, 장애인, 임산부 및 환자 중 주거와 신분이 확실하고 도주의 우려가 없는 자에 대하여는 수갑 또는 수갑·포승을 채우지 아니한다.

나. 법원의 판단

헌법 제37조 제 2 항에서 규정하는 기본권제한에 관한 법률유보원칙은 법률에 근거한 규율을 요청하는 것이므로, 그 형식이 반드시 법률일 필요는 없다 하더라도 법률상의 근거는 있어야 한다(헌법재판소 2009. 4. 30. 선고 2005헌마514 전원재판부 결정 참조).

수갑 사용행위는 신체의 자유를 제한하는 행위이므로, 이 사건 수갑사용행위가 적법하기 위해서는 법률유보의 원칙에 따라 법률상의 근거가 있어야 한다. 이 사건 수갑사용행위 당시 시행 중이던 구 피의자 유치 및 호송규칙 제50조 제 1 항은 법률의 구체적인 위임 없이 제정된 경찰청 내부의 행정규칙에 불과하므로 법률상의 근거가 될 수 없다.

「경찰관 직무집행법」 제10조 제 1 항 본문은 "경찰관은 직무수행 중 경찰장비를 사용할 수 있다."라고 규정하고 있다. 같은 조 제 6 항은 "위해성 경찰장비의 종류 및 그 사용기준, 안전교육 · 안전검사의 기준 등은 대통령령으로 정한다."라고 규정하고 있고, 이에 따라 마련된 구 「위해성 경찰장비 사용기준」 제 4 조는 "경찰관은 체포 · 구속영장을 집행하거나 신체의 자유를 제한하는 판결 또는 처분을 받은 자를 법률이 정한 절차에 따라 호송하거나 수용하기 위하여 필요한 때에는 최소한의 범위 안에서 수갑 · 포승 또는 호송용 포승을 사용할 수 있다."라고 규정하고 있다.

경찰관의 직무수행 중의 경찰장비 사용에 관한 근거 규정인 「경찰관 직무집행법」 제10조 제 1 항 본문 및 '신체의 자유를 제한하는 처분을 받은 자를 법률이 정한 절차에 따라 호송하는 경우'의 수갑 사용에 관한 근거 규정인 「위해성 경찰장비 사용기준」 제 4 조와 경찰관의 직무집행 중 수갑 사용에 관한 요건 등을 규정하고 있는 「경찰관 직무집행법」 제10조의2 제 1 항이 그 법률상 근거가 될 수 있다.

참조 조문
「위해성 경찰장비의 사용기준 등에 관한 규정」 제 4 조(영장집행등에 따른 수갑등의 사용기준) 경찰관은 체포 · 구속영장을 집행하거나 신체의 자유를 제한하는 판결 또는 처분을 받은 자를 법률이 정한 절차에 따라 호송하거나 수용하기 위하여 필요한 때에는 최소한의 범위 안에서 수갑 · 포승 또는 호송용포승을 사용할 수 있다.

신체의 자유는 헌법상 모든 기본권 보장의 종국적 목적이자 기본이념이라 할 수 있는 인간의 존엄과 가치에 밀접하게 관련되어 있으므로 그 침해 여부는 헌법 제37조 제 2 항에 따라 엄격하게 심사되어야 한다. 따라서 피의자의 호송과정에서 도주 방지 등을 위하여 일부 제한이 불가피하다 하더라도, 그 본질적인 내용을 침해하거나, 목적의 정당성, 방법의 적정성, 피해의 최소성 및 법익의 균형성 등을 의미하는 과잉금지의 원칙에 위배되어서는 안 된다(헌법재판소 2002. 7. 18. 선고 2000헌마327 전원재판부 결정 취지 참조).

경찰관이 구속 전 피의자심문을 마친 A를 서울종로경찰서로 호송함에 있어 A의 신체의 자유에 대한 제한이 불가피하다고 하더라도 이는 필요 최소한의 범위에서 이루어져야 한다고 할 것이다.

이 사건 수갑사용행위는 헌법상 과잉금지원칙을 위반하여 헌법 제12조의 신체의 자유를 침해하고, 필요 최소한의 범위에서 수갑을 사용할 수 있도록 규정한 「경찰관 직무집행법」 제10조의2 제 1 항 및 구 위해성 경찰장비 사용기준 제 4 조를 위반한 것으로 봄이 타당하다.

(서울중앙지방법원 2023. 12. 8. 선고 2020가단5011479 판결)

> **참조 조문**
>
> **「위해성 경찰장비의 사용기준 등에 관한 규정」**
>
> 제 2 조(위해성 경찰장비의 종류) 「경찰관 직무집행법」 제10조 제 1 항 단서에 따른 사람의 생명이나 신체에 위해를 끼칠 수 있는 경찰장비(이하 "위해성 경찰장비"라 한다)의 종류는 다음 각 호와 같다.
>
> 1. 경찰장구 : 수갑 · 포승(捕繩) · 호송용포승 · 경찰봉 · 호신용경봉 · 전자충격기 · 방패 및 전자방패
> 2. 무기 : 권총 · 소총 · 기관총(기관단총을 포함한다. 이하 같다) · 산탄총 · 유탄발사기 · 박격포 · 3인치포 · 함포 · 크레모아 · 수류탄 · 폭약류 및 도검
> 3. 분사기 · 최루탄등 : 근접분사기 · 가스분사기 · 가스발사총(고무탄 발사겸용을 포함한다. 이하 같다) 및 최루탄(그 발사장치를 포함한다. 이하 같다)
> 4. 기타장비 : 가스차 · 살수차 · 특수진압차 · 물포 · 석궁 · 다목적발사기 및 도주차량차단장비

【관련 사례 3】 음주운전 혐의자에 대한 수갑 사용

가. 사실관계

A는 2017. 5. 20. 05:15경 용인시 기흥구 신갈동 소재 수원IC 입구에서 수지방면에서 42번국도(신갈)방면으로 술을 마신 상태에서 (주)백억주류상사 소유의 포터 화물차를 운전하다가 좌회전차로에서 신호를 받기 위해 대기하던 중 시동을 켜놓은 상태에서 머리를 핸들에 기댄 채 잠이 들었다.

마침 그곳을 지나던 차량 운전자는 음주의심이 든다며 112 신고를 하였고, 용인동부경찰서 B파출소 소속 경위 C와 D지구대 경사 E 등 경찰관이 현장에 출동하였다.

경찰관들은 잠을 자던 A를 깨워 음주감지를 요구하였으나 A가 음주감지에 불응한 채 운전석에서 이탈하면서 경찰관을 밀치고 도주하려고 시도하자 곧바로 A의 차량 바로 앞에서 A의 양손에 수갑을 채웠다.

A는 도로 옆 공터에서 수갑을 찬 상태에서 바닥에 머리를 찧고 뒹구는 등의 자해행위를 시도하였고, A의 혀가 꼬여 발음이 불명확하고 걸음걸이가 비틀거리며 얼굴이 홍조를 띠는 등 술에 취한 상태에서 운전하였다고 인정할 만한 상당한 이유가 있어 경찰

관들은 A에게 물을 제공하고 같은 날 05:20경부터 05:35경까지 3회에 걸쳐 음주측정기에 입김을 불어넣는 방법으로 음주측정을 요구하였으나 수갑을 찬 피고인은 측정기 빨대를 물고 입김을 불어넣는 시늉만 하였다.

그러나 A는 음주측정기에 입김을 불어넣는 것을 회피하는 등으로 정당한 사유 없이 경찰공무원의 음주측정요구에 응하지 아니하였고 경사 E는 A를 도로교통법상의 음주측정거부죄의 혐의로 현행범인 체포하였다.

나. 법원의 판단

1) 원심 판단

요지	(피고인 무죄) 사안에서 경찰관의 수갑 사용이 공무집행에 대한 항거 제지(제 3 호)에 해당하지 않음

「경찰관 직무집행법」 제10조의2 제 1 항 제 2 호 및 제 3 호는 "경찰관은 자신이나 다른 사람의 생명·신체의 방어 및 보호, 공무집행에 대한 항거 제지의 직무를 수행하기 위하여 필요하다고 인정되는 상당한 이유가 있을 때에는 그 사태를 합리적으로 판단하여 필요한 한도에서 경찰장구를 사용할 수 있다"고 규정하고 있다.

그런데 이 사건의 경우, 경찰관은 피고인이 음주감지 요구에 불응하고 도주하려는 자세를 취하자 곧바로 피고인에게 수갑을 채운 것인바, 피고인의 위와 같은 행위는 음주측정을 하지 않을 의도에서 비롯된 행동으로 보일 뿐이고, 피고인의 위와 같은 행위로 인하여 피고인 자신 또는 타인의 생명·신체에 대한 위험의 우려가 커 방어 및 보호조치가 필요한 상황에까지 이르렀거나, 피고인의 도주행위가 공무집행에 대한 항거를 제지하여야 하는 상황에 이르렀다고 보기는 어렵다.

나아가 경찰관은 피고인이 음주감지 요구에 불응한 채 운전석을 이탈하여 도주하려는 태세를 보이자 곧바로 수갑을 채웠고, 별도의 보호조치를 취하거나 임의동행을 요구하지 않은 채 수갑을 채운 상태에서 음주측정을 요구하고 음주측정거부죄로 현행범인 체포를 한 사실에 비추어 보면, 피고인에게 수갑을 채운 것은 보호조치 또는 공무집행에 대한 항거 제지를 위한 것이 아니라 음주측정을 위해 피고인의 도주를 방지하기 위한 것이 주된 목적이었던 것으로 보인다.

(수원지방법원 성남지원 2018. 1. 31. 선고 2017고단1705 판결)

2) 항소심 판단

요지	(항소 기각) 사안에서 경찰관의 수갑 사용이 현행 범인의 도주 방지를 위한 적법한 공무집행에 해당하지 않음

경찰관들이 피고인에게 수갑을 채웠을 당시 피고인이 술 냄새를 풍겼으며, 얼굴에 홍조가 있고, 발음이 불명확하고 걸음걸이가 비틀거리는 상태였던 점을 더하여 보면 피고인이 음주운전을 한 직후의 자로서 도로교통법위반(음주운전)죄의 현행범인에 해당한다고 볼 여지는 있다. 그런데 위 증거들에 의하면 경찰관들이 피고인에게 음주측정요구를 할 때까지 피고인에게 수갑을 채운 상태를 상당기간 유지하면서 피고인이 도주하지 못하도록 몸을 붙잡아 제압하고 있었던 사실을 인정할 수 있는바, 경찰관들의 위와 같은 행위는 단순히 도주 방지를 위한 일시적인 조치를 넘어 피고인의 신체의 자유를 상당기간 제한하는 것으로 체포에 해당한다고 봄이 상당하다.

그런데도 경찰관들은 피고인에게 수갑을 채우기 전에 미리, 또는 수갑을 채우는 과정이나 수갑을 채운 후에 지체 없이 피고인에게 형사소송법 제213조의2, 제200조의 5에 따라 도로교통법위반(음주운전)죄 또는 그 밖의 범죄의 피의사실의 요지, 체포의 이유와 변호인을 선임할 수 있음을 말하고 변명할 기회를 주지 않았다. 따라서 경찰관들이 피고인에게 수갑을 채운 행위를 단순히 현행범인의 도주 방지를 위한 「경찰관 직무집행법」상의 경찰장구의 사용에 해당하는 적법한 직무집행이라고 볼 수는 없다.

(수원지방법원 2018. 6. 29. 선고 2018노996 판결)

【관련 사례 4】 위해 방지를 위한 수갑 사용

가. 사실관계

A는 2018. 2. 15. 14:59경 서울 관악구 B맨션 C호 소재 A의 주거지에서 A의 모친 D(여, 76세)로부터 '밖에 나가면 술만 마시고 들어온다. 그런 모습 보기 싫으니 집에서 나가라.'는 말을 듣고 화가 나 손으로 D를 밀어 넘어뜨려 식탁 의자 모서리에 머리를 부딪치게 하고, 이로 인하여 D로 하여금 치료일수 불상의 후두부 열상 등을 입게 하였다.

이에 이웃주민으로부터 112신고를 받고 현장출동한 관악경찰서 E파출소 소속 경찰관인 피해자 경위 F, 순경 G로부터 '집 안에 들어가 D의 상태를 확인해보겠다.'는 말을 듣고 화가 나 몸으로 현관문을 막아서며 위 경찰관들이 집 안에 들어오지 못하게 하였다.

당시 A는 유리를 밟은 상태여서 발에서 피가 많이 나고 있던 상황이었고 술냄새도 많이 나는 상황이었다. D가 집 안에 있는 것을 발견한 경찰관들이 더욱 더 집안으로 들어가 보려고 하자 A는 더욱 강하게 저지하였고 F는 우선 A와 경찰관의 위해방지를 위해 A의 한 손에 수갑을 채웠는데 이때 미란다 원칙을 고지하지 아니하였다.

F는 실랑이를 벌이던 A의 뒤쪽으로 집안에 들어가려고 시도하였는데, 이때 A가 강하게 제지하며 F의 코 부위를 자신의 머리로 들이받았다. 이에 G가 위 F에 대한 공무집행방해 혐의로 A를 현행범인 체포하기 위해 A의 뒤에서 손을 잡아당기자 또다시 자신의 머리로 위 G의 안면부위를 들이받았고 다른 경찰관들이 A에게 미란다 원칙을 고

지하고 현행범으로 체포하였다.

A는 위 경찰관들의 범죄의 예방·진압 및 수사에 관한 정당한 직무집행을 각 방해함과 동시에 피해자 위 F에게 치료일수 불상의 비골골절 등의 상해를 가하였다.

나. 법원의 판단

1) 원심 판단

요지	(공무집행방해 및 상해의 점은 무죄) 경찰관의 수갑 사용은 현행범 체포 행위에 해당하며 미란다 원칙 불고지로 위법

F가 피고인의 한 손에 수갑을 채운 행위 또는 적어도 나머지 한 손에 수갑을 채우려고 한 행위는 피고인을 체포하는 행위로 볼 수 있고, 경위 F은 피고인을 체포하면서 미란다 원칙 등을 고지하지 않은 사실이 인정된다. 경위 F의 행위는 전체적으로 적법절차가 준수되지 아니한 것이어서 경위 F이 피고인에게 실력을 행사한 것은 적법한 공무집행이라 할 수 없다.

(서울중앙지방법원 2018. 5. 31. 선고 2018고단1418 판결)

2) 항소심 판단

요지	(항소 기각) 자신 또는 타인의 생명·신체의 방어 또는 보호를 위한 절박한 상황에서 한 손에 수갑을 채운 행위로 보기 어려워 경찰장구 사용 요건에 해당하지 않음

(검사의 항소 이유) F가 피고인에게 수갑을 채운 행위는 체포행위가 아니라 경찰관직무집행법 제10조의2 제 1 항 제 2 호에 따른 행정상 즉시강제이므로, 그 당시 피고인에게 미란다 원칙 등을 고지하지 아니하였어도 적법한 공무집행에 해당한다. 피고인이 수갑을 채우는 F의 코 부위와 G의 안면 부위를 머리로 들이받아 F에게 비골골절 등의 상해를 가한 행위는 공무집행방해죄 및 상해죄에 해당한다.

(항소심 판단) 「경찰관 직무집행법」 제10조의2 제 1 항 제 2 호에 따르면, 경찰관은 자신이나 다른 사람의 생명·신체의 방어 및 보호의 직무를 수행하기 위하여 필요하다고 인정되는 상당한 이유가 있을 때에는 그 사태를 합리적으로 판단하여 필요한 한도에서 경찰장구를 사용할 수 있다. 위 조항 중 경찰장구의 사용에 관한 부분은 경찰관 자신이나 다른 사람의 생명·신체의 방어 및 보호를 위한 경찰행정상 즉시강제, 즉 눈앞의 급박한 경찰상 장해를 제거하여야 할 필요가 있고 의무를 명할 시간적 여유가 없거나 의무를 명하는 방법으로는 그 목적을 달성하기 어려운 상황에서 의무불이행을 전

제로 하지 않고 경찰이 직접 실력을 행사하여 경찰상 필요한 상태를 실현하는 권력적 사실행위에 관한 근거 조항이다. 위 규정에 따른 경찰장구 사용이 적법한 직무집행으로 평가되기 위해서는, 경찰관이나 다른 사람의 생명·신체에 대한 위해가 눈앞에서 막 발생할 것이 객관적으로 인정될 수 있는 상황이고, 경찰장구를 사용하는 방법 외에는 위와 같은 결과를 막을 수 없는 절박한 사태이어야 한다.

경위 F가 피고인의 한손에 수갑을 채운 행위는 「경찰관 직무집행법」 제10조의2 제1항 제2호에 따른 적법한 직무집행으로 볼 수 없다. … F가 피고인에게 수갑을 채울 당시, 피고인은 집에 들어가려는 F을 저지할 뿐 그 이상 F에게 위해를 가하지 아니하였고, 피고인의 상태가 생명이 위중한 응급상황도 아니었으며 피고인이 자해를 시도한 것도 아니었다. D 또한 F에게 별다른 도움을 요청하지 아니하였다. 이는 경찰관이나 다른 사람의 생명·신체에 대한 위해가 눈앞에서 막 발생할 것이 객관적으로 인정되는 상황이라 보기 어렵다.

그 당시 피고인의 집 앞에는 경위 F외에도 그 뒤로 경찰관 3명이 더 있었고 피고인이 흉기 등 위험한 물건을 들고 있는 상황도 아니었다. F가 피고인에게 수갑을 채우는 방법 외에는 경찰관이나 다른 사람의 생명·신체에 대한 위해를 막을 수 없는 절박한 사태가 있었다고 보기도 어렵다.

(서울중앙지방법원 2019. 5. 3. 선고 2018노1723 판결)

Ⅷ. 분사기 또는 최루탄의 사용

경찰관 직무집행법

제10조의3(분사기 등의 사용) 경찰관은 다음 각 호의 직무를 수행하기 위하여 부득이한 경우에는 현장책임자가 판단하여 필요한 최소한의 범위에서 분사기(「총포·도검·화약류 등의 안전관리에 관한 법률」에 따른 분사기를 말하며, 그에 사용하는 최루 등의 작용제를 포함한다. 이하 같다) 또는 최루탄을 사용할 수 있다.

1. 범인의 체포 또는 범인의 도주 방지
2. 불법집회·시위로 인한 자신이나 다른 사람의 생명·신체와 재산 및 공공시설 안전에 대한 현저한 위해의 발생 억제

1. 의 의

「경찰관 직무집행법」 제10조의3은 “경찰관은 다음 각 호(1. 범인의 체포 또는 범인

의 도주 방지, 2. 불법집회·시위로 인한 자신이나 다른 사람의 생명·신체와 재산 및 공공시설 안전에 대한 현저한 위해의 발생 억제)의 직무를 수행하기 위하여 부득이한 경우에는 현장책임자가 판단하여 필요한 최소한의 범위에서 분사기(「총포·도검·화약류 등의 안전관리에 관한 법률」에 따른 분사기를 말하며, 그에 사용하는 최루 등의 작용제를 포함한다. 이하 같다) 또는 최루탄을 사용할 수 있다고 규정하고 있다(법 제10조의3). 분사기 등의 사용은 경찰상 즉시강제의 성질을 갖는다.

분사기란 「총포·도검·화약류 등의 안전관리에 관한 법률」에 따른 분사기와 최루 등의 작용제를 말한다. 즉 분사기란 사람의 활동을 일시적으로 곤란하게 하는 최루(催淚) 또는 질식 등을 유발하는 작용제를 분사할 수 있는 기기로서 대통령령으로 정하는 것을 말한다(법 제 2 조 제 4 항). 법 제 2 조 제 4 항에 따른 분사기는 사람의 활동을 일시적으로 곤란하게 하는 최루 또는 질식등의 작용제를 내장된 압축가스의 힘으로 분사하는 기기로서 다음 각호(1. 총포형 분사기, 2. 막대형 분사기, 3. 만년필형 분사기, 4. 그 밖에 휴대형 분사기)에 해당하는 것으로 한다. 다만, 살균·살충용 및 산업용 분사기를 제외한다(영 제 6 조의2).

경찰관은 범인의 체포 또는 도주방지, 타인 또는 경찰관의 생명·신체에 대한 방호, 공무집행에 대한 항거의 억제를 위하여 필요한 때에는 최소한의 범위 안에서 가스발사총을 사용할 수 있다. 이 경우 경찰관은 1미터 이내의 거리에서 상대방의 얼굴을 향하여 이를 발사하여서는 아니 된다(동 규정 제12조 제 1 항).

[판례] **경찰관이 범인 검거를 위하여 가스총을 사용할 때의 주의의무**: 경찰관은 범인의 체포 또는 도주의 방지, 타인 또는 경찰관의 생명·신체에 대한 방호, 공무집행에 대한 항거의 억제를 위하여 필요한 때에는 최소한의 범위 안에서 가스총을 사용할 수 있으나, **가스총은 통상의 용법대로 사용하는 경우 사람의 생명 또는 신체에 위해를 가할 수 있는 이른바 위해성 장비**로서 그 탄환은 고무마개로 막혀 있어 사람에게 근접하여 발사하는 경우에는 **고무마개가 가스와 함께 발사되어 인체에 위해를 가할 가능성이 있으므로**, 이를 사용하는 경찰관으로서는 인체에 대한 위해를 방지하기 위하여 상대방과 근접한 거리에서 상대방의 얼굴을 향하여 이를 발사하지 않는 등 **가스총 사용시 요구되는 최소한의 안전수칙을 준수함으로써 장비 사용으로 인한 사고발생을 미리 막아야 할 주의의무가 있다**(대판 2003. 3. 14, 2002다57218).

최루탄은 최루가스를 발생시켜 신체·정신적 기능의 장해를 주는 화학탄의 일종이다. 최루탄을 본래의 기능이 아닌 인명살상이나 위해의 수단으로 사용할 경우에는 무기사용에 해당하는 것으로 보아야 한다.

미국에서는 **후추가루 분사기**(pepper spray)를 일부 경찰서에서 사용하고 있다. **후추가루 분사기**는 후추가루를 범인의 안면에 발사하여 범인이 눈을 뜨지 못하고 재채기를 하게 하여 상대방을 제압하는 장비이다.

2. 분사기 및 최루탄사용의 요건

「경찰관 직무집행법」은 분사기 및 최루탄 사용의 요건으로 ① 범인의 체포와 도주의 방지 또는 불법집회와 시위로 인한 중대한 위해발생의 억제를 위한 것일 것, ② 자기 또는 생명·신체와 재산 및 공공시설안전에 대한 중대한 위해발생의 억제를 위한 것일 것, ③ 필요한 최소한의 범위에서 사용할 것(비례의 원칙) 등을 들고 있다.

3. 한 계

경찰관은 범인의 체포, 도주의 방지 또는 불법집회·시위로 인하여 자기 또는 타인의 생명·신체와 재산 및 공공시설안전에 대한 현저한 위해발생을 억제하기 위하여 부득이한 경우에 필요한 최소한의 범위 안에서 사용하여야 한다.

경찰관은 최루탄발사기로 최루탄을 발사하는 경우 30도 이상의 발사각을 유지하여야 하고, 가스차·살수차 또는 특수진압차의 최루탄발사대로 최루탄을 발사하는 경우에는 15도 이상의 발사각을 유지하여야 한다(동 규정 제12조 제 2 항).

[판례] 국가 소속 전투경찰들이 시위진압을 함에 있어서 합리적이고 상당하다고 인정되는 정도로 가능한 한 최루탄의 사용을 억제하고 또한 최대한 안전하고 평화로운 방법으로 시위진압을 하여 그 시위진압과정에서 타인의 생명과 신체에 위해를 가하는 사태가 발생하지 아니하도록 하여야 하는데도, 이를 게을리한 채 **합리적이고 상당하다고 인정되는 정도를 넘어 지나치게 과도한 방법으로 시위진압을 한 잘못으로 시위 참가자로 하여금 사망에 이르게 하였다는 이유로 국가의 손해배상책임을 인정**하되, 피해자의 시위에 참가하여 사망에 이르기까지의 행위를 참작하여 30% 과실상계를 한 원심판결은 타당하다"고 한 사례(대판 1995. 11. 10, 95다23897).

4. 관련 사례학습

【관련 사례 1】 도주 방지를 위한 경찰관의 가스총 과잉 사용

가. 사실관계

C는 부산지방경찰청 사상경찰서 형사과 형사2팀에서 근무하던 경찰관이고, D는 C와 같은 경찰서, 같은 팀에서 근무하던 경찰관이다.

C는 평소 알고 지내던 G로부터 2011. 2. 15. 'H가 A라는 사람으로부터 마약을 구입한 것 같다'는 취지의 제보를 받았고, 다시 2011. 2. 17. 21:00경 'H를 만나기로 했다'는 제보도 받았다. C와 D는 G의 제보에 따라 2011. 2. 17. 22:00경 H, G 등이 있다는 부산 남구 대연동 소재 I카페 부근으로 출동하였다. I카페는 건물 2층에 위치해 있고, G의 렉스턴 차량은 카페 맞은편 도로가에 주차되어 있었으며, C는 자신이 타고 온 SM5 차량을 위 렉스턴 차량으로부터 약 5~6m 뒤쪽에 주차하였다. C와 D는 그곳에서 잠복근무를 하던 중 G로부터 'H 외에 A라는 사람도 함께 있다'는 문자메시지를 받았다.

출동 당시 C는 구경 10mm의 가스총을 소지하고 있었는데, 위 가스총은 5연발 연속 발사가 가능한 리볼버 식으로 총 5발의 탄환(탄환 길이는 3cm 정도이고, 두께는 1cm 정도)이 장전되어 있었다. 첫발은 공포탄이고 나머지 4발은 가스가 분사되는 탄환이며 탄환 하나마다 모두 고무마개가 부착되어 있었다. 위 가스총은 방아쇠를 당기면 노리쇠 작용으로 탄환이 튕겨져 나가는 구조를 취하고 있는데, 그때 탄환 앞에 부착된 고무마개가 떨어져 나가면서 가스가 분사된다. C는 이 사건 이전에는 가스총을 사용해 본 적이 없었다.

C와 D가 위 카페 부근에 도착하였을 때 A는 위 I카페에서 G, H 그리고 G의 지인인 J와 함께 술을 마시고 있었는데, 2011. 2. 17. 23:40경 술자리가 끝나고 G, J, H, A의 순으로 위 I카페를 나오게 되었다. 그 무렵 C는 I카페 입구 부근에서, D는 I카페 건너편에 있는 편의점 근처에서 A 등의 동향을 살피고 있었다.

I카페에서 먼저 나온 G와 J가 G의 렉스턴 차량에 탑승하였고 J는 다시 렉스턴 차량에서 하차하여 렉스턴 차량의 뒤쪽 보도블럭에 서 있었다. 뒤이어 나온 H가 위 렉스턴 차량에 타려고 하는 순간 D가 H에게 다가가 경찰관 신분증을 제시하며 '마약문제로 왔으니 임의동행에 응해 달라'고 요구하였으며, H는 이에 순순히 응하여 D와 함께 C의 SM5 차량의 뒷좌석에 승차하였다.

I카페에서 마지막으로 A가 나오자 C가 A에게 다가가 경찰관 신분증을 제시하며 신원확인을 위하여 주민등록증 등을 보여줄 것을 요구하였다. A가 이에 불응하여 A와 C 사이에 실랑이가 벌어졌고 그 과정에서 C가 뒤로 넘어지게 되었다. A는 그 틈을 타 G의 렉스턴 차량 쪽으로 도주하여 운전석에 앉아 있던 G를 내리게 한 후 자신이 위 차

량의 운전석에 탑승하였고, 시동이 걸린 채로 정차되어 있던 위 차량을 운전하여 도망을 가려고 시도하였다.

이 모습을 본 D는 C를 돕기 위하여 위 SM5 차량에서 내려 위 렉스턴 차량으로 급히 달려가 운전석 쪽 차량 문을 열고 발판을 밟은 채로 양손으로 A의 몸을 잡고 A를 차에서 끌어내리려고 하였고, A는 이에 대항하여 끌려나가지 않으려고 몸을 뒤로 눕히는 등 D와 몸싸움을 함과 동시에 엑셀러레이터를 밟으며 차량을 출발시키려고 하였다.

D와 A가 몸싸움을 하는 모습을 본 피고 C은 위 렉스턴 차량의 운전석 문 바깥쪽 부근에 서서 하늘을 향해 공포탄을 한 발 쏜 후 A를 향해 '멈추라'고 몇 차례 소리를 질렀다. 그럼에도 A가 계속 차량을 출발시키려고 하며 D와의 실랑이를 멈추지 않자 C는 렉스턴 차량의 운전석 쪽 타이어 부분까지 다가가 열려진 운전석 문 사이의 틈새로 손을 집어 넣어 A의 상체 부위를 향해 가스총 2발을 연속으로 발사하였고, A가 저항을 계속하자 2~3초 후 연속으로 가스총 2발을 더 발사하였다.

공포탄을 제외한 위 4발의 탄환 중 3발은 A의 왼쪽 가슴을, 나머지 1발은 A의 왼쪽 눈을 충격하였는데, 왼쪽 눈을 충격한 1발의 탄환에서 분리된 고무마개로 인하여 A는 공막열상 등을 진단받았고 2011. 2. 18. 1차 공막열상 봉합 수술이 이루어졌다. 예후가 좋지 않던 A는 2011. 4.경 재차 안구 내용물 제거 및 보형물 삽입 수술을 받았고 그로 인하여 결국 왼쪽 눈이 실명상태에 이르게 되었다.

나. 법원의 판단

1) 원심 판단

요지	(국가배상책임 인정) 경찰관의 가스총 사용이 필요·최소한의 범위를 일탈

「경찰관 직무집행법」 제10조의3 제 1 항은 경찰관은 범인의 체포·도주의 방지 또는 불법 집회·시위로 인하여 자기 또는 타인의 생명·신체와 재산 및 공공시설안전에 대한 현저한 위해의 발생을 억제하기 위하여 부득이한 경우 현장책임자의 판단으로 필요한 최소한의 범위 안에서 분사기 또는 최루탄을 사용할 수 있다고 규정하고 있고, 「경찰 장비의 사용기준」 등에 관한 규정 제 2 조는 가스발사총을 인명 또는 신체에 위해를 가할 수 있는 경찰장비 중 분사기의 한 종류로 분류하면서, 같은 「규정」 제12조 제 1 항은 경찰관은 범인의 체포 또는 도주방지, 타인 또는 경찰관의 생명·신체에 대한 방호, 공무집행에 대한 항거의 억제를 위하여 필요한 때에는 최소한의 범위 안에서 가스발사총을 사용할 수 있고, 이 경우 경찰관은 1미터 이내의 거리에서 상대방의 얼굴을 향하여 이를 발사하여서는 아니 된다고 규정하고 있다.

위와 같이 가스총을 사용함에 있어 불가피성과 사용범위의 합리성을 요구하는 이유는「경찰관 직무집행법」 제 1 조에서 규정하는 바와 같이 경찰관의 직무수행은 국민의 자유와 권리의 보호 및 사회공공의 질서를 유지함에 그 목적이 있고 경찰관의 직권은 직무 수행에 필요한 최소한도 내에서 행사되어야 하며 이를 남용해서는 아니 된다는 당연한 전제가 있기 때문이다.

이 사건에서 피고 C의 직무수행이 「경찰관 직무집행법」 및 「경찰장비의 사용기준 등에 관한 규정」이 정하고 있는 제반사항을 준수한 것인가를 보건대, … ① 원고 A와 피고 D가 몸싸움을 벌인 G 소유의 렉스턴 차량은 왕복 2차로 도로가에 주차되어 있었고 당시 시각은 23:40경으로 위 도로에는 차량의 왕래가 많지 않았으며 주변 상가들도 대부분 문을 닫은 상태였던 점, ② 피고 C가 원고 A와의 실랑이 과정에서 바닥에 넘어진 후 일어나자마자 곧바로 원고 A가 타고 있던 렉스턴 차량 쪽으로 다가가 공포탄을 1발 쏘았음에도 원고가 저항을 멈추지 않자 곧이어 실탄 2발을 연속으로 발사하고 2~3초 후 재차 실탄 2발을 추가로 발사해 원고 A가 불심검문에 불응한 때로부터 피고 C가 가스총을 발사하기까지의 시간적 간격이 매우 짧았던 것으로 보이는 점, ③ 피고 C가 원고 A를 향하여 가스총을 발사할 당시 총구와 원고 A와의 거리가 1~1.5m 내외로 상당히 근접했고, 원고 A가 렉스턴 차량의 운전석에 앉은 채로 피고 D와 몸싸움 중이어서 원고의 몸이 고정되어 있지 않았을 뿐 아니라 원고 A의 상체만이 드러나 있었으며, 피고 C는 렉스턴 차량의 운전석의 열려진 문틈 사이로 총구를 겨누고 있어 시야확보가 용이하지 않았던 점 등을 인정할 수 있다.

앞서 본 인정사실에 의하면, 원고 A를 제압하는 것이 조금 지체된다고 하더라도 당시는 늦은 시각으로 인적이 드문 상황이어서 제3자에게 추가적인 피해를 입힐 가능성이 크지 않았던 것으로 보이는바, 피고 C는 이미 H의 신병확보를 마친 피고 D와 합세하여 가스총을 사용할 필요 없이 완력만으로도 원고 A를 충분히 제압할 수 있었을 것으로 판단된다. 또한 도로에는 차량의 왕래가 많지 않고 원고 A가 타고 있던 렉스턴 차량의 차량번호 등도 확보된 상황이어서 원고가 렉스턴 차량을 타고 도주하더라도 도로교통에 별다른 위해를 끼치지 않고도 다른 경찰관들의 지원을 받아 원고 A를 충분히 추포할 수 있었을 것으로 보인다.

설령 피고 C로서는 자기 또는 피고 D의 신체에 대한 방호 등을 위하여 부득이 가스총을 사용할 수밖에 없었다고 하더라도, 가스총은 통상의 용법대로 사용하는 경우 사람의 생명 또는 신체에 해를 가할 수 있는 이른바 위해성장비로서 그 탄환은 고무마개로 막혀 있어 사람에게 근접하여 발사하면 고무마개가 가스와 함께 발사되어 인체를 상하게 할 가능성이 있으므로 이를 사용하는 경찰관은 가스총의 성능 등을 제대로 파악하여 상대방과 근접한 거리에서 상대방의 얼굴을 향하여 이를 발사하지 않으며 상대적으로 위험성이 낮은 부위를 조준하여 신중하게 사격하는 등 최소한의 안전수칙을 준수함으로써 그 사용으로 인한 사고발생을 미리 막아야 할 주의의무가 있다고 할 것인바, 피고 C는 이전에는 가스총을 사용해 본 경험이 전혀 없음에도 불구하고 가스총에서 분리된 고무마개가 원고 A에게 위해를 가할 수 있을 정도의 근거리에서 원고의 상체만이 드러나 있고 피고 D와의 몸싸움으로 원고 A의 상체가 고정되어 있지도 않을 뿐만 아니라 시야 확보도 제대로 이루어지지 않은 상태에서 신중한 조준과정도 거치지 않은 채로 급하게 가스총을 발사함으로써 탄환의 고무마개를 원고 A의 왼쪽 눈에 명중시켜 원고를 실명에 이르게 하였으므로, 피고 C의 가스총 사용행위는 「경찰관 직무집행법」 및 「경찰장비의 사용기준 등에 관한 규정」에서 정해진 가스발사총 사용한계를 벗어난 과잉진압으로서 위법행위라고 할 것이다.

따라서 피고 대한민국은 국가배상법 제 2 조에 따라 그 소속 공무원인 피고 C의 불법행위로 인하여 원고 A가 입은 손해를 배상할 책임이 있다.

(부산지방법원 2013. 6. 27. 선고 2011가합21849 판결)

다. 참고 자료

1) 「경찰 물리력 행사의 기준과 방법에 관한 규칙」, 경찰청예규(제550호, 2019. 7. 18)

경찰관이 물리력을 사용할 때 준수하여야 할 기본원칙으로 '객관적 합리성의 원칙', '대상자 행위와 물리력 간 상응의 원칙', '위해감소노력 우선의 원칙'을 기준으로 하고 있다(비례성 준수).

> **관련 조문**
>
> **제2장 대상자 행위와 경찰 물리력 사용의 정도**
>
> 2.1. 대상자 행위
>
> 2.1.1. 순응
>
> 대상자가 경찰관의 지시, 통제에 따르는 상태를 말한다. 다만. 대상자가 경찰관의 요구에 즉각 응하지 않고 약간의 시간만 지체하는 경우는 '순응'으로 본다.
>
> 2.1.2. 소극적 저항
>
> 대상자가 경찰관의 지시, 통제를 따르지 않고 비협조적이지만 경찰관 또는 제3자에 대해 직접적인 위해를 가하지 않는 상태를 말한다.
>
> 경찰관이 정당한 이동 명령을 발하였음에도 가만히 서있거나 앉아 있는 등 전혀 움직이지 않는 상태, 일부러 몸의 힘을 모두 빼거나, 고정된 물체를 꽉 잡고 버팀으로써 움직이지 않으려는 상태 등이 이에 해당한다.
>
> 2.1.3. 적극적 저항
>
> 대상자가 자신에 대한 경찰관의 체포·연행 등 정당한 공무집행을 방해하지만 경찰관 또는 제3자에 대해 위해 수준이 낮은 행위만을 하는 상태를 말한다.

대상자가 자신을 체포·연행하려는 경찰관으로부터 물리적으로 이탈하거나 도주하려는 행위, 체포·연행을 위해 팔을 잡으려는 경찰관의 손을 뿌리치거나, 경찰관을 밀고 잡아끄는 행위, 경찰관에게 침을 뱉거나 경찰관을 밀치는 행위 등이 이에 해당한다.

2.1.4. 폭력적 공격

대상자가 경찰관 또는 제3자에 대해 신체적 위해를 가하는 상태를 말한다.

대상자가 경찰관에게 폭력을 행사하려는 자세를 취하여 그 행사가 임박한 상태, 주먹·발 등을 사용해서 경찰관에 대해 신체적 위해를 초래하고 있거나 임박한 상태, 강한 힘으로 경찰관을 밀거나 잡아당기는 등 완력을 사용해 체포에서 벗어나려고 하는 상태 등이 이에 해당한다.

2.1.5. 치명적 공격

대상자가 경찰관 또는 제3자에 대해 사망 또는 심각한 부상을 초래할 수 있는 행위를 하는 상태를 말한다.

총기류(공기총·엽총·사제권총 등), 흉기(칼·도끼·낫 등), 둔기(망치·쇠파이프 등)를 이용하여 경찰관, 제3자에 대해 위력을 행사하고 있거나 위해 발생이 임박한 경우, 경찰관이나 제3자의 목을 세게 조르거나 무차별 폭행하는 등 생명·신체에 대해 중대한 위해가 발생할 정도의 위험한 폭력을 행사하는 경우가 이에 해당한다.

* 형광펜 처리 글씨는 각 대상자 행위에 대해 사용 가능한 최고 수준의 경찰 물리력을 나타냄

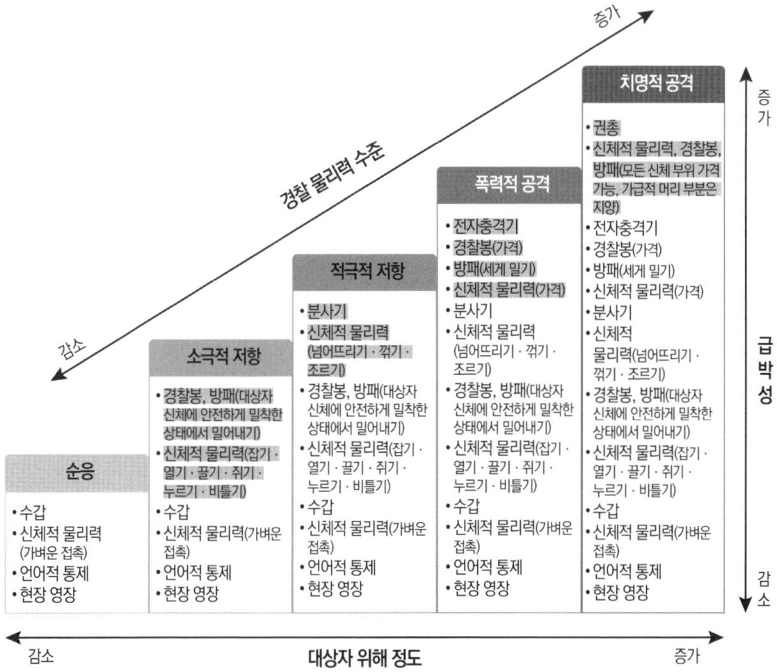

Ⅸ. 무기의 사용

> **경찰관 직무집행법**
>
> 제10조의4(무기의 사용) ① 경찰관은 범인의 체포, 범인의 도주 방지, 자신이나 다른 사람의 생명·신체의 방어 및 보호, 공무집행에 대한 항거의 제지를 위하여 필요하다고 인정되는 상당한 이유가 있을 때에는 그 사태를 합리적으로 판단하여 필요한 한도에서 무기를 사용할 수 있다. 다만, 다음 각 호의 어느 하나에 해당할 때를 제외하고는 사람에게 위해를 끼쳐서는 아니 된다.
>
> 1. 형법에 규정된 정당방위와 긴급피난에 해당할 때
> 2. 다음 각 목의 어느 하나에 해당하는 때에 그 행위를 방지하거나 그 행위자를 체포하기 위하여 무기를 사용하지 아니하고는 다른 수단이 없다고 인정되는 상당한 이유가 있을 때
>   가. 사형·무기 또는 장기 3년 이상의 징역이나 금고에 해당하는 죄를 범하거나 범하였다고 의심할 만한 충분한 이유가 있는 사람이 경찰관의 직무집행에 항거하거나 도주하려고 할 때
>   나. 체포·구속영장과 압수·수색영장을 집행하는 과정에서 경찰관의 직무집행에 항거하거나 도주하려고 할 때
>   다. 제 3 자가 가목 또는 나목에 해당하는 사람을 도주시키려고 경찰관에게 항거할 때
>   라. 범인이나 소요를 일으킨 사람이 무기·흉기 등 위험한 물건을 지니고 경찰관으로부터 3회 이상 물건을 버리라는 명령이나 항복하라는 명령을 받고도 따르지 아니하면서 계속 항거할 때
> 3. 대간첩 작전 수행 과정에서 무장간첩이 항복하라는 경찰관의 명령을 받고도 따르지 아니할 때
>
> ② 제 1 항에서 "무기"란 사람의 생명이나 신체에 위해를 끼칠 수 있도록 제작된 권총·소총·도검 등을 말한다.
>
> ③ 대간첩·대테러 작전 등 국가안전에 관련되는 작전을 수행할 때에는 개인화기(個人火器) 외에 공용화기(共用火器)를 사용할 수 있다.
>
> [전문개정 2014. 5. 20.]

1. 무기의 개념

무기사용의 법적 근거는 경찰공무원법 제20조 제 2 항의 '무기휴대', 「경찰관 직

무집행법」 제10조의4의 '무기사용', 경찰장비관리규칙 제123조의 '무기·탄약 취급상의 안전관리에 관한 규정'을 들 수 있다.

무기는 사람을 살상하는 성능을 가진 기구 일반을 총칭하는 것으로 볼 수 있다. 무기를 성질상의 무기와 용법상의 무기로 분류하는 견해도 있다. 성질상의 무기란 사람을 살상하는 용도에 사용할 목적으로 제작된 기구를 말하고, 용법상의 무기란 제작목적은 살상목적이 아니나 그 용법에 따라 사람의 살상에 이용할 수 있는 기구를 말한다. 무기라 함은 사람의 생명이나 신체에 위해를 끼칠 수 있도록 제작된 권총·소총·도검 등을 말한다(「경찰관 직무집행법」 제10조의4 제 2 항).

무기사용은 경찰상 즉시강제의 성질을 갖는다. 무기의 사용을 예외적 경우를 제외하고는 경찰하명에 따른 의무부과를 전제로 하여 그 불이행이 있는 경우에 비로소 행사되는 직접강제의 성질을 갖는다고 보는 견해(정하중)와 무기를 사용할 때 반드시 미리 '경고'를 하여야 한다는 의미에서 이를 행정상 즉시강제로 보지 않고 직접강제라고 보는 견해도 있다(김유환).

「경찰관 직무집행법」 제10조의4에서 규정하는 무기의 사용은 행정상 즉시강제의 특별한 형식 및 궁극적 수단이라고 볼 수 있다. 무엇이 무기인가의 여부는 살상력 정도에 의해 결정된다고 보아야 한다.

2. 무기사용의 요건

경찰관은 범인의 체포, 범인의 도주 방지, 자신이나 다른 사람의 생명·신체의 방어 및 보호, 공무집행에 대한 항거의 제지를 위하여 필요하다고 인정되는 상당한 이유가 있을 때에는 그 사태를 합리적으로 판단하여 필요한 한도에서 무기를 사용할 수 있다(법 제10조의4 제 1 항).

(1) 무기의 사용사유

「경찰관 직무집행법」은 위해를 수반하지 않는 무기를 사용할 수 있는 경우를 '범인의 체포, 범인의 도주 방지, 자신이나 다른 사람의 생명·신체의 방어 및 보호, 공무집행에 대한 항거의 제지를 위하여 필요하다고 인정되는 상당한 이유가 있는 경우'(제10조의4 제 1 항 본문)에 한정하고 있다.

1) 범인의 체포·도주의 방지를 위해 필요한 경우

범인이란 피의자와 피고인 및 유죄판결이 확정된 자로서 체포·구속 및 수감의 대상이 되는 자를 말한다. 체포란 본인의 의사에 관계없이 강제적으로 그 신병(身柄:

보호나 구금의 대상이 되는 본인의 몸)을 구속하는 것을 말하며 도주란 경찰관에 의해 신체의 자유가 구속된 자 또는 구속되려고 하는 자가 경찰관의 직무상 실력에 의한 지배로부터 이탈하거나 이탈하려고 하는 것을 말한다. 그리고 도주의 방지란 범인이 신체의 구속으로부터 이탈하려고 하는 것을 방지하는 것을 말한다.

범인의 체포, 도주의 방지 등만을 위하여 무기사용이 정당화되므로 물증의 확보나 증인의 출석을 수단으로 하는 무기사용은 인정되지 않는다.

2) 자기 또는 타인의 생명·신체에 대한 방호를 위해 필요한 경우

자기 또는 타인의 생명·신체에 대한 방호란 사람에게 위해를 수반하지 않는 무기사용인 만큼 위험의 상황은 조성되었지만 직접적·현실적으로 생명·신체에의 침해가 가해지지 않은 경우를 말한다고 보아야 한다. 현실적으로 생명·신체에의 침해가 가해지는 경우에는 사람에게 위해를 가할 수 있는 무기사용이 허용될 것이다.

3) 공무집행에 대한 항거의 제지를 위하여 필요한 경우

공무집행이란 법령에 따라 공무(국가 또는 지방자치단체의 사무)에 종사하는 공무원의 적법한 직무집행을 말한다. 형법상 공무집행방해죄(제136조)에서의 직무와 동일하게 파악할 수 있다. 다만, 여기에서의 직무는 일반적인 공무 중 실력행사가 인정되고 강제적인 모습으로 행해지는 것에 한한다고 볼 것이다.

항거란 적법한 공무집행을 적극적 또는 소극적으로 방해하거나 거부 또는 저항하여 그 집행목적을 달성하는 것을 불가능 또는 곤란하게 만드는 것을 말한다. 다만, 소극적인 항거의 경우에는 무기사용이 일반적으로는 허용되지 않겠지만 그 소극적 항거를 배제하지 아니하고는 다른 중요한 법익이 심히 침해될 경우에는 무기사용이 허용된다고 할 것이다. 그리고 제지란 적극적 또는 소극적으로 항거하는 행위를 경찰관이 무기를 사용하여 억제하거나 배제·해산·이동시킴으로써 이를 제압하는 것을 말한다.

법률이 규정하는 '공무집행에 대한 항거의 제지를 위해'라는 요건은 거의 모든 경우에 무기의 사용을 허용하는 것이고 무기사용의 요건을 한정한 것으로는 볼 수 없지 않다는 견해도 있다.

(2) 필요하다고 인정되는 상당한 이유가 있을 때

무기의 사용은 그 목적달성을 위한 상당한 필요성이 있어야 한다. 필요성이 충분한가에 대한 판단은 사회통념에 비추어 객관적으로 판단하여야 한다.

[판례] **경찰관의 무기사용요건 충족 여부의 판단기준:** ① 경찰관은 범인의 체포, 도주의 방지, 자기 또는 타인의 생명·신체에 대한 방호, 공무집행에 대한 항거의 억제를 위하여 무기를 사용할 수 있으나, 이 경우에도 무기는 목적 달성에 필요하다고 인정되는 상당한 이유가 있을 때 그 사태를 합리적으로 판단하여 인정되는 한도 내에서 사용하여야 하는 바(구 경찰관직무집행법〈1999. 5. 24. 법률 제5988호로 개정되기 전의 것〉), **경찰관의 무기사용이 이러한 요건을 충족하는지 여부는 범죄의 종류, 죄질, 피해법익의 경중, 위해의 급박성, 저항의 강약, 범인과 경찰관의 수, 무기의 종류, 무기사용의 태양, 주변의 상황 등을 고려하여 사회통념상 상당하다고 평가되는지 여부에 따라 판단**하여야 하고, 특히 사람에게 위해를 가할 위험성이 큰 권총의 사용에 있어서는 그 요건을 더욱 엄격히 판단하여야 한다. ② 50CC 소형 오토바이 1대를 절취하여 운전중인 15~16세의 절도혐의자 3인이 경찰관의 검문에 불응하며 도주하자, 경찰관이 체포 목적으로 오토바이의 바퀴를 조준하여 실탄을 발사하였으나 오토바이에 타고 있던 1인이 총상을 입게 된 경우, 제반 사정에 비추어 경찰관의 총기사용이 사회통념상 허용범위를 벗어나 위법하다(대판 2004. 5. 13, 2003다57956).

「경찰관 직무집행법」은 '상당한 필요성'과 '합리성'을 판단기준으로 제시하고 있다(법 제10조의4 제 1 항 본문).

(3) 위해의 수반이 허용되는 무기의 사용요건

「경찰관 직무집행법」은 위해의 수반이 허용되는 무기의 사용의 경우로 ① 정당방위, ② 긴급피난, ③ 중범인의 체포와 이를 위한 경찰관의 직무집행에 항거할 때, ④ 영장을 집행하는 경우, ⑤ 위험한 물건을 소지한 범인인 경우, ⑥ 대간첩작전을 수행하는 경우, ⑦ 무기를 사용하지 아니하고는 다른 수단이 없는 경우(③④⑤만 해당) 등을 들고 있다(제10조의4 제 1 항 단서). **정당방위**(正當防衛)란 자기 또는 타인의 법익에 대한 현재의 부당한 침해를 방위하기 위한 상당한 이유 있는 행위를 말한다. 정당방위의 근거는 "법은 불법에 길을 비켜줄 필요가 없다"는 것이다. **긴급피난**(緊急避難)이란 자기 또는 타인의 법익에 대한 현재의 위난을 피하기 위한 상당한 이유 있는 행위를 말한다. 「경찰관 직무집행법」은 정당방위와 긴급피난, 대간첩작전의 경우에 대해서는 무기사용의 보충성원칙을 인정하지 않는다.

일본의 통설은 '위해를 끼치는 무기의 사용'에서 말하는 "위해"란 생명·신체에 대한 침해를 말하고 살해를 포함하다고 해석하고 있다.

1) 정당방위

무기의 사용이 형법 제21조 제 1 항의 정당방위에 해당될 때는 위해를 수반하는 무기사용이 허용된다(「경찰관 직무집행법」 제10조의4 제 1 항 제 1 호). 다만, 경찰관직무집행법상의 무기사용의 정당화사유인 정당방위의 대상으로서 국가적 법익이나 사회적 법익의 침해상황은 포함되지 않는다고 보는 견해도 있으나, 상당성의 요건을 엄격히 하는 조건에서 긍정할 필요가 있다. **판례**는 정당방위에 있어서는 반드시 방위행위에 보충성의 원칙은 적용되지 않으나, 방위에 필요한 한도 내의 행위로서 사회윤리에 위배되지 않는 상당성 있는 행위임을 요한다고 판시하고 있다(대판 1991. 9. 10, 91다19913). **보충성원칙**은 다른 방법이 있을 때는 다른 방법으로 하고, 그 방법 이외에 다른 방법이 없다면 그 방법으로 하라는 것을 말한다. 정당방위는 正 對 正의 관계이므로 보충성원칙이 적용되지 않는다.

[판례] 대법원은 "타인의 집 대문 앞에 은신하고 있다가 **경찰관의 명령에 따라 순순히 손을 들고 나오면서 그대로 도주하는 범인을 경찰관이 뒤따라 추격하면서 등부위에 권총을 발사하여 사망케 한 경우**, 위와 같은 총기사용은 현재의 부당한 침해를 방지하거나 현재의 위난을 피하기 위한 상당성 있는 행위라고 볼 수 없는 것으로서 범인의 체포를 위하여 **필요한 한도를 넘어 무기를 사용한 것**"이라고 하여 국가의 손해배상책임을 인정하였다(대판 1991. 5. 28, 91다10084).

2) 긴급피난

무기의 사용이 형법 제22조 제 1 항의 긴급피난에 해당될 때에는 위해를 수반하는 무기사용이 허용된다. 긴급피난은 정당방위와는 달리 위법하거나 부당한 위난에 한정되는 것은 아니다(「경찰관 직무집행법」 제10조의4 제 1 항 제 1 호).

3) 중범인의 체포와 이를 위한 경찰관의 직무집행에 항거할 때

위해수반의 무기사용은 사형·무기 또는 장기 3년 이상의 징역이나 금고에 해당하는 죄를 범하거나 범하였다고 의심할 만한 충분한 이유가 있는 사람이 경찰관의 직무집행에 항거하거나 도주하려고 할 때 또는 제 3 자가 그 사람을 도주시키려고 경찰관에게 항거하여 이를 방지 또는 체포하기 위하여 **무기를 사용하지 아니하고는 다른 수단이 없다고 인정되는 상당한 이유가 있을 때**에는 무기사용이 가능하다(법 제10조의4 제 1 항 제 1 호 가목·다목).

4) 영장집행

체포·구속영장과 압수·수색영장을 집행하는 과정에서 경찰관의 직무집행에 항거하거나 도주하려고 할 때 또는 제 3 자가 그 사람을 도주시키려고 경찰관에게 항거하여 이를 방지 또는 체포하기 위하여 **무기를 사용하지 아니하고는 다른 수단이 없다고 인정되는 상당한 이유가 있을 때**에는 무기사용이 가능하다(법 제10조의4 제 1 항 제 2 호 나목·다목). 다만, 이 경우에도 명문화되어 있는 필요성과 보충성은 물론이고

균형성도 요구된다.

5) 위험한 물건을 소지한 범인인 경우

범인이나 소요를 일으킨 사람이 무기·흉기 등 위험한 물건을 지니고 경찰관으로부터 3회 이상 물건을 버리라는 명령이나 항복하라는 명령을 받고도 따르지 아니하면서 계속 항거하여 이를 방지 또는 체포하기 위하여 **무기를 사용하지 아니하고는 다른 수단이 없다고 인정되는 상당한 이유가 있을 때**에는 무기사용이 가능하다(법 제10조의4 제 1 항 제 2 호 라목).

6) 대간첩작전을 수행하는 경우

대간첩 작전 수행 과정에서 무장간첩이 항복하라는 경찰관의 명령을 받고도 따르지 아니할 때에 무기사용이 가능하다(법 제10조의4 제 1 항 제 3 호). 투항명령이 있기 전이라도 무장간첩이 타인의 신체나 공공질서에 위해를 가할 위험성이 명백해진 경우, 도주상태에서 이를 놓칠 경우 다시 체포하기 심히 어려운 경우 등에는 신체위해를 수반한 무기사용이 허용된다. 따라서 비무장간첩이라든가 위해의 위험성이 명백하지 않는 경우에는 다른 수단으로 대처할 필요가 있으나, 법현실에서는 그것을 판단하기가 쉽지 않을 것이다.

[판례] 경찰관으로서 민간인으로부터 간첩출현신고를 받았을 때에는 신고인이 간첩으로 단정하게 된 경위와 무기를 가지고 있는지 여부를 확인하고, 또 출현현장에 근접해서도 그 동태를 세심히 살펴 간첩으로 인정할 만한 상당한 이유가 있더라도 그가 **경찰관 직무집행에 항거하거나 도주하려고 할 때 이를 방지하거나 체포하기 위하여 필요하다고 인정되는 상당한 이유가 있는 경우에 한하여 무기를 사용할 주의의무가 있다**(대판 1974. 2. 12, 73다849).

7) 무기를 사용하지 아니하고는 다른 수단이 없는 경우

무기를 사용하지 아니하고는 다른 수단이 없는 경우란 무기사용의 보충성의 원칙을 **명시**한 것이다. 「경찰관 직무집행법」은 ① 중범인의 체포와 이를 위한 경찰관의 직무집행에 항거하거나 도주할 때(법 제10조의4 제 1 항 제 2 호 가목), ② 영장을 집행하는 경우(법 제10조의4 제 1 항 제 2 호 나목), ③ 위험한 물건을 소지한 경우(법 제10조의4 제 1 항 제 2 호 다목)에 무기사용의 보충성원칙을 인정하고 있다. **판례**는 범인체포를 위하여 필요한 한도를 넘어 무기를 사용한 경우 위법이라고 판단하고 국가의 배상책임을 인정하고 있다(대판 1991. 5. 28, 91다10084).

3. 치명적 사격(사살)의 허용성

「경찰관 직무집행법」의 경우에 치명적 사격의 허용성에 대하여는 명문의 규정이 없고 명문의 허용 또는 금지에 관해서도 규정되어 있지 않다. 그러나 무기사용의 목적은 범인 등의 살해가 아니라 위험방지에 있고, 치명적 사격은 생명·신체의 중대한 침해이므로 법률유보의 원칙에 따라 입법자는 그 허용성에 관하여 명확한 규정을 할 필요가 있다.

치명적 사격(사살)은 인질을 구출하는 경우와 같이 그것이 현재의 생명의 위험 또는 신체에 대한 중대한 침해의 방지를 위한 유일한 수단인 경우에만 허용된다고 해야 할 것이다.

4. 특수무기, 폭발물의 사용

「경찰관 직무집행법」은 "대간첩·대테러작전 등 국가안전에 관련되는 작전을 수행할 때에는 개인화기 외에 공용화기를 사용할 수 있다"고 규정하고 있다(제10조의4 제 3 항). **공용화기**란 기관총 등을 말한다.

5. 무기사용의 한계

판례상 무기사용과 관련한 경찰관 물리력 행사의 한계는 다음과 같다.

[판례 1] 경찰관직무집행법 제11조(현행 제10조의4)의 규정에 비추어 보면 경찰관은 범인의 체포, 도주의 방지, 자기 또는 타인의 생명·신체에 대한 방호, 공무집행에 대한 항거의 억제를 위하여 상당한 이유가 있을 때에는 필요한 한도 내에서 무기를 사용할 수 있으나, 형법이 정하는 정당방위와 긴급피난에 해당할 때 또는 체포, 도주의 방지나 항거의 억제를 위하여 다른 수단이 없다고 인정되는 상당한 이유가 있는 때에 한하여 필요한 한도 내에서만 무기를 사용하여 사람에게 위해를 가할 수 있음이 명백하다(대판 1999. 6. 22, 98다61470: 대법원은 **신호위반단속을 피해 도주**하던 피해자가 차량을 버리고 도주하자 추적하던 경찰관이 계속 추적이 어려워져 2회 공포탄 사격 후, 경고 뒤에 정지를 명하였으나, 계속 도주하자 하반신을 향해 1회 권총사격하여 저혈량성 쇼크 등으로 사망한 사례에서 **피해자가 도주중인 상태로 정당방위 또는 긴급피난에 해당할 여지가 없고**, 장비휴대 등으로 계속 추적이 어려워 거리가 멀어지더라도 장비를 놓아둔 후 추적하거나, 추가적인 공포탄 사격 등 다른 방법이 없다고 보기 어려워, **경찰관직무집행법상 총기사용한계를 일탈, 국가배상책임을 긍정한 사례**).

[판례 2] 대법원은 **차량절도범을 검거중 흉기를 들고 항거, 도주**하는 피해자에 대하여 추적중인 경찰관이 흉기 투기 및 정지를 명하였으나 이를 무시, 계속 도주하는 가운데, **흉기의 위협에 다급함을 느낀 경찰관이 조작실수로 공포탄이 아닌 실탄을 장전, 도주중인 피해자에게 사격하여 사망한 사례**에서, **'사회통념'의 기준하에 총기사용의 허용범위를 벗어난 위법행위**라 판단한 바 있다(대판 1999. 3. 23, 98다63445).

[판례 3] 경찰관은 범인의 체포, 도주의 방지, 자기 또는 타인의 생명·신체에 대한 방호, 공무집행에 대한 항거의 억제를 위하여 무기를 사용할 수 있으나, 이 경우에도 무기는 목적 달성에 필요하다고 인정되는 상당한 이유가 있을 때 그 사태를 합리적으로 판단하여 필요한 한도 내에서 사용하여야 하는바(경찰관직무집행법 제10조의4), **경찰관의 무기사용이 이러한 요건을 충족하는지 여부는 범죄의 종류, 죄질, 피해법익의 경중, 위해의 급박성, 저항의 강약, 범인과 경찰관의 수, 무기의 종류, 무기사용의 태양, 주변의 상황 등을 고려하여 사회통념상 상당하다고 평가되는지 여부에 따라 판단**하여야 하고, 특히 사람에게 위해를 가할 위험성이 큰 권총의 사용에 있어서는 그 요건을 더욱 엄격하게 판단하여야 한다(대판 2008. 2. 1, 2006다6713〈손해배상(기)〉).

판례는 「경찰관 직무집행법」상의 무기사용 한계(예 정당행위), 정당방위 및 긴급피난 해당 여부를 기준으로 하되, 정당행위 판단시, 가스총 등 다른 비치명적 경찰장구류 사용을 통한 진압가능성 등을 고려, 무기사용의 필요성에 관한 상당한 이유를 검토하되, 단순히 주력(走力)의 부족 등에 기인한 계속 추격의 불가능성 등은 고려하지 않아 정당행위 요건으로서의 '상당성'을 엄격하게 판단하는 것으로 이해된다.

또한 정당방위 요건 검토에서도 흉기를 사용하면서 도주를 계속하는 경우에도 구체적인 무기사용시 흉기에 의한 저항 여부 및 강도를 고려, '침해의 현재성'을 부정 또는 설령 침해의 현재성이 긍정되고 보충성을 강조하지 않는 정당방위임에도 경한 다른 수단의 선택가능성 등을 고려하여 '상당성'을 부정하는 등, 경찰관의 물리력 행사에 관하여 매우 신중한 태도를 취하고 있다(대판 1994. 11. 8, 94다25896; 대판 1993. 7. 27, 93다9163; 대판 1991. 9. 10, 91다19913; 대판 1991. 5. 28, 91다10084 참조).

그러나 전체적으로 정당행위, 정당방위 또는 긴급피난상의 추상적인 침해의 현재성, 상당성 등에 판단이 집중, 실무 경찰관에게 명확한 물리력 사용의 한계선을 확정해 주지 못하는 것으로 보인다.

6. 관련 사례학습

【관련 사례 1】 생명·신체의 방어 및 보호 등을 위한 무기 사용

가. 사실관계

I와 후배인 J는 2001. 11. 27. 23:20경 진주시 K 소재 L 주점에서 술을 마시던 중 I는 자신의 처인 A와의 결혼생활에 대하여 불만을 토로하면서 이혼해야 하겠다는 등의 말을 하고, 이에 J가 이혼을 만류하는 등 서로 이야기를 나누다가 I가 갑자기 맥주병을 깨뜨려 위 J의 목을 찔렀고, 신고를 받고 출동한 M파출소 소속 경찰관인 N과 O가 J를 병원으로 후송하는 사이에 I는 L 주점 인근에 있는 자신의 집인 "Q꽃집"으로 도주하였다.

O는 J를 R병원으로 후송하던 중에 J에게 상해를 가한 자가 I인 사실을 확인하고 곧바로 이를 M파출소 실내 근무자인 G에게 전화로 보고하고 I의 신병확보를 위한 조치를 취하여 줄 것을 요청하였다.

G가 위 O로부터 위와 같은 내용의 전화를 받은 직후 A가 M파출소에 찾아와 G에게 "남편이 집에서 칼로 아들을 위협하고 있다."고 신고하면서 경찰관의 출동을 요청하였고, 이에 G는 진주경찰서 상황실 등에 I의 위와 같은 범행을 보고하고 순찰차를 지원하여 줄 것을 요청하였다.

진주경찰서 상황실은 G의 지원요청에 따라 M파출소 인근의 S파출소 등에 순찰차를 지원할 것을 무전으로 지시하였고, 이에 S파출소 소속 경찰관으로 당시 순찰차를 타고 S파출소 관내를 순찰 중이던 소외 F, E가 M파출소로 출동하였다.

F, E가 M파출소에 도착하자 G는 F, E에게 I가 술집에서 맥주병을 깨 다른 사람의 목을 찔러 중태에 빠뜨렸는데 현재 집으로 도주하여 칼로 아들을 위협하고 있으니 신속하게 출동하여 총은 쏘지 말고 대치만 하고 있으라고 지시하였고, 이에 F, E는 순찰차에 A를 태운 뒤 급히 Q꽃집으로 출동하였다.

한편 I 가족과 평소 절친하게 지내는 T는 A가 휴대폰으로 "T씨, 집에 한 번 와 보세요."라는 짤막한 말을 하고 바로 전화를 끊자 부부싸움을 하는 것으로 생각하고 즉시 위 Q꽃집으로 달려갔으나 전화를 한 A는 집에 없고 I는 세면장에서 양치질을 하고 있는 것을 보고 그대로 돌아오려는 순간 위 F, E가 23:59경 Q꽃집에 도착하였다.

Q꽃집 내부는 입구에서 볼 때 가운데에 폭 1m 정도의 좁은 복도가 안쪽으로 T자형으로 길게 나 있고, 그 양 옆 화분받침대 위에 화분이 길게 줄지어 놓여 있으며 T자형 복도 오른쪽 끝에 세면장이 있는데, E 등이 꽃집에 도착하였을 때 T자형 복도 분기점에 T가 서 있었고, I는 세면장에 있었다.

F, E는 모두 권총으로 무장하였고 범인에 관한 정보보고에 비추어 그가 예측 불허의 위험한 인물이어서 상황이 매우 위급하다고 판단하였으나 가능한 한 총기 사용보다는

다른 수단으로 범인을 제압해 보겠다는 의도로 E는 권총을 허리에 찬 채 나무막대기를 들고 먼저 들어가고 F는 권총을 빼 들고 그 뒤를 따라 꽃집 안으로 들어갔다(위 꽃집의 구조상 두 사람이 흩어져 동시에 들어가는 것은 불가능하였다.).

E가 꽃집 안으로 들어가면서 T에게 "어떻게 된 겁니까?"라고 묻는 순간 I가 T자형 복도 오른쪽에서 나오면서 "당신들 뭐야. 이 밤에 왜 왔어. 빨리 가."라고 소리를 지르며 바지 주머니에 손을 넣고 E 등에게 덤벼들려고 하였고, 그 때 위 F, E 뒤쪽에 있던 A가 "저 사람 칼 가 있다. 칼 가 있다."고 말하였다. 이때 I가 E 등을 향하여 돌진하였고 T가 I의 어깨를 잡고 몸으로 막으면서 이를 제지하자 잠시 밀고 당기다가 T를 넘어뜨리고 앞에 선 E와 몸싸움을 하게 되었는데, I은 순식간에 E로부터 나무막대기를 빼앗고 그를 뒤로 밀어붙이자 F, E가 거의 동시에 뒤로 넘어졌다.

I는 E의 배 위에 올라탄 자세에서 그를 공격하였고 E는 거의 무방비상태에서 I으로부터 빠져나오기 위하여 발버둥치고 있었으나 F는 넘어지면서 의자에 머리를 부딪히는 바람에 정신이 멍해져 한동안 일어나지도 못하고 있었다. I는 진주시 씨름대회에서 우승할 만큼 힘이 세고 건장한 체구의 소유자였던 반면 E는 건강하나 다소 왜소한 체격이고 F는 당시 55세로 나이도 많고 허약한 체격이어서 위 꽃집과 같은 좁은 공간에서는 경찰관들이 힘을 합친다고 하더라도 I에게 쉽게 제압당할 수밖에 없는 상황이었다.

F는 뒤로 넘어져 있다가 정신을 차리는 순간 I의 손이 그의 밑에 깔려 있는 위 E의 권총이 있는 쪽으로 가는 것을 발견하고(여기서 I가 권총을 탈취할 목적으로 그러한 행동을 하였는지 아니면 그러한 목적 없이 E를 공격하는 과정에서 그러한 자세가 되었는지는 분명치 않으며 정신이 멍한 상태로 있다가 깨어난 F로서는 꽃집 내부의 조명이 밝지 않은데다가 화분의 관상수들과 몸싸움을 하는 I와 E의 그림자로 인하여 I의 동작 하나하나를 세밀히 관찰하는 것 자체가 불가능한 상황이었다) I가 E로부터 권총을 탈취하려는 것으로 보고 이를 제지하기 위하여 넘어졌다가 일어나 앉은 자세로 공포탄 1발을 발사하여 I에게 경고를 하였지만 I는 이에 아랑곳하지 않고 E를 풀어주지 아니한 채 동일한 자세로 몸싸움을 계속하였다. 이에 F는 I의 몸통을 향하여 실탄 1발을 발사하였고 그 실탄은 위 I의 우측 흉부하단 제9번 늑간 부위를 관통한 다음 화분받침대 위에 있는 화분을 깨었다.

I는 총에 맞은 다음 E에 대한 압박을 풀고 꽃집 밖으로 나와 복부통증을 호소하면서 쓰러졌다(나중에 알고 보니 I는 E 등과 격투를 할 당시 칼을 소지하지 않았던 것으로 밝혀졌다). I는 즉시 경상대학교병원에 후송되어 입원치료를 받았으나 간파열 등으로 인한 패혈증으로 2001. 12. 3. 사망하였다.

G는 사고 당일인 2001. 11. 27. 23:50경 M파출소 실내근무자로서 진주경찰서 상황실에 팩스로 일일 업무보고를 하면서 F 등의 출동경위에 관하여 A로부터 그의 남편인 I가 칼로 자신의 아들을 위협하고 있다는 신고를 받고 출동하게 되었다고 보고하였고,

그 후 이러한 보고에 근거하여 각종 언론매체에 I가 칼로 자신의 아들을 위협하다가 경찰관이 쏜 총에 맞아 사망한 것으로 보도되었다.

나. 법원의 판단

1) 원심 판단

요지	(국가배상책임 불인정) 경찰관의 총기 사용이 정당

경찰관의 총기사용의 적법성은 사후에 밝혀진 사실에 기초하여 판단할 것이 아니라 당해 경찰관이 총기사용 당시 범인에 대하여 가지고 있던 정보에 기초하여 판단하여야 할 것이다. 따라서 F로서는 I가 칼을 소지하고 있는 것으로 믿고 있었고 그렇게 믿을 만한 정당한 사유가 있었던 이상 F가 칼을 소지한 범인을 제압하는 방법으로 I를 상대한 것은 정당하고, 사후에 위 I가 칼을 소지하고 있지 않았던 것으로 판명되었다고 하여 위 F의 행위를 달리 평가할 것은 아니다.

경찰관은 또한 범인과 대치함에 있어 항상 최악의 상황에 대비하여야 하고, 범인의 생명·신체에 대한 보호와 피해자나 경찰관 자신의 그것이 정면으로 충돌하는 경우, 즉 일방을 희생시키지 않으면 다른 쪽이 희생될 위험성이 현실적이고 급박한 경우 피해자나 경찰관 자신의 생명·신체에 대한 보호를 우선해야 함은 당연하다. 경찰관이 범인과 대치함에 있어서 냉정함을 잃어서는 안될 것이나 범인의 움직임에 순간순간 대응하면서 그를 제압하려면 신중한 판단보다는 본능과 직감적 판단에 의존할 수밖에 없는 상황도 있을 수 있음을 고려해야 한다.

이러한 전제 하에 이 사건에 관하여 본다. F가 I에 대하여 총기를 사용하기 직전 그가 가지고 있는 정보에 기초하여 상황을 재구성하면, I는 후배의 목을 깨어진 맥주병으로 찔러 중태에 빠뜨린 다음 자신의 집인 위 꽃집으로 가 칼로 아들을 위협하고 있다가 그 칼을 소지한 채 경찰관인 자신들을 향하여 돌진해 오고, 이를 몸으로 저지하는 T를 간단히 제압하고, E로부터 범인에 대항하기 위하여 들고 있던 막대기도 쉽게 빼앗은 다음 E와 자신을 밀쳐 두 사람이 거의 동시에 뒤로 넘어지고, 자신은 넘어지면서 의자에 머리를 부딪혀 잠시 정신을 잃고, 누운 채 정신을 차려보니 동료경찰인 E가 범인 밑에 깔려 허우적대고 있고, 그럼에도 범인은 공격을 계속했다는 것이 된다. 이러한 상황이라면 범인이 언제든지 칼을 빼어 E를 살해할 수도 있고, 권총을 탈취하여 다수의 인명을 살상할 수도 있다.

따라서 F로서는 이미 T와 E 및 자신이 범인과의 몸싸움에서 간단히 제압을 당한 터에 칼을 휴대한 그 범인과 다시 몸싸움을 시도한다는 것은 위험천만의 무모한 행동이라고 할 것이므로 F가 E를 구출하고 만일 발생할지 모를 다수의 인명피해를 저지하기 위하여 I의 몸통을 향하여 권총을 발사한 것은 정당한 직무집행이라고 보아야 한다.

F가 발사한 실탄은 I의 복부 중심을 관통한 다음 화분을 깨뜨릴 정도의 위력을 가지고 있었으므로 F가 권총의 총구를 I의 대퇴부나 하체를 향하게 한다면 이는 곧 그 밑에 깔려 있는 E의 몸통을 조준하는 것이 된다. 어두운 좁은 공간에서 E의 몸 위에 올라타 공격을 하는 I의 대퇴부를 조준하여 총을 쏜다는 것 자체가 기술적으로 거의 불가능하다고 보여질 뿐 아니라 그 탄환은 대퇴부를 관통할 경우 다시 E의 복부를 향하게 되어 있고, 조금이라도 목표를 빗나갈 경우 그 탄환은 바로 E의 복부를 관통할 것이 분명하기 때문이다. 또한 I가 복부에 총을 맞아 간이 파열되었으면서도 스스로 일어나 꽃집 밖으로 걸어나온 점에 비추어볼 때 대퇴부나 다리에 총을 쏘아서는 I를 즉시 제압할 수 없었을 것으로 판단된다.

대퇴부나 다리에 총을 맞은 I가 더욱 흥분하여 주머니에서 칼을 꺼내어 E의 급소에 치명상을 가할 가능성까지 고려한다면 F가 I의 몸통을 향하여 권총을 발사한 것은 급박한 위험에 처한 E를 구출하기 위한 불가피한 조치로 판단된다.

F가 총기를 사용한 것은 I를 체포하기 위한 것이 아니라 E를 급박한 위험으로부터 구출하기 위한 조치였다고 인정되므로 위와 같은 상황에서 총기를 사용하지 않더라도 I를 체포할 수 있었으므로 총기를 사용한 것은 부당하다는 원고 A 등의 주장은 더 나아가 살펴볼 필요 없이 이유 없다.

(창원지방법원 진주지원 2003. 11. 14. 선고 2002가합1454 판결)

2) 항소심 판단

요지	(국가배상책임 인정) 경찰관의 총기 사용은 불법 행위

경찰관은 범인의 체포, 도주의 방지, 자기 또는 타인의 생명·신체에 대한 방호, 공무집행에 대한 항거의 억제를 위하여 무기를 사용할 수 있으나, 이 경우에도 무기는 목적 달성에 필요하다고 인정되는 상당한 이유가 있을 때 그 사태를 합리적으로 판단하여 필요한 한도 내에서 사용하여야 하는바{구 「경찰관 직무집행법」(2004. 12. 23. 법률 제7247호로 개정되기 전의 것) 제10조의4}, 경찰관의 무기 사용이 이러한 요건을 충족하는지 여부는 범죄의 종류, 죄질, 피해법익의 경중, 위해의 급박성, 저항의 강약, 범인과 경찰관의 수, 무기의 종류, 무기 사용의 태양, 주변의 상황 등을 고려하여 사회통념상 상당하다고 평가되는지 여부에 따라 판단하여야 하고, 특히 사람에게 위해를 가할 위험성이 큰 권총의 사용에 있어서는 그 요건을 더욱 엄격하게 판단하여야 한다(대법원 2004. 5. 13. 선고 2003다57956 판결 등 참조).

그리고 불법행위에 따른 형사책임은 사회의 법질서를 위반한 행위에 대한 책임을 묻는 것으로서 행위자에 대한 공적인 제재(형벌)를 그 내용으로 함에 비하여, 민사책임은 타인의 법익을 침해한 데 대하여 행위자의 개인적 책임을 묻는 것으로 피해자에게 발생된 손해의 전보를 그 내용으로 하는 것이고, 따라서 손해배상제도는 손해의 공평·타당한 부담을 그 지도원리로 하는 것이므로, 형사상 범죄를 구성하지 아니하는 침해행위라고 하더라도 그것이 민사상 불법행위를 구성하는지 여부는 형사책임과 별개의 관점에서 검토되어야 할 것이다.

위와 같은 법리 및 인정사실에 의하면, 이 사건 사고 발생 당시 경찰관으로서는 망인이 칼이나 다른 흉기를 소지하고 있는지 여부를 신중히 관찰한 다음, 과연 망인에 대하여 권총을 사용하여야 될 만큼의 급박한 위험성이 있는지 여부를 판단하였어야 옳고, 만약 신중하게 판단하였다면 굳이 아무런 흉기도 소지하고 있지 아니하던 망인에 대하여 권총을 사용하지 않더라도 그 자리에 있던 원고 A나 T 등과 협력하여 망인의 E에 대한 폭력을 저지할 수 있었을 터인데도 섣불리 망인에 대하여 실탄을 발사하였으며, 또 설령 망인에 대하여 부득이 실탄을 발사할 수밖에 없는 상황이었다고 하더라도 망인의 하체부위를 향하여 발사하는 등의 방법으로 그 위해를 최소한도로 줄일 여지도 있었다고 보여짐에도 불구하고 망인의 우측 흉부를 향해 실탄을 발사하여 망인으로 하여금 사망에까지 이르게 한 과실이 있다고 할 것이다.

위와 같은 총기사용은, 그 동기나 목적, 경위, 상황에 참작할 만한 사정이 있고 그 때문에 형사사건에서는 무죄판결이 확정되었다고 하더라도, 위에서 본 과실의 내용과 총기사용의 구체적인 태양이 사람에게 결정적인 위해를 가할 수 있는 것이었고 실제로 피해자의 사망이라는 중대한 결과를 초래한 점에다가 이 사건 사고로 발생한 손해의 공평한 분담이라는 측면까지 종합하여 고찰하면, 민사상 불법행위를 구성한다고 봄이 상당하다.

(부산고등법원 2005. 12. 22. 선고 2003나18432 판결)

【관련 사례 2】 급박한 상황에서의 무기 사용

가. 사실관계

경기 광주경찰서 C지구대 소속 경찰관인 경장 D는 경위 E과 함께 2014. 10. 3. 순찰차를 타고 야간순찰 근무를 하던 중 02:50경 '내연남이 머리를 때렸다'는 F의 가정폭력신고를 접수하고 광주시 G에 소재한 H의 집으로 출동하였다.

D과 E은 같은 날 02:54경 H의 집 앞에서 신고자에게 사건 경위를 묻자 머리를 가리키며 H로부터 폭행을 당하였다고 하면서 H가 있는 집 안으로 들어가 줄 것을 요구하여 H의 집 안으로 들어갔다.

H는 칼(전체길이 35cm, 칼날길이 20cm)을 손에 잡고 엎드려 있다가 앉으면서 들고 있던 칼을 보이며 D, E와 신고자에게 "죽을래, 죽을까"라며 욕설을 하고 칼을 자신의

목에 대고 자해할 것처럼 행동하였다.

이에 D과 E는 H가 자해를 하거나 신고자를 위해할 것을 우려해 신고자를 데리고 집 밖으로 나온 다음 C지구대에 지원요청을 하였고, 같은 날 03:01경 C지구대 소속 경위 I, 순경 J이 사건 현장에 도착하였다.

같은 날 03:07경 H가 가방을 꾸려 집 밖으로 나와 반대방향 내리막길로 걸어가려 하자 이를 지켜보고 있던 신고자가 H를 향해 차키, 핸드폰 등을 내놓고 가라고 소리를 지르며 H를 자극하기 시작하였고, 이에 화가 난 H가 욕을 하며 신고자와 말싸움을 하였다.

H는 말싸움을 하다가 격분하여 같은 날 03:09경 가방에서 다시 칼을 꺼내 들어 신고자를 향해 다가가자, D는 신고자를 자신의 뒤쪽으로 가게 하여 보호조치한 후 소지하고 있던 38권총(미국 K사 리볼버 권총)을 꺼내 H와 약 3.76m 정도 떨어진 거리에서 대치하게 되었고, H에게 5회에 걸쳐 칼을 내려 놓을 것을 경고하였다.

그럼에도 H는 칼을 든 채로 D와 신고자를 향해 2~3 걸음 다가왔고, 이에 D는 뒤로 물러서며 H를 향해 권총을 겨눈 채로 칼을 내려 놓을 것을 8회에 걸쳐 재차 경고하였다.

계속되는 대치 상황에서 같은 날 03:10경 신고자가 H에게 "니네 엄마한테 전화를 할 것이다"라고 말하며 H를 자극하자, 이에 화가 난 H는 재차 칼을 손에 든 채로 D와 신고자를 향해 다가와 H와 D 사이의 대치 거리는 약 2.8m 정도로 좁혀졌다.

이에 D는 H에게 "다가오지 말라"고 외친 후 뒤로 한 걸음 물러서며 하늘을 향해 공포탄을 발사하였으나, 원인을 알 수 없는 이유로 공포탄이 불발되었다.

D의 공포탄 발사 시도 이후에도 H가 칼을 든 채로 D와 신고자를 향해 1~2 걸음 더 다가오자(거리는 약 1.77m에 불과할 정도로 근접하게 되었다), D는 H를 향해 권총을 발사하였다.

발사된 탄환은 H가 들고 있던 칼날에 맞아 탄환이 2조각으로 절단되면서 H의 우측 쇄골부위에 명중하였고, H는 총상으로 인해 사망하였다.

나. 법원의 판단

1) 원심 판단

요지	총기 사용 요건 인정. 망자(亡者)에 대한 국가배상 불인정

경찰관은 범인의 체포, 도주의 방지, 자기 또는 타인의 생명·신체에 대한 방호, 공무집행에 대한 항거의 억제를 위하여 무기를 사용할 수 있으나, 이 경우에도 무기는 목적 달성에 필요하다고 인정되는 상당한 이유가 있을 때 그 사태를 합리적으로 판단하여 필요한 한도 내에서 사용하여야 하는 바, 경찰관의 무기 사용이 이러한 요건을 충족하는지 여부는 범죄의 종류, 죄질, 피해법익의 경중, 위해의 급박성, 저항의 강약,

범인과 경찰관의 수, 무기의 종류, 무기 사용의 태양, 주변의 상황 등을 고려하여 사회통념상 상당하다고 평가되는지 여부에 따라 판단하여야 하고, 특히 사람에게 위해를 가할 위험성이 큰 권총의 사용에 있어서는 그 요건을 더욱 엄격하게 판단하여야 한다(대법원 2004. 5. 13. 선고 2003다57956 판결 참조).

이 사건에서 보건대, 앞서 인정한 사실에 변론 전체의 취지를 더하여 인정되는 다음과 같은 사정들, 즉 ① 망인은 신고자와의 말싸움으로 인해 감정이 격앙된 상태로 약 3.76m 이내의 근접거리에서 D와 대치하였고, D가 총 14회에 걸쳐 칼을 내려 놓을 것을 경고하였음에도 불구하고 D와 신고자 쪽을 향해 칼을 든 채로 다가온 점, ② 당시 사건 현장은 새벽시간의 어둡고 비좁은 골목길이었으며 망인과의 대치 거리가 매우 근접해 있어서 D의 시야 범위는 매우 제한적일 수 밖에 없었고, 만일 망인의 하반신을 조준하게 될 경우 칼을 든 손의 움직임을 놓쳐 망인의 위해행위에 제대로 대처하지 못할 가능성도 있었던 상황이었던 점, ③ 그런데 망인이 칼을 든 채로 계속하여 D 쪽으로 다가와 대치 거리가 불과 1.77m에 불과할 정도로 가까워져 망인이 D와 신고자의 생명 또는 신체에 위해를 가져올 수도 있는 급박한 상황이 되었는데, 망인의 대퇴부가 아닌 칼을 든 망인의 손 부위를 권총으로 조준하면서 망인과 대치하고 있었던 D로서는 다시 대퇴부를 향해 조준, 발사하기는 쉽지 않았을 것으로 보이는 점, ④ 원고들은 D가 망인을 향해 실탄을 발사하기 전에 공포탄을 발사하지 않았다고 주장하나, D는 실제 망인에게 실탄을 발사하기 전에 하늘을 향해 공포탄 발사를 시도하였으나 공포탄이 불발되었는데, 그 불발 원인에 관하여 국립과학수사연구원은 '㉠ 이 사건 권총의 경우 방아쇠를 90% 이상 당겼다 놓은 후 다시 당길 경우 1차 격발 동작의 해단 탄창이 총구 위치에 정렬되지 않고 그냥 회전하고, 2차 격발 동작의 해당 탄창이 총구 위치에 정렬되어 격발되는 현상이 관찰되고, ㉡ 오발 방지용 고무 패킹을 연결한 철끈 매듭이 방아쇠와 방아쇠울 사이에 끼어 방아쇠가 완전히 당겨지지 않았기 때문에 1차 격발시 공포탄이 격발되지 않고 2차 격발에서 실탄이 발사된 것으로 추정된다'고 판단하였는데, D가 당시 방아쇠를 90% 이상 당겼다 놓은 후 다시 당기는 바람에 공포탄이 불발되었던 것이라고 인정할 수 있는 사정이나 증거가 없고, 만일 오발 방지용 고무패킹 등의 사유로 공포탄이 불발되었던 것이라면 이와 같은 총기관리를 위한 일반적인 장치를 문제 삼아 D에게 총기사용 또는 관리상 과실이 있다고 인정하기도 어려운 점 등을 종합하면, D는 흉기인 칼을 지니고 경찰관으로부터 3회 이상 흉기를 버리라는 명령을 받고도 따르지 아니하면서 계속 항거하던 급박한 상황에서 망인의 갑작스러운 공격으로부터 D 또는 다른 사람의 생명·신체에 대한 부당한 침해를 방위하기 위해 권총을 사용하였다고 보이고 그 사용이 관련 법령에서 규정한 허용범위를 벗어난 위법한 행위라고 보기 어려우며, 달리 이를 인정할 증거가 없다.

(대전지방법원 2015. 12. 23. 선고 2015가합513 판결)

2) 항소심 판단

요지	총기 사용에 대한 경찰관의 과실 인정 망자(亡者)에 대한 국가배상 인정

불법행위에 따른 형사책임은 사회의 법질서를 위반한 행위에 대한 책임을 묻는 것으로서 행위자에 대한 공적인 제재(형벌)를 그 내용으로 함에 비하여, 민사책임은 타인의 법익을 침해한 데 대하여 행위자의 개인적 책임을 묻는 것으로서 피해자에게 발생한 손해의 전보를 그 내용으로 하는 것이고, 손해배상제도는 손해의 공평·타당한 부담을 그 지도원리로 하는 것이므로, 형사상 범죄를 구성하지 아니하는 침해행위라고 하더라도 그것이 민사상 불법행위를 구성하는지 여부는 형사책임과 별개의 관점에서 검토하여야 한다(대법원 2008. 2. 1. 선고 2006다6713 판결 등 참조).

D의 망인에 대한 총기사용은 총기 관리·사용상의 과실이 있거나 그 허용범위를 벗어난 것이고, 경찰관을 관리·감독하여야 할 지위에 있는 피고(대한민국)는 국가배상법 제 2 조 제 1 항에 따라 피고 소속 경찰관 D가 직무상 과실로 법령을 위반하여 망인과 원고들에게 입힌 손해를 배상할 의무가 있다.

① 이 사건 사고 당시 D는 망인에게 실탄을 발사하기 전에 공포탄 발사를 시도한 것으로 보이기는 한다. 그러나 공포탄이 발사되지 않은 원인이 오발 방지용 고무 패킹을 연결한 철끈 매듭이 방아쇠와 방아쇠울 사이에 끼어 방아쇠가 완전히 당겨지지 않았기 때문이라고 하더라도, 경찰관으로서는 유사시의 급박한 상황에서도 공포탄에 의한 사격으로 상대방에게 충분히 경고할 수 있도록 평소에 총기 관리를 철저히 해야 할 주의의무가 있으므로, 사건 당시 이 사건 총기에 장전된 공포탄이 불발되었다면, D에게 총기 관리·사용상의 과실이 없다고 볼 수 없다.

② 이 사건 사고 당시 현장에 집결한 경찰관은 총 4명이었고, 총기 외에 망인의 제압에 필요한 다른 장비들도 보유하고 있었던 점, 당시 경찰관들과 망인의 대치거리 및 상황, 흉기를 소지한 망인의 저항 정도 등에 비추어 실탄을 격발하지 않고서도 망인을 제압할 수 있는 여지가 상당하였던 것으로 보인다. 이에 의하면, 당시 D는 부득이하게 이 사건 총기를 사용할 수밖에 없는, 위해의 급박성 상태에 놓여 있었다고 보기 어렵다.

③ 「경찰장비관리규칙」에 의하면, 권총을 사용할 경우 총구를 공중 또는 지면(안전지역)을 향하고, 조준시에는 대퇴부 이하를 향하도록 되어 있다. 그럼에도 D은 사건 당시 총구를 전방으로 향하여 망인의 가슴 부위를 겨누고 있었고, 실탄을 발사하는 순간에도 특별한 사정없이 대퇴부를 겨냥하지 않고 망인 쪽 전방을 향하여 발사하였다.

④ 경찰관은 부득이하게 총기를 사용할 수밖에 없는 상황이라고 하더라도, 「경찰관 직무집행법」 및 위해성 경찰장비의 사용기준 등에 관한 규정에 따라 피해를 최소화할 수 있도록 필요최소한의 범위에서 총기를 사용하여야 한다. 이 사건 사고 당시 경찰관

과 망인의 대치 상황, 대치 거리, 망인의 저항 정도 등에 의하면, D은 실탄을 발사할 수밖에 없었다고 하더라도, 총구를 망인의 대퇴부 이하로 조준하는 등으로 피해를 최소화하려는 노력을 다하였다고 보기 어렵다.

(대전고등법원 2016. 11. 9. 선고 2016나10498 판결)

【관련 사례 3】 범인 체포 등을 위한 무기 사용

가. 사실관계

A는 미8군 본부대대 본부지원중대 하사이고, B는 같은 중대 상병이며, F는 같은 중대 일병으로, 위 세 사람은 2013. 3. 2. 저녁 A가 운전하는 G 옵티마 승용차를 타고 서울 용산구 이태원 방면으로 외출을 나왔다.

B는 2013. 3. 2. 23:50경 위 옵티마 승용차의 조수석에 앉아 서울 용산구 H 앞 도로를 지나가던 중 그곳 상가 앞 진열대에 걸터앉아 있던 I를 향해 재미 삼아 BB총(Ball Bullet Gun)으로 BB탄 5발을 연속 발사하였다.

BB총 소리에 놀란 I가 차량을 향해 달려오자, A는 급히 차량을 운전하여 100m 가량 도망가다 서울 용산구 J에 있는 K호텔 앞 횡단보도에 이르러 길 건너편 보도에서 보행자 신호를 기다리고 있던 다수의 행인들을 향해 재차 재미삼아 BB총으로 BB탄 10발을 연속 발사하였다.

A는 그 이후 다시 차량을 운전하여 60m 가량 가다 이태원삼거리 교차로를 지나 지하철 6호선 이태원역 3번 출구 앞 도로에 이르렀는데, 위 I의 신고를 받고 출동한 경장 L, 순경 M이 차량을 멈추라고 하였음에도 그대로 차량을 계속 진행시키면서 K호텔 방향으로 불법 유턴을 한 다음 계속 도주를 시도하였다.

그러자 당시 주위에서 이 광경을 지켜보고 있던 택시기사 N, O 등 주변 사람들 7~8명이 한꺼번에 몰려들어 A의 차량 보닛 위에 올라타거나 함께 차량을 손으로 밀며 진행을 막았으나, A는 거칠게 계속 차량을 출발시켜 이태원삼거리에서 보광동 방면으로 좌회전하여 도주하였고, 그 과정에서 N을 보닛 위에서 길바닥으로 떨어뜨려 그에게 약 2주간의 치료를 요하는 요추부 염좌 등의 상해를 가하고, O의 오른쪽 발등을 차량 앞바퀴로 역과하여 그에게 약 14일간의 치료를 요하는 우측 족부 좌상 등의 상해를 가하였다.

A는 이어서 이태원삼거리에서 보광동 방면으로 좌회전하였다가 이태원삼거리 방향으로 다시 유턴을 하는 과정에서 필요한 공간을 확보하기 위해 전진과 후진을 반복하면서, 뒤에 정차 중이던 P 소유의 Q 소렌토 차량의 앞 범퍼부분을 A의 차량으로 충돌하여 수리비 541,904원 상당이 들도록 손괴하고, 전방에서 진행을 저지하던 경장 L과 순경 M을 차량으로 수차례 밀어붙였다.

A는 보광동 방면에서 이태원삼거리 방면으로 유턴을 한 후 녹사평 방면으로 다시 좌회전을 하여 시속 100km가 넘는 속도로 서울 광진구 R에 있는 S 뒤 일방통행로까지 약 12km를 도주하였고, 순경 T도 택시기사 U가 운전하는 택시를 타고 A의 차량을 계속 추격하였다.

A는 2013. 3. 3. 00:11경 위 일방통행로를 성수사거리 방면에서 건대입구역 방면으로 역주행하여 진행하던 중 서울 광진구 V 상가 건물 옆 좁은 골목길로 우회전하여 들어갔다가 그곳에 주차된 차들로 인해 더 이상 진행이 어렵게 되어 다시 후진을 하는 과정에서, 위 골목길 입구 근처에 택시를 세우고 A의 차량을 향해 달려오던 U를 차로 밀어 넘어뜨려 그에게 약 2주간의 치료를 요하는 좌측 견관절부 염좌 및 좌측 경골부 찰과상 등의 상해를 가하였다.

그 후 A는 다시 차량을 전진하면서 진행방향 우측의 V 상가 건물 벽쪽에 서서 권총을 겨냥하면서 차량을 세울 것을 요구하는 순경 T를 향해 차량을 그대로 돌진하여 T의 왼쪽 무릎을 차량의 앞 범퍼 부분으로 충격하고 바퀴로 발등을 역과하여 그에게 약 5주간의 치료를 요하는 좌측 슬관절 타박상 및 인대손상 등의 상해를 가하였다.

A는 2차례 더 차량을 돌진하였다가 후진하면서 도로에 정차되어 있던 차량을 충격하였는데, 그 과정에서 U 소유의 W 택시를 수리비 680,548원 상당이 들도록 손괴하고, X 소유의 Y 소나타 승용차를 수리비 1,708,571원 상당이 들도록 손괴하였다.

이후 A는 위 골목길을 빠져나와 위 일방통행로를 따라 성수사거리 방면으로 약 30m 가량 후진하다가 진행방향 좌측에 주차되어 있던 Z 소유의 모닝 승용차의 좌측 앞 문짝 부분을 충돌하여 수리비 590,003원 상당이 들도록 손괴하였다.

나. 법원의 판단

1) 항소심 판단

경찰관 T는 서울 광진구 자양동에 있는 골목길에서 피고인을 체포하려고 할 때, 피고인이 이 사건 승용차로 빠른 속도의 전진과 후진을 반복하면서 T을 위협하자 하늘을 향하여 공포탄 1발을 발사하였고, 그럼에도 피고인이 계속 돌진하여 이 사건 승용차의 앞범퍼 부분으로 T의 왼쪽 무릎을 충격하고 이 사건 승용차의 왼쪽 바퀴로 T의 왼쪽 발등을 역과하자 이 사건 승용차의 조수석 바퀴 부분 등을 향하여 실탄 3발을 발사한 사정 등에 비추어 「경찰관 직무집행법」 제10조의4 제 1 항 본문의 '범인의 체포·도주의 방지, 자기 또는 타인의 생명·신체에 대한 방호, 공무집행에 대한 항거의 억제를 위하여 필요하다고 인정되는 상당한 이유가 있을 때' 및 같은 항 단서 제 1 호의 '장기 3년 이상의 징역에 해당하는 죄를 범하거나 범하였다고 의심할 만한 충분한 이유가 있는 자가 경찰관의 직무집행에 대하여 항거하거나 도주하려고 할 때에 이를 방지 또는 체포하기 위하여 무기를 사용하지 아니하고는 다른 수단이 없다고 인정되는 상당한 이유가 있을 때'에 해당하며, 이 사건 당시 경찰관들은 관련 사태를 합리적으로 판단하여 필요한 한도 내에서 삼단봉과 권총을 사용한 것으로 보이므로, 경찰관들이 삼단봉과 권총을 사용한 것은 적법한 공무집행에 해당된다고 봄이 상당하다.

(서울고등법원 2013. 12. 19. 선고 2013노2986 판결)

※ 원심(서울중앙지방법원 2013. 9. 13. 선고 2013고합362 판결) 결과에 대해 경찰관들의 공무집행이 부적법하다며 원심의 법리오해를 주장하여 항소한 사안. 이후 상고심(대법원 2014. 2. 27. 선고 2014도450 판결)에서도 피고인 A 등의 주장 기각

【관련 사례 4】 급박한 상황에서의 무기 사용

가. 사실관계

A는 C와 함께 1998. 10. 25. 04:00경 평택시 D 소재 E 앞길에서 그곳에 세워져 있던 50cc 효성 슈퍼캡 오토바이를 절취하였다.

A와 C, F는 위와 같이 훔친 오토바이를 타고 평택시 팽성읍 객사리를 향하여 가던 중이었는데, 1998. 10. 25. 14:30경 같은 읍 소재 미곡처리장 앞에서 평택경찰서 소속 순경 G 등 경찰관 2명이 A 일행을 검문하려고 하자, 위 오토바이를 운전하고 있던 F는 A 등을 뒷자리에 태운 채 도주하였다.

이에 G는 의경 H와 함께 112 순찰차량을 타고 위 오토바이를 추격하면서 '정지하라', '정지하지 않으면 쏜다' 등의 내용으로 경고방송을 하였으나 A 등이 이에 응하지 아니하고 6km 정도의 거리를 계속 도주하므로 공포탄을 1차례, 실탄을 3차례 공중으로 발사하였고, 그럼에도 A 등이 도주하자 1998. 10. 25. 14:50경 안성천 제방뚝 비포장 도로에서 위 오토바이의 바퀴를 맞추어 A 등을 체포하기 위하여 차에서 내려 A 일행 뒤쪽 약 15~20m 정도의 거리에서 A 일행을 향하여 실탄 1발을 발사하였다.

총의 탄두는 A의 좌측 후복벽과 척추 5번 가운데를 관통하여 앞측 우측 복벽에서 멈추었다. 그 결과 A는 제5요추골절, 마미신경총손상, 혈복강명 등의 상해를 입었고 42일간 단국대학교 의과대학 부속병원에 입원하여 치료를 받았다.

나. 법원의 판단

1) 원심 판단

경찰관은 범인의 체포·도주의 방지, 자기 또는 타인의 생명·신체에 대한 방호, 공무집행에 대한 항거의 억제를 위하여 필요하다고 인정되는 상당한 이유가 있을 때에는 그 사태를 합리적으로 판단하여 필요한 한도 내에서 무기를 사용할 수 있으나, 형법 소정의 정당방위와 긴급피난에 해당할 때 또는 체포·도주의 방지나 항거의 억제를 위하여 다른 수단이 없다고 인정되는 상당한 이유가 있는 때에 한하여 필요한 한도 내에서만 무기를 사용하여 사람에게 위해를 가할 수 있음이 「경찰관 직무집행법」 제10조의

4의 규정에 비추어 명백한바, 위 인정사실에 비추어 보면, 원고 A는 아무런 흉기를 소지하지 아니한 상태에서 경찰관을 공격하거나 위협하는 등 거칠게 항거하지 아니하고, 단지 계속하여 도주만 하였으므로 위와 같은 상황은 형법에 규정된 정당방위나 긴급피난의 요건에 해당한다고 보기 어렵고, G는 원고 A를 계속 추격하든지 다른 경찰관에게 연락하여 범인을 검거하도록 하는 등 다른 방법으로 원고 A 등을 충분히 제압할 여지가 있었는데도, G이 그러한 방법을 택하지 않고 도망가는 원고 A 일행을 향하여 근거리에서 실탄을 발사한 행위는 소정의 총기사용의 허용범위를 벗어난 위법행위라고 할 것이므로, 피고(대한민국)는 위 총기 사용으로 인하여 원고들이 입은 손해를 배상할 책임이 있다.

(수원지방법원 2003. 1. 8. 선고 2001가단84387 판결)

※ 항소심(수원지방법원 2003. 10. 1. 선고 2003나2304 판결), 상고심(대법원 2004. 5. 13. 선고 2003다57956 판결) 모두 같은 취지로 경찰관의 총기 사용이 사회통념상 허용범위를 벗어나 위법하다고 판결

X. 경찰착용기록장치의 사용

경찰관 직무집행법

제10조의5(경찰착용기록장치의 사용) ① 경찰관은 다음 각 호의 어느 하나에 해당하는 직무 수행을 위하여 필요한 경우에는 필요한 최소한의 범위에서 경찰착용기록장치를 사용할 수 있다.

1. 경찰관이 「형사소송법」 제200조의2, 제200조의3, 제201조 또는 제212조에 따라 피의자를 체포 또는 구속하는 경우
2. 범죄 수사를 위하여 필요한 경우로서 다음 각 목의 요건을 모두 갖춘 경우
   가. 범행 중이거나 범행 직전 또는 직후일 것
   나. 증거보전의 필요성 및 긴급성이 있을 것
3. 제 5 조 제 1 항에 따른 인공구조물의 파손이나 붕괴 등의 위험한 사태가 발생한 경우
4. 경찰착용기록장치에 기록되는 대상자(이하 이 조에서 "기록대상자"라 한다)로부터 그 기록의 요청 또는 동의를 받은 경우
5. 제 4 조 제 1 항 각 호에 해당하는 것이 명백하고 응급구호가 필요하다고 믿을 만한 상당한 이유가 있는 경우
6. 제 6 조에 따라 사람의 생명·신체에 위해를 끼치거나 재산에 중대한 손해를 끼칠 우려가 있는 범죄행위를 긴급하게 예방 및 제지하는 경우
7. 경찰관이 「해양경비법」 제12조 또는 제13조에 따라 해상검문검색 또는 추적·나포

하는 경우
8. 경찰관이 「수상에서의 수색·구조 등에 관한 법률」에 따라 같은 법 제 2 조 제 4 호의 수난구호 업무 시 수색 또는 구조를 하는 경우
9. 그 밖에 제 1 호부터 제 8 호까지에 준하는 경우로서 대통령령으로 정하는 경우
② 이 법에서 "경찰착용기록장치"란 경찰관이 신체에 착용 또는 휴대하여 직무수행 과정을 근거리에서 영상·음성으로 기록할 수 있는 기록장치 또는 그 밖에 이와 유사한 기능을 갖춘 기계장치를 말한다.
[본조신설 2024. 1. 30.]

제10조의6(경찰착용기록장치의 사용 고지 등) ① 경찰관이 경찰착용기록장치를 사용하여 기록하는 경우로서 이동형 영상정보처리기기로 사람 또는 그 사람과 관련된 사물의 영상을 촬영하는 때에는 불빛, 소리, 안내판 등 대통령령으로 정하는 바에 따라 촬영 사실을 표시하고 알려야 한다.
② 제 1 항에도 불구하고 제10조의5 제 1 항 각 호에 따른 경우로서 불가피하게 고지가 곤란한 경우에는 제 3 항에 따라 영상음성기록을 전송·저장하는 때에 그 고지를 못한 사유를 기록하는 것으로 대체할 수 있다.
③ 경찰착용기록장치로 기록을 마친 영상음성기록은 지체 없이 제10조의7에 따른 영상음성기록정보 관리체계를 이용하여 영상음성기록정보 데이터베이스에 전송·저장하도록 하여야 하며, 영상음성기록을 임의로 편집·복사하거나 삭제하여서는 아니된다.
④ 그 밖에 경찰착용기록장치의 사용기준 및 관리 등에 필요한 사항은 대통령령으로 정한다.
[본조신설 2024. 1. 30.]

제10조의7(영상음성기록정보 관리체계의 구축·운영) 경찰청장 및 해양경찰청장은 경찰착용기록장치로 기록한 영상·음성을 저장하고 데이터베이스로 관리하는 영상음성기록정보 관리체계를 구축·운영하여야 한다.
[본조신설 2024. 1. 30.]

1. 경찰착용기록장치의 개념

"경찰착용기록장치"란 경찰관이 신체에 착용 또는 휴대하여 직무수행 과정을 근거리에서 영상·음성으로 기록할 수 있는 기록장치 또는 그 밖에 이와 유사한 기능을 갖춘 기계장치를 말한다(「경찰관 직무집행법」 제10조의5 제 2 항).

2. 경찰착용기록장치의 사용요건

경찰관은 다음 각 호(1. 경찰관이 「형사소송법」 제200조의2, 제200조의3, 제201조 또는 제212조에 따라 피의자를 체포 또는 구속하는 경우, 2. 범죄 수사를 위하여 필요한 경우로서 다음 각 목(가. 범행 중이거나 범행 직전 또는 직후일 것, 나. 증거보전의 필요성 및 긴급성이 있을 것)의 요건을 모두 갖춘 경우, 3. 제 5 조 제 1 항에 따른 인공구조물의 파손이나 붕괴 등의 위험한 사태가 발생한 경우, 4. 경찰착용기록장치에 기록되는 대상자(이하 이 조에서 "기록대상자"라 한다)로부터 그 기록의 요청 또는 동의를 받은 경우, 5. 제 4 조 제 1 항 각 호에 해당하는 것이 명백하고 응급구호가 필요하다고 믿을 만한 상당한 이유가 있는 경우, 6. 제 6 조에 따라 사람의 생명·신체에 위해를 끼치거나 재산에 중대한 손해를 끼칠 우려가 있는 범죄행위를 긴급하게 예방 및 제지하는 경우, 7. 경찰관이 「해양경비법」 제12조 또는 제13조에 따라 해상검문검색 또는 추적·나포하는 경우, 8. 경찰관이 「수상에서의 수색·구조 등에 관한 법률」에 따라 같은 법 제 2조 제 4 호의 수난구호 업무 시 수색 또는 구조를 하는 경우, 9. 그 밖에 제 1 호부터 제 8 호까지에 준하는 경우로서 대통령령으로 정하는 경우)의 어느 하나에 해당하는 직무 수행을 위하여 필요한 경우에는 필요한 최소한의 범위에서 경찰착용기록장치를 사용할 수 있다(「경찰관 직무집행법」 제10조의5 제 1 항).

3. 경찰착용기록장치의 사용 고지 등

경찰관이 경찰착용기록장치를 사용하여 기록하는 경우로서 이동형 영상정보처리기기로 사람 또는 그 사람과 관련된 사물의 영상을 촬영하는 때에는 불빛, 소리, 안내판 등 대통령령으로 정하는 바에 따라 촬영 사실을 표시하고 알려야 한다(「경찰관 직무집행법」 제10조의6 제 1 항). 제 1 항에도 불구하고 제10조의5 제 1 항 각 호에 따른 경우로서 불가피하게 고지가 곤란한 경우에는 제 3 항에 따라 영상음성기록을 전송·저장하는 때에 그 고지를 못한 사유를 기록하는 것으로 대체할 수 있다(제 2 항). 경찰착용기록장치로 기록을 마친 영상음성기록은 지체 없이 제10조의7에 따른 영상음성기록정보 관리체계를 이용하여 영상음성기록정보 데이터베이스에 전송·저장하도록 하여야 하며, 영상음성기록을 임의로 편집·복사하거나 삭제하여서는 아니 된다(제 3 항). 그 밖에 경찰착용기록장치의 사용기준 및 관리 등에 필요한 사항은 대통령령으로 정한다(제 4 항).

4. 영상음성기록정보 관리체계의 구축·운영

경찰청장 및 해양경찰청장은 경찰착용기록장치로 기록한 영상·음성을 저장하고 데이터베이스로 관리하는 영상음성기록정보 관리체계를 구축·운영하여야 한다(「경찰관 직무집행법」 제10조의7).

5. 관련 사례학습

【관련 사례 1】 경찰착용기록장치의 기록을 증거로 채택한 사례

가. 사실관계

A는 '2018. 12. 19. 혈중알코올농도 0.127%의 술에 취한 상태로 차량을 운전하였다'는 공소사실로 기소되었다가, '운전 종료 시점과 음주 측정 시점 사이에 보드카 성분의 탈취제를 마셨다'는 A의 주장이 받아들여져 2019. 10. 17. 무죄를 선고받은바 있고(수원지방법원 안산지원 2019고단2007), 이에 대하여 검사가 항소하여 이 사건 무렵 이에 대한 항소심이 계속 중이었다(수원지방법원 2019노6079).

이 사건 당일 N은 안산시 중앙역 앞에서 터미널사거리 방향으로 편도 5차로 중 1차로를 진행하고 있었는데, 그 앞에서 진행하던 피고인 운행차량이 1차로와 2차로를 넘나들며 지그재그로 운전하는 것을 보고 음주운전을 한다고 의심하여 112신고를 하였다. 이에 신고를 받고 출동한 경찰은 2020. 3. 31. 01:17경 안산시 상록구 O 앞 도로에서 A의 운행차량을 발견하고, A에게 갓길에 정차할 것을 요구하였으나 A는 갑자기 속도를 높이기 시작하였고, 2020. 3. 31. 01:20경부터 약 8분 가량 난폭운전을 하며 도주하였다.

계속하여 A는 2020. 3. 31. 01:27경 안산시 상록구 E에 있는 F초등학교 사거리 교차로에서 제한속도를 60km 가량 초과하고 신호를 위반하여 도주하던 중 신호에 따라 좌회전하는 피해자 H 운행차량을 충격하는 교통사고를 일으켰다. 경찰은 추격을 멈추고 차량 안에 있던 A를 끌어냈고, A에 대한 음주감지기 검사 결과 음주반응이 감지되자 음주측정이 필요하다는 취지로 고지하며 구급대를 호출하여 A를 병원으로 옮겼다.

A는 같은 날 01:59경 침대에 누운 채로 응급실로 들어섰고, 경찰이 "여기 어딘지 아시겠어요? 여기 어디에요?"라고 묻자 "병원이겠지."라고 답하였으며, 계속하여 경찰이 "사고 어떻게 났는지 기억나요?"라고 묻자 작은 소리로 중얼거리다가 "정치인들 때문에"라고 답하였다. 이에 경찰이 "술 드셨어요?"라고 묻자 A는 "내가 술을..."이라며 중얼거렸고, 간호사가 목이 괜찮으면 목 보호대를 빼자는 취지로 말하자 A는 "정치인들..", "전화기 좀 줘요"라고 말하는가 하면, 목 보호대를 빼는 과정에서는 신음소리를

내며 "아파..", "나 어디세웠어? 나 어디 세워.."라고 말하였다.

이어서 경찰이 A를 흔들어 깨우자, A는 "아 진짜. 아.. 때리지마요 쫌.. 아. 진짜"라고 하였는데, 계속하여 경찰이 "지금 눈 떠봐요. 술 먹고 운전해서 사고내가지고 다른 사람 다치게 한 거 알아요? 지금 큰일 날 뻔 했다구요. 눈뜨세요. 음주측정 할거예요."라며 음주측정을 요구하자 A는 "아프다구.."라고 대꾸하였고, 이어 경찰이 "그럼 혈액측정 하실거예요? 말해보세요. 정신 돌아왔잖아요."라며 A를 흔들자 "아.. 때리지마요. 때리지마라구.."라고 답하며 측정에 응하지 아니하였다.

계속하여 A가 의료진이나 경찰의 질문에 답하지 아니하자, 의사는 기본적인 외관검사 및 발열 체크, 자극 반응 등을 확인하면서 어디가 아픈지 말을 해야 검사를 할 수 있다고 말하였고, 그 과정에서 의사가 A의 몸을 만지자 A는 하지 말라는 듯 고개를 흔들기도 하고, 의사가 발바닥을 자극할 때에는 발을 빼고 돌아눕기도 하였다.

의사는 출혈 등 외관상 이상이 없어 긴급한 상황이 아니므로, 환자나 보호자가 동의하지 않는 한 검사를 할 수 없다는 입장이었고, 그 과정에서 의사가 A에게 "어디 아프셔? 표현을 해줘야죠. 술 얼마나 드셨어요?"라고 묻자 고개를 살짝 흔들었고, 의사가 다시 "술 안 드셨어요?"라고 묻자 "응"이라고 대답하였다(02:10:47경). 그러자 의사가 "근데 왜 그러냐. 어디 아픈지 말을 해줘야 검사를 하든지 말든지 하지"라고 말하자 A는 "피곤해요, 피곤하고 스트레스 받아요."라고 대답하였다(02:11:38경). 그러자 의사는 "그럼 댁에 가서 쉬세요. 피곤한거는 뭐."라고 대답하였고, 계속하여 A가 명확한 의사를 표시하지 않자, 의사는 A나 보호자가 동의하지 않는 한 교통사고로 인한 이상을 확인하기 위한 검사를 할 수 없다는 입장이었는데, A가 의사에게 "지금.. 경찰관이 돈내죠? 지금 얘기하는거.."라며 검사비용을 경찰관이 내는 것인지 확인하였다(02:28:48경). 이에 의사가 "경찰이 돈 내면 찍는다는 거예요? 본인이 아프면 본인이 찍는거지"라고 말하자 A는 "그렇죠 뭐 다.. 내일 받으께.. "라며 다음날 진료를 받겠다는 의사를 표시하면서(02:29경), 의사에게 "나 쉬고싶어."라고 말하고, 이에 의사가 어디서 쉬느냐고 물으니, "여기서 쉬고싶어."라고 답하였다. 이에 의사가 응급실은 쉬는 곳이 아니니 아프지 않으면 일어나서 경찰을 따라가라는 취지로 말하였고, 이에 A는 아프다고 하면서 어디가 아프냐는 물음에 "허리, 목", "머리도 아프고.."라고 답하였다(02:30:45경).

경찰은 A의 운행 차량이 회사차량임을 확인하고, A의 회사의 사장에게 연락하여 상황을 설명하였고, 이에 A의 사장이 비용은 걱정 말고 치료를 진행해 달라는 취지로 답하자 경찰은 의료진에게 검사를 해줄 것을 부탁하였고, 그 무렵 A도 검사를 받기로 동의하였다(02:31경).

이후 A는 진통주사를 맞고, 그 과정에서 약물 알러지가 있는지 등에 관하여 의료진과 소통을 하였으며, 화장실에 가겠다고 요청하여 화장실에 다녀온 뒤(02:43경), 신체이상 검사를 위한 촬영도 하였는데(02:43경), 계속하여 경찰들은 A에게 음주측정을 요구하고(02:53:40경 이후), 입안을 헹굴 물을 제공하는가 하면(02:54경), 음주측정에 불응하면 최고 음주수치상태의 음주운전과 같이 처벌받을 수 있다는 등의 내용을 고지하였으나, A는 침대에 앉아 고개를 숙이고 눈을 뜨지 않은 채 별다른 반응을 보이지 않았다.

나. 법원의 판단

1) 원심 판단

주안점	위 사례에서 초 단위로 기술된 부분(예: 02:30:45경)은 경찰착용기록장치에 의해 기록된 내용으로 법원은 이 기록(녹화)을 증거로 채택. 2024. 1. 30. 「경찰관 직무집행법」에 경찰착용기록장치를 명문화하기 이전 판례.

… 경찰은 사고 직후부터 병원에 이르기까지 약 50분 가량 피고인과 계속 함께 하면서, 호흡조사 또는 혈액검사를 통한 음주측정을 여러 차례 요구하였으며, 형사처벌 등의 가능성을 고지하였던 점, 그럼에도 피고인은 계속하여 경찰의 요구를 외면하면서 눈을 감거나 정신을 잃은 것처럼 행동하였고, 이에 경찰은 주취운전자 정황보고를 작성하며 피고인의 언행상태란에 '발음부정확', 보행상태란에 '매우 비틀거림', 운전자 혈색란에 '붉음', 측정거부시운전자태도란에 '경찰관의 물음에도 자는 척을 하며 일체 진술하지 않음'이라고 기재한 점, 이 사건 교통사고 당시 피고인은 교차로에서 신호를 위반하여 제한속도를 시속 약 60km 초과하여 진행하다가 신호에 따라 좌회전하던 피해차량을 충격하였고, 사고규모도 상당하였던 점 등을 종합하면, 피고인은 술에 취하여 차량을 운행하였다고 의심이 되는 상황에서 경찰의 음주측정요구를 이해하면서도 마치 의식이 없는 것처럼 행동하며 위 측정요구를 거부하여 측정불응의사가 객관적으로 명백히 표시되었다는 점이 충분히 인정된다.

(수원지방법원 안산지원 2021. 8. 12. 선고 2020고단4922 판결)

제3절 하명의 성질을 가진 경찰직무조치

Ⅰ. 위험한 사태에 있어서 관리자 등에 대한 조치명령

> 경찰관 직무집행법
>
> 제 5 조(위험 발생의 방지 등) ① 경찰관은 사람의 생명 또는 신체에 위해를 끼치거나 재산에 중대한 손해를 끼칠 우려가 있는 천재(天災), 사변(事變), 인공구조물의 파손이나 붕괴, 교통사고, 위험물의 폭발, 위험한 동물 등의 출현, 극도의 혼잡, 그 밖의 위험한 사태가 있을 때에는 다음 각 호의 조치를 할 수 있다.
>
> 1. 그 장소에 모인 사람, 사물(事物)의 관리자, 그 밖의 관계인에게 필요한 경고를 하는 것
> 2. 매우 긴급한 경우에는 위해를 입을 우려가 있는 사람을 필요한 한도에서 억류하거나 피난시키는 것
> 3. 그 장소에 있는 사람, 사물의 관리자, 그 밖의 관계인에게 위해를 방지하기 위하여 필요하다고 인정되는 조치를 하게 하거나 직접 그 조치를 하는 것
>
> ② (생략)
>
> ③ (생략)
>
> ④ (생략)
>
> [전문개정 2014. 5. 20.]

「경찰관 직무집행법」 제 5 조는 위험한 사태에 있어서 관리자 등에 대한 조치명령을 취할 수 있다고 규정하고 있다. 즉 경찰관은 사람의 생명 또는 신체에 위해를 끼치거나 재산에 중대한 손해를 끼칠 우려가 있는 천재(天災), 사변(事變), 인공구조물의 파손이나 붕괴, 교통사고, 위험물의 폭발, 위험한 동물 등의 출현, 극도의 혼잡, 그 밖의 위험한 사태가 있을 때에는 그 장소에 있는 사람, 사물의 관리자, 그 밖의 관계인에게 위해를 방지하기 위하여 필요하다고 인정되는 조치를 취하게 할 수 있다(법 제 5 조 제 1 항 제 3 호).

1. 위해방지상 필요하다고 인정되는 조치명령

제 5 조 제 1 항 제 3 호의 '위해방지상 필요하다고 인정되는 조치'란 ① 이미 발

생한 위해를 제거하거나 그 확대를 방지하기 위하여, ② 또는 급박한 위험의 예방을 위하여 하지 않으면 안되는 조치를 말한다. ③ 퇴거·출입의 제한, 위험한 시설의 폐쇄나 사용금지와 같은 소극적인 조치만이 아니라 위험물의 제거·수리와 같은 적극적인 조치도 포함된다(최영규).

관계인에게 '필요한 조치를 하게 하는 것'은 상대방이 필요한 조치를 하도록 명하는 행위로서 하명의 성질을 가진다.

2. 경찰하명을 이행하지 않은 경우의 처벌

관계인이 조치명령을 이행하지 않은 경우에는 일반적 벌칙은 없으나, 「경범죄처벌법」상의 원조불응죄(제 3 조 제 1 항 제29호)에 해당하는 경우가 있을 것이다(최영규).

Ⅱ. 국가중요시설에 대한 접근제한명령

경찰관 직무집행법

제 5 조(위험 발생의 방지 등) ① (생략)

② 경찰관서의 장은 대간첩 작전의 수행이나 소요(騷擾) 사태의 진압을 위하여 필요하다고 인정되는 상당한 이유가 있을 때에는 대간첩 작전지역이나 경찰관서·무기고 등 국가중요시설에 대한 접근 또는 통행을 제한하거나 금지할 수 있다.

③ (생략)

④ (생략)

[전문개정 2014. 5. 20.]

경찰관서의 장은 대간첩 작전의 수행이나 소요(騷擾) 사태의 진압을 위하여 필요하다고 인정되는 상당한 이유가 있을 때에는 대간첩 작전지역이나 경찰관서·무기고 등 국가중요시설에 대한 접근 또는 통행을 제한하거나 금지할 수 있다(법 제 5 조 제 2 항)

대간첩 지역이나 국가중요시설에 대한 접근제한명령이나 통행제한명령은 수인의무를 명하는 행위로서 하명의 성질을 가진다.

Ⅲ. 공개장소에의 출입요구

> 경찰관 직무집행법
>
> 제 7 조(위험 방지를 위한 출입) ① (생략) 경찰관은 제 5 조 제 1 항·제 2 항 및 제 6 조에 따른 위험한 사태가 발생하여 사람의 생명·신체 또는 재산에 대한 위해가 임박한 때에 그 위해를 방지하거나 피해자를 구조하기 위하여 부득이하다고 인정하면 합리적으로 판단하여 필요한 한도에서 다른 사람의 토지·건물·배 또는 차에 출입할 수 있다.
>
> ② **흥행장(興行場), 여관, 음식점, 역, 그 밖에 많은 사람이 출입하는 장소의 관리자나 그에 준하는 관계인은 경찰관이 범죄나 사람의 생명·신체·재산에 대한 위해를 예방하기 위하여 해당 장소의 영업시간이나 해당 장소가 일반인에게 공개된 시간에 그 장소에 출입하겠다고 요구하면 정당한 이유 없이 그 요구를 거절할 수 없다.**
>
> ③ 경찰관은 대간첩 작전 수행에 필요할 때에는 작전지역에서 제 2 항에 따른 장소를 검색할 수 있다.
>
> ④ 경찰관은 제 1 항부터 제 3 항까지의 규정에 따라 필요한 장소에 출입할 때에는 그 신분을 표시하는 증표를 제시하여야 하며, 함부로 관계인이 하는 정당한 업무를 방해해서는 아니 된다.
>
> [전문개정 2014. 5. 20.]

「경찰관 직무집행법」 제 7 조 제 2 항은 공개장소에의 출입요구를 규정하고 있다. 경찰관의 공개된 장소에 대한 출입에 대하여 "흥행장(興行場), 여관, 음식점, 역, 그 밖에 많은 사람이 출입하는 장소의 관리자나 그에 준하는 관계인은 경찰관이 범죄나 사람의 생명·신체·재산에 대한 위해를 예방하기 위하여 해당 장소의 영업시간이나 해당 장소가 일반인에게 공개된 시간에 그 장소에 출입하겠다고 요구하면 정당한 이유 없이 그 요구를 거절할 수 없다"라고 규정하고 있다. 이러한 경우에는 그 장소의 공개적 성격으로 인해 그 요건이 완화됨은 물론 수인의 정도도 보다 크다고 할 것이다.

경찰상 공개된 장소란 흥행장, 여관, 음식점, 역, 그 밖에 많은 사람이 출입하거나 집합하는 장소를 말한다. 그리고 공개시간 내이면 제한된 영업금지시간이나 영업휴일에도 출입할 수 있고, 일반적으로는 영업시간이라 할지라도 특별히 휴업하고 있는 경우에는 이 요건에 따른 출입이 허용되지 않는다. 여기에서 문제되는 것은 경찰관의 요구의 강제성 정도인데, 강한 설득 정도는 허용된다고 보는 것이 타당하다.

그리고 "정당한 이유 없이 그 요구를 거절할 수 없다"는 규정은 정당한 거절에도 불구하고 경찰의 강제출입을 막는 과정에서의 폭행·협박은 정당한 공무에 대한 방해가 아니라고 보아 공무집행방해죄를 부인하는 것이 타당하다. 다만, 관리자가 이것을 거절한 때에는 경찰관은 실력을 행사하여 출입할 수 있다. 따라서 벌칙의 규정이 없다.

제4절 국민에게 사실상의 불이익을 줄 수 있는 비권력적 경찰직무조치

Ⅰ. 경찰의 임의활동과 「경찰관 직무집행법」

1. 행정기관의 활동과 개별법률의 근거

일반적으로 행정기관의 활동에 있어서는 개별법률의 근거가 필요한 것은 국민의 권리와 자유를 제한하거나 국민에게 의무를 부과하는 것에 한하며, 그에 해당하지 아니하는 활동(임의활동)에 대해서는 개별법률의 근거를 요하지 않는다. 행정기관은 각기 고유한 임무를 달성하기 위해 설치된 것이기 때문에 그 활동은 부여된 임무를 달성하기 위하여 필요한 것에 한한다. 따라서 임의활동에 있어서 행정기관이 법률에서 정한 임무의 범위 외의 활동을 행하는 것은 불가능하다.

행정기관의 활동 일반에 관한 이러한 기본입장은 경찰활동에 있어서도 다른 것은 아니다. 일반적으로 상대방의 권리와 자유를 제한하지 않고, 의무를 부과하지 않는 것에 대해서는 경찰관은 개별법률의 근거가 없더라도 법률에 정한 임무를 달성하기 위하여 필요한 활동을 행할 수 있다.

2. 경찰의 임의활동을 법률에서 규정하는 의미

「경찰관 직무집행법」은 국민의 권리·자유를 제한하거나 국민에게 의무를 부과하는 행위만이 아니라 국민에게 사실상의 불이익을 주는 것과 같은 일정한 임의활동에 대해서도 그 요건 등을 규정하고 있다. 그러나 이러한 규정들은 광범위한 경찰활동 중에 극히 한정된 국면을 파악한 것이고 또한 행정기관은 개별법률의 근거가 없더라도 법률에서 부여된 임무를 달성하기 위해 필요한 임의활동을 행하는 것이 가능하기 때문에 「경찰관 직무집행법」이 임의활동에 대해 규정을 두는 것은 그것에 규정한 유형 및 요건에 해당하지 않는 임의활동을 배제하는 취지가 아니라, 확인적인 취지에 따른 것이라 할 수 있다. 즉 「경찰관 직무집행법」은 불심검문을 통한 질문, 임의보호조치 등 경찰관이 일상적으로 행할 가능성이 높은 임의활동에 있어서도 국민에게 사실상의 불이익을 미치는 것에 대해서는 소정의 규정을 둠으로써 그것이 임의활동으로서 행해 얻어진 것이라는 것을 법률상으로 명확히 하여 국민의 협력을 얻는 것뿐만 아니라 경찰관이 적정하게 직무를 집행할 수 있도록 하는 것이다.

3. 국민에게 사실상의 불이익을 줄 수 있는 비권력적 경찰조치의 종류

「경찰관 직무집행법」상 국민에게 사실상의 불이익을 줄 수 있는 비권력적 경찰조치로는 불심검문(법 제 3 조 제 1 항), 임의동행(동법 제 3 조 제 2 항), 미아·병자·부상자 등의 보호조치(동법 제 4 조 제 1 항 제 3 호), 위험발생에 있어서 경고(동법 제 5 조 제 1 항 제 1 호), 범죄의 예방을 위한 경고(동법 제 6 조), 사실조회 및 직접확인(동법 제 8 조) 등이 있다.

Ⅱ. 불심검문

경찰관 직무집행법

제 3 조(불심검문) ① 경찰관은 다음 각 호의 어느 하나에 해당하는 사람을 정지시켜 질문할 수 있다.

1. 수상한 행동이나 그 밖의 주위 사정을 합리적으로 판단하여 볼 때 어떠한 죄를 범하였거나 범하려 하고 있다고 의심할 만한 상당한 이유가 있는 사람
2. 이미 행하여진 범죄나 행하여지려고 하는 범죄행위에 관한 사실을 안다고 인정되는 사람

② 경찰관은 제 1 항에 따라 같은 항 각 호의 사람을 정지시킨 장소에서 질문을 하는 것이 그 사람에게 불리하거나 교통에 방해가 된다고 인정될 때에는 질문을 하기 위하여 가까운 경찰서·지구대·파출소 또는 출장소(지방해양경비안전관서를 포함하며, 이하 "경찰관서"라 한다)로 동행할 것을 요구할 수 있다. 이 경우 동행을 요구받은 사람은 그 요구를 거절할 수 있다. <개정 2014. 11. 19.>

③ 경찰관은 제 1 항 각 호의 어느 하나에 해당하는 사람에게 질문을 할 때에 그 사

람이 흉기를 가지고 있는지를 조사할 수 있다.
④ 경찰관은 제 1 항이나 제 2 항에 따라 질문을 하거나 동행을 요구할 경우 자신의 신분을 표시하는 증표를 제시하면서 소속과 성명을 밝히고 질문이나 동행의 목적과 이유를 설명하여야 하며, 동행을 요구하는 경우에는 동행 장소를 밝혀야 한다.
⑤ 경찰관은 제 2 항에 따라 동행한 사람의 가족이나 친지 등에게 동행한 경찰관의 신분, 동행 장소, 동행 목적과 이유를 알리거나 본인으로 하여금 즉시 연락할 수 있는 기회를 주어야 하며, 변호인의 도움을 받을 권리가 있음을 알려야 한다.
⑥ 경찰관은 제 2 항에 따라 동행한 사람을 6시간을 초과하여 경찰관서에 머물게 할 수 없다.
⑦ 제 1 항부터 제 3 항까지의 규정에 따라 질문을 받거나 동행을 요구받은 사람은 형사소송에 관한 법률에 따르지 아니하고는 신체를 구속당하지 아니하며, 그 의사에 반하여 답변을 강요당하지 아니한다.
[전문개정 2014. 5. 20.]

1. 불심검문의 의의

재산의 자유, 정신의 자유 등 자유권적 기본권을 비롯한 모든 인권은 신체의 자유를 전제로 한다. 이러한 자유권이 수사 또는 행정경찰활동을 위하여 부득이한 경우 헌법에 근거해서 제한되는 경우가 있는데, 가장 대표적인 것 중의 하나가 불심검문이다.

검문활동은 경찰의 업무 중 빼놓을 수 없는 중요한 업무의 하나이며 각종 범죄를 예방하고 범인을 검거하는 데 있어서 중요한 역할을 하고 있다. 경찰의 검문활동은 범죄인에게 심리적인 제약으로 작용하여 범죄활동을 저지하거나 둔화시킴으로써 범죄예방의 실효를 거둘 수 있다. 또한 경찰의 성실한 검문활동은 시민들로 하여금 범죄로부터의 불안을 해소시켜 사회의 치안유지 및 안정에 큰 기여를 함으로써 공권력에 대한 신뢰감을 향상시키는 데 큰 역할을 할 수 있다.

불심검문이란 교통의 단속, 흉악하고 중요한 사건발생시 범인의 체포, 경찰활동에 수반하는 위험물의 발견, 그 외 일반범죄의 예방·검거 등 경찰상의 목적을 달성하기 위해 통상 복수의 경찰관이 일정한 장소에서 경계함에 있어서 거동이 수상한 자 또는 통행인에 대하여 질문하거나 소지품검사를 하여 소정의 경찰목적을 달성하고자 하는 경찰활동의 총체를 말한다(이러한 검문활동은 일정한 장소에서 복수의 경찰관이

협동하여 경계에 임하는 '검문체제'와 질문이나 소지품(흉기소지 여부) 조사 등을 위해 상대방을 정지시키는 '검문행위'를 포함한다).

「경찰관 직무집행법」 제 3 조 제 1 항은 "수상한 행동이나 그 밖의 주위 사정을 합리적으로 판단하여 볼 때 어떠한 죄를 범하였거나 범하려 하고 있다고 의심할 만한 상당한 이유가 있는 사람(제 1 호)과 이미 행하여진 범죄나 행하여지려고 하는 범죄행위에 관한 사실을 안다고 인정되는 사람(제 2 호)을 정지시켜 질문할 수 있다"고 규정하고 있다(불심검문의 근거법으로는 「경찰관 직무집행법」 제 3 조<불심검문>, 형사소송법 제211조<현행범인과 준현행범인>, 주민등록법 제26조<주민등록증의 제시요구> 등이 있다).

2. 불심검문의 법적 성질과 대상

(1) 불심검문의 법적 성질

「경찰관 직무집행법」상의 불심검문의 법적 성질은 ① 그 대상이 특정되지 않은 불특정범죄를 대상으로 한다는 점과, ② 경찰관이 독자적으로 행한다는 점에서, ③ 목적이 범죄의 예방과 이를 통한 질서유지에 있으면 행정경찰작용으로 보는 것이 타당하다(행정경찰작용설). 그러나 이에 대하여 「경찰관 직무집행법」 제 3 조에 비추어 볼 때 불심검문은 "이미 범죄의 혐의가 있다"는 판단을 전제로 하고 있기 때문에 이를 행정경찰작용으로만 파악할 수 없고, 동 법률에 경찰관의 직무범위로서 범죄의 예방, 진압 이외에 수사까지 함께 규정하고 있으므로, 사법경찰작용도 포함하고 있다고 보아야 한다는 견해도 있다(사법경찰작용설).

한편 불심검문을 행정경찰작용으로 보는 경우에 불심검문의 법적 성질을 둘러싸고 학설의 대립이 있다. ① 불심검문이 어느 정도의 신체적 접촉이 불가피하고 또한 소지품을 검사하며, 질문에 응하지 않고 달아나는 경우에는 추적하여 도주할 수 없을 정도로 신체의 자유의 일부에 물리적 실력을 가할 수 있다는 점에서 경찰상 즉시강제의 성격을 갖는다는 견해(박윤흔·정형근), ② 불심검문을 당한 자는 답변을 강요당하지 않으며, 동행요구를 거부할 수 있고, 상대방의 신체에 대한 강제력이 행사되는 경우에도, 그것은 관련 정보수집에 필요한 한도에서 부수적으로 인정될 수 있기 때문에 행정조사의 일종인 경찰조사의 성격을 가진다는 견해(정하중), ③ 국민에게 사실상의 불이익을 줄 수 있는 비권력적인 사실행위로 보는 견해가 그것이다. 세 번째 견해가 타당하다.

(2) 불심검문의 대상

우리나라 「경찰관 직무집행법」은 불심검문의 대상자로 ① 수상한 행동이나 그 밖의 주위 사정을 합리적으로 판단하여 볼 때 어떠한 죄를 범하였거나 범하려 하고 있다고 의심할 만한 상당한 이유가 있는 사람(제 1 호)과 ② 이미 행하여진 범죄나 행하여지려고 하는 범죄행위에 관한 사실을 안다고 인정되는 사람(제 2 호)을 들고 있다(제 3 조 제 1 항).

[판례] 형사소송법 제211조가 현행범인으로 규정한 **범죄의 실행의 직후인 자라고 함은 범죄의 실행행위를 종료한 직후의 범인이라는 것이 체포자의 입장에서 볼 때 명백한 경우를 일컫는** 것으로서, **범죄의 실행을 종료한 직후라고 함은 범죄행위를 실행하여 끝마친 순간 또는 이에 아주 접착된 시간적 단계를 의미하는 것으로 해석**되므로 시간적으로나 장소적으로 보아 체포를 당하는 자에게 방금 범죄를 실행한 범인이라는 점에 관한 죄증이 명백히 존재하는 것으로 인정되는 경우에만 현행범인으로 볼 수 있다(대판 1995. 5. 26, 94다37226).

따라서 법률상 불심검문의 대상은 반드시 직접적으로 범죄행위를 한 자에 국한하지 않고 이에 가세하거나 또는 이를 목격한 자 등에 대하여 광범위하게 행하여질 수 있는 것으로 볼 수 있다. 나누어 살펴보면 다음과 같다.

1) 어떠한 죄를 범하였거나 범하려 하고 있다고 의심할 만한 상당한 이유가 있는 사람(법 제 3 조 제 1 항 제 1 호)

'어떠한 죄'로 규정한 취지는 일응 어떠한 죄에 해당하는 것이면, 구체적인 범죄사실이 특정될 필요는 없다는 것이다. 범죄의 종류가 특정될 필요도 없다. 따라서 '어떠한 죄'에는 형법 제41조의 형벌의 대상이 되는 행위가 모두 포함된다. 그러므로 행정형벌은 불심검문의 대상이 되지만, 행정질서벌은 범죄를 대상으로 하지 않으므로 그 행위자는 불심검문의 대상이 되지 않는다. 그리고 불심검문에서의 '상당한 이유'는 합리적인 가능성(reasonable possibility)으로 족하다고 보아야 할 것이다.

2) 이미 행하여진 범죄나 행하여지려고 하는 범죄행위에 관한 사실을 안다고 인정되는 사람(법 제 3 조 제 1 항 제 2 호)

범죄의 피해자, 범죄현장의 목격자나 교통사고시의 승객 등이 이에 해당할 수 있을 것이다. 이들은 경찰위반상태에 대하여 직접적으로 책임이 있는 자가 아니라 제 3 자의 입장에 있는 자들이라고 할 수 있다. 이들에 대한 불심검문은 경찰책임의 원칙에 대한 예외라고 할 수 있다.

제 3 자에 대한 불심검문은 범죄예방이나 수사단서를 얻기 위한 목적으로 행해지므로 현실적 필요성을 부정할 수 없으나, 미국의 경우에 합리적인 혐의가 있는 자에 대해서만 정지와 질문을 인정하고 있고, 독일의 경우에도 원칙적으로 범죄의 혐의가 있는 자 또는 위험의 방지를 위한 대상자에 대해서만 신원확인을 인정하고 있는 것을 볼 때, 제 3 자에 대한 불심검문을 제한 없이 인정하고 있는 우리 법의 태도는 비판의 여지가 있다는 지적이 있다. 따라서 "이미 행하여진 범죄나 행하여지려고 하는 범죄행위에 관한 사실을 안다고 인정할 만한 상당한 이유가 있는 사람"으로 개정할 필요가 있다.

3. 불심검문의 판단요소와 판단기준

(1) 불심검문의 판단요소

1) 수상한 행동

수상한 행동이란 언행이나 차림새 따위가 보통과 달리 이상하거나 자연스럽지 못한 것을 말한다(**예** ① 경찰관을 보고 도망치는 경우, ② 골목길을 배회하는 경우, ③ 아파트 복도를 이리저리 서성거리는 경우, ④ 피가 묻어 있는 옷을 입고 있는 경우 등).

수상한 행동을 불심검문의 판단요건으로 하는 것에 대해 오늘날 불심검문을 피하기 위하여 치밀하게 준비하는 현실에 비추어 볼 때 회의적인 견해를 표명하기도 하나, 판단요건으로 큰 문제가 될 수는 없다고 본다.

2) 주위의 사정

주위의 사정이란 불심검문 상대방의 직접적인 거동을 제외한 주변사정을 말하는 것으로 주위의 사람이나 검문시간·검문장소 등이 고려될 수 있을 것이다.

주위의 사람들이 다수인가 소수인가의 여부(인적 상황), 위험한 물건이 있는가의 여부(물적 상황), 주간인가 야간인가의 여부(시적 상황), 번화한 거리인가 으슥한 골목인가의 여부(장소적 상황) 등은 주위의 사정의 대표적인 예들로 들어지고 있다.

이 판단요건과 관련하여 문제되는 것은 수상한 행동이 없는 경우에도 주위의 사정만으로 불심검문의 요건이 채워졌다고 볼 수 있느냐이다. 법문상으로는 가능한 것으로 해석될 여지가 있으나, 수상한 점이 전혀 없는 사람을 주위의 사정만으로 그의 자유를 제한하는 것은 불가하다고 보아야 한다.

(2) 불심검문의 판단기준

경찰이 불심검문을 행함에 있어서 그 정황과 대상자를 판단하는 기준은 합리적인 것이어야 한다. 판단이 합리적이라고 하기 위해서는 해당 직무를 행하는 경찰관의 주관적이고 자의적인 판단이 아닌 사회통념에 비추어 객관적인 합리성이 담보되는 판단이어야 한다.

그러나 이것은 일반인의 지식 및 경험의 수준에 입각하여 판단하는 것을 의미하는 것이 아니라, 추론과정에 있어서 객관적인 합리성이 있으면, 그 과정에서 경찰관의 직업적인 전문지식 및 경험을 반영하는 것은 당연히 인정될 수 있다.

4. 불심검문의 방법

(1) 정 지

1) 정지의 법적 성질

정지란 보행자일 경우에는 불러 세우는 것, 자동차나 자전거에 타고 있는 자의 경우에는 정차시키는 것을 말한다. 그런데 움직이고 있는 상대방의 어깨에 손을 얹는다든가 상대방의 앞에서 팔을 벌리고 서는 등의 실력을 사용하여 정지시키는 것이 허용될 것인가가 문제된다. 학설은 강제행위설, 임의처분설(임의수단설), 중간단계설, 하명설 등으로 나뉘어져 있다. 중간단계설은 강제와 임의의 중간에 위치한 설득적 성격을 가진 '강제에 이르지 않는 실력'의 단계가 존재하고, 그것은 사회통념상 타당한 설득수단으로서 강제에 이르지 않는 중간 정도의 임의적인 수단을 의미한다는 견해이다. 법문이 '정지시켜'라고 규정하고 있는 취지를 감안하면 정지에 대해 강제성을 인정하는 것으로 이해할 여지도 있으나, '정지시켜'의 의미를 불러 세운다고 하는 정도의 의미로 파악하는 것이 타당하기 때문에 임의처분설(임의수단설)이 타당하다.

2) 정지의 허용 한계

[판례] 경찰관은 수상한 거동 기타 주위의 사정을 합리적으로 판단하여 어떠한 죄를 범하였거나 범하려 하고 있다고 의심할 만한 상당한 이유가 있는지 또는 이미 행하여진 범죄나 행하여지려고 하는 범죄행위에 관하여 그 사실을 안다고 인정되는 자를 정지시켜 질문할 수 있고, 또 범죄를 실행중이거나 실행 직후인 자는 현행범인으로, 누구임을 물음에 대하여 도망하려 하는 자는 준현행범인으로 각 체포할 수 있으며, 이와 같은 **정지 조치나 질문 또는 체포 직무의 수행을 위하여 필요한 경우에는 대상자를 추적할 수도 있으므로**, 경찰관이 교통법규 등을 위반하고 도주하는 차량을 순찰차로 추적하는 직무를 집행하는 중에 그 도주차량의 주행에 의하여 제 3 자가 손해를 입었다고 하더라도 그 추적이 해당 직무 목적을 수행하는 데에 불필요하다거나 또는 도주차량의 도주의 태양 및 도로교통상황 등

으로부터 예측되는 피해발생의 구체적 위험성의 유무 및 내용에 비추어 **추적의 개시·계속 혹은 추적의 방법이 상당하지 않다는 등의 특별한 사정이 없는 한 그 추적행위를 위법하다고 할 수 없다**(대판 2000. 11. 10, 2000다26807).

상대방이 경찰관의 질문을 위한 정지요구에 응하지 않거나 질문 도중 현장을 떠나려고 하는 경우 경찰관은 물리력을 행사하여 이를 저지할 수 있는가 하는 것이 문제된다. 상대방의 의사를 제압하지 않는 정도의 물리력의 행사(예 정지를 위하여 길을 막아서거나 추적하거나 팔을 붙잡는 행위)는 허용된다고 보는 것이 일반적 견해이다.

[판례] [1] 경찰관직무집행법의 목적, 규정 내용 및 체계 등을 종합하면, 경찰관은 법 제 3 조 제 1 항에 규정된 대상자에게 질문을 하기 위하여 범행의 경중, 범행과의 관련성, 상황의 긴박성, 혐의의 정도, 질문의 필요성 등에 비추어 **목적 달성에 필요한 최소한의 범위 내에서 사회통념상 용인될 수 있는 상당한 방법으로 대상자를 정지시킬 수 있고** 질문에 수반하여 흉기의 소지 여부도 조사할 수 있다. [2] 검문 중이던 경찰관들이, 자전거를 이용한 날치기 사건 범인과 흡사한 인상착의의 피고인이 자전거를 타고 다가오는 것을 발견하고 정지를 요구하였으나 멈추지 않아, 앞을 가로막고 소속과 성명을 고지한 후 검문에 협조해 달라는 취지로 말하였음에도 불응하고 그대로 전진하자, 따라가서 재차 앞을 막고 검문에 응하라고 요구하였는데, 이에 피고인이 경찰관들의 멱살을 잡아 밀치거나 욕설을 하는 등 항의하여 공무집행방해 등으로 기소된 사안에서, **범행의 경중, 범행과의 관련성, 상황의 긴박성, 혐의의 정도, 질문의 필요성 등에 비추어 경찰관들은 목적 달성에 필요한 최소한의 범위 내에서 사회통념상 용인될 수 있는 상당한 방법을 통하여 경찰관직무집행법 제 3 조 제 1 항에 규정된 자에 대해 의심되는 사항을 질문하기 위하여 정지시킨 것으로 보아야 한다**(대판 2012. 9. 13, 2010도6203).

경찰관은 불심검문 대상자에게 질문을 하기 위하여 범행의 경중, 범행과의 관련성, 상황의 긴박성, 혐의의 정도, 질문의 필요성 등에 비추어 목적 달성에 필요한 최소한의 범위 내에서 사회통념상 용인될 수 있는 상당한 방법으로 대상자를 정지시킬 수 있다(대판 2014. 2. 27, 2011도13999). **'사회통념상 용인될 수 있는 상당한 방법'의 예**로는 정지조치나 질문의 직무 수행을 위하여 필요한 경우에 대상자를 추적하는 경우(대판 2000. 11. 10, 2000다26807), 그리고 후술하는 일본 판례에서 확인할 수 있다.

일본 판례는 ① 도주하려고 하는 자의 앞에 가로막아 서는 행위(廣島高判 昭和 51. 4. 1, 高刑集 29권 2호, 240면), ② 직무질문중에 도망친 자를 추적하는 행위(廣島高判 昭和 29. 5. 18, 高刑集 7권 2호, 483면), ③ 임의동행을 거부하고 도망친 자를 추적하는 행위(最決 昭和 30. 7. 19, 刑集 9권 9호, 1908면), ④ 추적하여 배후에서 팔에 손을 걸어 정지시키는 행위(最判 昭和 29. 7. 1, 刑集 8권 7호, 1137면), ⑤ 앞가슴을 붙잡고 보도로 밀어올리는 행위(最決 平成 元年. 9. 26, 刑集 8권 7호, 1137면) 등은 적법하다고 보았다.

그러나 ① 멈추지 않으면 체포한다, 도망가면 쏜다고 겁주는 행위(大阪地判 昭和 43. 9. 20, 判タ 228호, 229면), ② 몇 분 동안에 걸쳐 양복바지의 뒤를 밸트와 함께 쥐고 목덜미를 잡고 순찰차에 승차시키는 행위(大阪地判 平成 2. 11. 9, 判タ 759호, 268면), ③ 경찰관 3명이 신체에 접촉하여 꼼짝 못하게 하는 행위(東京地判 平成 4. 9. 3, 判時 1453호, 173면) 등은 위법하다고 보았다.

(2) 질 문

1) 질문의 의의

질문이란 검문대상자에 대해 경찰관이 의심을 품은 사항을 해소하기 위하여 또는 경찰목적상 필요한 사항을 알기 위하여 행하는 것을 말한다. 질문의 법적 성질에 대해서는 ① 임의수단으로 보는 견해와 ② 질문을 권력적 사실행위로 보는 견해(김성수)가 있다. 생각건대, 불심검문을 당한 사람은 그 의사에 반하여 답변을 강요당하지 아니하므로(법 제 3 조 제 7 항) 질문은 비권력적인 사실행위라고 보는 것이 타당하다. 그러나 임의수단의 한도 내에 질문에 응하도록 설득을 하는 것은 가능하다.

2) 질문의 내용

질문사항은 선행지, 출발지, 용건, 출생지, 주소, 직업, 이름, 소지품의 유무 또는 내용, 의심나는 점 등이 통상적으로 거론된다.

(3) 주민등록법상 주민등록증 제시 요구

경찰관이 불심검문을 할 경우 먼저 신분증의 제시를 요구한다. 신분증 제시를 통한 신원확인은 경찰관이 가지는 의문점 해소와 수배자 검거를 위한 중요한 경찰작용이다. 신분증 제시 및 확인절차는 주민등록법 제26조에 따라 행해진다. 그런데 주민등록법 제26조 제 1 항은 “사법경찰관리가 범인을 체포하는 등 그 직무를 수행할 때”로 한정적으로 규정하고 있다.

5. 불심검문과 적법절차

불심검문은 적법한 사전영장 없이 상대방의 신체를 조사하는 것이므로 신체의 자유와 인권의 보장을 위하여 「경찰관 직무집행법」은 이러한 불심검문에 대한 절차적 요건을 규정하고 있다. 즉 경찰관은 질문하는 경우 자신의 신분을 표시하는 증표를 제시하면서 소속과 성명을 밝히고 질문의 목적과 이유를 설명하여야 한다(법 제3조 제4항). 「경찰관 직무집행법 시행령」 제5조는 법 제3조 제2항의 신분을 표시하는 증표는 "국가공무원의 공무원증으로 한다"고 규정하고 있다.

그리고 불심검문시에 검문대상자는 형사소송에 관한 법률에 의하지 아니하고는 신체를 구속당하지 아니하며, 그 의사에 반하여 답변을 강요당하지 아니한다(법 제3조 제7항). 만약 경찰관의 불심검문이 고지의무나 시간적 제약 등 절차적인 규정을 준수하지 않은 경우에는 위법한 행위로 평가되며 손해가 발생하였다면 검문대상자는 국가를 상대로 손해배상을 청구할 수 있다.

6. 불심검문으로서의 자동차검문

(1) 자동차검문의 의의

자동차검문이란 주행중인 자동차의 정지를 요구하거나 또는 자동차를 정지시켜 그 자동차의 상황(자동차의 외관이나 내부상황 및 탑승자 등)을 살펴봄과 동시에 단속 또는 수사상 필요한 사항에 관하여 운전자나 동승자에게 질문함으로써 자동차 주행에 수반하는 위험의 방지 및 교통위반을 포함한 범죄의 예방 및 적발을 도모하려는 경찰조치를 말한다. **자동차검문도 질문의 한 형태로 볼 수 있다.**

이러한 형태의 검문은 구체적으로는 ① 범행현장으로부터 도주하는 범인의 발견, ② 교통위반 단속, ③ 일반범죄의 발견, ④ 출입국 경비, ⑤ 위험성 있는 도로나 지역에로의 접근방지 등의 목적을 위해 실시되고 있다. 경찰행정법에서는 교통안전을 위한 검문이 문제된다.

특히 주행중의 자동차를 대상으로 하는 **자동차검문은** 우선 상대방을 정지시키지 않으면 행할 수 없고, 말하자면 **무차별적으로 정지시켜 질문을 행하는 점에서 보통의 불심검문과 구별된다.** 자동차검문은 1차적으로 불심검문의 요건을 확인하기 위한 질문을 위한 활동, 즉 불심검문의 전 단계적 조치로서의 성질을 가지게 된다.

「경찰관 직무집행법」에는 자동차검문에 관한 규정이 흠결되어 있다. 도로교통법 제92조(운전면허증 휴대 및 제시 등의 의무) **제2항 및 제47조**(위험방지를 위한 조치) **제1항에서 법적 근거를 찾을 수 있다.** 도로교통법에 따른 운전면허증 제시, 차량 정지는 도로상에서 도로교통법을 위반한 사범을 단속하기 위한 차량 검문이므로 교통상의 안전 확보를 목적으로 하기 때문에 「경찰관 직무집행법」에 자동차검문에 관한 규정을

둘 필요가 있다는 견해가 있다.48)

(2) 자동차검문의 유형별 고찰

자동차검문에는 그의 목적에 따라 특정 범죄의 범인검거 등을 목적으로 하는 긴급배치검문, 불특정 범죄의 예방과 검거를 목적으로 하는 경계검문 및 교통단속을 목적으로 하는 교통검문의 3가지 유형이 있다. 또한 그 형태에 따라 통행차량을 무차별적으로 정지시키는 일제검문과 특정의 차량만을 정지시키는 개별검문이 있으나, 법적으로 「경찰관 직무집행법」으로서 행해지는 것과 그 밖의 것(예 도로교통법 위반의 단속을 위한 교통검문, 형사소송법 제199조의 임의수사에 위한 긴급수배검문)으로 구분할 수 있다.

1) 목적에 따른 분류

가. 긴급배치검문 대개 긴급배치검문을 하는 경우는 탈영병 발생이나 중범죄자의 탈주 등인데, 이에 대해서는 적법성 여부가 논란되고 있는데, 긍정하는 것이 다수설의 입장이다.

나. 경계검문 일본에서 경계검문은 일본 경찰관직무집행법 제 2 조 제 1 항의 요건을 충족하고 해당 차량에 불심사유가 인정되는 경우 자동차의 정지를 요구할 수 있으며, 또한 일본 형사소송법 제199조 제 1 항에 따라 피의자의 차량을 정지시킬 수도 있다.

예를 들어 ① 도난차량의 경우 수배차량과 비슷한 차량인 경우, ② 차량이 범죄현장의 방향에서 주행하여 왔다고 생각되는 경우, ③ 그 차량의 외형·주행방법에 의심스러운 점이 있는 경우 등이 이에 해당한다. 그러나 이들 규정은 전(全) 차량의 일제검문을 근거지우는 것은 아니다.

다. 교통검문 우리나라의 경우 「도로교통법」 제44조 제 2 항 제 1 문에서 음주단속을 위한 호흡조사 측정을 규정하고 있다. 일본에서 교통검문은 부분적으로는 도로교통단속법이 정하는 정지권 등의 행사로 볼 수 있다고 한다(일본 도로교통법 제61조: 위험방지의 조치, 제63조 제 1 항: 정비불량차량, 제67조: 무면허운전·음주운전·과로운전 등). 그러나 도로교통단속법상 전(全) 차량의 일제검문을 근거지우는 규정은 없다.

2) 형태에 따른 분류

가. 일제검문 일제검문이란 도로상의 모든 차량에 대해 일제히 이루어지는

48) 견승엽, 「경찰관 직무집행법상 불심검문의 범위에 관한 연구」(청주대학교 대학원 법학석사학위논문, 2014), 19쪽.

검문을 말한다. 일제검문에 관한 일반적인 법적 근거는 없다. 도로교통법 제44조 제 2 항 제 1 문이 정하는 바(음주측정)에 따라 경찰공무원이 교통의 안전과 위험방지를 위하여 필요하다고 인정하여 이루어지는 검문은 도로상의 안전과 관련하는 범위 안에서 일제검문의 성질을 갖는다고 보는 견해가 있다(홍정선). **일제검문**에 대해서는 위법하다는 주장도 있으나, 다수설은 주행 중 혐의사유를 수반하지 않는 자동차 본래의 성질을 고려하여 위법하지 않다고 주장한다. 그러나 음주운전자가 운전하는 자동차의 경우에는 혐의사유를 수반하는 경우도 없지 않다.

[판례] **도로를 차단하고 불특정다수인을 상대로 실시하는 일제단속식 음주단속이 그 자체로 국민의 기본권을 침해하는 위헌적인 경찰작용인지 여부**: 도로교통법 제41조 제 2 항 전단에서 규정된 "**교통안전과 위험방지의 필요성**"이란 음주측정을 요구할 대상자인 해당 운전자의 운전으로 인하여 야기된 개별적·구체적인 위험방지를 위하여 필요한 경우뿐만 아니라, 잠재적 음주운전자의 계속적인 음주운전을 차단함으로써 그렇지 않았을 경우 음주운전의 피해자가 되었을지도 모를 잠재적인 교통관련자의 위해를 방지할 가능성이 있다면 그 필요성이 충족되는 것으로 **넓게 해석하여야 하고**, 이러한 음주측정을 위하여 검문지점을 설치하고 그 곳을 통행하는 불특정다수의 자동차를 정지시켜 운전자의 음주 여부를 점검해 볼 수 있는 권한도 여기에 내포되어 있다고 보아야 한다(헌재 2004. 1. 29, 2002헌마293〈무작위음주운전단속위헌확인〉).

나. 개별검문 　　개별검문은 특정차량만을 정지시켜 검문하는 것을 말한다.

(3) 검문방법

차량정지 후 경찰관이 할 수 있는 행위는 질문과 조사인데, ① 자동차를 정차시킨 후 운전자 또는 동승자에 대한 질문, ② 차체 등의 외관상의 조사 및 ③ 운전면허증의 제시요구 등은 일반적으로 인정된다.

트렁크 내부 등의 조사에 대해서는 소지품검사의 원리를 적용하여 사회공공의 위험이 큰 경우라면 제한적으로 긍정하는 것이 타당하다.

그러나 미국의 판례에 따르면, 사유지에 있는 미운행 차량에 대한 수색은 정당하지 않다(Coolidge v. New Hampshire, 4033 U.S. 433, 1971)고 한다.

(4) 자동차의 정지와 실력행사와의 관계

자동차의 정지행위는 임의수단이지 않으면 안 된다. 이것은 학설·판례가 일치하여 인정하는 바이다. **일본 판례**는 다음과 같은 행위는 정지행위로서 적법하다고 한다. ① 적색등을 깜빡이고 경적을 울리는 것, ② 자동차의 전후에 어느 정도의 간격을 두고 수사용 자동차를 접근시키는 협공검문(名古屋金澤支判 昭和 52. 6. 30, 判時 878호 118면; 東京高判 平成 9. 4. 3, 東京時報 1-12호 32면; 大阪高判 平成 11. 12. 15, 判タ 1063호 269면), ③ 좌측 운전수석 문을 양손으로 잡는 것, ④ 핸들과 문을 잡는 것(東京高判 昭和 45. 11. 12, 東高時報 21권 11호 390면), ⑤ 차 내에 손을 넣어 엔진을 끄는 것(東京高判 昭和 48. 4. 23, 高刑集 26권 2호 180면), ⑥ 엔진의 스위치를 끄려고 하거나 발진한 자동차의 핸들을 왼손으로 잡고 자동차를 노변(갓길)으로 바싹 붙이려고 하는 것(東京高判 昭和 54. 7. 9, 刑裁月報 11권 7-8호 753면), ⑦ 엔진키를 빼앗는 행위(最三決 平成 6. 9. 16, 刑集 48권 6호 420면), ⑧ 운전면허증을 반환하지 않는 행위(東京高判 平成 5. 7. 7, 東高時報 44권 1-12호 56면), ⑨ 도주하는 차량을 경찰봉으로 파손하는 행위(奈良地判 平成 3. 3. 27, 判時 1389호 111면, 경찰관의 위법성을 인정하였다) 등이 그것이다. 그러나 ②-⑨의 행위를 임의수단으로 보는 것에 대해서는 의문이 있을 수 있다.

7. 관련 사례학습

【관련 사례 1】 불심검문 시 신분증 제시

가. 사실관계

A는 2013. 2. 21. 03:10경 성남시 분당구에 있는 카페에서, 술값 문제로 시비가 붙었다. 이에 경비업체의 지원요청 신고를 받고 출동한 수내파출소 소속 경찰공무원 순경 B(31세)와 경사 C(39세)는 그곳 여종업원과 여사장으로부터 A가 술값을 내지 않고 가려다 여종업원과 실랑이가 있었다는 경위를 들었다.

이때 순경 B가 음식점 밖으로 나가려는 A의 앞을 막으며 "상황을 설명해 주십시오"라고 말하자 "야 이 ○○○들아. 너희 업주랑 한편이지? 너희 내가 거꾸로 매달아 버릴 거야. 내가 누군지 알아?"라고 소리를 지르며 B의 멱살을 잡아 흔들고, 경사 C가 A를 제지하기 위해 뒤쪽에서 A의 어깨를 잡자 "넌 뭐야"라고 말하고 머리와 몸을 돌리면서 오른쪽 팔꿈치로 C의 턱을 1회 때렸다.

계속하여 A는 같은 날 04:10경 성남시 분당구에 있는 경기분당경찰서 수내파출소에서, 수내파출소 소속 경찰공무원 경위 D(55세)가 A의 손목에 채워진 수갑을 풀어주자 자신을 체포한 경사 C를 보고 "너 이 새끼"라고 말하며 주먹으로 C의 가슴을 2회 때리고, C의 멱살을 잡아 끌고 가고, 이를 제지하는 경위 D의 멱살을 잡아 당겨 흔들고, 주먹으로 입부위를 1회 때리고, 얼굴을 2회 때렸다.

A는 위와 같은 방법으로 B에게 약 3주간의 치료를 요하는 경추의 염좌 및 긴장 등의 상해를, C에게 약 3주간의 치료를 요하는 귀의 표재성 손상 등의 상해를, D에게 약

3주간의 치료를 요하는 경추의 염좌 및 긴장 등의 상해를 가하였다.

나. 법원의 판단

1) 원심 판단

요지	신분증 미제시로 불심검문 위법

「경찰관 직무집행법」 제 3 조 제 1 항에서는 수상한 거동 기타 주위의 사정을 합리적으로 판단하여 어떠한 죄를 범하였거나 범하려 하고 있다고 의심할 만한 상당한 이유가 있는 자 또는 이미 행하여진 범죄나 행하여지려고 하는 범죄행위에 관하여 그 사실을 안다고 인정되는 자를 정지시켜 질문할 수 있다고 규정하고 있고, 같은 법 제 3 조 제 4 항에서는 경찰관이 위 규정에 의하여 질문을 하고자 할 때에는 경찰관은 당해인에게 자신의 신분을 표시하는 증표를 제시하면서 소속과 성명을 밝히고 그 목적과 이유를 설명하여야 한다고 규정하고 있으며, 같은 법 시행령 제 5 조에서는 위 법 소정의 신분을 표시하는 증표는 국가경찰공무원의 공무원증이라고 규정하고 있다.

살피건대, 이 법원이 적법하게 채택하여 조사한 증거들에 의하면, 경비업체의 지원요청 신고를 받고 수내파출소 소속 경찰공무원 B와 C가 위 카페에 출동할 당시 피고인 A는 카페 안 카운터 앞쪽에 있는 소파에 앉아 있었던 사실, B와 C가 현장에서 여사장으로부터 경위를 파악하려고 할 때 피고인 A가 위 카페에서 나가려고 하였고, B가 피고인 A에게 상황설명을 요청하며 피고인 A의 진로를 가로막은 사실, B가 피고인 A의 진로를 가로막고 상황설명을 요청할 때 B, C 그 어느 누구도 신분을 표시하는 증표를 제시하거나 소속, 성명 등을 밝히지 않은 사실, B가 피고인 A의 진로를 가로막고 난 후 어느 정도의 실랑이가 있은 이후에 피고인 A가 범죄사실 기재와 같은 폭력을 행사한 사실 등을 인정할 수 있다.

그렇다면 위 카페에서의 B와 C의 직무집행은 불심검문에 관한 「경찰관 직무집행법」 제 3 조 제 4 항을 어긴 것으로 부적법하고, 수내파출소에서의 D와 C의 직무집행도 이러한 위법한 직무집행의 연속이라고 할 것이므로 역시 부적법하다.

(수원지방법원 성남지원 2013. 12. 11. 선고 2013고정1046 판결)

2) 항소심 판단

요지	어느 정도 유형력 행사 인정, 정복 착용 등 신분 확인 가능 시 신분증 미제시 용인

「경찰관 직무집행법」 제 3 조 제 1 항 제 1 호는 수상한 행동이나 그 밖의 주위사정을 합리적으로 판단하여 볼 때 어떠한 죄를 범하였거나 범하려 하고 있다고 의심할 만한 상당한 이유가 있는 자에 대하여 불심검문을 할 수 있다고 규정하고 있는데, 이 사건

의 경우 뒤에서 보듯이 현장에 출동한 경찰관들이 업주와 여종업원으로부터 술값을 내지 않고 여종업원과 실랑이를 벌인 사람이 피고인이라는 사실을 확인하였으므로, 피고인은 어떠한 죄를 범하였다고 의심할 만한 상당한 이유가 있는 자로서 이른바 거동불심자에 해당한다.

불심검문에서 질문을 위한 선행수단으로서 거동불심자를 불러 세우는 '정지'에 불응할 경우 경찰관이 유형력을 행사할 수 있는지 문제되나, 「경찰관 직무집행법」 제 3 조 제 1 항의 법문상 '정지시켜'라고 규정되어 있는 점, 유형력의 행사를 일체 허용하지 아니할 경우 불심검문의 실효성이 없다는 점에서 불가피한 경우 어느 정도의 유형력의 행사는 긍인할 수밖에 없다고 할 것이다.

다만, 유형력의 행사가 허용된다 하더라도 그 허용범위는 엄격히 제한할 필요가 있을 것인데, 모든 국가작용에 대한 통제원리인 비례성의 원칙에 따라, 「경찰관 직무집행법」 제 3 조 제 1 항에 규정된 대상자에게 질문을 하기 위하여 범행의 경중, 범행과의 관련성, 상황의 긴박성, 혐의의 정도, 질문의 필요성 등에 비추어 그 목적 달성에 필요한 최소한의 범위 내에서 사회통념상 용인될 수 있는 상당한 방법으로 그 대상자를 정지시킬 수 있다 할 것이다(대법원 2012. 9. 13. 선고 2010도6203호 판결).

신고를 받고 현장에 출동한 경찰관들이 참고인들에 대한 확인절차를 거친 후 범인이라고 의심되는 피고인에게 질문하고자 하였으나 피고인이 이에 불응하고 밖으로 나가려고 하자 피고인을 막아선 것인데, 이러한 정도의 유형력의 행사는 그 목적 달성에 필요한 최소한의 범위 내에서 사회통념상 용인될 수 있는 상당한 방법으로 이루어졌다고 인정된다.

한편, 이 사건 불심검문 당시 경찰관들이 피고인에게 신분증을 제시하지 아니한 사실은 인정되나, 당시 경찰관들이 정복차림이었고, 피고인의 진술내용에 의하더라도 당시 피고인은 위 B, C가 경찰관이라는 것을 알고 있었다고 보이는 점에서 신분증을 제시하지 아니한 경찰관들의 「경찰관 직무집행법」상 절차위반행위가 불심검문을 당하는 국민의 자유와 권리를 침해하여 위 공무집행을 위법하게 할 정도라고 보기는 어렵다.

(수원지방법원 2014. 5. 29. 선고 2014노97 판결)

3) 상고심 판단

요지	불심검문을 위한 정지에 사회통념상 상당한 유형력 행사 인정, 불심검문 상황 고려 및 정복 착용 등 신분 확인 가능 시 신분증 미제시 용인

경찰관이 「경찰관 직무집행법」 제 3 조 제 1 항에 규정된 대상자 해당 여부를 판단함에 있어 불심검문 당시의 구체적 상황은 물론 사전에 얻은 정보나 전문적 지식 등에

기초하여 불심검문 대상자인지 여부를 객관적·합리적인 기준에 따라 판단하여야 할 것이나, 반드시 불심검문 대상자에게 형사소송법상 체포나 구속에 이를 정도의 혐의가 있을 것을 요한다고 할 수는 없고, 경찰관은 불심검문 대상자에게 질문하기 위하여 범행의 경중, 범행과의 관련성, 상황의 긴박성, 혐의의 정도, 질문의 필요성 등에 비추어 그 목적 달성에 필요한 최소한의 범위에서 사회통념상 용인될 수 있는 상당한 방법으로 그 대상자를 정지시킬 수 있다고 할 것이다(대법원 2012. 9. 13. 선고 2010도6203 판결, 대법원 2014. 2. 27. 선고 2011도13999 판결 등 참조).

한편, 법 제 3 조 제 4 항은 경찰관이 불심검문을 하고자 할 때에는 자신의 신분을 표시하는 증표를 제시하여야 한다고 규정하고, 법 시행령 제 5 조는 위 법 소정의 신분을 표시하는 증표는 경찰관의 공무원증이라고 규정하고 있는바, 불심검문을 하게 된 경위, 불심검문 당시의 현장상황과 검문을 하는 경찰관들의 복장, 피고인이 공무원증 제시나 신분 확인을 요구하였는지 여부 등을 종합적으로 고려하여, 검문하는 사람이 경찰관이고 검문하는 이유가 범죄행위에 관한 것임을 피고인이 충분히 알고 있었다고 보이는 경우에는 신분증을 제시하지 않았다고 하여 그 불심검문이 위법한 공무집행이라고 할 수 없다(대법원 2004. 10. 14. 선고 2004도4029 판결 참조).

(대법원 2014. 12. 11. 선고 2014도7976 판결)

【관련 사례 2】 답변 강요

가. 사실관계

경위 D, 경장 C는 "딸이 연락이 안된다, 자주 나가는 정신질환의심자, 망상있는자다"라는 112신고를 이첩을 통해 접수받고, A가 탄 기차가 제천역에 20:01경 도착한다고 하여 2023. 5. 22. 20:01경 제천시 의림대로 1에 있는 제천역 승강장으로 출동하였다.

제복을 입고 현장에 출동한 D가 A를 발견하고 A를 손으로 가리키자, C가 달려와 A에게 다가가고 신원확인을 요청하였다.

A는 신원확인을 거부하면서 자신이 A가 아니라고 하며 뒷걸음질을 치자 C가 A의 팔을 잡고, 위 D가 A의 허리 부분을 붙잡아 A를 움직이지 못하게 하며 A는 이로부터 벗어나려고 하였고 이후 A가 갑자기 손으로 C의 얼굴을 때렸다.

이로써 A는 경찰공무원을 폭행하여 112신고 사건 처리 업무에 관한 경찰공무원의 정당한 직무집행을 방해하였다.

나. 법원의 판단

설령 112신고의 내용에 따라 정신질환이나 망상장애가 의심되는 피고인에게 어느 정도의 보호조치가 필요하였다고 하더라도, 「경찰관 직무집행법」 제 3 조 제 7 항 등과의 관계에 비추어 볼 때 보호조치 대상자 역시 의사에 반하여 인적사항 등에 관한 답변을 강요당하지 않을 권리가 있다고 할 것인데, D가 피고인 A를 발견한 뒤 C가 피고인에게 신원확인을 요구하였고 이에 피고인이 자신이 피고인이 아니라고 하면서 이를 거부하고 출동 경찰관들로부터 떠나려 하자 C가 신원확인 요구 후 약 2초도 경과하기 전에 피고인의 팔을 붙잡았고, 이후 D도 합세하여 피고인의 허리 부분을 붙잡은 사실(C는 플랫폼에서 떨어지는 등 안전상의 사고 우려 때문에 피고인을 붙잡았다고 진술하기는 하였으나 설령 위와 같은 이유로 피고인의 팔을 붙잡았다고 하더라도 피고인의 안전이 확보된 이후에는 팔을 놓았어야 할 것임에도 C는 계속해서 피고인의 팔을 붙잡고 있었고 D도 C가 피고인의 팔을 잡은 직후 피고인의 허리 부분을 잡은 뒤 계속해서 붙잡고 있었다), 이에 피고인은 계속되는 실랑이 과정에서 손으로 C의 얼굴을 때린 사실, 피고인이 플랫폼 가장자리에서 이동한 뒤에는 플랫폼에 별다른 위험요소는 없었던 사실 등이 인정되는바, 이와 같은 사실관계에 비추어 볼 때, 인적사항을 묻는 질문에 답변을 거부하겠다는 의사를 밝히면서 현장을 떠나려는 피고인의 몸을 출동 경찰관들이 강제로 붙들어 잡은 뒤 피고인의 인적사항을 파악하는 행위는 「경찰관 직무집행법」상 허용되는 행위로 볼 수는 없으므로, 이 사건 당시 출동 경찰관들의 공무집행은 위법하다.

① 피고인은 '어떤 죄를 범하였거나 범하려 하고 있다고 의심할 만한 상당한 이유가 있는 사람'도 아니었고 '이미 행하여진 범죄나 행하여지려고 하는 범죄행위에 관한 사실을 안다고 인정되는 사람'도 아니어서 「경찰관 직무집행법」 제 3 조 제 1 항에 근거하여 경찰관들이 피고인을 정지시켜 질문하거나 경찰관서로의 동행을 요구할 수는 없고, ② 피고인이 같은 법 제 4 조 제 1 항에 따른 구호대상자에도 해당하지 않는 상황에서 출동 경찰관들의 관여 또는 조치를 거부하고 있었던 이상, 경찰관들이 뚜렷한 법적 근거도 없이 피고인에게 어떠한 조치를 취하려고 하는 것은 허용될 수 없으므로 경찰관들이 피고인에 대해 계속 어떠한 조치를 취하려고 하는 것은 위법한 공무집행에 해당하는바, 이러한 경찰관들의 행위에 대해 피고인이 다소 거칠게 항의하는 와중에 다소간의 폭력행위가 예상된다고 하여 이를 「경찰관 직무집행법」 제 6 조(범죄의 예방과 제지)에서 언급하는 '범죄행위가 목전에 행하여지려고 하고 있다고 인정될 때'에 해당한다거나 '그 행위로 인하여 사람의 생명·신체에 위해를 끼치거나 재산에 중대한 손해를 끼칠 우려가 있는 긴급한 경우'에 해당한다고 단정할 수는 없으므로, 경찰관들이 피고인의 손을 붙잡은 행위는 「경찰관 직무집행법」의 다른 규정에 근거한 적법한 공무집행으로 보기도 어렵다.

(창원지방법원 2023. 11. 17. 선고 2023고단1798 판결)

【관련 사례 3】 불심검문 대상인 거동수상자 여부

가. 사실관계

A는 2015. 7. 23. 의정부지방법원 고양지원에서 특수공무집행방해죄로 징역 1년을 선고받고, 2016. 5. 23. 천안교도소에서 그 형의 집행을 종료한 자이다.

2016. 8. 18. 05:52경 고양시 일산서구 고양대로 664에 있는 신협 앞 버스정류장 근처에서 2명이 병을 깨고 싸우고 있다는 112신고가 접수되었고, 06:00경 출동지령을 받은 일산경찰서 C지구대 소속 경장 D(36세) 등이 현장으로 출동하였다.

현장에서는 A가 H에게 일방적으로 욕설을 하고 있었고 H 주변에는 깨진 소주병이 흩어져 있었다. 이에 경장 D는 A에게 어떻게 된 것이냐고 물었고 A에게 신분증 제시를 요구하였다.

A는 신원확인을 위하여 신분증 제시를 요구받자 아무런 이유 없이 D에게 욕설을 하면서 오른 주먹을 D의 얼굴을 향해 휘두르는 등 폭행하였다.

또한 A는 거리를 지나가는 행인 등 다수가 있는 가운데 D에게 “야이 ○쌔끼야, ○같은 놈”이라고 욕설을 하여 공연히 D를 모욕하였다.

나. 법원의 판단

1) 항소심 판단

112신고 내용, 경장 D가 출동한 경위, 경장 D가 현장에서 목격한 사실 등에 비추어 보면, 경장 D가 피고인 A를 불심검문의 대상자로 삼은 조치는 피고인에 대한 불심검문 당시의 구체적 상황과 자신의 사전 지식 및 경험칙에 기초하여 객관적·합리적 판단과정을 거쳐 이루어진 것으로서, 설령 피고인의 H에 대한 폭행죄가 인정되지 않는다고 가정하더라도 그것만으로 경찰관이 피고인을 불심검문 대상자로 삼은 조치가 위법하다고 보기 어렵다. 따라서 경장 D가 피고인을 상대로 무슨 일이냐고 질의한 것은 「경찰관 직무집행법」 제 3 조 제 1 항에 따른 검문으로 정당한공무집행에 해당한다(당시 출동한 경장 D 등은 경찰 정복차림이었고, 피고인이 위 경찰관들에게 신분증 제시 등을 요구한 적도 없이 검문을 하는 위 경찰관에게 욕설·폭행한 사실을 알 수 있는바, 당시 피고인은 D 등이 경찰관이고 검문하는 이유가 자신의 소란으로 인한 범죄혐의 때문임을 모두 알고 있었다고 보이므로, 이러한 상황에서 위 경찰관이 피고인에게 신분증을 제시하거나 그 소속 등을 밝히지 않았다는 사정만으로 그 불심검문이 위법한 공무집행이라고 볼 수 없다).

경장 D는 「경찰관 직무집행법」 제 3 조 제 1 항에 따라 정당한 직무를 수행하고 있었던 중이었으므로, 이러한 경우 경장 D은 주민등록법 제26조에 따라 피고인의 신원확인을 위한 주민등록증의 제시를 요구할 권한도 있다. 따라서 경장 D가 검문을 하면서 신분증 제시를 요구한 것 역시 정당한 공무집행에 해당하다. 결국 경장 D가 피고인에게 신분증의 제시를 요구할 권한이 없어 위법한 공무집행이라는 피고인의 주장은 받아들일 수 없다.

(서울고등법원 2017. 2. 6. 선고 2016노3980 판결)

【관련 사례 4】 수사목적 임의동행과 경직법상 임의동행의 구분

가. 사실관계

A는 2018. 3. 13. 09:40 택시 무임승차 혐의로 △△△경찰서 ㅁㅁ지구대에 임의동행되었다가 필로폰 투약 혐의로 △△△경찰서로 다시 임의동행되었다.

A의 모 공소외인은 경찰관의 연락을 받고 같은 날 12:00 조금 넘은 시각에 △△△경찰서에 도착하였다. 그 후 A가 △△△경찰서 형사과 강력2팀 사무실에서 자신의 소변과 모발을 같은 날 22:00에 경찰관에게 제출하였다. 즉 A는 ㅁㅁ지구대에 임의동행된 09:40으로부터 12시간 넘게 경찰서에 있다가 소변과 모발을 제출하였다.

나. 법원의 판단

1) 항소심 판단

제 6 항에서 "경찰관은 제 2 항에 따라 동행한 사람을 6시간을 초과하여 경찰관서에 머물게 할 수 없다."라고 규정하고 있다. 피고인 A가 경찰관에게 소변과 모발을 제출한 22:00를 기준으로 보더라도 피고인이 임의동행된 시간으로부터 6시간이 훨씬 넘은 후에 소변과 모발이 제출된 것은 확실하다. 경찰은 피고인이 경찰관서에 머무는 동안 체포영장을 발부받은 사실이 없다.

그렇다면 피고인이 임의동행의 형태로 경찰관서에 들어간 후 6시간이 경과한 때부터는 피고인이 자의로 체류하였는지 여부를 불문하고 불법구금의 상태가 되는 것으로 볼 수밖에 없다. 피고인이 불법구금의 상태에서 제출한 소변과 모발은 위법하게 수집된 증거로서 증거능력이 부정되므로 유죄의 증거로 삼을 수 없다.

(의정부지방법원 2019. 12. 12. 선고 2019노453, 2019노2054 판결)

2) 상고심 판단

경찰관은 당시 피고인의 정신 상태, 신체에 있는 주사바늘 자국, 알콜솜 휴대, 전과 등을 근거로 피고인의 마약류 투약 혐의가 상당하다고 판단하여 경찰서로 임의동행을 요구하였고, 동행장소인 경찰서에서 피고인에게 마약류 투약 혐의를 밝힐 수 있는 소변과 모발의 임의제출을 요구하였음을 알 수 있다. 그렇다면 이 사건 임의동행은 마약류 투약 혐의에 대한 수사를 위한 것이어서 형사소송법 제199조 제 1 항에 따른 임의동행에 해당한다. 그런데도 원심이 이 사건 임의동행을 「경찰관 직무집행법」 제 3 조 제

2 항에 따른 것으로 속단하여 위와 같이 판단한 데에는 임의동행에 관한 법리를 오해한 잘못이 있다.

(대법원 2020. 5. 14. 선고 2020도398 판결)

※ 불법구금(경직법상)까지는 아니지만, 피고인이 제출한 소변, 모발에 대해 형사소송법 제218조에 따른 임의제출물로 압수함에 있어서 제출의 임의성을 부정하여 증거능력 부인

【관련 사례 5】 음주운전 사고자에 대한 경찰관서 임의동행

가. 사실관계

A는 2015. 5. 26. 23:56경 서울 관악구 B 앞 노상에서 만취 상태로 무등록 오토바이를 운전하던 중 그곳에서 A의 오토바이를 피해 일시 정지해 있던 C 운전의 아우디 승용차를 충격하는 사고를 일으켰다.

이 교통사고 직후 A는 자신이 변호사임을 밝히면서도 몸을 제대로 가누지 못한 채 음주와 오토바이 운전 사실 및 교통사고 야기 사실을 부인하였고, C의 112신고에 의하여 관악경찰서 지구대 소속 경찰관인 D, E이 현장에 출동하였다.

경찰관들은 자신들이 현장에 도착한 이후에도 A의 음주 사실 및 교통사고 경위 관련 다툼이 계속되자 A와 C에게 정확한 음주 측정과 교통사고 처리 등을 위해서는 관악경찰서 교통사고조사반으로 이동하여야 함을 설명한 후 관악경찰서로의 임의동행을 요구하였으며, A와 C가 이에 동의하여 관악경찰서로 이동하게 되었다(임의동행).

이후 관악경찰서 교통사고조사반에 인계되어 이 사건 교통사고에 대한 조사가 이루어졌는데, 당시 행해진 채혈 검사 결과 A의 혈중알콜농도는 0.166%였는바, A는 경찰조사 이후 이 사건 교통사고 야기 및 위 음주운전 등으로 인하여 특정범죄가중처벌등에관한법률위반(위험운전치사상), 도로교통법위반(음주운전), 도로교통법위반, 자동차손해배상보장법위반 혐의로 검찰에 송치되었다.

한편 A는 이 사건 교통사고 발생일로부터 수년이 경과한 후 D, E가 이 사건 임의동행 당시 A를 폭행하였고, 임의동행 거부권도 고지하지 아니하는 등으로 A를 사실상 불법체포하였으며, 임의동행 동의서 미징구 등으로 「경찰관 직무집행법」을 위반하여 A의 절차적 권리를 침해하였다고 주장하면서, 서울중앙지방검찰청 2020년 형제16992호로 D, E를 독직폭행, 직권남용체포, 경찰관직무집행법위반 혐의로 고소하였다.

위 고소 사건의 담당 검사는 2020. 5. 14. D, E에 대하여 혐의없음(증거불충분)의 불기소처분을 하였고, 이에 A가 위 불기소처분에 관하여 서울고등법원 2020 초재2004호로 재정신청을 하였으나, 위 법원으로부터 기각결정을 받았으며, A가 위 기각결정에 대하여 다시 불복하여 대법원 2020모2350호로 재항고하였으나 A의 재항고 신청 역시 기각되었다.

나. 법원의 판단

1) 항소심 판단

(불법체포 주장에 대한 판단) 원고 A는 D, E가 원고에게 체포 이유와 변호인의 조력을 받을 권리 등을 고지하지 아니한 채 원고를 불법으로 체포하였다고 주장하나, 다음에서 보는 바와 같이 D, E은 이 사건 임의동행 당시 원고를 체포한 것이 아니라 원고의 동의에 의하여 적법하게 임의동행한 것이므로 이와 다른 전제에 선 원고의 위 주장은 받아들이지 아니한다.

원고는 설령 원고가 임의동행의 형식으로 관악경찰서로 이동한 것이라고 하더라도 임의동행 거부권에 대하여 고지받지 못하였고, 임의동행에 대하여 명시적으로 동의한 바도 없으므로 원고는 사실상 불법체포를 당한 것이라고 주장한다. 살피건대, ① D, E는 지구대 소속 경찰관들로서 음주감지기 외에 음주측정기는 소지하지 아니한 채 이 사건 교통사고 현장에 출동한 것으로 보이는 점, ② D, E는 당시 음주감지기의 수치와 외관에 비춰 원고의 음주 사실이 명백해 보임에도 원고가 음주 사실 자체를 부인하고 있고 원고와 C 사이에 교통사고 경위에 관하여 다툼이 계속되자 음주측정기를 소지하지 아니한 자신들로서는 이 사건 교통사고를 철저히 조사할 수 없으므로 원고와 C를 교통사고조사반에 인계하여 그곳에서 조사를 받게 할 필요가 있다고 판단한 것으로 보이는 점, ③ D, E가 이러한 상황을 원고와 C에게 설명하였고, 이에 원고의 음주 상태를 정확히 확인할 필요가 있었던 C도 함께 관악경찰서로 이동한 것으로 보이는 점, 즉 원고와 C는 원고의 음주 상태 등에 관하여 정확한 확인을 하기 위해 자진해서 이 사건 임의동행에 응한 것으로 보이는 점, ④ 단지 C가 자신의 차량으로 이동한 것과 달리 원고가 D, E가 운전하는 경찰차량으로 이동한 것은 원고의 음주 상태 때문이었던 것으로 보이고, 원고 역시 자발적으로 탑승하였을 뿐, 원고의 경찰차량 탑승을 위해 D, E가 유형력을 행사하지는 않은 것으로 보이는 점, ⑤ 이 사건 교통사고 현장을 정리하면서 D와 E 사이에 이견이 있었던 부분은 원고의 음주운전 사실이 음주감지기의 수치 및 외관상 명백해 보이므로 현행범체포를 할 수 있다는 E의 의견과 원고의 동의를 받아 경찰서에 자진 출석하게 하자는 D의 의견 사이에 차이가 있었던 것으로, 현행범체포도 가능하다고 판단되는 상황에서 굳이 D, E가 원고에게 임의동행 거부권을 고지하지도 아니한 채 원고의 동의가 없음에도 임의동행의 방법으로 연행할 필요는 없었을 것으로 보이는 점, ⑥ D, E는 모두 원고에게 임의동행을 거부할 수 있음을 설명하고 원고의 동의를 받아 임의동행을 하였다고 일관되게 진술하고 있는 점(이에 대하여 원고는 D가 원고의 민원제기로 인하여 이루어진 조사 절차에서 이 사건 임의동행 동의서나 현행범인체포서 제출에 관한 질문을 받고 '임의동행이나 현행범체포를 하지 않고 교통사고조사계에 자진출석을 요청하였다'고 진술한 부분을 두고 D나 E도 임의동행의 방식을 취하지 않은 것을 인정한 적이 있다는 취지로 주장하나, D의 위 진술은 전후 문맥에 비춰볼 때, 임의동행보다도 더 약한 의미의 권유를 했다는 사정을 강조한 것으로서 전적으로 원고의 의사에 기해 이 사건 임의동행이 이루어진 것을 강조한 진술에 불과한 것으로 보인다) 등을 모두 고려하면, 원고가 제출한 증거들만으로는 D, E가 이 사건 임의동행 당시 원고에게 임의동행 거부권에 대하여 고지하지 않았다거나 원고의 동의 없이 연행하였다는 사실을 인정하기에 부족하고, 달리 이를 인정할 만한 증거가 없다. 따라서 원고의 이 부분 주장도 이유 없다.

(「경찰관 직무집행법」 위반 주장에 대한 판단) 원고는 D, E가 원고로부터 임의동행 동의서를 징구하지 않음으로써 「경찰관 직무집행법」을 위반하였는바, 이는 원고의 절차적 권리를 침해한 것으로서 원고에 대한 불법행위가 된다고 주장한다.

살피건대, 「인권보호를 위한 경찰관직무규칙」 제51조 제 3 항에 의하면, '임의동행을 한 경우에는 임의동행 동의서(별지 제 4 호 서식)를 수사기록에 편철 또는 보관하여야 한다.'고 규정되어 있고, D, E이 이 사건 임의동행 당시 또는 그 이후에 원고로부터 임의동행 동의서를 징구하지 아니한 사실은 당사자 사이에 다툼이 없거나, 증언 및 변론 전체의 취지에 의하여 이를 인정할 수 있으나, 임의동행 동의서를 징구할 의무는 경찰관직무규칙상 의무일 뿐이므로 이를 위반한 사실로 인하여 D, E가 징계를 받을 수 있음은 별론으로 하더라도 위 의무 위반으로 인하여 적법하게 이루어진 임의동행이 위법하게 된다고 볼 수는 없고, 임의동행에 대한 동의가 있었던 이상 동의서를 징구하지 않은 것만으로 원고의 형사절차상 권리가 침해되었다고 볼 수도 없으므로, 정재로, E의 위와 같은 잘못이 원고에 대한 불법행위를 구성한다고 보기는 어렵다. 따라서 원고의 이 부분 주장 역시 이유 없다.

(서울중앙지방법원 2021. 10. 13. 선고 2020나8349 판결)

※ 원심 판결(서울중앙지방법원 2018가소1880995 판결)도 항소심과 같은 취지로 원고 A의 청구 기각

2) 헌법재판소 판단

헌법재판소법 제68조 제 2 항의 헌법소원의 경우 법원에 계속된 구체적 사건에 적용할 법률의 위헌 여부가 재판의 전제가 되어 있어야 하고, 이 경우 재판의 전제성이라 함은 원칙적으로 첫째 구체적인 사건이 법원에 계속 중이어야 하고, 둘째 위헌 여부가 문제되는 법률이 당해 소송사건의 재판에 적용되는 것이어야 하며, 셋째 그 법률이 헌법에 위반되는지 여부에 따라 당해 소송사건을 담당하는 법원이 다른 내용의 재판을 하게 되는 경우를 말한다. 여기서 다른 내용의 재판을 하게 되는 경우라 함은 원칙적으로 법원이 심리 중인 당해사건의 재판의 결론이나 주문에 어떤 영향을 주는 경우뿐만 아니라, 문제된 법률의 위헌 여부가 비록 재판의 주문 자체에는 아무런 영향을 주지 않는다고 하더라도 재판의 내용과 효력에 관한 법률적 의미가 달라지는 경우도 포

함된다(헌재 1992. 12. 24. 92헌가8, 판례집 4, 853, 864－865 등 참조).

당해사건은 이 사건 임의동행의 과정에서 청구인에게 체포 이유와 변호인의 조력을 받을 권리 등을 고지하지 아니한 채 불법으로 체포한 사실에 의하여 청구인에게 손해배상청구권이 발생하였는지 여부를 심리하는 것으로, 당해사건에서 문제된 이 사건 임의동행은 수사목적으로 형사소송법 제199조 제 1 항에 근거하여 동의를 얻어 수사관서까지 동행하는 경우에 해당할 뿐, 「경찰관 직무집행법」에 의한 임의동행에는 해당하지 아니한다. 따라서 「경찰관 직무집행법」에 의한 임의동행의 요건·방법 등을 규정한 이 사건 「경찰관 직무집행법」 조항은 당해사건에 적용되지 아니하므로, 이 사건 경찰관 직무집행법 조항에 대한 심판청구는 재판의 전제성이 인정되지 않는다.

(헌법재판소 2021. 11. 23. 2021헌바315 결정)

※ 헌재에서는 아울러 “당해사건의 쟁점은 정○○ 등 경찰관들이 고의 또는 과실로 부적법한 임의동행을 하였는지 여부인데, 이는 이 사건 형사소송법 조항의 위헌 여부와 관계없이 당해사건에서의 사실인정에 달린 문제이고, 이러한 사실관계 및 고의·과실의 판단에 이 사건 형사소송법 조항은 직접 영향을 미치지 않는다.”고 하여 형소법 청구에 대해서도 재판의 전제성을 인정하지 아니하였다.

【관련 사례 6】 경범죄처벌법 위반죄 현행범 임의동행 거부

가. 사실관계

A는 1992.11.2. 20:10경 서울 중구 신당1동 292의 84 앞 횡단보도에서 길가에 설치되어 있는 쓰레기통을 발로 차 뒤집어서 길을 건너려는 행인들에게 그 쓰레기 가루를 날리게 하는 등 불안감을 조성하였다.

이 행위를 순찰 중에 목격한 성동경찰서 무학파출소 소속 경장 B(34세)와 순경 김동찬이 A를 경범죄처벌법위반으로 연행하려고 하자, 욕설을 하면서 주먹으로 위 피해자의 얼굴을 때리려 하고, 길가에 있던 위험한 물건인 관광소주병으로 B의 머리를 힘껏 내리쳐 B에게 약 21일간의 치료를 요하는 우측 두정부 좌상 및 골막파열상 등을 가하였다.

나. 법원의 판단

1) 원심 판단

「경찰관 직무집행법」 제 3 조 제 2 항 및 제 4 항의 규정에 의하면 경찰관의 동행요구에 대하여 당행인은 거절할 수 있고 또 경찰관은 동행요구시에는 동행거부의 자유가 있음을 고지하도록 되어 있는바, 위와 같은 사실관계 아래에서는 경장 B가 피고인 A를 순찰차에 태워 파출소로 데리고 가려는 행위는, 이를 위 법조 소정의 임의동행으로 볼 때, 피고인이 이를 거부함으로 인하여 더 이상 유지될 수 없는 것이고 이에 반하여 피고인을 억지로 동행하려고 함은 적법한 공무집행이라고 할 수 없을 것이며, 가사 경장 피해자의 위 행위를 현행범인 체포로 본다고 하더라도 형사소송법 제214조에 의하면 5만 원 이하의 벌금, 구류 또는 과료에 해당하는 죄의 현행범인에 대하여는 범인의 주거가 분명하지 아니한 때에 한하여 영장 없이 체포할 수 있다고 규정하고 있는데, 위 경장 피해자의 진술에 의하더라도 피고인을 그 법정형이 구류 또는 과료에 불과한 경범죄처벌법위반 혐의로 동행하려고 하였다는 것이므로 경장 피해자가 피고인에게 신분증의 제시를 요구하는 등의 방법으로 그 주거를 확인하려고 하였으나 이를 확인하지 못하여 피고인을 주거불명인자로 취급할 수밖에 없었다는 점에 관한 증거가 전혀 없는 이 사건에 있어서는 현행범인 체포로서의 적법성이 있다고도 볼 수 없다.

(서울중앙지방법원 1992. 12. 23. 선고 92고합1834 판결)

【관련 일본 사례 7】

(일본)경찰관직무집행법

제 2 조(질문) ① 경찰관은, 수상한 거동 기타 주위의 사정으로부터 합리적으로 판단하여 어떠한 범죄를 범하였거나, 또는 범하려 하고 있다고 의심하기에 족할 상당한 이유가 있는 자 또는 이미 행해진 범죄에 대하여, 또는 범죄가 행해지려 하고 있는 것에 대하여 알고 있다고 인정되는 자를 정지시켜 질문할 수 있다.

② 그 자리에서 전항의 질문을 하는 것이 본인에게 불리하거나, 또는 교통에 방해가 된다고 인정되는 경우에는, 질문을 하기 위하여, 그 자에게 부근의 경찰서, 파출소 또는 주재소에 동행할 것을 요구할 수 있다.

③ 전 두 항에 규정된 자는, 형사소송에 관한 법률의 규정에 의하지 아니하는 한, 신체를 구속당하거나, 또는 그 의사에 반하여 경찰서, 파출소 또는 주재소에 연행되거나, 또는 답변을 강요당하지 아니한다.

④ 경찰관은, 형사소송에 관한 법률에 따라 체포되어 있는 자에 대해서는, 그 신체에 대하여 흉기를 소지하고 있는지 여부를 조사할 수 있다.

가. 사실관계

아베 신조 총리는 2019년 7월 15일, 삿포로시에서 참의원 선거 후보자 응원을 위해 가두연설을 하기로 되어 있었고 JR 삿포로역 앞의 연설 차량 위에서 연설을 하였다.

A는 오후 4시 40분 경 「아베 그만둬」, 「돌아가」 등 소리를 질렀다. 이에 대해 주변 경찰관들이 A의 어깨와 팔을 잡고 이동시켰다.

그러자 A는 키타5죠 테이네 도로의 횡단보도를 건너 남측 보도 부근에서 서쪽 방향으로 달렸는데 이에 대해 주변 경찰관들이 정면에서 막아선 다음 어깨와 팔을 잡고 이동시켰다.

그 후 아베 총리는 삿포로 미츠코시마에까지 이동하여 연설 차량 위에서 가두연설을 하였다. A도 미츠코시마에로 이동하여 오후 5시 30분경「아베 그만둬」,「바보」등 소리를 질렀다. 이에 대해 주변 경찰관들은 A의 어깨와 팔을 잡고 그대로 이동시켰다.

B는 오후 4시 45분경 삿포로역 앞의 아베 총리의 연설에 대해 삿포로역 남쪽 출입구 광장에서「증세 반대」등 소리를 질렀다. 이에 대해 주변 경찰관들은 B의 어깨와 팔을 잡고 이동시켰다.

B는 그 후, 삿포로역 남쪽 출입구 광장에서 서쪽을 향해 이동하기 시작했다. 이에 대해 주변에 있던 경찰관들은 B의 양쪽에서 팔과 손을 잡아 돌린 다음 광장 남측의 '청중 구역'으로 가지 못하게 B를 붙잡고 제지하였다.

B는 삿포로역 남쪽 출입구 광장에서 TSUTAYA 삿포로역 서쪽 출입구 점까지 도보로 이동하였는데 경찰관들은 그 가게 입구 부근까지 따라붙었다.

B는 TSUTAYA 삿포로역 서쪽 출입구 점을 나와 TSUTAYA 삿포로 오오도오리 점 부근까지 도보로 이동하였다. 이에 대해 주변에 있던 경찰관들은 TSUTAYA 삿포로 오오도오리 점 부근까지 따라붙었으며 도중에 적어도 B의 팔에 손을 대는 등의 접촉행위가 있었다.

이에 A와 B는 홋카이도 경찰의 경찰관들에게 어깨나 팔 등을 붙잡혀 이동당하거나, 장시간에 걸쳐 추적을 당했다고 주장하며, 피고(홋카이도)에 대하여 국가배상법 제 1 조 제 1 항에 근거하여, 각각 손해배상금 330만 엔 및 이에 대한 불법행위일인 레이와 원년(2019년) 7월 15일부터 지급 완료일까지 민법(헤이세이 29년 법률 제44호에 의한 개정 전의 것) 소정의 연 5%의 비율에 의한 지연손해금의 지급을 구하였다.

피고는, 경찰관들의 행위는 경찰관직무집행법 제 2 조 제 1 항, 제 4 조 제 1 항 및 제 5 조 그리고 경찰법 제 2 조의 규정에 근거한 적법한 직무집행이었다고 주장하고 있다.

나. 재판소의 판단(令和1(ワ)2369 国家賠償請求事件 令和4年(2016년)3月25日 札幌(삿포로)地方裁判所)

1)「경직법」제 2 조 직무질문(불심검문) 관련

… 피고(홋카이도)는 경찰관들이 따라가던 사이 B의 팔에 접촉한 행위는「경직법」2조 1항의 직무질문에 필요하고 동시에 상당한 수단이고 이 조항에 의해 허용된다고 주장한다.

그러나 경찰관들이 B의 팔에 접촉한 것은 TSUTAYA 삿포로역 서쪽 출입구에서 TSUTAYA 삿포로 오오도오리 부근까지 따라가던 도중이었고, 게다가 일시적인 것에 지나지 않기 때문에 피고가 말하는 접촉행위는 따라가는 행위의 일부를 구성하는 것에 지나지 않는다고 해야 함이 마땅하다.

그리고 가령 따라가는 행위 전체에 대해 위법이라고 할 수 없다고 한다면 그 중 일부인 접촉행위에 대해 더욱이 위법인지 아닌지를 판단할 필요성이 있긴 하지만, 위에서 따라가는 행위 전체가 분명히 위법이라고 판단된 이상[49] 그 일부인 접촉 행위만을 떼어 내어 재차 위법인지 아닌지를 판단한다고 하는 것은 이미 그 필요성을 결한 것이라고 하지 않을 수 없다.

2) 사례 관련 추가 사항(경직법 제 4 조, 피난 등의 조치 부분)

> **(일본)경찰관직무집행법**
>
> 제 4 조(피난등의 조치) ① 경찰관은 사람의 생명 또는 신체에 위험을 미치거나 재산에 중대한 손해를 미칠 우려가 있는 천재, 사변, 공작물의 손괴, 교통사고, 위험물의 폭발, 광견, 달아나는 말 따위의 출현, 극단적인 잡답(雜沓) 등 위험한 사태가 있는 경우에는 그 자리에 있었던 사람, 그 사물의 관리자 및 그 밖의 관계자에게 필요한 경고를 발하고, 및 특히 급을 요하는 경우에는 위해를 받을 우려가 있는 사람에 대하여 그 장소의 위해를 피하게 할 목적으로 필요한 한도에서 이를 저지하거나 피난시키거나, 또는 그 자리에 있었던 사람, 그 사물의 관리자 및 그 밖의 관계자에게 위해 방지를 위해 통상 필요하다고 인정되는 조치를 취하도록 명하거나 또는 스스로 그 조치를 취할 수 있다.
>
> ② 전항의 규정에 따라 경찰관이 취한 처치에 대해서는 순서를 거쳐 소속 공안위원회에 이를 보고하여야 한다. 이 경우에 공안위원회는 다른 공공기관에 대하여 그 후의 처치에 관하여 필요하다고 인정하는 협력을 요청하기 위해 적당한 조치를 취하여야 한다.

아베 총리는 2017년 7월 1일 도쿄도내의 JR 아키하바라역 앞에서 가두연설을 하였다. 그 때 청중 가운데서 「아베 그만둬」 등의 소리가 나자, 아베 총리는 「이런 사람들에게 질 수는 없죠.」라고 발언하였고, 이 발언은 당시 널리 보도되었다.

아베 총리는 2019년 7월 15일 제25회 참의원 선거 후보자를 응원하기 위해 삿포로 시내에서의 가두연설을 하기로 하였다. 홋카이도 경찰의 경찰관들은 그에 대해 경호경비에 임하기로 하였다. 나아가 경찰관들 중 일부는 이번의 가두연설에서도 JR 아키하바라역에서와 같이 소리를 지르는 자가 나올지도 모른다고 예상하고 있었다.

원고 A가 오후 4시 40분경 「아베 그만둬」 등 소리를 지른 데 대해 주변에 있던 경찰관들 중 적어도 2명이 A의 어깨와 팔을 잡고 그에 더해 경찰관들 4, 5명이 이를 둘러싸고 이동시켰다. 그러는 동안 A는 「아베 그만둬」, 「폭력으로 추방하는 거냐」, 「이게 민주주의냐」 등 소리를 질렀다.

---

49) 재판소는 동 판례에서 경찰관들이 경찰법 제 2 조(경찰의 책무)에 따라 범죄의 예방을 위해 B를 따라갔다고 주장한 사항에 대해 필요 상당한 수단을 넘어 이동의 자유를 방해한 것으로 적법한 직무수행으로 볼 수 없다고 판단하였다.

「경직법」 제 4 조 제 1 항은, 경찰관은 「사람의 생명 또는 신체」에 위험을 야기할 우려가 있는 「위험한 사태」가 있고 「특히 시급을 요하는」 경우에는 「위해를 받을 우려가 있는 자」에 대해 필요한 한도에서 이를 제지하거나 피난시킬 수 있다는 취지로 정의된다.

이 사건에서 피고는 당시 주위의 청중 가운데서 A가 고함을 쳤고, 실제로 셀카봉을 가진 남성이 A를 주먹으로 밀고 있었던 점에서 「위해를 받을 우려가 있는 자」인 A를 안전한 장소까지 피난시켰던 것이라고 주장한다.

그리고 현장에 임장하였던 경찰관은 증인 신문에서, ① 청중들이 「네가 꺼져」, 「시끄러」 등 고함이 있었고, A를 노려보는 자도 있어 청중과 A 사이에 트러블이 발생할 위험성을 느꼈다 ② A는 대단히 흥분한 듯한 상태로 청중에게 위해를 가할 가능성도 있었다 ③ 청중 가운데서 주먹을 쥔 상태로 팔을 뻗어 A의 왼쪽 팔 윗부분을 밀쳤다는 취지의 증언을 하고 있다.

검토하자면, 우선 ①에 대해서는 당시의 영상에는 A가 소리친 후 경찰관들이 어깨와 팔을 잡는 등의 행위를 할 때까지 「네가 꺼져」, 「시끄러」 등의 발언은 전혀 녹음되어 있지 않다. 대저 「고함」이라고 함에는 상당한 정도의 성량이 있을 터인데 영상에는 전혀 녹음되어 있지 않다는 것은 부자연하지 않다고 할 수 없다. 더욱이 영상에는 A의 「아베 그만둬」 등의 발언은 매우 명료하게 녹음되어 있고 녹음상황에 문제가 있었다는 등이 의심스럽지는 않다.

또한 A를 노려본 자도 있었다는 증언에 대해서도 단순히 A를 노려본 자가 있을 뿐 바로 A의 「생명 또는 신체에 대한 위험」에 이르는 우려가 있는 「위험한 사태」가 있거나 「특히 시급을 요하는」이라는 점에 의문이 들지 않을 수 없으며 이 점을 빼놓고 보더라도 영상에서 보는 한 주위의 청중 가운데 A를 노려보는 자가 있는 것으로 보이지 않는다.

대저 A가 「아베 그만둬」라고 소리지른 다음 경찰관들이 움직이기 시작할 때까지 겨우 수 초 정도였고 실제로 A의 어깨와 팔을 잡을 때까지도 10초 정도로 그 정도의 시간에 A와 청중 간에 소요가 있었다든지 다툼이 발생하였다는 것으로는 볼 수 없다. 나아가 피고는 다른 영상의 23초 시점에서는 「무섭다」라는 소리가 녹음되었고 30초 시점에서는 「이쪽이 시끄러」라는 소리가 녹음되었다는 취지로 주장하나 이는 경찰관들이 A의 어깨와 팔을 잡고 강제적으로 이동시킨 시점의 것으로 그 전 시점의 사항은 아니다.

… 결국 영상으로 보건대 청중 대다수가 연설에 귀를 기울이고 있었고 A 혼자 「아베 그만둬」 등 소리를 지르기 시작한 것에 지나지 않고 그 이후 수 초 정도 이내에 경찰관들이 움직이기 시작하였고 10초 정도에서 A의 어깨와 팔을 잡기 시작하였고, A의 왼쪽 팔 윗부분을 누군가가 손으로 밀고 있었다고 고려하여도 「사람의 생명 또는 신체」에 위험을 초래할 우려가 있는 「위험한 상태」가 있고 「특히 시급을 요하는」 경우

에 있었다고는 보이지 않는다.

따라서 달리 피고가 주장하는 사실을 인정함에 충분한 적확한 증거가 없는 이상, 경직법 제 4 조 제 1 항의 요건을 충족하는 것이라고는 할 수 없고 이 점에 관한 피고의 주장은 이유 없다.

Ⅲ. 임의동행

경찰관 직무집행법

제 3 조(불심검문) ① 경찰관은 다음 각 호의 어느 하나에 해당하는 사람을 정지시켜 질문할 수 있다.

1. 수상한 행동이나 그 밖의 주위 사정을 합리적으로 판단하여 볼 때 어떠한 죄를 범하였거나 범하려 하고 있다고 의심할 만한 상당한 이유가 있는 사람
2. 이미 행하여진 범죄나 행하여지려고 하는 범죄행위에 관한 사실을 안다고 인정되는 사람

② 경찰관은 제 1 항에 따라 같은 항 각 호의 사람을 정지시킨 장소에서 질문을 하는 것이 그 사람에게 불리하거나 교통에 방해가 된다고 인정될 때에는 질문을 하기 위하여 가까운 경찰서·지구대·파출소 또는 출장소(지방해양경비안전관서를 포함하며, 이하 "경찰관서"라 한다)로 동행할 것을 요구할 수 있다. 이 경우 동행을 요구받은 사람은 그 요구를 거절할 수 있다. <개정 2014. 11. 19.>

③ 경찰관은 제 1 항 각 호의 어느 하나에 해당하는 사람에게 질문을 할 때에 그 사람이 흉기를 가지고 있는지를 조사할 수 있다.

④ 경찰관은 제 1 항이나 제 2 항에 따라 질문을 하거나 동행을 요구할 경우 자신의 신분을 표시하는 증표를 제시하면서 소속과 성명을 밝히고 질문이나 동행의 목적과 이유를 설명하여야 하며, 동행을 요구하는 경우에는 동행 장소를 밝혀야 한다.

⑤ 경찰관은 제 2 항에 따라 동행한 사람의 가족이나 친지 등에게 동행한 경찰관의 신분, 동행 장소, 동행 목적과 이유를 알리거나 본인으로 하여금 즉시 연락할 수 있는 기회를 주어야 하며, 변호인의 도움을 받을 권리가 있음을 알려야 한다.

⑥ 경찰관은 제 2 항에 따라 동행한 사람을 6시간을 초과하여 경찰관서에 머물게 할 수 없다.

⑦ 제 1 항부터 제 3 항까지의 규정에 따라 질문을 받거나 동행을 요구받은 사람은 형사소송에 관한 법률에 따르지 아니하고는 신체를 구속당하지 아니하며, 그 의사에 반하여 답변을 강요당하지 아니한다.

[전문개정 2014. 5. 20.]

1. 임의동행의 의의와 법적 성질

(1) 임의동행의 의의

「경찰관 직무집행법」에는 임의동행이란 말은 나오지 아니한다. 다만, 「경찰관 직무집행법」 제 3 조 제 2 항이 "질문을 하기 위하여 … 동행할 것을 요구할 수 있다"고 규정하고 있는 까닭에, 이것을 「경찰관 직무집행법」상의 **임의동행**이라 한다. 이를 '동행요구'라고 부르며 동행요구에 따른 동행을 임의동행이라고 사용하기도 한다(홍정선). 임의동행은 불심검문에 있어서 질문을 충실히 수행하기 위한 보조수단으로서의 성격을 갖는 것이지만, 경찰관의 질문의 편의보다는 검문대상자 등을 보호하기 위하여 마련된 제도이다.

여기서 임의란 물론 강제에 대한 개념으로서 본인의 의사에 의한다는 의미이지만, 반드시 본인이 자발적으로 스스로 동행하고자 하는 경우에만 한정되는 것은 아니다. 내심으로는 내키지 않는다고 생각하면서 마지못해 동행한 경우에도 임의라고 할 수 있는 것과 같이, 결국 **사회통념**에 비추어 신체의 속박이나 강한 심리적 압박에 따른 자유의 구속이 있다고 할 수 있는 것과 같은 제반의 객관적 상황이 없는 한 임의라고 할 수 있을 것이다.

(2) 임의동행의 법적 성질

임의동행은 검문대상자 등의 편의를 위해 인정되고 「경찰관 직무집행법」 제 3 조 제 2 항 단서에서 동행요구거절권을 규정하고 있는 것을 볼 때 임의수단 또는 상대방의 협력을 전제로 하는 비강제적인 수단(홍정선)으로 보는 것이 타당하다.

임의동행에 관하여 「경찰관 직무집행법」에서 말하는 질문을 위한 임의동행과 수사의 필요에 따른 임의동행으로 구분하는 견해와 구분을 부인하는 견해로 나뉘어져 있다. 「경찰관 직무집행법」상의 임의동행은 불심검문의 후속조치로서 이루어지는 것인 만큼 불심검문의 법적 성질과 밀접한 관련을 가지는 것으로 보는 것이 타당하다. 불심검문은 행정경찰작용으로서 불심검문에 이은 임의동행은 요건이나 동행의 목적에 분명한 차이가 있는 만큼 일반적 수사로서의 임의동행과 차이가 있다고 보아야 할 것이다(구분필요설).

문제는 임의동행의 형태가 현실적으로 다양하고 동시에 경찰관 자신이 스스로의 행위에 대한 인식에 있어서 불명확한 경우가 많으므로 구별을 위한 객관적 기준을 설정하는 것은 사실상 곤란하다는 점이다. 더구나 피동행자의 입장에 볼 때에는 경찰관의 주관적 의도나 목적과 상관없이 실제적으로는 체포와 다름없는 처분이므로 본질적으로 내재하는 인권침해적 요소의 불식을 위해서도 체포나 구속에 준하는 사법절차상의 보장이 요구된다. 이것은 「경찰관 직무집행법」에 의한 임의동행과 임의수사로서의 임의동행의 주체에 차이가 없고, 불심검문과 수사의 한계가 명확하지 않을 뿐만 아니라 수사에 대한 법적 규제를 「경찰관 직무집행법」에 의하여 피할 수 있는 길을 열어주는 것은 허용될 수는 없기 때문이다.

2. 임의동행에 있어서 임의성의 판단기준

동행에 대한 임의성판단은 평균인을 기준으로 하여 본인의 의사로서 동행에 응하는가의 여부를 판단해야 한다.

판례는 임의동행에 있어서 임의성의 판단기준에 대해 "임의동행에 있어서의 임의성의 판단은 동행의 시간과 장소, 동행의 방법과 동행거부의사의 유무, 동행 이후의 조사 방법과 퇴거의사의 유무 등 여러 사정을 종합하여 객관적인 상황을 기준으로 하여야 한다"고 판시하고 있다(대판 1993. 11. 23, 93다35155).

> [판례] **이른바 임의동행에 있어서 임의성의 판단기준**: 가. 이른바 임의동행에 있어서의 임의성의 판단은 동행의 시간과 장소, 동행의 방법과 동행거부의사의 유무, 동행 이후의 조사 방법과 퇴거의사의 유무 등 여러 사정을 종합하여 객관적인 상황을 기준으로 하여야 한다. 나. 국가안전기획부 수사관들이 피의자를 연행한 1991. 7. 8. 04:40경부터 48시간 내에 사후 구속영장을 발부받지 아니하고 같은 해 7. 10. 01:35경 통상의 구속영장을 발부받아 집행하였다면 피의자를 불법체포 구금한 것에 해당하고 이와 같은 경우 통상의 구속영장을 발부받아 집행하였다고 하여 불법체포나 그동안의 구금이 적법하게 된다고 할 수 없다(대판 1993. 11. 23, 93다35155〈손해배상〉).

3. 동행사유

「경찰관 직무집행법」 제 3 조 제 2 항은 동행사유에 대하여는 "사람을 정지시킨 장소에서 질문을 하는 것이 그 사람에게 불리하거나," "교통의 방해"가 되는 경우를 규정하고 있다. 먼저 **사람을 정지시킨 장소에서 질문을 하는 것이 그 사람에게 불리한 경우**로서는 ① 사람이 많이 있는 장소에서 본인의 명예나 수치심을 해치는 경우, ② 계절적으로 혹서, 혹한 등의 경우 등과 같이 객관적으로 볼 때 물리적·심리적 및 경제적으로 본인에게 불리한 것이 명백한 경우이다. 다음으로 **교통의 방해의 경우**는

① 보행자나 자동차를 상대로 불심검문을 행하는 것이 교통의 방해를 유발할 우려가 있거나 ② 불심검문을 하는 것을 보고 많은 사람이 운집하여 교통의 방해를 일으키는 경우 등이 이에 해당한다.

4. 임의동행과 실력행사

법의 취지는 원칙적으로 실력행사를 허용하지 않는다. 따라서 동행이 강제되어서는 안 된다. 「경찰관 직무집행법」 제 3 조 제 7 항은 임의동행의 경우에 법률의 근거 없는 신체구속이나 의사에 반(反)한 답변강요를 금지하고 있다. 동행은 정지와 달리 반드시 상대방의 장소적 이동을 수반하는 것으로서 질문을 위해 불가결한 것도 아니다. 더구나 정지에 있어서는 법문이 "정지시켜"라고 규정하고 있음에 반해, 임의동행에 대해서는 "동행할 것을 요구할 수 있다"라고 규정하고 있을 뿐이다. 그러므로 명확히 동행을 거부하고 있는 경우에 실력을 행사하여 동행시키는 것은 위법이 된다.

불법적인 신체구속인가의 여부는 동행시의 제반 상황을 종합적으로 판단해서 통상인이 거부하기 곤란한 형태로 동행·신문이 이루어지거나 또는 자유로운 의사에 따른 시민의 행위라고는 통상 생각하기 어려운 형태로 상대방이 동행·신문에 응하고 있는 경우로서 퇴거의 자유가 없는 상태에 두어졌음이 당시의 구체적 사정에 비추어 객관적으로 인정될 수 있는가 여부를 기준으로 판단해야 할 것이다.

[판례 1] **경찰관이 임의동행요구에 응하지 않는다 하여 강제연행하려고 대상자의 양팔을 잡아 끈 행위는 적법한 공무집행이라고 할 수 없으므로** 그 대상자가 이러한 불법연행으로부터 벗어나기 위하여 **저항한 행위는 정당한 행위**라고 할 것이고 이러한 행위에 무슨 과실이 있다고 할 수 없다(대판 1992. 5. 26, 91다38334).

[판례 2] 경찰관이 임의동행을 요구하며 손목을 잡고 뒤로 꺾어 올리는 등으로 제압하자 거기에서 **벗어나려고 몸싸움을 하는 과정에서 경찰관에게 경미한 상해를 입힌 경우, 위법성이 결여된 행위**이다(대판 1999. 12. 28, 98도138).

[판례 3] 임의동행은 상대방의 동의 또는 승낙을 그 요건으로 하는 것이므로 경찰관으로부터 임의동행요구를 받은 경우 상대방은 이를 거절할 수 있을 뿐만 아니라 **임의동행 후 언제든지 경찰관서에서 퇴거할 자유가 있다 할 것이고,** 경찰관직무집행법 제 3 조 제 6 항이 임의동행한 경우 해당인을 6시간을 초과하여 경찰관서에 머물게 할 수 없다고 규정하고 있다고 하여 **그 규정이 임의동행한 자를 6시간 동안 경찰관서에 구금하는 것을 허용하는 것은**

아니다(대판 1997. 8. 22, 97도1240).

[판례 4] 임의동행 조사 뒤에 수사기관이 피의자를 수사하는 과정에서 구속영장 없이 피의자를 함부로 구금하여 피의자의 신체의 자유를 박탈하였다면 직권을 남용한 불법감금의 죄책을 면할 수 없고, **수사의 필요상 피의자를 임의동행한 경우**에도 조사 후 귀가시키지 아니하고 그의 의사에 반하여 경찰서 조사실 또는 보호실 등에 계속 유치함으로써 신체의 자유를 속박하였다면 이는 구금에 해당한다(대판 1985. 7. 29, 85모16).

결국 임의동행에는 거부의 자유가 있는 만큼 본인이 거절하는 경우에는 행할 수 없다는 것을 고려하면 동행에 있어서 실력행사는 일체 허용되지 않는다고 보아야 한다. 따라서 동행에 있어서는 동행을 요구받은 사람에 대한 이해와 설득을 통해 사전동의를 얻은 후에 동행을 요구받은 사람이 자연스럽게 걸어가도록 해야지, ① 다수의 경찰관이 동행인을 에워싸고 동행하거나 ② 동행인의 손이나 어깨 등을 붙잡고 걸어가거나 또는 ③ 경찰차량에 태워 동행하게 되면 임의성을 의심받게 될 것이므로 유의하여야 할 것이다. 다만, 경찰차량에 승차하는 것도 동행인이 승낙한 후에 자연스럽게 스스로 승차한 경우는 그러하지 아니하다.

그리고 「경찰관 직무집행법」에 따른 임의동행에서 상황의 변화에 따라 상대방의 혐의가 농후하게 되는 경우에는 어느 시점에서 형사소송법상의 체포로 되는지 판단하기 어렵다. 「경찰관 직무집행법」상의 임의동행도 보장적인 측면에서는 사법경찰작용의 일환으로 평가되는 것이다. 그러므로 임의동행에 계속하여 체포가 이루어진 경우에는 애초의 임의동행의 위법성이 그 이후의 모든 단계에 당연히 그대로 승계된다고 보아야 한다(대판 2006. 7. 6, 2005도6810〈도주〉).

[판례] **정식의 체포·구속단계 이전의 임의동행의 적법요건**: [1] 형사소송법 제199조 제 1 항은 "수사에 관하여 그 목적을 달성하기 위하여 필요한 조사를 할 수 있다. 다만, 강제처분은 이 법률에 특별한 규정이 있는 경우에 한하며, 필요한 최소한도의 범위 안에서만 하여야 한다"고 규정하여 임의수사의 원칙을 명시하고 있는바, 수사관이 수사과정에서 당사자의 동의를 받는 형식으로 피의자를 수사관서 등에 동행하는 것은, 상대방의 신체의 자유가 현실적으로 제한되어 실질적으로 체포와 유사한 상태에 놓이게 됨에도, 영장에 의하지 아니하고 그 밖에 강제성을 띤 동행을 억제할 방법도 없어서 제도적으로는 물론 현실적으로도 임의성이 보장되지 않을 뿐만 아니라, 아직 정식의 체포·구속단계 이전이라는 이유로 상대방에게 헌법 및 형사소송법이 체포·구속된 피의자에게 부여하는 각종의 권리보장 장치가 제공되지 않는 등 형사소송법의 원리에 반하는 결과를 초래할 가능성이 크므로, **수사관이 동행에 앞서 피의자에게 동행을 거부할 수 있음을 알려 주었거나 동행한 피의자**

가 언제든지 자유로이 동행과정에서 이탈 또는 동행장소로부터 퇴거할 수 있었음이 인정되는 등 오로지 피의자의 자발적인 의사에 의하여 수사관서 등에의 동행이 이루어졌음이 객관적인 사정에 의하여 명백하게 입증된 경우에 한하여, 그 적법성이 인정되는 것으로 봄이 상당하다. 형사소송법 제200조 제 1 항에 의하여 검사 또는 사법경찰관이 피의자에 대하여 임의적 출석을 요구할 수는 있겠으나, 그 경우에도 수사관이 단순히 출석을 요구함에 그치지 않고 일정 장소로의 동행을 요구하여 실행한다면 위에서 본 법리가 적용되어야 하고, 한편 **행정경찰 목적의 경찰활동으로 행하여지는 경찰관직무집행법 제 3 조 제 2 항 소정의 질문을 위한 동행요구도 형사소송법의 규율을 받는 수사로 이어지는 경우에는 역시 위에서 본 법리가 적용되어야 한다.** [2] 사법경찰관이 피고인을 수사관서까지 동행한 것이 사실상의 강제연행, 즉 불법 체포에 해당하고, 불법 체포로부터 6시간 상당이 경과한 후에 이루어진 긴급체포 또한 위법하므로 피고인이 불법체포된 자로서 형법 제145조 제 1 항에 정한 '법률에 의하여 체포 또는 구금된 자'가 아니어서 도주죄의 주체가 될 수 없다고 한 사례(대판 2006. 7. 6, 2005도6810〈도주〉).

5. 임의동행과 체포

「경찰관 직무집행법」 제 3 조 제 7 항은 "질문을 받거나 동행을 요구받은 사람은 형사소송에 관한 법률에 따르지 아니하고는 신체를 구속당하지 아니하며, 그 의사에 반하여 답변을 강요당하지 아니한다"고 규정함으로써 임의동행이 체포로 이어져서는 안 된다는 것을 명백히 하고 있다.

체포는 실력을 행사하여 피의자의 신체의 자유를 구속하는 것을 그 내용으로 하고, 이때 피의자는 신문에 대한 출두거부 및 퇴거의 자유가 없는 상태에 놓이게 된다. 따라서 체포 여부는 동행시의 제반 상황을 종합적으로 고려하여 판단하여야 할 것이다.

미국에서는 임의동행형식에 의한 신문에 내해 실질체포에 해당한다고 한 판례(United States v. Middeton, 344 F. 2d 78<2d Cir. 1965>)도 있으나, 연방대법원은 이것이 체포에 해당하는 것은 아니라고 하였다(Fla. v. Royer, 460 U. S. 491<1983>).

6. 임의동행과 적법절차

「경찰관 직무집행법」에서는 제 3 조 제 4 항에서 동행 전에 경찰관의 신분증명과 동행의 목적과 이유 및 동행장소의 고지의무를, 제 5 항에서는 동행 후에 가족에게 고지할 의무와 본인에게 연락기회의 부여의무 및 변호인의 조력을 받을 권리가 있음을 고지할 의무를 부과하고 있다.

제 3 조 제 6 항은 동행시간을 6시간으로 제한하고 있다.「경찰관 직무집행법」이 6시간으로 정한 것은 신원파악 등에 많은 시간이 필요하기 때문으로 설명되고 있다. 그러나 오늘날 수사기술의 발달과 장비의 과학화로 인해서 임의동행을 6시간 허용하는 것은 지나친 행정편의적인 발상이라고 비판하면서 2시간으로 줄이자는 견해가 있다(강동욱). **판례**도 “경직법 제 3 조 제 6 항이 임의동행을 한 경우 당해인을 6시간을 초과하여 경찰관서에 머물게 할 수 없다고 규정하고 있다고 하여 그 규정이 임의동행한 자를 6시간 동안 경찰관서에 구금하는 것을 허용하는 것은 아니다”라고 판시하고 있다(대판 1997. 8. 22, 97도1240). 생각건대, 오늘날 각종 정보·자료의 디지털화로 신원확인에 오랜 시간이 걸리지 않는 점과 임의동행한 사람의 기본권 보호를 위하여 동행시간을 2시간으로 줄이는 것이 타당하다.

Ⅳ. 미아, 병자, 부상자 등의 임의보호조치

경찰관 직무집행법

제 4 조(보호조치 등) ① 경찰관은 수상한 행동이나 그 밖의 주위 사정을 합리적으로 판단해 볼 때 다음 각 호의 어느 하나에 해당하는 것이 명백하고 응급구호가 필요하다고 믿을 만한 상당한 이유가 있는 사람(이하 “구호대상자”라 한다)을 발견하였을 때에는 보건의료기관이나 공공구호기관에 긴급구호를 요청하거나 경찰관서에 보호하는 등 적절한 조치를 할 수 있다.

1. 정신착란을 일으키거나 술에 취하여 자신 또는 다른 사람의 생명·신체·재산에 위해를 끼칠 우려가 있는 사람
2. 자살을 시도하는 사람
3. 미아, 병자, 부상자 등으로서 적당한 보호자가 없으며 응급구호가 필요하다고 인정되는 사람. 다만, 본인이 구호를 거절하는 경우는 제외한다.

② 제 1 항에 따라 긴급구호를 요청받은 보건의료기관이나 공공구호기관은 정당한 이유 없이 긴급구호를 거절할 수 없다.

③ 경찰관은 제 1 항의 조치를 하는 경우에 구호대상자가 휴대하고 있는 무기·흉기 등 위험을 일으킬 수 있는 것으로 인정되는 물건을 경찰관서에 임시로 영치(領置)하여 놓을 수 있다.

④ 경찰관은 제 1 항의 조치를 하였을 때에는 지체 없이 구호대상자의 가족, 친지 또는 그 밖의 연고자에게 그 사실을 알려야 하며, 연고자가 발견되지 아니할 때에는 구호대상자를 적당한 공공보건의료기관이나 공공구호기관에 즉시 인계하여야 한다.

⑤ 경찰관은 제 4 항에 따라 구호대상자를 공공보건의료기관이나 공공구호기관에 인계하였을 때에는 즉시 그 사실을 소속 경찰서장이나 지방해양경비안전관서의 장에게 보고하여야 한다. <개정 2014. 11. 19.>
⑥ 제 5 항에 따라 보고를 받은 소속 경찰서장이나 지방해양경비안전관서의 장은 대통령령으로 정하는 바에 따라 구호대상자를 인계한 사실을 지체 없이 해당 공공보건의료기관 또는 공공구호기관의 장 및 그 감독행정청에 통보하여야 한다. <개정 2014. 11. 19.>
⑦ 제 1 항에 따라 구호대상자를 경찰관서에서 보호하는 기간은 24시간을 초과할 수 없고, 제 3 항에 따라 물건을 경찰관서에 임시로 영치하는 기간은 10일을 초과할 수 없다.
[전문개정 2014. 5. 20.]

1. 미아, 병자, 부상자 등의 임의보호조치의 의의와 법적 성질

(1) 보호조치의 의의

미아, 병자, 부상자 등의 임의보호조치란 적당한 보호자가 없는 사람에 대해 응급의 구호를 요한다고 믿을 만한 상당한 이유가 있는 경우에 취하는 보호조치를 말한다(법 제 4 조 제 1 항 제 3 호).

「경찰관 직무집행법」은 본인의 의사를 존중하여 임의보호조치를 취할 수 있는 대상자로 '미아, 병자, 부상자 등'을 규정하고 있다. 즉 미아, 병자, 부상자 등으로서 적당한 보호자가 없으며 응급구호가 필요하다고 인정된다고 믿을 만한 상당한 이유가 있는 경우를 규정하고 있다.

'미아'란 보호자의 보호범위를 벗어나 스스로 안전을 도모할 수 없는 취학 전 아동으로서 통상 지능, 환경, 상황에 따라 자기의 집, 보호자의 전화번호, 연락처 등을 기억하지 못하는 정도의 어린이를 말한다. **'병자, 부상자'**란 질병이나 범죄·재해·사고·자해(自害) 등으로 부상을 입고 보호자 없이 방치된 사람으로서 본인의 자력(自力)으로는 병원에 찾아가거나 귀가할 수 없는 정도에 이른 사람을 말한다. 예를 들면, ① 도로에서 길을 잃은 병든 노인, ② 낙상사고를 당하여 정신을 잃거나 움직일 수 없는 사람 등이다(경찰청, 「보호조치업무메뉴얼」, 7쪽).

(2) 보호조치의 법적 성질

법 제 4 조 제 1 항 제 3 호의 보호조치는 본인의 의사를 존중하여 임의보호조치를 취하는 경우이므로 비권력적 사실행위로 보는 것이 타당하다.

2. 보호조치의 방법

「경찰관 직무집행법」은 보호조치의 방법으로서 "보건의료기관이나 공공구호기관에 긴급구호를 요청하거나 경찰관서에 보호하는 등 적절한 조치를 할 수 있다"고 규정하고 있다(제 4 조 제 1 항). **보건의료기관**이란 보건소, 병원, 한의원, 조산소 등 응급조치로 생명·신체의 구조를 행할 수 있는 공·사 기관을 말하고, **공공구호기관**이란 국가나 지방자치단체가 설립한 아동보호소, 부녀보호소, 양로원 등의 일체의 사회보장시설을 말한다.

본인의 의사를 존중하여 임의보호조치를 취할 수 있는 대상자인 미아, 병자, 부상자 등에 대해서는 그들의 의사를 존중하여야 한다.

3. 긴급구조요청의 거부금지

「경찰관 직무집행법」은 "긴급구호를 요청받은 보건의료기관이나 공공구호기관은 정당한 이유 없이 긴급구호를 거절할 수 없다"고 규정하고 있다(제 4 조 제 2 항).

정당한 이유란 의사의 장기출장이나 병원의 수리 등과 같이 객관적으로 보아 진료가 불가능한 상태를 말하므로 의사가 취침중이라든가 병원시설이 일부 부족한 상태와 같은 상황은 적정한 조치하에서 진료가 가능하므로 정당한 이유있는 때에 포함되지 않는다.

Ⅴ. 위험발생에 있어서 경고

> 경찰관 직무집행법
>
> 제 5 조(위험 발생의 방지 등) ① 경찰관은 사람의 생명 또는 신체에 위해를 끼치거나 재산에 중대한 손해를 끼칠 우려가 있는 천재(天災), 사변(事變), 인공구조물의 파손이나 붕괴, 교통사고, 위험물의 폭발, 위험한 동물 등의 출현, 극도의 혼잡, 그 밖의 위험한 사태가 있을 때에는 다음 각 호의 조치를 할 수 있다.
>
> 1. 그 장소에 모인 사람, 사물(事物)의 관리자, 그 밖의 관계인에게 필요한 경고를 하는 것

> 2. 매우 긴급한 경우에는 위해를 입을 우려가 있는 사람을 필요한 한도에서 억류하거나 피난시키는 것
> 3. 그 장소에 있는 사람, 사물의 관리자, 그 밖의 관계인에게 위해를 방지하기 위하여 필요하다고 인정되는 조치를 하게 하거나 직접 그 조치를 하는 것
>
> ② 경찰관서의 장은 대간첩 작전의 수행이나 소요(騷擾) 사태의 진압을 위하여 필요하다고 인정되는 상당한 이유가 있을 때에는 대간첩 작전지역이나 경찰관서·무기고 등 국가중요시설에 대한 접근 또는 통행을 제한하거나 금지할 수 있다.
>
> ③ 경찰관은 제 1 항의 조치를 하였을 때에는 지체 없이 그 사실을 소속 경찰관서의 장에게 보고하여야 한다.
>
> ④ 제 2 항의 조치를 하거나 제 3 항의 보고를 받은 경찰관서의 장은 관계 기관의 협조를 구하는 등 적절한 조치를 하여야 한다.
>
> [전문개정 2014. 5. 20.]

「경찰관 직무집행법」은 경찰관은 위험한 "그 장소에 모인 사람, 사물(事物)의 관리자, 그 밖의 관계인에게 필요한 경고"를 발할 수 있다고 규정하여(법 제 5 조 제 1 항 제 1 호), 경고조치를 위험발생의 방지조치의 하나로 들고 있다.

위험발생상 경고란 위험으로부터 피난시키거나 위험을 방지하기 위하여 필요한 예고를 하거나 주의를 주는 것을 말한다. 강제력을 발동하기 전에 우선 관계인에게 경고하여 스스로 위험을 피하기 위한 조치를 취하도록 함으로써 가급적 강제력을 발동하지 않으려는 취지이다(최영규). **경고의 예**로는 ① 무너질 우려가 있는 건물의 입주자에게 대피를 권고하는 경우, ② 홍수로 도로가 절단되었을 때 피하여 가도록 위험표시 등을 설치하는 경우, ③ 폭우로 제방이 무너질 우려가 있을 때에 인근 주민들을 대피하도록 주의를 주는 경우, ④ 도심의 광고탑이 무너지려고 할 때에 그 관리자에게 수리를 권고하는 경우 등이다.

경고의 법적 성질에 대해서는 두 가지 견해가 대립된다. ① **경찰하명부정설** — 첫째, 경직법 제 5 조 제 1 항 제 1 호의 경고는 경찰관의 의사통지에 불과하므로 경찰하명과는 다르다. 둘째, 경고로 인하여 법적 의무가 발생하는 것도 아니므로 관계인은 경찰관의 경고를 수인할 의무가 없다(이수일. 57쪽; 형사정책연구원 보고서, 132쪽). ② **경찰하명긍정설** — 첫째, 제재조항이 없다는 이유로 법률상 경찰관에게 인정된 권한이 없다고 해석한다면 이는 법률의 규정의미 자체를 부인하는 결과를 가져온다. 둘째, 경고를 받은 관계인은 이를 수인해야 할 의무가 발생하고 그 경고에 따르지 아

니할 경우에 경찰관이 어떠한 행위를 직접 행하거나, 관계인 등으로 하여금 하게 하는 제 5 조 제 1 항 제 2 호 및 제 3 호의 조치를 취할 필요가 있다고 보아야 한다(경찰청, 「경찰관직무집행법해설」, 71쪽). 생각건대, **경찰하명부정설**이 타당하다. 경고조치는 비권력적 사실행위로서 행정지도의 성질을 가진다고 보아야 한다.

Ⅵ. 범죄의 예방을 위한 경고

> 경찰관 직무집행법
>
> 제 6 조(범죄의 예방과 제지) 경찰관은 범죄행위가 목전(目前)에 행하여지려고 하고 있다고 인정될 때에는 이를 예방하기 위하여 관계인에게 필요한 경고를 하고, 그 행위로 인하여 사람의 생명·신체에 위해를 끼치거나 재산에 중대한 손해를 끼칠 우려가 있는 긴급한 경우에는 그 행위를 제지할 수 있다.
>
> [전문개정 2014. 5. 20.]

「경찰관 직무집행법」 제 6 조는 "경찰관은 범죄행위가 목전(目前)에 행하여지려고 하고 있다고 인정될 때에는 이를 예방하기 위하여 관계인에게 필요한 경고를" 발할 수 있다고 규정하고 있다(법 제 6 조 제 1 항 전단).

범죄의 예방을 위한 경고란 범죄의 예방을 위하여 범죄행위로 나아가려고 하는 것을 중지하도록 통고하는 것을 말한다. 제 6 조의 경고는 주의를 환기시키려는 것으로서 경고에 따르지 않으면 제지 또는 진압하겠다는 뜻이 내포되어 있다. 제 6 조의 경고를 행하고 있는 경찰관에 대한 폭행·협박은 공무집행방해죄를 구성한다는 일본판례가 있다(日 大阪高裁決 昭和 26. 2. 2).

경고의 대상은 관계인이다. 따라서 ① 범죄를 행하고 있는 사람, 범죄로 피해를 받는 사람이 주된 대상이나 ② 이들이 보호를 요하는 사람인 경우에는 그 보호자들도 경고의 대상이 될 수 있다. ③ 그리고 장소, 건물 그 밖의 공작물에 관련된 범죄일 경우에는 건물 등의 관리자, 소유자, 점유자 및 그 장소에 거주하는 사람도 대상자가 될 수 있을 것이다.

[판례] **경찰관직무집행법 제 6 조 제 1 항(현행 제 6 조)에 규정된 경찰관의 '경고'나 '제지'가 범죄행위에 관한 실행의 착수 이후 범죄행위가 계속되는 중에 그 진압을 위하여도 행하여질 수 있는지 여부(적극)**: 경찰관직무집행법 제 6 조 제 1 항(현행 제 6 조)은 '경찰관은 범죄행위가

목전에 행하여지려고 하고 있다고 인정될 때에는 이를 예방하기 위하여 관계인에게 필요한 경고를 발하고, 그 행위로 인하여 인명·신체에 위해를 미치거나 재산에 중대한 손해를 끼칠 우려가 있어 긴급을 요하는 경우에는 그 행위를 제지할 수 있다'고 규정하고 있다. 여기에 규정된 **경찰관의 경고나 제지는 그 문언과 같이 범죄의 예방을 위하여 범죄행위에 관한 실행의 착수 전에 행하여질 수 있을 뿐만 아니라, 이후 범죄행위가 계속되는 중에 그 진압을 위하여도 당연히 행하여질 수 있다고 보아야 한다.** 이와 같은 법리에 비추어, 공사현장 출입구 앞 도로 한복판을 점거하고 공사차량의 출입을 방해하던 피고인의 팔과 다리를 잡고 도로 밖으로 옮기려고 한 경찰관의 행위를 적법한 공무집행으로 보고 경찰관의 팔을 물어뜯은 피고인에 대한 공무집행방해 및 상해의 공소사실을 모두 유죄로 인정한 원심의 판단은 정당하다. 거기에 상고이유의 주장과 같이 경찰관직무집행법 제 6 조 제 1 항(현행 제 6 조)에 관한 법리오해나 긴급성에 관한 판단누락 등의 잘못이 있다고는 할 수 없다(대판 2013. 9. 26, 2013도643).

Ⅶ. 사실조회 및 직접확인

> 경찰관 직무집행법
>
> 제 8 조(사실의 확인 등) ① 경찰관서의 장은 직무 수행에 필요하다고 인정되는 상당한 이유가 있을 때에는 국가기관이나 공사(公私) 단체 등에 직무 수행에 관련된 사실을 조회할 수 있다. 다만, 긴급한 경우에는 소속 경찰관으로 하여금 현장에 나가 해당 기관 또는 단체의 장의 협조를 받아 그 사실을 확인하게 할 수 있다.
>
> ② 경찰관은 다음 각 호의 직무를 수행하기 위하여 필요하면 관계인에게 출석하여야 하는 사유·일시 및 장소를 명확히 적은 출석 요구서를 보내 경찰관서에 출석할 것을 요구할 수 있다.
>
> 1. 미아를 인수할 보호자 확인
> 2. 유실물을 인수할 권리자 확인
> 3. 사고로 인한 사상자(死傷者) 확인
> 4. 행정처분을 위한 교통사고 조사에 필요한 사실 확인
>
> [전문개정 2014. 5. 20.]

1. 의　의

경찰관서의 장은 직무수행에 필요하다고 인정되는 상당한 이유가 있을 때에는 국가기관 또는 공·사단체 등에 대하여 직무수행에 관련된 사실을 조회할 수 있다

(법 제8조 제1항 본문).

2. 사실조회 및 직접확인

사실조회란 사람, 동산, 부동산 그 밖의 모든 유체물 및 무체물에 대해 물어보는 것을 말한다(동법 제8조 제1항 본문). 신원조회가 그 예이다.

사실조회의 대상이 되는 정보는 경찰 직무수행에 필요한 정보이다. 경찰의 직무는 위험방지 및 수사가 포함된다.[50]

사실조회의 상대방은 모든 국가기관, 공사(公私) 단체 등이다.

경찰관은 상대방에게 정보의 제공을 요청할 수 있을 뿐이고, 상대방이 자발적으로 사실을 제공해주지 아니하는 이상 이 조항에 근거하여 경찰관이 정보를 강제로 확보할 수는 없다.

직접확인이란 긴급을 요할 때에 경찰관서의 장의 지시에 따라 소속 경찰관이 현장에 출장하여 해당 기관 또는 단체의 장의 협조를 얻어 그 사실을 확인하는 것을 말한다(동법 제8조 제1항 단서).

3. 출석요구

「경찰관 직무집행법」은 "경찰관은 미아를 인수할 보호자 확인, 유실물을 인수할 권리자 확인, 사고로 인한 사상자(死傷者) 확인, 행정처분을 위한 교통사고 조사에 필요한 사실 확인하기 위하여 필요하면 관계인에게 출석하여야 하는 사유·일시 및 장소를 명확히 적은 출석 요구서를 보내 경찰관서에 출석할 것을 요구할 수 있다"고 규정하고 있다(법 제8조 제2항).

출석요구 자체가 국민에게 실질적 위협이 될 수 있기 때문에 출석요구서 발부는 명문의 규정이 있는 경우에 한하도록 하는 것이 옳다고 본다. 따라서 이 규정은 열거적·제한적 규정으로 보아야지 예시적 규정으로 보아서는 안 될 것이다.

법 제8조 제2항에 근거한 출석요구는 법적 성질상 관계인이 불응해도 출석을 강제할 방법이 없다.

[판례] 신병이 조사차 국가안전기획부직원에게 인도된 후 위 경찰서 유치장에 인도된 바 없이 계속하여 국가안전기획부 청사에 사실상 구금되어 있었다면, 청구인에 대한 이러한 사실상의

50) 김형규, 「경찰관직무집행법의 이론과 실제」, 217~218쪽.

구금장소의 임의적 변경은 청구인의 방어권이나 접견교통권의 행사에 중대한 장애를 초래하는 것이므로 위법하다(대결 1996. 5. 15, 95모94).

제5절 그 밖의 「경찰관 직무집행법」 규정

Ⅰ. 국제협력

> 경찰관 직무집행법
>
> 제 8 조의3(국제협력)경찰청장 또는 해양경찰청장은 이 법에 따른 경찰관의 직무수행을 위하여 외국 정부기관, 국제기구 등과 자료 교환, 국제협력 활동 등을 할 수 있다. <개정 2014. 11. 19., 2017. 7. 26.>
>
> [본조신설 2014. 5. 20.]
>
> [제 8 조의2에서 이동 <2020. 12. 22.>]

「경찰관 직무집행법」은 “경찰청장 또는 해양경찰청장은 이 법에 따른 경찰관의 직무수행을 위하여 외국 정부기관, 국제기구 등과 자료 교환, 국제협력 활동 등을 할 수 있다”고 규정하고 있다.

수사 및 재판과 관련한 국제협력에 대해서는 「국제형사사법공조법」에 구체적인 규정이 마련되어 있으나, 그 이외의 위험방지 또는 예방경찰 작용에 있어서의 국제협력에 대해서는 근거 규정이 마련되어 있지 않아 경찰의 업무수행에 어려움이 있고, “대테러 작전” 역시 국가경찰작용으로 수행하고 있으나 법문상 이에 대한 명확한 근거 조항이 없으므로 대테러 작전 수행 및 국제협력 관련 규정을 경찰관의 직무범위에 추가하고, 국제협력을 위한 개별적 수권조항을 마련하는 등 현행 경찰작용의 법적 근거를 명확히 하기 위한 것이다.

Ⅱ. 범인검거 등 공로자 보상

> 경찰관 직무집행법
>
> 제11조의3(범인검거 등 공로자 보상) ① 경찰청장, 해양경찰청장, 시·도경찰청장, 지

방해양경찰청장, 경찰서장 또는 해양경찰서장(이하 이 조에서 "경찰청장등"이라 한다)은 다음 각 호의 어느 하나에 해당하는 사람에게 보상금을 지급할 수 있다. <개정 2020. 12. 22., 2024. 3. 19.>

1. 범인 또는 범인의 소재를 신고하여 검거하게 한 사람
2. 범인을 검거하여 경찰공무원에게 인도한 사람
3. 테러범죄의 예방활동에 현저한 공로가 있는 사람
4. 그 밖에 제 1 호부터 제 3 호까지의 규정에 준하는 사람으로서 대통령령으로 정하는 사람

② 경찰청장등은 제 1 항에 따른 보상금 지급의 심사를 위하여 대통령령으로 정하는 바에 따라 각각 보상금심사위원회를 설치·운영하여야 한다. <개정 2020. 12. 22., 2024. 3. 19.>

③ 제 2 항에 따른 보상금심사위원회는 위원장 1명을 포함한 5명 이내의 위원으로 구성한다.

④ 제 2 항에 따른 보상금심사위원회의 위원은 소속 경찰공무원 중에서 경찰청장등이 임명한다. <개정 2020. 12. 22., 2024. 3. 19.>

⑤ 경찰청장등은 제 2 항에 따른 보상금심사위원회의 심사·의결에 따라 보상금을 지급하고, 거짓 또는 부정한 방법으로 보상금을 받은 사람에 대하여는 해당 보상금을 환수한다. <개정 2020. 12. 22., 2024. 3. 19.>

⑥ 경찰청장등은 제 5 항에 따라 보상금을 반환하여야 할 사람이 대통령령으로 정한 기한까지 그 금액을 납부하지 아니한 때에는 국세강제징수의 예에 따라 징수할 수 있다. <개정 2018. 12. 24., 2020. 12. 22., 2024. 3. 19.>

⑦ 제 1 항에 따른 보상 대상, 보상금의 지급 기준 및 절차, 제 2 항 및 제 3 항에 따른 보상금심사위원회의 구성 및 심사사항, 제 5 항 및 제 6 항에 따른 환수절차, 그 밖에 보상금 지급에 관하여 필요한 사항은 대통령령으로 정한다. <신설 2018. 12. 24.>

[본조신설 2016. 1. 27.]

[제목개정 2018. 12. 24.]

「경찰관 직무집행법」은 "경찰청장, 해양경찰청장, 시·도경찰청장, 지방해양경찰청장, 경찰서장 또는 해양경찰서장(이하 이 조에서 "경찰청장등"이라 한다)은 다음 각 호(1. 범인 또는 범인의 소재를 신고하여 검거하게 한 사람, 2. 범인을 검거하여 경찰공무원에게 인도한 사람, 3. 테러범죄의 예방활동에 현저한 공로가 있는 사람, 4. 그 밖에 제 1 호부터 제 3 호까지의 규정에 준하는 사람으로서 대통령령으로 정하는 사람)의 어느 하나에 해당하는 사람에게 보상금을 지급할 수 있다"고 규정하고 있다(법 제11조의3 제 1 항). 경찰청장등은

제 1 항에 따른 보상금 지급의 심사를 위하여 대통령령으로 정하는 바에 따라 각각 보상금심사위원회를 설치·운영하여야 한다(제 2 항). 제 2 항에 따른 보상금심사위원회는 위원장 1명을 포함한 5명 이내의 위원으로 구성한다(제 3 항). 제 2 항에 따른 보상금심사위원회의 위원은 소속 경찰공무원 중에서 경찰청장등이 임명한다(제 4 항). 경찰청장등은 제 2 항에 따른 보상금심사위원회의 심사·의결에 따라 보상금을 지급하고, 거짓 또는 부정한 방법으로 보상금을 받은 사람에 대하여는 해당 보상금을 환수한다(제 5 항). 경찰청장등은 제 5 항에 따라 보상금을 반환하여야 할 사람이 대통령령으로 정한 기한까지 그 금액을 납부하지 아니한 때에는 국세강제징수의 예에 따라 징수할 수 있다(제 6 항). 제 1 항에 따른 보상 대상, 보상금의 지급 기준 및 절차, 제 2 항 및 제 3 항에 따른 보상금심사위원회의 구성 및 심사사항, 제 5 항 및 제 6 항에 따른 환수절차, 그 밖에 보상금 지급에 관하여 필요한 사항은 대통령령으로 정한다(제 7 항).

경찰청의 범인검거공로자 등에 대한 보상금은 현재 경찰청 훈령(범죄신고자등 보호 및 보상에 관한 규칙)에 근거하여 예산을 편성하고 집행하고 있는 실정이었다. 이에 범인검거공로자 등에 대한 보상금 지급에 관한 규정을 법률로 상향함으로써 이에 대한 법적 근거를 마련하기 위해 규정하였다.

Ⅲ. 소송 지원

> **경찰관 직무집행법**
>
> 제11조의4(소송 지원)경찰청장과 해양경찰청장은 경찰관이 제 2 조 각 호에 따른 직무의 수행으로 인하여 민·형사상 책임과 관련된 소송을 수행할 경우 변호인 선임 등 소송 수행에 필요한 지원을 할 수 있다.
>
> [본조신설 2021. 10. 19.]

「경찰관 직무집행법」은 "경찰청장과 해양경찰청장은 경찰관이 제 2 조 각 호에 따른 직무의 수행으로 인하여 민·형사상 책임과 관련된 소송을 수행할 경우 변호인 선임 등 소송 수행에 필요한 지원을 할 수 있다"고 규정하고 있다(법 제11조의4).

경찰관과 소방관은 직무 특성상 국민의 생명·신체 및 재산을 보호하기 위해 불가피하게 물리력을 사용하게 되고, 그 과정에서 사상이나 재산상 손해가 발생하여 해당 경찰관 또는 소방관이 민·형사상 소송에 휘말리는 경우가 있다. 그러나 소방관은 「소방기본법」에 소송지원의 법적 근거가 있는 반면, 경찰관의 경우 법률에 소송지원 근거 규정이 없었다. 이에 경찰관이 직무를 안정적으로 수행할 수 있도록 직무수행으로 인하여 민·형사상 책임과 관련된 소송을 수행할 경우 경찰청장과 해양경찰청장이 소송수행에 필요한 지원을 할 수 있도록 법적 근거를 마련하였다.

Ⅳ. 직무 수행으로 인한 형의 감면

경찰관 직무집행법

제11조의5(직무 수행으로 인한 형의 감면)다음 각 호의 범죄가 행하여지려고 하거나 행하여지고 있어 타인의 생명·신체에 대한 위해 발생의 우려가 명백하고 긴급한 상황에서, 경찰관이 그 위해를 예방하거나 진압하기 위한 행위 또는 범인의 검거 과정에서 경찰관을 향한 직접적인 유형력 행사에 대응하는 행위를 하여 그로 인하여 타인에게 피해가 발생한 경우, 그 경찰관의 직무수행이 불가피한 것이고 필요한 최소한의 범위에서 이루어졌으며 해당 경찰관에게 고의 또는 중대한 과실이 없는 때에는 그 정상을 참작하여 형을 감경하거나 면제할 수 있다.

1. 「형법」 제2편 제24장 살인의 죄, 제25장 상해와 폭행의 죄, 제32장 강간과 추행의 죄 중 강간에 관한 범죄, 제38장 절도와 강도의 죄 중 강도에 관한 범죄 및 이에 대하여 다른 법률에 따라 가중처벌하는 범죄
2. 「가정폭력범죄의 처벌 등에 관한 특례법」에 따른 가정폭력범죄, 「아동학대범죄의 처벌 등에 관한 특례법」에 따른 아동학대범죄

[본조신설 2022. 2. 3.]

「경찰관 직무집행법」은 "다음 각 호(1. 「형법」 제2편 제24장 살인의 죄, 제25장 상해와 폭행의 죄, 제32장 강간과 추행의 죄 중 강간에 관한 범죄, 제38장 절도와 강도의 죄 중 강도에 관한 범죄 및 이에 대하여 다른 법률에 따라 가중처벌하는 범죄, 2. 「가정폭력범죄의 처벌 등에 관한 특례법」에 따른 가정폭력범죄, 「아동학대범죄의 처벌 등에 관한 특례법」에 따른 아동학대범죄)의 범죄가 행하여지려고 하거나 행하여지고 있어 타인의 생명·신체에 대한 위해 발생의 우려가 명백하고 긴급한 상황에서, 경찰관이 그 위해를 예방하거나 진압하기 위한 행위 또는 범인의 검거 과정에서 경찰관을 향한 직접적인 유형력 행사에

대응하는 행위를 하여 그로 인하여 타인에게 피해가 발생한 경우, 그 경찰관의 직무수행이 불가피한 것이고 필요한 최소한의 범위에서 이루어졌으며 해당 경찰관에게 고의 또는 중대한 과실이 없는 때에는 그 정상을 참작하여 형을 감경하거나 면제할 수 있다"고 규정하고 있다(법 제11조의2).

현행법상 경찰공무원의 직무 수행 과정에서 경과실로 인해 발생한 사고에 대하여 형을 감면할 수 있는 근거가 미비하여 경찰관이 직무 집행에 소극적으로 임하고 있다는 지적이 제기되고 있는바, 살인 또는 상해·폭행의 죄, 아동학대범죄 등으로 타인의 생명·신체에 대한 위해 발생의 우려가 명백하고 긴급한 상황에서 경찰관이 그 위해를 예방·진압하는 등의 과정에서 타인에게 피해가 발생한 경우, 그 경찰관의 직무수행이 불가피하고 필요한 최소한의 범위에서 이루어졌으며 고의 또는 중대한 과실이 없는 경우에는 그 정상을 참작하여 형을 감경하거나 면제할 수 있도록 하려는 것이다.

Ⅴ. 벌 칙

> **경찰관 직무집행법**
>
> 제12조(벌칙) 이 법에 규정된 경찰관의 의무를 위반하거나 직권을 남용하여 다른 사람에게 해를 끼친 사람은 1년 이하의 징역이나 금고 또는 300만원 이하의 벌금에 처한다. <개정 2024. 1. 30.>
>
> [전문개정 2014. 5. 20.]

「경찰관 직무집행법」은 "이 법에 규정된 경찰관의 의무를 위반하거나 직권을 남용하여 다른 사람에게 해를 끼친 사람은 1년 이하의 징역이나 금고 또는 300만원 이하의 벌금에 처한다"고 규정하고 있다.

벌칙규정은 「경찰관 직무집행법」에 규정된 의무를 위반하거나 직권을 남용하여 다른 사람에게 해를 끼친 경찰관을 처벌하기 위한 것이다.

본죄의 주체는 경찰관이다. 경찰관 이외의 자가 경찰관의 자격을 사칭하여 그 직권을 행사한 경우에는 형법 제118조 공무원자격의 사칭죄에 해당하므로 본죄에는 해당하지 않는다.

의무위반이란 일반적인 경찰관의 의무를 말하는 것이 아니고 「경찰관 직무집

행법」에서 규정한 경찰의 의무를 말한다.[51]

다른 사람이란 경찰의 직권행사와 관련이 있는 모든 사람을 가리킨다.

해를 끼친이란 사람의 생명·신체에 직접적인 결과를 발생시킨 것을 말한다.

51) 김재광, 「경찰관직무집행법」(학림, 2012), 193쪽.

제 3 장
경찰행정상 손해전보

제 3 장 경찰행정상 손해전보

제1절 개 설

행정상 손해전보란 국가작용에 따라 개인에게 가해진 손해의 전보(塡補)를 말한다. 행정상 손해배상과 행정상 손실보상이 이에 해당한다.

현행 실정법은 위법행위에 따른 손해의 배상인 행정상 손해배상과 적법행위에 따른 손실의 보상인 행정상 손실보상을 구분하고 있다.

경찰행정상 손해전보의 법리도 일반 행정상 손해전보의 법리가 그대로 적용된다고 보아야 한다. 따라서 용어는 일반 행정상 손해전보의 법리에 따른다.

제2절 행정상 손해배상

제1항 개 설

Ⅰ. 개 념

행정상 손해배상이란 행정권의 행사에 따라 우연히 발생한 손해에 대한 국가등의 배상책임을 말한다. 행정상 손해배상은 **국가배상**이라고도 한다.

전통적으로 행정상 손해배상은 위법한 국가작용으로 인하여 발생한 손해의 배상을 가리킨다. 그리하여 적법한 국가작용으로 인하여 발생한 손실의 보상제도인 손실보상과 구별된다.

Ⅱ. 행정상 손해배상의 분류

행정상 손해배상은 과실책임(공무원의 위법·과실행위로 인한 책임), 공공시설 등의 하자로 인한 책임, 엄격한 의미의 무과실 책임인 공법상 위험책임으로 구분하는 것이 타당하다.

Ⅲ. 국가배상책임의 인정근거

1. 국가배상책임의 역사적 발전

과거 군주국가에서는 "왕은 잘못을 행할 수 없다"(The King can do no wrong)라는 원칙에 따라 국가무책임의 원칙이 지배하였다.

그러나 근대 민주법치국가하에서 국가무책임의 특권은 인정될 수 없었다. 따라서 오늘날에는 국가무책임의 특권이 부인되고 국가배상책임의 원칙이 인정되었다.

우리나라에서 국가무책임의 특권이 부인되고 국가배상책임이 일반적으로 인정된 것은 1948년 제정된 제헌헌법 제27조 제2항에서이다. 이 헌법규정에 근거하여 1951년 9월 8일 국가배상법이 제정되었다.

2. 이론적 근거

(1) 국가의 과실책임의 근거

① 국가의 과실책임의 직접적 근거는 **과실책임의 원칙**에 있다. 보다 정확히 말하면 행정주체는 공무수행상 일정한 주의의무를 준수하여야 하는데 이를 준수하지 않음으로써 국민에게 손해를 발생시켰다면 과실로 손해를 발생시킨 행정주체가 그 손해에 대한 배상책임을 져야 한다는 것이다.

② 국가의 과실책임은 **법치국가원칙**으로부터도 요청된다. 위법행위로 인하여 국민에게 손해가 발생한 경우에는 해당 손해를 배상해 주는 것이 법치주의의 원칙에 합치한다는 것이다. 법치국가원칙에 입각하는 경우 위법·무과실의 경우에도 국가배상책임을 인정하여야 한다. 그런데 현행법상 가해행위가 위법한 것만으로는 국가배상책임이 인정되지 않고 과실도 있어야 국가배상책임이 인정될 수 있다는 문제가 있다.

③ 국가의 과실책임의 근거를 **위험책임의 원리**로부터 도출하는 견해도 있다. 즉 위법하게 행사될 위험성이 있는 행정권을 공무원에게 수권한 국가는 그러한 행정권이 잘못 행사되어 초래된 손해에 대하여 배상책임을 져야 한다는 것이다.

(2) 국가의 영조물책임의 근거

국가배상법 제 5 조의 책임은 위험책임의 원리에 근거를 두고 있다. 즉 제 5 조에 의한 책임의 근거는 영조물이 안전성을 결여하여 국민에게 손해를 발생시킬 위험을 갖고 있음에도 이러한 하자 있는 영조물을 공적 목적에 제공하고 있는 경우에는 이러한 하자(위험성) 있는 영조물로부터 야기된 손해를 해당 영조물을 설치 또는 관리하는 국가 또는 지방자치단체가 배상하는 것이 정의에 합치한다는 데 있다.

(3) 공법상 위험책임의 근거

위험책임은 위험이론에 근거하고 있다. 위험이론이란 자신의 이익을 위한 활동에 당하여 특별한 위험을 창설한 자는 그 창설된 위험의 실현에 의한 손해를 배상하여야 하며 그것이 정의에 합치한다는 것이다.

다만, 공법상 위험책임의 근거가 되는 위험이론은 위법행위에 기한 국가배상책임의 근거로서 주장되는 위험이론과 구별되어야 한다. 즉 전자에 있어서의 '위험'은 후자에 있어서의 그것(즉 공권력 일반에 내재하는 일반적 위험)보다는 그 위험의 정도가 강한 것으로서 '특별한 위험'을 의미한다.

3. 실정법상 근거

(1) 헌법상 근거

헌법 제29조 제 1 항은 "공무원의 직무상 불법행위로 손해를 받은 국민은 법률이 정하는 바에 의하여 국가 또는 공공단체에 정당한 배상을 청구할 수 있다"라고 규정하고 있다. 이 헌법규정은 국가무책임의 특권의 부인을 명시적으로 선언하고 공무원의 직무상 불법행위로 인한 손해에 대한 국가의 배상책임원칙을 선언하고, 국가배상청구권을 기본권으로 인정하고 있다.

(2) 실정법률의 근거

국가배상법은 국가와 지방자치단체의 과실책임(제 2 조) 및 영조물책임(제 5조)을 규정하고 있다.

공법상 위험책임이 인정되기 위해서는 법률의 근거가 있어야 한다. 현행법상 공법상 위험책임은 극히 제한적으로만 인정되고 있다.

4. 좁은 의미(협의)의 공공단체의 배상책임의 법적 근거

헌법에서는 국가와 공공단체의 배상책임을 규정하고 있는데, 국가배상법에서는 국가와 지방자치단체의 배상책임만을 정하고 있다는 점이다. 따라서 좁은 의미(협의)의 공공단체(공공조합·영조물법인·공법상 재단)의 공무수행 중 가해진 손해에 대한 공공단체의 배상책임에 대하여 민법을 적용할 것인가 아니면 국가배상법을 적용할 것인가가 문제된다.

이에 관하여 ① 국가배상법이 국가와 지방자치단체의 배상책임만을 정하고 있으므로 공공단체의 공무수행상의 손해에 대한 공공단체의 배상책임에는 국가배상법이 적용될 수 없고, 일반법인 민법이 적용되어야 한다는 견해(민법상 손해배상청구설)와 ② 가해행위가 공행정작용에 속하므로 피해자의 구제와 법적용의 형평성을 고려하여 공공단체의 공무수행상의 손해에 대하여는 국가배상법을 유추적용하여야 한다는 견해(국가배상법유추적용설), ③ 헌법 제29조가 국가배상주체를 국가 또는 공공단체로 규정하고 있는 점, 공공단체도 넓은 의미의 국가행정조직의 일부에 해당된다는 점 등에 기초하여 공공단체를 국가배상법상의 국가 또는 지방자치단체에 포함되는 것으로 보아야 한다는 견해(국가배상법적용설)가 대립하고 있다.

판례는 공공단체가 공행정작용을 수행하는 중 손해를 발생시킨 경우 기본적으로 공공단체에게 민법 제750조의 불법행위로 인한 배상책임 또는 민법 제758조의 공작물의 책임을 인정하고 있다.

예를 들면, 판례는 한국도로공사의 불법행위로 인한 손해(고속도로 소음으로 인한 양돈업 폐업)에 대해 민법 제750조의 불법행위로 인한 배상책임(대판 2001. 2. 9, 99다55434)을, 고속도로의 관리상 하자로 인한 한국도로공사의 배상책임에 민법 제758조의 공작물로 인한 배상책임을 인정한다.

5. 공무수탁사인의 배상책임의 근거

공무수탁사인의 불법행위로 손해가 발생한 경우 공무수탁사인을 행정주체로 보는 견해에 따르면 공무수탁사인이 배상주체가 된다. 이 경우 민법을 적용할 것인지 아니면 국가배상법을 적용할 것인지 문제가 되는데, 실무는 국가배상법이 국가와 지방자치단체의 배상책임만 정하고 있기 때문에 민법을 적용한다.

공무수탁사인을 행정주체가 아니라 행정청으로 보는 견해에 따르면 위탁청이 속한 국가 또는 지방자치단체가 국가배상책임의 배상주체가 된다.

Ⅳ. 국가배상책임(또는 국가배상법)의 성격

국가배상책임의 성격에 관하여 사법상 책임설과 공법상 책임설이 대립되고 있고, 그에 따라서 국가배상법의 성격에 관하여도 사법설과 공법설이 대립되고 있다.

판례는 국가배상책임을 **민사상 손해배상책임의 일종**으로 보고, 국가배상법을 **민법의 특별법**으로 보고 있다(대판 1972. 10. 10, 69다701; 대판 1971. 4. 6, 70다2955). 그리고 국가배상청구소송을 **민사소송**으로 다루고 있다.

제2항 국가의 과실책임(국가배상법 제 2 조 책임): 공무원의 위법행위로 인한 국가배상책임

국가배상법 제 2 조는 다음과 같이 국가의 과실책임을 규정하고 있다.

"① 국가나 지방자치단체는 공무원 또는 공무를 위탁받은 사인(이하 '공무원'이라 한다)이 직무를 집행하면서 고의 또는 과실로 법령을 위반하여 타인에게 손해를 입히거나, 「자동차손해배상보장법」에 따라 손해배상의 책임이 있을 때에는 이 법에 따라 그 손해를 배상하여야 한다. 다만, 군인·군무원·경찰공무원 또는 향토예비군대원이 전투·훈련 등 직무집행과 관련하여 전사(戰死)·순직(殉職)하거나 공상(公傷)을 입은 경우에 본인이나 그 유족이 다른 법령의 규정에 따라 재해보상금·유족연금·상이연금 등의 보상을 지급받을 수 있을 때에는 이 법 및 「민법」에 따른 손해배상을 청구할 수 없다. ② 제 1 항 본문의 경우에 공무원에게 고의 또는 중대한 과실이 있으면 국가나 지방자치단체는 그 공무원에게 구상(求償)할 수 있다."

Ⅰ. 개 념

국가의 과실책임이란 공무원의 과실 있는 위법행위로 인하여 발생한 손해에 대한 배상책임을 말한다.

Ⅱ. 국가배상책임의 성질

국가배상법 제 2 조에 따른 국가배상책임의 성질에 관하여는 대위책임설, 자기책임설, 중간설 등이 첨예하게 대립하고 있다.

1. 대위책임설

대위책임설이란 국가배상책임을 국가가 공무원의 개인적인 불법행위책임에 대신하여 지는 책임이라고 보는 견해이다.

대위책임설은 국가배상법상 '공무원의 과실'이 책임요건으로 되어 있다는 데에 근거한다. 즉 대위책임설은 국가배상의 대상이 되는 손해는 공무원의 과실에 따라 야기된 것이므로 과실을 범한 공무원이 배상책임을 져야 하는 것이지만, 공무원에게 자력이 없는 경우가 적지 아니하므로 피해자의 구제를 위하여 국가가 공무원에 대신하여 책임을 지는 것으로 본다.

2. 자기책임설

자기책임설이란 국가배상책임을 국가가 공무원을 대신하여 지는 배상책임이 아니라 국가 자신의 책임으로서 지는 배상책임이라고 보는 견해이다.

자기책임설에는 세 가지 다른 견해가 있다.

(1) 기관이론에 입각한 자기책임설

이 견해는 공무원의 직무상 불법행위는 기관의 불법행위가 되므로 국가는 행정기관인 공무원의 불법행위에 대하여 직접 자기책임을 진다는 견해이다.

(2) 위험책임설적 자기책임설

이 견해는 위법하게 행사될 위험성이 있는 행정권을 공무원에게 수권한 국가는 그러한 행정권이 잘못 행사되어 초래된 손해에 대하여도 책임을 져야 한다는 것으로 국가배상책임은 일종의 위험책임으로서의 자기책임이라고 보는 견해이다.

(3) 신자기책임설(절충설)

공무원이 직무수행상 **경과실**로 타인에게 손해를 입힌 경우에 그 공무원의 행위는 국가 등의 기관행위로 볼 수 있으므로 그 행위의 효과는 국가에 귀속되어 국가가 배상책임을 지는 것이다. 따라서 이 경우에 국가의 배상책임은 **국가의 자기책임**이다.

공무원의 위법행위가 **고의·중과실**에 기인하는 것인 때에는 그 공무원의 행위는 기관행위로서의 품격을 상실하는 것이지만 해당 공무원의 불법행위가 직무와 무관하지 않는 한 **직무행위로서의 외형을 갖추게 되는 것**이므로 피해자와의 관계에서는 그 공무원의 행위도 국가기관의 행위로 인정하여 국가의 자기책임을 인정할 수 있다. 따라서 이 경우에 국가의 피해자에 대한 배상책임은 **일종의 자기책임**이다.

기관이론에 입각한 자기책임설과 위험책임설적 자기책임설은 종래 주장되어 온 학설이므로 기존의(또는 전통적인) 자기책임설이라 할 수 있고, 절충설은 최근 주장된 이론이므로 **신자기책임설**이라 부를 수 있다.

3. 중 간 설

중간설은 공무원의 불법행위가 경과실에 기인한 경우에는 공무원의 행위는 기관행위가 되므로 국가의 배상책임이 자기책임이지만, 공무원의 불법행위가 고의나 중과실인 경우에 지는 국가의 배상책임은 대위책임이라고 본다.

그 **논거**는 다음과 같다. 공무원의 직무수행상의 불법행위가 **경과실**에 기인하는 경우에 해당 공무원의 행위는 국가 등의 기관행위로 볼 수 있으므로 이 경우에 국가의 배상책임은 **국가의 자기책임**이다. 반면에 공무원의 위법행위가 **고의·중과실**에 기인하는 것인 때에는 공무원의 불법행위는 기관행위로서의 품격을 상실하고 공무원 개인의 불법행위로 보아야 하며 **원칙상 공무원 개인이 배상책임을 지는 것**으로 보아야 하지만, 국가배상법에서 이 경우에도 국가 등이 배상책임을 지도록 하고 있는 것은 공무원에게는 자력(資力)이 없는 경우가 있으므로 배상자력이 있는 **국가 등이 대신 배상책임**(대위책임)을 지도록 함으로써 피해자구제를 충실히 하고자 하는 데 있다고 보아야 한다고 주장한다.

4. 판례의 입장

판례는 국가배상책임의 성질에 대하여 명시적인 입장을 표명하고 있지 않지만, **절충설**(신자기책임설) **또는 중간설**을 취한 것으로 보인다(대판 1996. 2. 15, 95다38677).

5. 국가배상책임의 성질에 관한 논의의 실익

후술하는 바와 같이 국가배상책임의 성질은 공무원개념, 과실개념, 공무원의 피해자에 대한 개인책임의 범위 및 국가 등에 대한 구상책임의 성격과 밀접한 관련을 가지고 있다.

Ⅲ. 국가배상책임의 성립요건

국가배상법 제 2 조에 따른 국가배상책임이 성립하기 위하여는 ① 공무원이 직무를 집행하면서 타인에게 손해를 입혔을 것, ② 공무원의 가해행위는 고의 또는 과실로 법령을 위반하여 행하여졌을 것, ③ 손해가 발생하였고, 공무원의 불법한 가해행위와 손해 사이에 인과관계(상당인과관계)가 있을 것이 요구된다.

1. 공 무 원

2009년 10월 21일 개정된 국가배상법 제 2 조는 학설과 판례의 입장을 반영하여 '**공무원 또는 공무를 위탁받은 사인**'을 국가공무원법상 **공무원**으로 규정하고 있다. 국가배상법 제 2 조상의 '공무원'은 국가공무원법 또는 지방공무원법상의 공무원뿐만 아니라 널리 공무를 위탁받아 실질적으로 공무에 종사하는 모든 자를 포함한다.

[판례 1] **국가배상법 제 2 조 소정의 '공무원'의 의미**: 국가배상법 제 2 조 소정의 '공무원'이라 함은 국가공무원법이나 지방공무원법에 의하여 공무원으로서의 신분을 가진 자에 국한하지 않고, **널리 공무를 위탁받아 실질적으로 공무에 종사하고 있는 일체의 자를 가리키는 것**으로서, 공무의 위탁이 일시적이고 한정적인 사항에 관한 활동을 위한 것이어도 달리 볼 것은 아니다(대판 2001. 1. 5, 98다39060〈구상금〉: **지방자치단체가** '교통할아버지 봉사활동 계획'을 수립한 후 관할 동장으로 하여금 '**교통할아버지'를 선정**하게 하여 어린이 보호, 교통안내, 거리질서 확립 등의 **공무를 위탁**하여 집행하게 하던 중 '교통할아버지'로 선정된 노인이 위탁받은 업무 범위를 넘어 교차로 중앙에서 교통정리를 하다가 교통사고를 발생시킨 경우, **지방자치단체가 국가배상법 제 2 조 소정의 배상책임을 부담**한다고 인정한 원심의 판단을 수긍한 사례).

[판례 2] **국가나 지방자치단체에 근무하는 청원경찰도** 국가공무원법이나 지방공무원법상의 공무원은 아니지만, 직무상의 불법행위에 대하여 민법이 아닌 **국가배상법이 적용**된다(대판 1993. 7. 13, 92다47564).

공무를 위탁받은 사인(공무를 수행하는 공무수탁사인, 행정업무의 대행자, 행정보조자)도 국가배상법상 공무원이다. 그런데 판례가 소집중인 향토예비군을 국가배상법상의 공무원으로 보면서(대판 1970. 5. 26, 70다471), 의용소방대원은 국가배상법상의 공무원이 아니라고 본 것(대판 1966. 6. 28, 66다808; 1975. 11. 25, 73다1896)은 타당하지 않다. 왜냐하면 의용소방대원은 화재진압을 위하여 소집되어 소방업무에 종사하기 때문이다.

[판례] **한국토지공사(현 한국토지주택공사(LH))가 국가배상법 제 2 조상의 공무원에 해당하는지 여부(소극)**: 한국토지공사는 구 한국토지공사법 제 2 조, 제 4 조에 의하여 정부가 자본금의 전액을 출자하여 설립한 법인이고, 같은 법 제 9 조 제 4 호에 규정된 한국토지공사의 사업에 관하여는 「공익사업을 위한 토지 등의 취득 및 보상에 관한 법률」 제89조 제 1 항, 위 한국토지공사법 제22조 제 6 호 및 같은 법 시행령 제40조의3 제 1 항의 규정에 의하여 **본래 시·도지사나 시장·군수 또는 구청장의 업무에 속하는 대집행권한을 한국토지공사에게 위탁하도록 되어 있는바**, 한국토지공사는 이러한 법령의 위탁에 의하여 대집행을 수권받은 자로서 공무인 대집행을 실시함에 따르는 권리·의무 및 책임이 귀속되는 행정주체의 지위에 있다고 본 것이지, **지방자치단체 등의 기관으로서 국가배상법 제 2 조 소정의 공무원에 해당한다고 본 것은 아니다**(대판 2010. 1. 28, 2007다82950, 82867).

공무를 위탁받은 공공단체는 공무수탁자이고 공무수탁사인은 아니지만, 공무수탁사인에 준하여 국가배상법 제 2 조의 공무원으로 보는 것이 타당하다. 그러나 판례는 공무를 위탁받은 공공단체 자체는 국가배상법 제 2 조 제 1 항의 공무원으로 보지 않았고, 공공단체의 직원을 국가배상법 제 2 조의 공무원으로 보았다(대판 2010. 1. 28, 2007다82950, 82967).

행정기관이 국가배상법 제 2 조 소정의 공무원이 될 수 있는지에 관하여 견해가 대립하고 있는데, 판례는 행정기관이 실질적으로 공무를 수행하는 경우 국가배상법상의 공무원으로 본다(대판 2003. 11. 14, 2002다55304: 구 수산청장으로부터 뱀장어에 대한 수출추천 업무를 위탁받은 수산업협동조합이 수출제한조치를 취할 당시 국내 뱀장어 양식용 종묘의 부족으로 종묘확보에 지장을 초래할 우려가 있다고 판단하여 추천업무를 행하지 않은 것이 공무원으로서 타인에게 손해를 가한 때에 해당한다고 한 사례. 수산업협동조합은 공행정사무(뱀장어에 대한 수출추천업무)를 위탁받아 자신의 이름으로 처리하는 공무수탁사인인데, 공무수탁사인은 처분(수출제한조치)을 함에 있어서는 행정주체이면서 행정기관(행정청)의 지위를 갖는다).

2. 직무행위

(1) 직무행위의 의미

국가배상법 제 2 조가 적용되는 직무행위에 관하여 판례 및 다수설은 공권력 행사(권력작용) 외에 비권력적 공행정작용(관리작용)(대판 1980. 9. 24, 80다1051)을 포함하는 모든 공행정작용(公行政作用)을 의미한다고 본다.

국가 또는 공공단체라 할지라도 공권력의 행사가 아니고 순전히 대등한 지위에서 사경제의 주체로 활동하였을 경우에는 그 손해배상의 책임에 국가배상법의 규정이 적용될 수 없고 민법이 적용된다(대판 1969. 4. 22, 68다2225).

(2) 입법작용 및 사법작용

국가배상법 제 2 조의 '직무행위'에는 입법작용과 사법작용도 포함된다.

3. 직무를 집행하면서(직무관련성)

공무원의 불법행위에 따른 국가의 배상책임은 공무원의 가해행위가 직무집행행위인 경우뿐만 아니라 그 자체는 직무집행행위가 아니더라도 직무와 일정한 관련이 있는 경우, 즉 '직무를 집행하면서' 행하여진 경우에 인정된다.

종래의 통설은 '직무를 집행하면서'의 판단에 있어 외형설을 취하고 있다. 외형설에 따르면 직무집행행위뿐만 아니라 실질적으로 직무집행행위가 아니더라도 외형상 직무행위로 보여질 때에는 '직무를 집행하면서 행한 행위'로 본다.

그러나 공무원의 가해행위와 직무와의 사이의 직무관련은 '실질적·객관적 직무관련'과 엄격한 의미의 '외형상 직무관련'을 포함하는 것으로 보는 것이 타당하다. ① 외형적 직무관련은 행위자인 공무원의 주관적 의사와 관계없이 공무원의 불법행위가 외형상 직무행위라고 판단될 수 있는지 여부가 그 판단기준이 된다. ② 이에 반하여 실질적 직무관련은 직무와 공무원의 불법행위 사이의 내용면에서의 관련 여부와 시간적·장소적·도구적 관련 등을 종합적으로 고려하여 구체적인 경우에 직무가 공무원의 불법행위에 원인을 제공하였다고 볼 수 있는지 여부가 그 판단기준이 된다.

판례가 외형설만을 취한 것으로 보는 견해가 많으나, 판례는 외형설에 입각함과 동시에 실질적 직무관련 여부를 기준으로 하고 있고, 둘 중의 하나에만 해당하면 직무관련성을 인정하고 있다고 보아야 한다. 판례는 외형적 직무관련을 널리 인정하고 있다. '직무를 집행하면서'는 국가 등의 배상책임의 범위를 정하는 책임요건의 하나이므로 이론상 실질적 직무관련을 기준으로 '직무를 집행하면서'를 판단하는 것이 타당하다(실질적 직무관련성설).

[판례 1] **사고차량이 군용차량이고 운전사가 군인임이 외관상 뚜렷한 이상**, 실제는 공무집행에 속하는 것이 아니라 하여도 공무수행중의 행위로 보아야 한다(대판 1971. 3. 23, 70다2986). [해설] 외형설에 입각한 판례이다.

[판례 2] **육군중사가 훈련에 대비하여 개인 소유의 오토바이를 운전하여 사전정찰차 훈련지역 일대를 돌아보고 귀대하다가 교통사고를 일으킨 경우, 오토바이의 운전행위가 국가배상법 제 2 조 소정의 직무집행행위에 해당하는지 여부(적극)**: 국가배상법 제 2 조 소정의 "공무원이 그

직무를 집행함에 당하여"라고 함은 **직무의 범위 내에 속한 행위이거나 직무수행의 수단으로써 또는 직무행위에 부수하여 행하여지는 행위로서 직무와 밀접한 관련이 있는 것도 포함**되는 바, 육군중사가 자신의 개인소유 오토바이 뒷좌석에 같은 부대 소속 군인을 태우고 다음날부터 실시예정인 훈련에 대비하여 사전정찰차 훈련지역 일대를 살피고 귀대하던 중 교통사고가 일어났다면, 그가 **비록 개인소유의 오토바이를 운전한 경우라 하더라도 실질적, 객관적으로 위 운전행위는 그에게 부여된 훈련지역의 사전정찰임무를 수행하기 위한 직무와 밀접한 관련이 있다고 보아야 한다**(대판 1994. 5. 27, 94다6741〈구상금〉). **[해설]** 실질적 직무관련성을 인정한 판례이다. 피고(대한민국)가 위 ○○○의 오토바이 운행에 관하여 어떤 지시나 관리를 하는 등 그 운행을 지배하였다거나 그로 인한 운행이익을 향유하였다는 점을 인정할 만한 아무런 증거가 없으므로 **피고가 자동차손해배상보장법 소정의 운행자의 지위에 있다 할 수 없으므로 자동차손해배상보장법이 적용될 수 없다.**

[판례 3] 공무원이 통상적으로 근무하는 근무지로 출근하기 위하여 자기 소유의 자동차를 운행하다가 자신의 과실로 교통사고를 일으킨 경우에는 특별한 사정이 없는 한 국가배상법 제 2 조 제 1 항 소정의 공무원이 '직무를 집행함에 당하여' 타인에게 불법행위를 한 것이라고 할 수 없으므로 **그 공무원이 소속된 국가나 지방공공단체가 국가배상법상**의 **손해배상책임을 부담하지 않는다. 그 손해배상책임은 자동차손해배상보장법이 정한 바에 의하게 되어**, 그 사고가 자동차를 운전한 공무원의 경과실에 의한 것인지 중과실 또는 고의에 의한 것인지를 가리지 않고 그 공무원이 자동차손해배상보장법 제 3 조 소정의 '자기를 위하여 자동차를 운행하는 자'에 해당하는 한 손해배상책임을 부담한다(대판 1996. 5. 31, 94다15271).

4. 법령 위반(위법)

국가배상법은 '법령 위반'을 요구하고 있는데, 학설은 일반적으로 국가배상법상의 '법령 위반'이 위법 일반을 의미하는 것으로 보고 있고 판례도 그러하다(대판 1973. 1. 30, 72다2062). 그러나 국가배상법상의 위법의 구체적 의미, 내용에 관하여 학설은 대립하고 있다.

(1) "법령"의 의미

국가배상법은 "법령" 위반을 요구하고 있는데, 여기에서 "법령"이 무엇을 의미하는지에 관하여 학설의 일반적 견해는 '법 일반'을 의미한다고 본다. 성문법령뿐만 아니라 관습법, 법의 일반원칙, 조리 등 불문법도 포함한다.

행정규칙은 법규성을 갖지 않는 한 법령에 포함되지 않는다는 견해가 일반적 견해이다.

(2) 국가배상법상 위법 개념

위법의 대상 및 판단기준을 무엇으로 보느냐에 따라서 국가배상법상의 위법 개념의 정의 및 내용이 다르게 이해될 수 있다.

1) 결과불법설

결과불법설은 국가배상법상의 위법을 가해행위의 결과인 손해의 불법을 의미한다고 보는 견해이다.

결과불법설은 민법상 불법행위책임에서는 타당한 이론이지만, 법치행정의 원칙상 행위의 위법 여부를 논하여야 하는 국가배상책임에서는 타당하지 않은 이론이다.

2) 행위위법설

행위위법설은 국가배상법상의 위법은 행위의 '법규범'에의 위반을 의미한다고 보는 견해이다.

3) 직무의무위반설

직무의무위반설은 국가배상법상의 위법을 대국민관계에서의 공무원의 직무의무 위반으로 보는 견해이다. 공무원의 직무의무는 기본적으로 국가에 대한 공무원의 내부의무이므로 직무의무 위반만으로는 위법하다고 할 수 없고, 그 직무의무가 국민의 이익에 기여하는 경우에 한하여 그 위반이 위법한 것이 된다고 한다. 즉 직무의무의 사익보호성을 국가배상법상 위법의 요소로 본다(박종수).

4) 상대적 위법성설

상대적 위법성설은 국가배상법상의 위법성을 행위 자체의 적법·위법뿐만 아니라, 피침해이익의 성격과 침해의 정도 및 가해행위의 태양(방법) 등을 종합적으로 고려하여 행위가 객관적으로 정당성을 결여한 경우를 의미한다고 보는 견해이다. 상대적 위법성설은 피해자와의 관계에서 상대적으로 위법성을 인정한다.

상대적 위법성설은 일본의 다수설과 판례의 입장이다. 상대적 위법성설은 국가배상책임은 손해전보에 중점이 있으므로 국가배상법상 위법의 판단에서는 행위의 위법·적법과 함께 피침해이익을 고려하여야 한다는 데 근거한다.

5) 판 례

① 국가배상책임에 있어서 법령 위반(위법)이란 "엄격한 의미의 법령위반뿐만 아니라 인권존중·권력남용금지·신의성실과 같이 공무원으로서 마땅히 지켜야 할 준칙이나 규범을 지키지 않고 위반한 경우를 비롯하여 널리 그 행위가 객관적인 정당성을 결여하고 있음을 뜻하는 것이다"(대판 2020. 4. 29, 2015다224797; 대판 2015. 8. 27,

2012다204587[52]).

[판례 1] 수사기관이 범죄수사를 하면서 지켜야 할 법규상 또는 조리상의 한계를 위반하였다면 이는 법령을 위반한 경우에 해당한다(대판 2020. 4. 29, 2015다2247970).

[판례 2] 국가배상책임에 있어 공무원의 가해행위는 법령을 위반한 것이어야 하고, 법령을 위반하였다 함은 엄격한 의미의 법령 위반뿐 아니라 인권존중, 권력남용금지, 신의성실과 같이 공무원으로서 마땅히 지켜야 할 준칙이나 규범을 지키지 아니하고 위반한 경우를 포함하여 널리 그 행위가 객관적인 정당성을 결여하고 있음을 뜻하는 것이므로, 경찰관이 범죄수사를 함에 있어서 경찰관으로서 의당 지켜야 할 법규상 또는 조리상의 한계를 위반하였다면 이는 법령을 위반한 경우에 해당한다(대판 2008. 6. 12, 2007다64365).

② **판례**는 행위위법설을 취한 경우도 있고, 상대적 위법성설을 취한 경우도 있다. i) 행위위법설을 취한 경우에는 가해행위(행정권의 행사 또는 불행사)의 법에의 위반을 위법으로 보고 있다.

[판례] 국가배상책임은 공무원의 직무집행이 법령에 위반한 것임을 요건으로 하는 것으로서, 공무원의 직무집행이 법령이 정한 요건과 절차에 따라 이루어진 것이라면 특별한 사정이 없는 한 이는 법령에 적합한 것이고 그 과정에서 개인의 권리가 침해되는 일이 생긴다고 하여 그 법령적합성이 곧바로 부정되는 것은 아니라고 할 것인바, **불법시위를 진압하는 경찰관들의 직무집행이 법령에 위반한 것이라고 하기 위하여는** 그 시위진압이 불필요하거나 또는 불법시위의 태양 및 시위 장소의 상황 등에서 예측되는 피해 발생의 구체적 위험성의 내용에 비추어 **시위진압의 계속 수행 내지 그 방법 등이 현저히 합리성을 결하여 이를 위법하다고 평가할 수 있는 경우**이어야 한다(대판 1997. 7. 25, 94다2480: 경찰관들의 시위진압에 대항하여 시위자들이 던진 화염병에 의하여 발생한 화재로 인하여 손해를 입은 주민의 국가배상청구를 인정한 원심판결을 법리오해를 이유로 파기한 사례).

ii) 상대적 위법성설을 지지한 것으로 보이는 판결도 적지 않다. 상대적 위법성설에 따르면, **가해행위가 피해자에 대한 손해배상이라는 관점에서 객관적 정당성을 상실한 것**을 국가배상법상 위법으로 본다. 가해행위 자체가 법을 위반한 경우에도 국가배상법상으로는 적법할 수 있고, 가해행위 자체가 법을 위반하지 않은 경우에도 국가배상법상으로 위법할 수 있다. 객관적 정당성을 잃었는지는 행위의 양태와 목적, 피해자의 관여 여부와 정도, 침해된 이익의 종류와 손해의 정도 등 여러 사정을

52) 수사과정에서 여자 경찰관이 실시한 여성 피의자에 대한 신체검사가 그 방식 등에 비추어 피의자에게 큰 수치심을 느끼게 하였을 것으로 보이는 등 피의자의 신체의 자유를 침해하였다고 본 사례.

종합하여 판단하되, 손해의 전보책임을 국가가 부담할 만한 실질적 이유가 있는지도 살펴보아야 한다(대판 2021. 10. 28, 2017다219218).

(3) 국가배상법상 위법의 유형

1) 행위 자체의 법 위반

행정처분의 위법과 같이 공권력 행사 자체가 가해행위인 경우에는 공권력 행사 자체의 법에의 위반 여부가 위법의 판단기준이 된다.

2) 행위의 집행방법상 위법

① 행위 자체(예 교통법규 위반 도주차량에 대한 순찰차의 추적행위)는 적법하나 그 집행방법상 위법(예 추적의 개시·계속 혹은 추적의 방법이 상당하지 않은 경우)이 인정되는 경우이다. 이 경우에는 집행방법에 관한 명문의 규정이 있는 경우 그 위반이 위법이고, 집행방법에 관하여 명문의 규정이 없는 경우에도 손해방지의무 위반이 있으면 위법이 인정된다. ② 행정상 즉시강제 자체는 적법하나 즉시강제를 수행하는 과정에서 법령 위반 또는 손해방지의무 위반으로 손해를 발생시킨 경우 위법성이 인정된다.

[판례] 경찰관이 교통법규 등을 위반하고 도주하는 차량을 순찰차로 추적하는 행위는 적법하나 그 추적이 해당 직무 목적을 수행하는 데에 불필요하다거나 또는 도주차량의 도주의 태양 및 도로교통상황 등으로부터 예측되는 피해발생의 구체적 위험성의 유무 및 내용에 비추어 **추적의 개시·계속 혹은 추적의 방법이 상당하지 않다는 등의 특별한 사정이 있는 경우에는 국가배상법상 위법이 인정**된다(대판 2000. 11. 10, 2000다26807: 경찰관이 교통법규 등을 위반하고 도주하는 차량을 순찰차로 추적하는 직무를 집행하는 중에 그 도주차량의 주행에 의하여 제 3 자가 손해를 입은 사건에서 위법성을 부정한 사례. 추적행위 자체는 적법하나 추적방법상의 위법(손해방지의무위반)이 있는 경우 통상 과실도 인정된다).

3) 직무의무 위반으로서의 위법

공무원의 직무상 의무가 문제되는 경우가 있는데, 이 경우에는 공무원의 직무상 의무위반이 위법이 된다. 직무상 의무위반이 국가배상법상 위법으로 판단되는 대표적인 경우는 ① 입법행위 또는 사법행위(司法行爲)의 국가배상법상 위법과 ② 직무상 손해방지의무 위반으로서의 위법의 경우이다.

직무상 의무는 법령에서 명시적으로 규정하고 있는 경우도 있고, 법령에 명시적인 규정이 없는 경우에도 법질서 및 조리로부터 도출되는 경우도 있다. 공무원의 일반적인 직무상 손해방지의무는 법령에 명시적인 규정이 없이 인정되는 직무상 의무의 대표적인 예이다.

직무상 의무위반이 국가배상법상 위법이 되기 위해 직무상 의무의 사익보호성이 요구되는지에 관하여 견해의 대립이 있다. ① **직무의무위반설에서는** 직무상 의무의 사익보호성을 요구하고 있다. ② 그러나 법치행정의 원칙에 비추어 공권력 행사가 법을 위반하면 위법으로 보는 것이 타당하므로 직무상 의무의 사익보호성을 위법의 조건으로 요구하는 것은 타당하지 않고, 직무상 의무가 법적 의무인 한 그 위반은 위법으로 보아야 할 것이다(부정설). ③ **판례**도 직무상 의무의 사익보호성을 위법의 요소로 보지 않는다. 과거 판례 중에는 직무상 의무의 사익보호성을 위법성의 요소로 요구한 판례가 있었지만(대판 2001. 3. 9, 99다64278), **현재의 판례**는 직무상 의무의 사익보호성을 위법성의 요소로 보지 않고, **상당인과관계의 요소**로 보고 있다(대판 2010. 9. 9, 2008다77795).

> [판례] (1) 경찰관은 그 직무를 수행함에 있어 헌법과 법률에 따라 국민의 자유와 권리를 존중하고 범죄피해자의 명예와 사생활의 평온을 보호할 법규상 또는 조리상의 의무가 있고, 특히 이 사건과 같이 성폭력범죄의 피해자가 나이 어린 학생인 경우에는 수사과정에서 또다른 심리적·신체적 고통으로 인한 가중된 피해를 입지 않도록 더욱 세심하게 배려할 직무상 의무가 있다. (2) **공무원에게 부과된 직무상 의무의 내용**이 단순히 공공 일반의 추상적 이익을 위한 것이거나 행정기관 내부의 질서를 규율하기 위한 것이 아니고 **전적으로 또는 부수적으로 사회구성원 개인의 구체적 안전과 이익을 보호하기 위하여 설정된 것**이라면, 공무원이 그와 같은 **직무상 의무를 위반**함으로써 개인이 입게 된 손해는 상당인과관계가 인정되는 범위 안에서 국가가 그에 대한 **배상책임을 부담**하여야 한다(대판 2008. 6. 12, 2007다64365: 성폭력범죄의 수사를 담당하거나 수사에 관여하는 경찰관이 위와 같은 직무상 의무에 반하여 피해자의 인적 사항 등을 공개 또는 누설하였다면 국가는 그로 인하여 피해자가 입은 손해를 배상하여야 한다고 한 사례).

행정규칙에서 정한 공무원의 직무상 의무의 위반은 원칙상 위법이 되지 않는다. 다만, 행정규칙에서 정한 공무원의 직무상 의무가 안전 등과 관련이 있어 법질서 및 조리에 의해 요구되는 법적 의무인 손해방지의무(안전관리의무)에 해당하는 경우에는 결과적으로 그 위반이 위법이 될 수 있다. **행정규칙 위반이 위법이 아니라 법질서 및 조리에 의해 요구되는 법적 의무인 손해방지의무**(안전관리의무) **위반이 위법한 것이다.**

4) 부작위에 의한 손해배상책임

① 부작위에 의한 국가배상에서의 부작위는 신청을 전제로 하지 않는다. 따라서 국가배상법상 부작위는 행정권의 불행사를 의미한다. 또한 작위의무는 직무상

의무를 의미하므로 부작위는 직무상 의무위반을 의미한다.

② **판례**는 형식적 의미의 법령에 명시적으로 공무원의 작위의무가 규정되어 있지 않음에도 일정한 경우에 관련규정에 비추어 조리상 위험방지작위의무를 인정하고 있다(대판 2005. 6. 10, 2002다53995).

[판례] 관련 공무원에 대하여 작위의무를 명하는 법령의 규정이 없는 경우, 공무원의 부작위로 인한 국가배상책임을 인정할 것인지 판단하는 방법: **국민의 생명·신체·재산 등에 대하여 절박하고 중대한 위험상태가 발생하였거나 발생할 상당한 우려가 있어서** 국민의 생명 등을 보호하는 것을 본래적 사명으로 하는 국가가 초법규적·일차적으로 그 위험의 배제에 나서지 아니하면 국민의 생명 등을 보호할 수 없는 경우(달리 말하면 재량권이 영으로 수축하는 경우)에는 **형식적 의미의 법령에 근거가 없더라도 국가나 관련 공무원에 대하여 그러한 위험을 배제할 작위의무를 인정할 수 있을 것이다.** 그러나 **그와 같은 절박하고 중대한 위험상태가 발생하였거나 발생할 상당한 우려가 있는 경우가 아닌 한, 원칙적으로 공무원이 관련 법령에서 정하여진 대로 직무를 수행하였다면 그와 같은 공무원의 부작위를 가지고 '고의 또는 과실로 법령을 위반'하였다고 할 수는 없다.** 따라서 공무원의 부작위로 인한 국가배상책임을 인정할 것인지 여부가 문제되는 경우에 관련 공무원에 대하여 작위의무를 명하는 법령의 규정이 없는 때라면 공무원의 부작위로 인하여 침해되는 국민의 법익 또는 국민에게 발생하는 손해가 어느 정도 심각하고 절박한 것인지, 관련 공무원이 그와 같은 결과를 예견하여 그 결과를 회피하기 위한 조치를 취할 수 있는 가능성이 있는지 등을 **종합적으로 고려하여 판단**하여야 한다(대판 2021. 7. 21, 2021두33838).

③ **판례**는 직무상 의무의 사익보호성을 상당인과관계의 요소로서 요구한다. 즉 공무원에게 부과된 직무상 작위의무의 내용이 단순히 공공 일반의 이익을 위한 것이거나 행정기관 내부의 질서를 규율하기 위한 것이 아니고 전적으로 또는 부수적으로 사회구성원 개인의 안전과 이익을 보호하기 위하여 설정된 것이어야 국가배상책임이 인정된다고 한다(대판 1993. 2. 12, 91다43466).

[판례 1] **[1] 공무원의 직무상 의무위반으로 국가가 배상책임을 부담하게 되는 경우의 직무상 의무의 내용과 상당인과관계의 판단기준: 공무원에게 부과된 직무상 의무의 내용**이 단순히 공공 일반의 이익을 위한 것이거나 행정기관 내부의 질서를 규율하기 위한 것이 아니고 **전적으로 또는 부수적으로 사회구성원 개인의 안전과 이익을 보호하기 위하여 설정된 것이라면, 공무원이 그와 같은 직무상 의무를 위반함으로 인하여 피해자가 입은 손해에 대하여는 상당인과관계가 인정되는 범위 내에서 국가가 배상책임을 지는 것**이고, 이때 상당인과관계의 유무를 판단함에 있어서는 일반적인 결과발생의 개연성은 물론 직무상 의무를 부과하는 법령 기타 행동규범의 목적이나 가해행위의 태양 및 피해의 정도 등을 종합적으로 고려하여야

할 것이다. [2] **선박안전법이나 유선및도선업법의 각 규정이 공공의 안전 외에 일반인의 인명과 재화의 안전보장도 그 목적으로 하는지 여부(적극)**: 선박안전법이나 유선및도선업법의 각 규정은 공공의 안전 외에 일반인의 인명과 재화의 안전보장도 그 목적으로 하는 것이라고 할 것이므로 국가 소속 선박검사관이나 시 소속 공무원들이 직무상 의무를 위반하여 시설이 불량한 선박에 대하여 선박중간검사에 합격하였다 하여 선박검사증서를 발급하고, **해당 법규에 규정된 조치를 취함이 없이 계속 운항하게 함으로써 화재사고가 발생한 것이라면, 화재사고와 공무원들의 직무상 의무위반행위와의 사이에는 상당인과관계가 있다**(대판 1993. 2. 12, 91다43466[53]).

[판례 2] [1] 일반적으로 국가 또는 지방자치단체가 권한을 행사할 때에는 국민에 대한 손해를 방지하여야 하고, 국민의 안전을 배려하여야 하며, 소속 공무원이 전적으로 또는 부수적으로라도 국민 개개인의 안전과 이익을 보호하기 위하여 법령에서 정한 직무상의 의무에 위반하여 국민에게 손해를 가하면 상당인과관계가 인정되는 범위 안에서 국가 또는 지방자치단체가 배상책임을 부담하는 것이지만, 공무원이 직무를 수행하면서 그 근거되는 **법령의 규정에 따라 구체적으로 의무를 부여받았어도 그것이 국민의 이익과는 관계없이 순전히 행정기관 내부의 질서를 유지하기 위한 것이거나, 또는 국민의 이익과 관련된 것이라도 직접 국민 개개인의 이익을 위한 것이 아니라 전체적으로 공공 일반의 이익을 도모하기 위한 것이라면 그 의무에 위반하여 국민에게 손해를 가하여도 국가 또는 지방자치단체는 배상책임을 부담하지 아니한다.** [2] 상수원수 2급에 미달하는 상수원수는 고도의 정수처리 후 사용하여야 한다는 환경정책기본법령상의 의무 역시 위에서 본 수질기준 유지의무와 같은 성질의 것이므로, **지방자치단체가 상수원수의 수질기준에 미달하는 하천수를 취수하거나 상수원수 3급 이하의 하천수를 취수하여 고도의 정수처리가 아닌 일반적 정수처리 후 수돗물을 생산·공급하였다고 하더라도, 그렇게 공급된 수돗물이 음용수 기준에 적합하고 몸에 해로운 물질이 포함되어 있지 아니한 이상, 지방자치단체의 위와 같은 수돗물 생산·공급행위가 국민에 대한 불법행위가 되지 아니한다고 한 사례**(대판 2001. 10. 23, 99다36280〈정수처리규정 위반사건〉).

④ 행정권의 행사 또는 불행사는 재량행위인 경우가 많다. i) 이 경우에는 재량권이 영으로 수축하는 경우 및 비례의 원칙에 반하는 경우 등 재량권의 일탈·남용의 경우에 행정기관의 부작위가 위법하게 된다. ii) 판례는 재량행위인 행정권의 불행사(부작위 또는 거부)가 현저하게 불합리하다고 인정되는 경우에는 직무상의 의무를 위

53) 이 사건의 개요는 다음과 같다. **극동호라는 유람선의 운항중** 노후된 기관이 과열되었고, 그 기관으로부터 약 1.3미터 떨어진 배기관에 파공이 3개소 생겼고, 그 파공을 통해 발화성 배기가스와 불씨 등이 튀어 나와 인근의 기름이 묻은 선체벽에 붙어 화재가 발생하였다. 그 때 위 선박의 기관장 등이 소화기로 진화코자 하였으나 소화기의 안전핀이 뽑히지 아니하여 조기에 진화하지 못한 까닭에 **90명 중 36명이 익사 또는 소사**하였다. 이에 원고는 마산지방해운항만청 충무출장소 공무원이 선박안전법 제 5 조 제 1 항에 의한 선박검사를 함에 있어 검사의무를 해태하였고, 충무시장은 유선 및 도선업법 제 5 조 제 3 호상의 감독의무를 해태하여 이와 같은 사고가 났다고 주장하며 국가와 충무시를 상대로 손해배상을 청구하였다.

반한 것이 되어 위법하게 된다고 한다(대판 2016. 4. 15, 2013다20427).

그렇지만 판례가 재량행위인 행정권한의 불행사의 위법을 현저한 합리성의 결여라는 추상적인 기준에 의해 판단하는 것은 문제가 있다. 재량행위인 행정권한의 불행사의 위법은 재량권의 영으로의 수축이론에 의해 판단하는 것이 타당하다.

[판례 1] 소방공무원의 행정권한 행사가 관계법률의 규정 형식상 소방공무원의 재량에 맡겨져 있다고 하더라도 소방공무원에게 그러한 권한을 부여한 취지와 목적에 비추어 볼 때 구체적인 상황 아래에서 소방공무원이 **그 권한을 행사하지 않은 것이 현저하게 합리성을 잃어 사회적 타당성이 없는 경우에는 소방공무원의 직무상 의무를 위반한 것으로서 위법하게 된다고 한 사례**(대판 2008. 4. 10, 2005다48994〈군산시 윤락가 화재사건〉).

[판례 2] 범죄의 예방·진압 및 수사는 경찰관의 직무에 해당하며 그 직무행위의 구체적 내용이나 방법 등이 경찰관의 전문적 판단에 기한 합리적인 재량에 위임되어 있으므로, 경찰관이 구체적 상황하에서 그 인적·물적 능력의 범위 내에서의 적절한 조치라는 판단에 따라 범죄의 진압 및 수사에 관한 직무를 수행한 경우, 경찰관에게 그와 같은 권한을 부여한 취지와 목적, 경찰관이 다른 조치를 취하지 아니함으로 인하여 침해된 국민의 법익 또는 국민에게 발생한 손해의 심각성 내지 그 절박한 정도, 경찰관이 그와 같은 결과를 예견하여 그 결과를 회피하기 위한 조치를 취할 수 있는 가능성이 있는지 여부 등을 종합적으로 고려하여 볼 때, 그것이 **객관적 정당성을 상실하여 현저하게 불합리하다고 인정되지 않는다면 그와 다른 조치를 취하지 아니한 부작위를 내세워 국가배상책임의 요건인 법령위반에 해당한다고 할 수 없다**(대판 2008. 4. 24, 2006다32132: 경찰관이 음주운전단속시 운전자의 요구에 따라 곧바로 채혈을 실시하지 않은 채 호흡측정기에 의한 음주측정을 하고 1시간 12분이 경과한 후에야 채혈을 하였다는 사정만으로는 위 행위가 법령에 위배된다거나 객관적 정당성을 상실하여 운전자가 음주운전단속과정에서 받을 수 있는 권익이 현저하게 침해되었다고 단정하기 어렵다고 본 사례).

⑤ 행정권의 발동이 기속행위인 경우에는 부작위가 곧 위법이 된다.

⑥ 법정의 직무상 의무 위반은 이론상 그것만으로 위법인 것으로 보이야 한다. 그런데 **판례**는 직무상 의무 위반이 위법이 되기 위하여는 직무상 의무 위반이 직무에 충실한 보통 일반의 공무원을 표준으로 객관적 정당성을 상실하였다고 인정될 정도에 이른 때에 해당하여야 한다고 본다(대판 2016. 8. 25, 2014다225083).

⑦ 이론상 위법과 과실은 구별된다. 그런데 판례가 취하는 행정권의 불행사 또는 직무상 의무 위반의 위법 판단 기준에 비추어 볼 때 행정권의 불행사(부작위 또는 거부) 또는 직무상 의무위반이 위법하면 원칙상 고의 또는 과실이 있다고 볼 수 있다. 특히 신청이 있었던 경우에는 피해의 예견가능성이 있었다고 할 수 있으므로 더

욱 그러하다.

5) 입법작용의 위법

입법작용으로 인한 국가배상책임에 있어서는 국회의원 개개인의 입법활동상의 위법 및 과실이 문제되는 것이 아니라 합의체로서의 국회의 입법활동상의 위법 및 과실이 문제된다.

입법작용의 위법은 법률의 위헌이 아니라 입법과정에서의 국회(국회의원)가 지는 국민에 대한 직무상 의무의 위반을 위법으로 보는 것이 판례의 입장이다(대판 1997. 6. 13, 96다56115). 판례와 같은 입장을 취하는 경우 위법과 과실은 동시에 판단된다. 판례는 입법내용이 헌법의 문언에 명백히 위반되는 등 특수한 경우에 한하여 위법 및 과실을 인정하고 있다(대판 2008. 5. 29, 2004다33469〈거창사건〉).

6) 사법(司法)작용의 위법

판결이 상소심이나 재심에서 취소되었다는 것만으로 국가배상법상 위법이 인정되지는 않는다. 재판행위로 인한 국가배상책임의 인정에 있어서 위법은 판결 자체의 위법이 아니라 법관의 재판상 직무수행에 있어서의 공정한 재판을 위한 직무상 의무의 위반으로서의 위법이다.

판례는 재판행위의 국가배상법상의 위법성을 '법관이 위법 또는 부당한 목적을 가지고 재판을 하였다거나 법이 법관의 직무수행상 준수할 것을 요구하고 있는 기준을 현저하게 위반하는 등 법관이 그에게 부여된 권한의 취지에 명백히 어긋나게 이를 행사하였다고 인정할 만한 특별한 사정이 있는 경우'에 한하여 제한적으로 인정하고 있다(대판 2003. 7. 11, 99다24218: 헌법재판소 재판관이 청구기간 내에 제기된 헌법소원심판청구사건에서 청구기간을 오인하여 각하결정을 한 경우, 이에 대한 불복절차 또는 시정절차가 없는 때에는 국가배상책임〈위법성〉을 인정할 수 있다고 한 사례).

7) 행정규칙 위반

행정규칙의 대외적인 법적 구속력이 인정되지 않는 한 원칙상 행정규칙 위반만으로 가해행위가 위법하게 되지 않는다.

그러나 총기사용의 안전수칙과 같이 손해방지를 위한 안전성확보의무를 정하는 행정규칙을 위반한 가해행위는 그 행정규칙이 위법이 아닌 한 그 위법성과 과실이 인정된다고 보아야 한다. 행정규칙을 위반하여 위법인 것이 아니라 조리상 손해방지의무(안전관리의무)를 위반하여 위법하게 되는 것이며 공무원은 행정규칙을 알고 있어야 하므로 과실이 인정되는 것이다.

8) 재량행위의 위법

재량권의 일탈 또는 남용의 경우에는 항고소송에서와 같이 국가배상소송에서도 위법성을 인정하나, 부당에 그치는 재량권 행사의 과오는 위법성을 구성하지 않는 것으로 보는 데 학설은 일치하고 있다.

(4) 행정소송법상의 위법과 국가배상법상의 위법과 과실

1) 위법의 인정영역

국가배상소송상의 위법이 문제되는 범위는 항고소송상 위법이 문제되는 범위보다 넓다. 즉 항고소송에서의 위법판단은 행정처분(권력적 사실행위 포함)에 한정되는 반면에, 국가배상청구소송에서의 위법은 모든 공행정작용(비권력적 공행정작용 포함) 및 입법작용과 사법작용에 대하여 행하여진다. 그리고 항고소송에서의 부작위의 위법은 신청을 전제로 한 응답의무 위반을 의미하지만, 국가배상에서의 부작위의 위법은 신청을 전제로 하지 않고, 특정한 내용의 작위의무의 위반을 의미한다. 그리고 권력적 사실행위가 항고소송의 대상이 될 수 있다 할지라도 항고소송의 요건으로 소의 이익이 요구되므로 권력적 사실행위의 위법성이 항고소송에서 다투어지는 것은 예외적인 경우(계속적 성질을 갖는 권력적 사실행위의 경우)에 한정된다. 이에 반하여 국가배상소송에서는 법률행위보다도 사실행위에 의한 손해의 배상이 보다 빈번히 문제된다. 또한 국가배상소송에서는 공권력 행사 자체의 위법뿐만 아니라 행위(공권력 행사)의 태양(수단 또는 방법)의 위법이 또한 문제가 된다.

2) 국가배상법상의 위법과 항고소송의 위법의 이동(異同)과 취소소송판결의 국가배상소송에 대한 기판력

취소판결에 의해 인정된 처분의 위법성에 대한 기판력이 국가배상소송에서 가해행위인 해당 처분의 위법성 판단에 미치는가 하는 것이 문제된다.

항고소송에서의 위법성 인정의 기판력은 항고소송의 위법과 국가배상의 위법이 동일한 한에서 국가배상청구소송에서의 위법성 판단에 미치지만, 과실판단에는 미치지 않는다. 즉 가해행위인 처분에 대해 취소판결이 내려진 경우에도 취소판결의 기판력은 불법행위의 인정에는 미치지 않는다. 왜냐하면 취소판결의 기판력은 처분이 위법하다는 것에 미치지만 공무원의 고의 또는 과실에는 미치지 않는데, 불법행위가 인정되기 위하여는 가해행위가 위법할 뿐만 아니라 고의 또는 과실이 있어야 하기 때문이다(대판 2007. 5. 10, 2005다31828). 따라서 어떠한 행정처분이 항고소송에서 취소되었다고 할지라도 그 기판력으로 곧바로 국가배상책임이 인정될 수는

없다(대판 2022. 4. 28, 2017다233061).

[판례] 개간허가 취소처분이 후에 행정심판 또는 행정소송에서 취소되었으나 담당공무원에게 객관적 주의의무를 결한 직무집행상의 과실이 없다는 이유로 국가배상책임을 부인한 사례(대판 2000. 5. 12, 99다70600).

그리고 위법이 동일하기 위하여는 위법의 대상이 되는 행위와 위법의 기준 및 내용이 동일하여야 한다.

따라서 다음과 같은 결론이 도출된다. ① 국가배상소송에서 처분 자체의 위법이 문제된 경우에는 항고소송 판결의 기판력이 당연히 미친다. ② 위법 판단의 대상이 다른 경우 당연히 기판력이 미치지 않는다. 공무원의 직무상 손해방지의무 위반으로서의 위법, 즉 행위의 태양의 위법이 문제되는 경우에는 항고소송상의 위법과 판단의 대상과 내용을 달리 하므로 항고소송판결의 기판력이 이 경우에는 미치지 않는다. ③ 상대적 위법성설을 취하는 경우 위법의 기준과 내용이 다르므로 취소판결의 기판력이 미치지 않는다.

5. 고의 또는 과실

(1) 과실의 개념

1) 주관설과 과실 개념의 객관화

고의란 일정한 결과가 발생하리라는 것을 알면서도 행위를 행하는 것을 말한다. 주관설은 과실을 '해당 직무를 담당하는 평균적 공무원이 통상 갖추어야 할 주의의무를 해태한 것'을 의미한다고 본다(대판 1987. 9. 22, 87다카1164).

[판례] 등기부 표제부 건물내역란에 건물용도가 '유치원'으로 기재되어 있는 부동산에 관하여 근저당권설정등기신청을 받은 등기관이 부동산 소유자인 등기의무자가 유치원 경영자가 아니거나 위 부동산이 실제로 유치원 교육에 사용되지 않고 있다는 소명자료를 요구하지 않은 채 등기신청을 수리하여 근저당권설정등기를 마친 사안에서, **등기관에게 등기업무를 담당하는 평균적 등기관이 갖추어야 할 통상의 주의의무를 다하지 않은 직무집행상 과실이 있다**고 본 원심판단을 정당하다고 한 사례(대판 2011. 9. 29, 2010다5892).

주관설의 논거는 국가배상법이 국가배상법상 과실을 공무원의 과실로 규정하고 있다는 데 있다.

그런데 주관설은 피해자구제의 관점에서 과실개념을 객관화하고자 노력하고 있다(객관적 주관설). **판례**는 객관적 주관설을 취하고 있다. 즉 ① 국가배상법상의 과실은 해당 가해공무원의 주의능력을 기준으로 하여 판단되지 않고, 해당 직무를 담당하는 평균적 공무원의 주의능력을 기준으로 판단되는 추상적 과실을 의미한다. ② 또한 그 위반이 과실로 되는 공무원의 주의의무는 해당 직무를 담당하는 평균적 공무원이 해당 직무의 수행을 위하여 통상(즉 사회통념상) 갖추어야 할 주의의무이다. ③ 그리고 가해행위가 공무원의 행위에 의한 것으로 보여지는 한 가해공무원의 특정은 필요하지 않다. 불특정 다수 공무원의 '집단과실'을 묻는 대법원 판례(대판 2023. 1. 12, 2021다201184: 위헌·무효임이 명백한 **긴급조치 제 9 호의 발령부터 적용·집행에 이르는 일련의 국가작용**은 전체적으로 보아 공무원이 직무를 집행하면서 객관적 주의의무를 소홀히 하여 (과실이 인정되고), 그 직무행위가 객관적 정당성을 상실한 것으로서 위법하다고 한 사례)도 있다.

[판례] 국가 소속 전투경찰들이 시위진압을 함에 있어서 합리적이고 상당하다고 인정되는 정도로 가능한 한 최루탄의 사용을 억제하고 또한 최대한 안전하고 평화로운 방법으로 시위진압을 하여 그 시위진압과정에서 타인의 생명과 신체에 위해를 가하는 사태가 발생하지 아니하도록 하여야 하는데도, 이를 게을리한 채 **합리적이고 상당하다고 인정되는 정도를 넘어 지나치게 과도한 방법으로 시위진압을 한 잘못으로 시위 참가자로 하여금 사망에 이르게 하였다는 이유로 국가의 손해배상책임을 인정**하되, 피해자의 시위에 참가하여 사망에 이르기까지의 행위를 참작하여 30% 과실상계를 한 원심판결은 타당하다"고 한 사례(대판 1995. 11. 10, 95다23897).

2) 객 관 설

최근의 유력한 소수설은 프랑스의 입법례에서와 같이 국가배상법상의 과실을 객관적으로 파악하여 '국가작용의 흠'으로 보고 있다.

3) 결 어

공무원은 통상 행정기관으로서 활동하고, 피해자구제를 위해 가능한 한 위법·무과실을 배제하는 것이 타당하므로 객관설이 타당하다.

대위책임설에서는 주관설을 취하는 것이 논리적이고, 기관이론에 입각한 자기책임설 또는 신자기책임설에서는 주관설 또는 객관설을 취할 수 있다.

(2) 과실의 입증책임

판례에 따르면 과실의 입증책임은 민법상 불법행위책임에서와 마찬가지로 피해자인 국민에게 있다.

6. 위법과 과실의 관계

(1) 위법·무과실의 문제

현행 국가배상법에 따르면 국가배상책임이 성립하기 위하여는 공무원의 가해행위가 위법할 뿐만 아니라 그것이 공무원의 고의 또는 과실에 따른 것이어야 한다. 따라서 과실을 판례의 입장인 주관설에 따라 공무원의 주의의무 위반으로 보는 한 위법하지만 과실이 없는 경우가 없을 수 없으며 이 경우 국가배상책임이 부인된다.

과실을 객관적으로 국가작용의 흠으로 보면 위법하면 과실을 인정할 수 있으므로 위법·무과실의 문제는 제기되지 않는다.

(2) 위법·무과실의 예

판례가 '위법·무과실'을 이유로 국가배상책임을 부인한 예는 다음과 같다.

1) 공무원의 법령의 해석·적용상의 잘못

공무원의 법령의 해석·적용상의 잘못이 있으면 원칙상 과실이 인정된다. 왜냐하면, 공무원은 직무상 필요한 법령지식을 갖추고 있어야 하기 때문이다(대판 1981. 8. 25, 80다1598; 대판 2001. 2. 9, 98다52988).

[판례] 위헌·무효임이 명백한 긴급조치 제 9 호의 발령부터 적용·집행에 이르는 수사, 재판 등 일련의 국가작용으로 인한 손해에 대해 국가배상책임이 인정된다고 한 사례(대판 전원합의체, 2022. 8. 30, 22018다212610; 대판 2022. 8. 31, 2019다298482).

그러나 법령의 해석이 미묘하여 통일된 학설이 없고 판례도 확정되지 아니한 경우 신중한 태도로 어느 일설을 취하여 처분한 경우 결과적으로 그 처분이 법원에서 위법한 것으로 판명되었다 하더라도 그것만으로는 과실책임을 인정할 수 없다(대판 1973. 10. 10, 72다2583; 대판 2001. 3. 13, 2000다20731).

2) 재량권의 일탈·남용

대법원 판결 중에는 재량권의 범위를 넘어 행정행위가 위법한 경우에도 해당 공무원에게 직무상의 과실이 있다고 할 수 없다고 본 판결이 다수 있다(대판 1984. 7. 24, 84다카597). 그러나 재량준칙이 심히 합리적이지 못한 경우에는 해당 재량준칙을 제정한 공무원의 과실을 인정하여 국가배상책임을 인정하여야 할 것이다.

3) 위헌·위법인 법령 또는 행정규칙의 적용

위헌·위법인 법령을 집행하는 공권력 행사는 위법하나, 해당 법령을 적용한 공무원에게 원칙상 과실이 있다고 보기 어렵다. 위헌·위법인 법령·행정규칙의 제정상 과실을 물을 수 있을 것이나 그 과실을 인정함에 어려움이 있다.

7. 손　해

공무원의 불법행위가 있더라도 손해가 발생하지 않으면 국가배상책임이 인정되지 않는다.

국가배상책임의 성립요건인 '손해'는 민법상 불법행위책임에서의 손해와 동일하다. 물질적 손해뿐만 아니라 정신적 손해도 포함된다.

다만, 순수한 반사적 이익의 침해만으로는 손해가 발생하였다고 할 수 없다.

예를 들면, 공익보호만을 목적으로 하는 엄격한 허가요건으로 인하여 기존업자가 받는 사실상 독점적 이익은 반사적 이익에 불과하므로 위법한 영업허가가 행하여짐으로써 그동안 누렸던 독점적 이익을 상실하게 된 경우에 국가배상법상 손해를 입었다고 볼 수 없다는 이유로 국가배상책임을 인정하지 않을 수 있을 것이다.

불법행위를 이유로 배상하여야 할 손해는 **현실로 입은 손해**에 한한다(대판 2020. 10. 15, 2017다278446).

재량권의 일탈·남용의 경우 행정청의 적법한 재량권 행사로 가해행위와 동일한 내용의 처분을 할 수 있는 경우에는 특별한 사정이 없는 한 손해가 발생하였다고 할 수 없다.

절차의 하자의 경우 절차상 위법과 손해 사이에 상당인과관계가 있는 경우 국가배상책임이 인정되지만, 절차를 거치더라도 가해행위와 동일한 내용의 처분을 할 수 있는 경우(실체상 적법한 경우)에는 특별한 사정이 없는 한 손해가 발생하였다고 할 수 없다.

국가배상법 제 2 조 제 1 항을 적용할 때 피해자가 손해를 입은 동시에 이익을 얻은 경우에는 손해배상액에서 그 이익에 상당하는 금액을 빼야 한다(국가배상법 제 3 조의2 제 1 항).

8. 인과관계

가해행위인 공무원의 행위와 손해 사이에 상당인과관계가 있어야 한다. 국가배상책임의 성립요건인 '상당인과관계'는 민법상 불법행위책임에서의 그것과 동일하다.

판례는 직무상 의무의 사익보호성을 국가배상에서의 상당인과관계의 판단요소의 하나로 보는 경향이 있다(대판 2020. 7. 9, 2016다268848).

[판례] (1) **국가배상책임의 상당인과관계가 인정되기 위하여는 공무원에게 부과된 직무상 의무의 내용이 개인의 안전과 이익을 보호하기 위한 것이어야 한다고 한 사례:** 공무원이 고의 또는 과실로 그에게 부과된 직무상 의무를 위반하였을 경우라고 하더라도 국가는 그러한 직무상의 의무 위반과 피해자가 입은 손해 사이에 상당인과관계가 인정되는 범위 내에서만 배상책임을 지는 것이고, **이 경우 상당인과관계가 인정되기 위하여는 공무원에게 부과된 직무상 의무의 내용이 단순히 공공 일반의 이익을 위한 것이거나 행정기관 내부의 질서를 규율하기 위한 것이 아니고 전적으로 또는 부수적으로 사회구성원 개인의 안전과 이익을 보호하기 위하여 설정된 것이어야 한다.** (2) 구 식품위생법 제 7 조, 제 9 조, 제10조, 제16조는 단순히 국민 전체의 보건을 증진한다고 하는 공공 일반의 이익만을 위한 것만이 아니라, 그와 함께 사회구성원 개개인의 건강상의 위해를 방지하는 등의 개별적인 안전과 이익도 도모하기 위하여 설정된 것이라고 함이 상당하다(대판 2010. 9. 9, 2008다77795〈손해배상(기)〉).

그러나 인과관계는 기본적으로 사실의 문제인데, 공무원에게 직무상 의무를 부과한 법령의 보호목적이 사회 구성원 개인의 이익과 안전을 보호하기 위한 것이 아니고 단순히 공공일반의 이익이나 행정기관 내부의 질서를 규율하기 위한 것이라는 이유만으로 공무원이 직무상 의무를 위반한 행위와 제 3 자가 입은 손해 사이에 상당인과관계를 부정하는 것은 타당하지 않다.

Ⅳ. 공무원의 배상책임

1. 공무원의 피해자에 대한 배상책임(선택적 청구권)

(1) 인정 여부

국가배상법 제 2 조의 요건을 충족하여 국가 또는 지방자치단체의 배상책임이 인정되는 경우에 피해자는 공무원에 대하여도 손해배상을 청구할 수 있는지에 관하여 학설은 대립하고 있다.

1) 긍 정 설

긍정설의 논거는 다음과 같다. ① 국가배상책임을 국가의 자기책임으로 본다면, 국가의 책임과 공무원 개인의 책임은 독립하여 성립되는 것이므로 국가의 책임과 별도로 공무원의 책임을 인정하는 것이 논리적이다. ② 공무원의 피해자에 대한 배상책임을 부인하는 것은 공무원을 일반사인에 비하여 부당하게 보호하는 것이 된다. ③ 정책적인 견지에서 볼 때 공무원의 피해자에 대한 직접책임을 부인하는 것은 공무원의 책임의식을 박약하게 할 우려가 있다고 한다.

2) 부 정 설

부정설의 논거는 다음과 같다. ① 국가배상책임을 대위책임으로 보는 견해에 따르면 공무원의 책임을 국가가 갈음하여 지는 것이므로 공무원의 피해자에 대한 직접책임을 인정하지 않는 것이 논리적이다. ② 정책적 견지에서 볼 때 공무원의 피해자인 국민에 대한 직접책임을 인정하게 되면 공무원의 직무집행을 위축시킬 우려가 있고, 피해자인 국민이 이를 남용할 우려가 있으며, 소송에 연루된 공무원은 직무수행에 전념할 수 없게 된다. ③ 공무원의 피해자에 대한 책임을 인정하지 않아도 국가는 무제한의 자력을 갖고 있으므로 피해자의 구제는 충분하다.

3) 절충설(제한적 긍정설)

① 경과실의 경우에는 공무원의 행위는 공무원 개인의 행위가 아니고 기관행위로서 국가에 귀속되는 것이므로 공무원은 일체의 책임을 지지 않고, 고의 또는 중과실의 경우에는 공무원의 행위는 더 이상 행정기관의 행위로 볼 수 없으므로 이에 대하여는 공무원 개인이 책임을 져야 한다. ② 정책적 견지에서 공무원의 책임의식의 확보와 공무의 원활한 수행을 조화시킬 수 있다.

4) 판례의 입장

판례는 제한적 긍정설(절충설)을 취하고 있다. 즉 가해공무원 개인에게 고의 또는 중과실이 있는 경우에는 국가 등이 국가배상책임을 부담하는 외에 가해공무원도 피해자에 대하여 그로 인한 손해배상책임을 부담하고, 가해공무원 개인에게 경과실만이 인정되는 경우에는 공무원 개인은 손해배상책임을 부담하지 아니한다고 보고 있다(대판 전원합의체 1996. 2. 15, 95다38677〈국가배상청구〉). **과거의 판례**는 공무원의 피해자에 대한 배상책임을 인정하고 있었다(대판 1972. 10. 10, 69다701〈손해배상〉).

(2) 경과실이 면책되는 '공무원'

경과실이 면책되는 공무원은 경과실 면책의 취지에 비추어 볼 때 실제로 공무를 수행한 자연인에 한정된다.

공무를 위탁받은 자가 법인인 경우 실제로 공무를 수행한 법인의 직원이 피해자에 대해 개인적으로 배상책임을 진다. **공무를 위탁받은 자가 자연인인 경우**에는 공무를 위탁받은 자가 행정기관의 지위와 함께 실제로 공무를 수행한 자라는 지위를 동시에 갖게 된다. **판례는** 행정주체인 공무수탁법인(예 한국토지주택공사, 에스에이치 공사)

이 배상책임을 지는 경우에 행정주체인 공무수탁법인은 경과실이 면책되는 국가배상법 제 2 조 소정의 공무원이 아니고, 실질적으로 공무를 수행하는 공공단체의 직원 등은 경과실이 면책되는 공무원이라고 보았다(대판 2010. 1. 28, 2007다82950, 82967).

(3) 공무원의 손해배상책임의 요건인 공무원의 중과실

공무원의 손해배상책임의 요건인 공무원의 중과실이란 공무원에게 통상 요구되는 정도의 상당한 주의를 하지 않더라도 약간의 주의를 한다면 손쉽게 위법·유해한 결과를 예견할 수 있는 경우임에도 만연히 이를 간과한 경우와 같이, 거의 고의에 가까운 현저한 주의를 결여한 상태를 의미한다(대판 2021. 11. 11, 2018다288631).

2. 공무원의 국가에 대한 구상책임

(1) 구상책임의 의의

국가배상법 제 2 조 제 2 항은 국가의 구상권은 고의 또는 중과실의 경우에 한하는 것으로 규정하고 있다. 이와 같이 고의 또는 중과실의 경우에 한하여 국가의 공무원에 대한 구상권을 인정한 것은 경과실의 경우까지 공무원의 책임을 인정하는 것은 공무원에게 가혹할 뿐만 아니라 공무원의 직무집행을 위축시킬 우려가 있기 때문이다.

(2) 구상권의 범위 결정

판례는 구상권의 범위의 결정에 있어서 '손해발생에 대한 공무원의 기여정도', '불법행위의 예방이나 손실분산에 관한 국가 또는 지방자치단체의 배려의 정도'를 고려하도록 하고 있는 점에 비추어 손해발생에 대한 기여정도에 따라 국가와 공무원 사이의 책임의 분담을 정하고자 하는 입장을 취하고 있다고 보여지지만 '해당 공무원의 평소 근무태도'도 고려한 것은 판례가 국가의 구상권이 공무원에 대한 징계적 성격을 아울러 가지고 있다고 보고 있음을 보여 주고 있다(대판 1991. 5. 10, 91다6764).

3. 공무원의 국가에 대한 구상권

직무수행 중 경과실로 피해자에게 손해를 입힌 공무원이 피해자에게 손해를 배상하였다면, 공무원은 국가가 피해자에 대하여 부담하는 손해배상책임의 범위 내에서 자신이 변제한 금액에 관하여 구상권을 취득한다(대판 2014. 8. 20, 2012다54478).

제3항 영조물의 설치·관리의 하자로 인한 배상책임

국가배상법 제 5 조는 다음과 같이 공공시설 등의 하자로 인한 배상책임을 공무원의 불법행위로 인한 배상책임과 별도로 규정하고 있다.

① 도로·하천, 그 밖의 공공의 영조물(營造物)의 설치나 관리에 하자(瑕疵)가 있기 때문에 타인에게 손해를 발생하게 하였을 때에는 국가나 지방자치단체는 그 손해를 배상하여야 한다. 이 경우 제 2 조 제 1 항 단서, 제 3 조 및 제 3 조의2를 준용한다. ② 제 1 항을 적용할 때 손해의 원인에 대하여 책임을 질 자가 따로 있으면 국가나 지방자치단체는 그 자에게 구상할 수 있다.

Ⅰ. 영조물책임의 성립요건

국가배상법 제 5 조에 따른 공공시설 등의 하자로 인한 국가배상책임이 성립하기 위하여는 '공공의 영조물'의 설치나 관리의 '하자'로 인하여 타인에게 손해가 발생하였을 것을 요한다. 손해의 발생, 영조물의 설치 또는 관리의 하자와 손해의 발생 사이의 인과관계는 민법상 불법행위책임에 있어서의 그것과 다르지 않다.

1. 공공의 영조물의 개념

국가배상법 제 5 조상의 **영조물**은 본래의 의미의 영조물(공적 목적을 위하여 제공된 인적·물적 종합시설)이 아니라, 직접 행정목적에 제공된 물건(유체물 또는 물적 설비), 즉 **공물을** 의미한다고 보는 것이 **통설이며 판례이다**(대판 1998. 10. 23, 98다17381). 국가배상법 제 5 조 제 1 항 소정의 **'공공의 영조물'**이란 국가 또는 지방자치단체가 소유권, 임차권 그 밖의 권원에 기하여 관리하고 있는 경우뿐만 아니라 사실상 관리하고 있는 경우도 포함된다(대판 1998. 10. 23, 98다17381).

> **[판례]** 공사 중이며 아직 완성되지 않아 일반 공중의 이용에 제공되지 않은 **옹벽**이 국가배상법 제 5 조 제 1 항 소정의 영조물에 해당하지 않는다고 한 사례(대판 1998. 10. 23, 98다17381).

국가배상법 제 5 조상의 영조물에는 인공공물(人工公物)뿐만 아니라 하천 등 자연공물(自然公物)도 포함되고, 동산 및 동물도 포함된다고 보는 것이 **통설 및 판례의**

입장이다.

국가나 지방자치단체가 관리주체이더라도 사경제적 목적에 제공되고 있는 잡종재산(일반재산)에 대하여는 민법 제758조가 적용된다. 반면에 국가와 지방자치단체가 관리하지만 사인의 소유에 속하는 타유공물(他有公物)에 대하여는 국가배상법 제 5 조가 적용된다.

2. 설치나 관리의 '하자'

(1) 설치나 관리의 하자의 개념

영조물의 '설치나 관리의 하자'가 무엇을 의미하는가에 관하여 학설은 객관설, 주관설, 절충설로 나뉘어 대립되고 있다.

1) 객 관 설

객관설은 '영조물의 설치나 관리의 하자'를 **'영조물이 통상 갖추어야 할 안전성을 결여한 것'**을 말한다고 한다. 객관설은 법문언상의 '설치나 관리의 하자'를 영조물 자체의 물적 하자를 의미한다고 보고 있는 것이다.

객관설은 국가배상법 제 5 조의 책임을 과실책임인 제 2 조의 책임과 구별하여 행위책임이 아니라 상태책임으로, 과실책임이 아니라 일종의 위험책임인 무과실책임으로 이해하는 데 근거하고 있다. 또한 '영조물의 설치나 관리의 하자'를 객관적 개념으로 해석하는 것이 피해자의 구제라는 관점에서도 타당하다고 주장한다.

2) 주관설(안전관리의무위반설)

이 견해는 '설치나 관리의 하자'라는 것은 '영조물을 안전하고 양호한 상태로 보전해야 할 관리의무를 위반함'을 의미한다고 본다. 따라서 주관설을 안전관리의무위반설이라고 부르기도 한다. 안전관리의무위반설은 위법·무과실책임설과 유사하다. 다만, **주의할 것은 영조물 관리자의 관리의무 위반이란** 국가배상법 제 2 조의 과실, 즉 공무원의 주관적 과실과 달리 **영조물의 안전확보의무 또는 손해방지의무 위반이라는 객관적인 개념이다**(객관화된 주관설). 일반적으로 말하면 영조물의 안전확보의무 또는 손해방지의무는 공무원의 주의의무보다는 엄격한 의무이다. 안전관리의무위반은 위법·무과실책임과 유사하다.

이 견해는 국가배상법 제 5 조의 법문언의 표현이 '영조물의 하자'로 되어 있지 않고 영조물의 '설치나 관리의 하자'로 되어 있다는 것, 영조물의 하자 뒤에는 항상 관리자의 관리의무 위반이 있다는 점, 그리고 관리자의 관리의무 위반을 책임의 근거로 보는 것이 책임의 원칙에 비추어 타당하다는 점 등에 근거하고 있다.

3) 위법 · 무과실책임설

이 견해는 영조물의 설치 · 관리의 하자를 객관적 개념인 **영조물 관리자의 객관적인 안전관리의무 위반을 의미하는 것**으로 보면서 국가배상법 제 5 조의 책임을 행위책임이며 위법 · 무과실책임으로 보는 견해이다. 이 견해는 주관설(안전관리의무위반설)과 유사하다.

이 견해는 국가배상법 제 5 조가 '영조물 자체의 하자'가 아니라 '영조물의 설치 또는 관리상 하자'를 책임요건으로 하고 있고, 제 2 조와 달리 공무원의 과실을 요구하지 않고, 민법 제758조와 달리 점유자의 면책을 규정하지 않고 있다는 점에 근거를 둔다.

4) 절 충 설

이 견해는 '영조물의 설치나 관리의 하자'는 안전성의 결여라는 **객관적인 물적 상태의 하자**와 함께 관리의무 위반이라는 **주관적 측면도 함께 고려하여** 판단하여야 한다는 견해이다. 객관설과 주관설의 중간에 위치하는 견해라고 할 수 있다.

5) 판례의 태도

판례는 전형적인 객관설도 아니고, 전형적인 주관설도 아닌 그 중간의 입장을 취하고 있다. **판례의 입장**을 변형된(수정된) 객관설(사법연수원교재, 행정구제법, 316면) 또는 객관화된 주관설 또는 절충설(제 2 설)로 부를 수 있다.

[판례] 국가배상법 제 5 조 제 1 항에 정해진 **영조물의 설치 또는 관리의 하자라 함은 영조물이 그 용도에 따라 통상 갖추어야 할 안전성을 갖추지 못한 상태에 있음을 말하는 것**이며, 다만 영조물이 완전무결한 상태에 있지 아니하고 그 기능상 어떠한 결함이 있다는 것만으로 영조물의 설치 또는 관리에 하자가 있다고 할 수 없고, 위와 같은 **안전성의 구비 여부를 판단함에 있어서는** 해당 영조물의 용도, 그 설치장소의 현황 및 이용 상황 등 제반 사정을 종합적으로 고려하여 설치 · 관리자가 그 영조물의 위험성에 비례하여 **사회통념상 일반적으로 요구되는 정도의 방호조치의무를 다하였는지 여부를 그 기준으로 삼아야** 할 것이며, 만일 객관적으로 보아 시간적 · 장소적으로 영조물의 기능상 결함으로 인한 손해발생의 예견가능성과 회피가능성이 없는 경우, 즉 그 **영조물의 결함이 영조물의 설치 · 관리자의 관리행위가 미칠 수 없는 상황 아래에 있는 경우임이 입증되는 경우**라면 영조물의 설치 · 관리상의 **하자를 인정할 수 없다**고 할 것이다(대판 2007. 10. 26, 2005다51235; 대판 2009. 2. 26, 2007다22262). **[해설]** 판례의 **영조물의 설치나 관리의 하자의 정의**(영조물이 그 용도에 따라 통상 갖추어야 할 안전성을 갖추지 못한 상태에 있음)**만을 보면 객관설이라고 할 수 있지만, 판례가 제시하고 있는 영조물의 설치나 관리의 하자의 구체적 판단기준**(그 영조물의 위험성에 비례하여

사회통념상 일반적으로 요구되는 정도의 방호조치의무를 다하였는지 여부를 그 기준으로 삼아야 할 것)을 보면 **주관설에 입각**하고 있는 것으로 보인다.

(2) 판례에서의 영조물의 설치나 관리의 하자의 개념과 판단기준

판례는 영조물의 설치나 관리상 하자를 "영조물이 그 용도에 따라 통상 갖추어야 할 안전성을 갖추지 못한 상태에 있음"을 말하는 것으로 정의하고 있는데, 이 정의는 동시에 "영조물의 설치나 관리의 하자"의 **일반적·궁극적 판단기준**이 된다.

그리고 **판례**는 영조물의 설치나 관리상 하자의 **구체적인 판단기준**을 제시하고 있는데, **물적 하자**(해당 영조물을 구성하는 물적 시설 그 자체에 있는 물리적·외형적 흠결이나 불비로 인하여 그 이용자에게 위해를 끼칠 위험성이 있는 경우)와 **이용**(사용)**상 하자**(그 영조물이 공공의 목적에 이용됨에 있어 그 이용상태 및 정도가 일정한 한도를 초과하여 제 3 자에게 사회통념상 참을 수 없는 피해를 입히는 경우)를 구분하고, 각각 다른 판단기준을 제시하고 있다.

1) 일반적·궁극적 판단기준: 통상의 용도에 따른 안전성의 결여

영조물의 설치나 관리의 하자를 "영조물이 그 용도에 따라 통상 갖추어야 할 안전성을 갖추지 못한 상태에 있음"을 말한다.

[판례] **국가배상법 제 5 조 제 1 항에 규정된 '영조물 설치·관리상의 하자'의 의미 및 하자 판단 기준**: 국가배상법 제 5 조 제 1 항에 규정된 '**영조물 설치·관리상의 하자**'는 공공의 목적에 공여된 영조물이 그 용도에 따라 **통상 갖추어야 할 안전성을 갖추지 못한 상태에 있음**을 말한다. 그리고 위와 같은 **안전성의 구비 여부는** 영조물의 설치자 또는 관리자가 **그 영조물의 위험성에 비례하여 사회통념상 일반적으로 요구되는 정도의 방호조치의무를 다하였는지를 기준으로 판단**하여야 하고, **아울러 그 설치자 또는 관리자의 재정적·인적·물적 제약 등도 고려하여야** 한다. 따라서 영조물이 그 설치 및 관리에 있어 완전무결한 상태를 유지할 정도의 고도의 안전성을 갖추지 아니하였다고 하여 하자가 있다고 단정할 수는 없고, 영조물 이용자의 상식적이고 질서 있는 이용 방법을 기대한 **상대적인 안전성**을 갖추는 것으로 족하다(대판 2022. 7. 28, 2022다225910: 교차로 보조표지의 설치·관리상의 하자를 부인한 사례).

가. 안전성의 정도(통상 갖추어야 할 안전성) 영조물의 설치나 관리상 요구되는 안전성은 "영조물이 그 용도에 따라 통상 갖추어야 할 안전성" 즉 완전무결한 상태를 유지할 정도의 고도의 안전성을 말하는 것이 아니라 **영조물의 위험성에 비례하여 사회통념상 일반적으로 요구되는 정도의 것**을 의미한다(대판 2002. 8. 23, 2002다9158).

나. 통상의 용도에 따른 안전성 영조물이 통상 갖추어야 할 안전성이란 영조

물의 '통상의 용도'에 따른 이용에 있어서 해당 영조물이 통상 구비해야 할 안전성이다. 영조물을 비정상적으로 이용하다가 발생한 사고에 있어서 통상 갖추어야 될 안전성만 갖추면 배상책임을 지지 않는다. 그러나 그러한 비정상적인 이용이 예상되는 경우에 있어서 관리자에게 관리의무 위반이 인정될 때에는 배상책임이 인정된다.

예를 들면, 판단능력이 충분하지 않은 중학생이 학교비품을 가지고 장난을 하다가 사고가 난 경우에 학교비품의 통상 갖추어야 할 안전성은 이러한 경우까지를 고려한 안전성이어야 한다. 현재의 기술수준 및 예산상 부득이하다는 사정만으로는 관리가능성이 없다고 할 수 없다(대판 2001. 7. 27, 2000다56822). 그러나 고등학교 3학년 학생이 학교 건물의 3층 난간을 넘어 들어가 흡연을 하던 중 실족하여 사망한 경우, 위 건물의 설치·보존상의 하자가 인정되지 않는다고 한 사례(대판 1997. 5. 16, 96다54002)도 있다.

다. 안전성 구비 여부의 판단 안전성의 구비 여부는 영조물의 설치자 또는 관리자가 그 영조물의 위험성에 비례하여 사회통념상 일반적으로 요구되는 정도의 방호조치의무를 다하였는지를 기준으로 판단하여야 하고, 아울러 그 설치자 또는 관리자의 재정적·인적·물적 제약 등도 고려하여야 한다. 따라서 영조물이 그 설치 및 관리에 있어 완전무결한 상태를 유지할 정도의 고도의 안전성을 갖추지 아니하였다고 하여 하자가 있다고 단정할 수는 없고, 영조물 이용자의 상식적이고 질서 있는 이용 방법을 기대한 상대적인 안전성을 갖추는 것으로 족하다(대판 2022. 7. 28, 2022다225910).

2) 물적 하자의 구체적 판단기준

물적 하자란 "해당 영조물을 구성하는 물적 시설 그 자체에 있는 물리적·외형적 흠결이나 불비로 인하여 그 이용자에게 위해를 끼칠 위험성이 있는 경우"를 말한다.

판례는 물적 하자의 구체적 판단기준을 다음과 같이 제시하고 있다.

안전성의 구비 여부를 판단함에 있어서는 해당 영조물의 용도, 그 설치장소의 현황 및 이용 상황 등 제반 사정을 종합적으로 고려하여 설치·관리자가 그 영조물의 위험성에 비례하여 사회통념상 일반적으로 요구되는 정도의 방호조치의무를 다하였는지 여부를 그 기준으로 삼아야 할 것이며, 만일 객관적으로 보아 시간적·장소적으로 영조물의 기능상 결함으로 인한 손해발생의 예견가능성과 회피가능성이 없는 경우, 즉 그 영조물의 결함이 영조물의 설치·관리자의 관리행위가 미칠 수 없는 상황 아래에 있는 경우임이 입증되는 경우라면 영조물의 설치·관리상의 하자를 인정할 수 없다고 할 것이다(대판 2007. 10. 26, 2005다51235; 대판 2009. 2. 26, 2007다22262).

가. 방호조치의무(안전관리의무) **위반** 영조물의 물적 하자는 해당 영조물의 용도, 그 설치장소의 현황 및 이용 상황 등 제반 사정을 종합적으로 고려하여 설치·관리자가 그 영조물의 위험성에 비례하여 **사회통념상 일반적으로 요구되는 정도의 방호조치의무를 다하지 않은 경우**를 말한다. 여기에서 안전관리의무 위반은 국가배상법 제 2 조의 위법 개념과 유사하며 주의의무 위반과 달리 객관적 개념이다.

나. 손해발생의 관리가능성(예견가능성과 회피가능성)**이 없지 않을 것** 객관적으로 보아 시간적·장소적으로 영조물의 기능상 결함으로 인한 손해발생의 예견가능성과 회피가능성이 없는 경우, 즉 그 영조물의 결함이 영조물의 설치·관리자의 관리행위가 미칠 수 없는 상황 아래에 있는 경우임이 입증되는 경우라면 영조물의 설치·관리상의 하자를 인정할 수 없다.

손해발생의 예견가능성과 회피가능성이 없었다는 입증은 피고가 하여야 한다.

현재의 기술수준 및 예산상 부득이하다는 사정만으로는 관리가능성이 없다고 할 수 없다(대판 2001. 7. 27, 2000다56822). 관리가능성(예견가능성과 회피가능성)은 영조물의 위험성에 비례하여 요구되는 영조물 관리자의 안전관리시스템이 제대로 작동하는 것을 전제로 판단되어야 한다.

판례는 가변차로에 설치된 두 개의 신호등에서 서로 모순되는 신호가 들어오는 오작동이 발생하였고 그 고장이 현재의 기술수준상 부득이한 것이라고 가정하더라도 그와 같은 사정만으로 손해발생의 예견가능성이나 회피가능성이 없어 영조물의 하자를 인정할 수 없는 경우라고 단정할 수 없다고 하였다(대판 2001. 7. 27, 2000다56822).

3) 이용상 하자의 판단기준

'이용상 하자'(기능상 하자)란 '영조물이 공공의 목적에 이용됨에 있어 그 이용상태 및 정도가 일정한 한도를 초과하여 제 3 자에게 사회통념상 참을 수 없는 피해를 입히는 경우'를 말한다.

영조물의 이용상 하자의 판단에 있어 '사회통념상 참을 수 없는 피해인지의 여부'는 그 영조물의 공공성, 피해의 내용과 정도, 이를 방지하기 위하여 노력한 정도 등을 종합적으로 고려하여 판단하여야 한다. 예를 들면, 사격장에서 발생하는 소음 등으로 지역주민들이 입은 피해가 사회통념상 참을 수 있는 정도(수인한도)를 넘는 경우 사격장의 설치 또는 관리에 하자가 있다.

[판례 1] (1) **국가배상법 제 5 조 제 1 항 소정의 '영조물의 설치·관리상의 하자'의 의미 및 하자로 볼 수 있는 경우**: 국가배상법 제 5 조 제 1 항에 정하여진 '영조물의 설치 또는 관리의 하자'라 함은 공공의 목적에 공여된 영조물이 그 용도에 따라 갖추어야 할 안전성을 갖추지 못한 상태에 있음을 말하고, 여기서 안전성을 갖추지 못한 상태, 즉 타인에게 위해를 끼칠 위험성이 있는 상태라 함은 해당 영조물을 구성하는 물적 시설 그 자체에 있는 물리적·외형적 흠결이나 불비로 인하여 그 이용자에게 위해를 끼칠 위험성이 있는 경우(물적 하자)뿐만 아니라 **그 영조물이 공공의 목적에 이용됨에 있어 그 이용상태 및 정도가 일정한 한도를 초과하여 제 3 자에게 사회통념상 참을 수 없는 피해를 입히는 경우**(이용상 하자)까지 포함된다고 보아야 할 것이고, **사회통념상 참을 수 있는 피해인지의 여부는 그 영조물의 공공성, 피해의 내용과 정도, 이를 방지하기 위하여 노력한 정도 등을 종합적으로 고려하여 판단하여야 한다.** (2) 매향리 사격장에서 발생하는 소음 등으로 지역 주민들이 입은 피해는 **사회통념상 참을 수 있는 정도를 넘는 것**으로서 사격장의 설치 또는 관리에 하자가 있었다고 본 사례(대판 2004. 3. 12, 2002다14242〈매향리사격장사건〉).

[판례 2] 교차로의 진행방향 신호기의 정지신호가 단선으로 소등되어 있는 상태에서 그대로 진행하다가 다른 방향의 진행신호에 따라 교차로에 진입한 차량과 충돌한 경우, **신호기의 적색신호가 소등된 기능상 결함이 있었다는 사정만으로 신호기의 설치 또는 관리의 하자를 인정할 수 없다고 한 사례**(대판 2000. 2. 25, 99다54004).

(3) 유형별 고찰 및 개별적 고찰

영조물의 하자의 판단에 있어서 영조물의 종류별로 유형적 고찰을 할 필요가 있다. 그것은 영조물의 성질이 다름에 따라 영조물의 하자의 판단기준이 달라질 수 있기 때문이다. 이는 특히 인공공물과 자연공물에 있어서 그러하다.

또한 동일한 영조물의 하자로 인한 손해배상에 있어서도 손해의 원인이 되는 하자에 따라 특별한 고찰을 하여야 할 필요가 있다.

1) 인공공물과 자연공물의 구별

인공공물은 해당 영조물이 통상 갖추어야 할 안전성이 확보된 상태하에서 공적 목적에 제공되어야 하므로 영조물의 하자가 보다 넓게 인정될 수 있다. 그러나 자연공물은 자연상태로 공적 목적에 제공되고 해당 영조물의 안전성은 연차적으로 강화되어야 하는 것이므로 이 한도 내에서 영조물의 하자의 인정에 한계가 주어질 수 있다(대판 2003. 10. 23, 2001다48057). 도로는 대표적인 인공공물이며 하천은 대표적인 자연공물이다.

2) 도로의 설치·관리의 하자

가. 일반적 판단기준 도로의 설치 또는 관리·보존상의 하자는 도로의 위치 등 장소적인 조건, 도로의 구조, 교통량, 사고시에 있어서의 교통 사정 등 도로의 이용상황과 그 본래의 이용목적 등 제반 사정과 물적 결함의 위치, 형상 등을 종합적으로 고려하여 사회통념에 따라 구체적으로 판단하여야 한다(대판 1997. 2. 10, 97다32536).

나. 개별적 고찰

(가) **노면의 흠** 도로 노면의 흠은 도로의 물적 하자인데, 관리의무 위반시 국가배상법 제 5 조상의 하자가 인정된다. 다만, 도로의 흠이 단시간에 걸쳐 생긴 경우에 도로의 흠을 발견하여 표지판을 설치하거나 보수를 하는 등 안전조치를 취할 시간적인 여유가 없었을 때에는 예측가능성과 결과회피가능성이 없기 때문에 배상책임이 면제된다.

(나) **자연력에 의한 통행상 안전의 결함** 도로의 설치 후 집중호우 등 자연력이 작용하여 본래 목적인 통행상의 안전에 결함이 발생한 경우에는 그 결함이 제 3 자의 행위에 의하여 발생한 경우와 마찬가지로 보아야 할 것이며, 도로에 그와 같은 결함이 있다는 것만으로 성급하게 도로의 보존상 하자를 인정하여서는 안 되고, 해당 도로의 구조, 장소적 환경과 이용상황 등 제반 사정을 종합하여 그와 같은 결함을 제거하여 원상으로 복구할 수 있는데도 이를 방치한 것인지 여부를 개별적·구체적으로 심리하여 하자의 유무를 판단하여야 한다(대판 1998. 2. 13, 97다49800).

> **[판례]** 도로의 관리청은 일시에 많은 양의 비가 내리는 경우에 대비하여 도로에 물이 고이지 않도록 집수구 등 배수시설을 갖추고 그 시설이 그 기능을 다 할 수 있도록 관리하며, 도로에 내린 비가 신속히 집수구 쪽으로 흘러 들어갈 수 있도록 도로의 구배 등 구조를 적절히 유지, 관리하는 등의 방호조치를 취할 의무가 있다 할 것이다(대판 1998. 2. 13, 97다49800).

(다) **낙하물 등 제 3 자의 행위에 의해 통행상의 안전에 결함이 발생한 경우** 도로상의 장해물로 인한 사고에 있어서는 해당 장해물을 발견하고 제거할 수 있는 합리적인 시간이 있었는지 여부(예견가능성과 회피가능성)에 따라 영조물의 하자 여부가 결정된다. 그리고 해당 장해물을 발견하고 제거할 수 있는 합리적인 시간이 있었는지 여부는 도로상의 장해물의 감시를 위한 정상적인 순찰계획을 고려하여 판단된다.

[판례] **낙하물의 경우에는 그 낙하물을 발견하여 제거할 수 있는 시간적인 여유가 있었는지 여부가 하자 판단의 기준이 된다.** 도로의 점유·관리자인 피고가 낙하물에 대한 관리 가능성이 없다는 입증을 하여야 한다(대판 1997. 4. 22, 97다3194).

관리가능성(예견가능성과 회피가능성)은 영조물 관리자의 안전관리시스템이 제대로 작동하는 것을 전제로 판단되어야 한다.

(라) **낙 석** 도로에 낙석의 위험이 있는 경우에는 경우에 따라 경고표시판을 설치하거나 방호책 등을 설치하여야 할 것이다.

그런데 산간지역의 도로의 경우 낙석의 위험이 전혀 없는 경우는 많지 않다. 그렇다고 하여 낙석의 위험이 있는 모든 경우에 방호책을 설치할 수 없다. 따라서 이 경우에는 예산상의 제약도 고려하여 도로관리주체의 위험방지의무를 정하여야 할 것이다.

(마) **신호기의 설치·관리상 하자** **판례**는 가변차로에 설치된 두 개의 신호등에서 서로 모순되는 신호가 들어오는 오작동이 발생하였고 그 고장이 현재의 기술수준상 부득이한 것이라고 가정하더라도 그와 같은 사정만으로 손해발생의 예견가능성이나 회피가능성이 없어 영조물의 하자를 인정할 수 없는 경우라고 단정할 수 없다고 하였다(대판 2001. 7. 27, 2000다56822).

3) 하천의 설치·관리의 하자

가. 하천의 자연공물성 하천은 원칙상 자연공물이다. 하천은 우선 자연상태대로 하천의 공적 목적에 제공되고, 그 안전성을 연차적으로 강화하여 가는 것이므로, 이러한 하천의 자연공물로서의 특질이 하천의 설치·관리상 하자를 판단함에 있어 고려되어야 한다(대판 2003. 10. 23, 2001다48057〈중랑천수해사건〉).

하천 중 축조된 제방, 수문은 인공적인 것이다. 따라서 이 한도 내에서는 하천도 인공공물의 성질을 갖고 인공적인 시설의 하자는 인공공물에서의 하자의 판단기준에 의해 판단되어야 한다.

나. 하천시설의 설치상 하자 **판례**가 제시하는 하천관리를 위한 시설의 설치상 하자의 일반적 판단기준은 다음과 같다.

[판례] 영조물의 설치·관리상 하자의 법리와 하천관리상의 특질과 특수성을 감안하면, 하천 수해와 관련하여 하천관리를 위한 시설의 설치상 하자 유무를 판단함에 있어서는 해당 하천과 관련하여 과거에 발생한 수해의 규모, 발생빈도, 발생원인, 피해의 성질, 강우상황, 유역의 지형 기타 자연적 조건, 토지의 이용상황 기타 사회적 조건, 개수를 요하

는 긴급성의 유무 및 그 정도 등 제반 사정을 종합적으로 검토하고, 하천관리에 있어서의 재정적, 기술적 및 사회적 제약 하에서 같은 종류 및 규모의 하천관리의 일반수준 및 사회통념에 비추어 시인할 수 있는 안전성을 구비하고 있는지, 그리고 해당 하천관리시설이 설치 당시의 기술수준에 비추어 그 예정한 규모의 홍수에 있어서의 통상의 작용으로부터 예측된 재해를 방지함에 족한 안전성을 갖추고 있는지 여부를 기준으로 한다(대판 2007. 10. 25, 2005다62235〈안양천 수해사건〉).

다. 하천 관리상 하자 판례가 제시하는 하천관리상 하자의 일반적 판단기준은 다음과 같다.

[판례] 하천관리의 하자 유무는, 과거에 발생한 수해의 규모·발생의 빈도·발생원인·피해의 성질·강우상황·유역의 지형 기타 자연적 조건, 토지의 이용상황 기타 사회적 조건, 개수를 요하는 긴급성의 유무 및 그 정도 등 제반 사정을 종합적으로 고려하고, 하천관리에 있어서의 위와 같은 재정적·시간적·기술적 제약하에서 같은 종류, 같은 규모의 하천에 대한 하천관리의 일반수준 및 사회통념에 비추어 시인될 수 있는 안전성을 구비하고 있다고 인정할 수 있는지 여부를 기준으로 하여 판단한다(대판 2007. 9. 21, 2005다65678).

라. 하천홍수위와 하천의 하자 하천홍수위란 홍수시 하천의 제방이 지탱할 수 있을 것으로 계획된 최대유량(제방의 높이)을 말한다. 하천에 제방이 축조될 때에는 하천홍수위를 정하는데, 기존의 강우량을 견딜 수 있는 제방의 수위(하천홍수위)를 정하고 여유고를 더하여 하천제방의 높이가 결정된다.

하천홍수위(계획고수량)가 적정하게 책정되지 않은 경우에는 하천의 설치상 하자가 있다고 할 수 있다.

하천홍수위가 적정하게 책정된 제방에서 하천이 범람한 경우에는 불가항력으로 볼 수 있다. 또한 하천홍수위보다 낮은 강우량에 하천제방이 붕괴한 경우에는 하천의 설치·관리상 하자가 있는 것으로 추정된다.

[판례] 하천의 관리청이 관계 규정에 따라 설정한 계획홍수위를 변경시켜야 할 사정이 생기는 등 특별한 사정이 없는 한, 이미 존재하는 하천의 제방이 계획홍수위를 넘고 있다면 그 하천은 용도에 따라 통상 갖추어야 할 안전성을 갖추고 있다고 보아야 하고, 그와 같은 하천이 **그 후 새로운 하천시설을 설치할 때 기준으로 삼기 위하여 제정한 '하천시설기준'이 정한 여유고를 확보하지 못하고 있다는 사정만으로 바로 안전성이 결여된 하자가 있다고 볼 수는 없다**(대판 2003. 10. 23, 2001다48057〈중랑천 수해사건〉).

(4) 하자의 입증책임

영조물책임의 위험책임적 성격 및 피해자 구제를 고려하여 피해자는 영조물의 설치 또는 관리상의 이상(異狀)과 그 이상으로 손해가 발생한 것을 주장하면 영조물의 설치 또는 관리의 하자는 추정된다고 보고(하자의 일응 추정이론), 국가 또는 지방자치단체가 하자가 없음을 입증하여야 한다고 보아야 할 것이다.

그러나 **판례**는 하자의 입증책임을 피해자에게 지우고 있다. 다만, 관리주체에게 손해발생의 예견가능성과 회피가능성이 없다는 것은 관리주체가 입증하여야 한다(대판 1998. 2. 10, 97다32536).

Ⅱ. 국가에 대한 구상책임

영조물의 설치 또는 관리에 하자가 있어 국가 또는 지방자치단체가 그 손해를 배상한 경우에 손해의 원인에 대하여 책임을 질 자가 따로 있을 때에는 국가 또는 지방자치단체는 그 자에 대하여 구상할 수 있다(국가배상법 제5조 제2항).

제4항 국가배상책임의 감면사유

Ⅰ. 불가항력

불가항력(不可抗力)이란 천재지변과 같이 인간의 능력으로는 예견할 수 없거나, 예견할 수 있어도 회피할 수 없는 **외부**의 힘 때문에 손해가 발생한 경우를 말하며 면책사유가 된다.

[판례 1] 서울시의 동부간선도로의 건설로 다소 하천의 단면적이 감소되었다고 하여 경험칙상 수해의 위험성이 증대되는 것이 명백하다고 할 수 없고, **100년 발생빈도의 강우량을 기준으로 책정된 계획홍수위를 초과하여 600년 또는 1,000년 발생빈도의 강우량에 의한 하천의 범람은 예측가능성 및 회피가능성이 없는 불가항력적인 재해**로서 그 영조물의 관리청(건설교통부)에게 책임을 물을 수 없다(대판 2003. 10. 23, 2001다48057〈중랑천 수해사건〉). **[해설]** 1998년 8월 6일 경기북부지역에 새벽 5시부터 시간당 100mm의 집중폭우가 쏟아졌다. 이때부터 동일 12시까지 내린 비는 총 700mm를 기록하였다. 당일 오후 1시 서울 동북부에 있는 국가하천인 중랑천이 범람하였다. 그리고 제방도 무너졌다. 이에 중랑천 범람으로 노원구 공릉 1, 3동 복개하천이 역류해 이 지역 일대가 최고 1.5m까지 침수되자, 공릉 1,

3동 지역주민 110명이 서울시와 국가를 상대로 손해배상청구소송을 제기하였다. 이에 대해 대법원은 간선도로의 건설로 다소 하천의 단면적이 감소되었다고 하여 경험칙상 수해의 위험성이 증대되는 것이 명백하다고 할 수 없고, 자연영조물로서의 하천의 관리상의 특질과 특수성 및 계획홍수위를 넘고 있는 하천의 제방이 그 후 새로운 하천시설을 설치할 때 기준으로 삼기 위하여 제정한 '하천시설기준'이 정한 여유고를 확보하지 못한 경우, 안전성이 결여된 하자가 있다고 볼 수 없으며, 100년 발생빈도의 강우량을 기준으로 책정된 계획홍수위를 초과하여 600년 또는 1,000년 발생빈도의 강우량에 의한 하천의 범람은 예측가능성 및 회피가능성이 없는 불가항력적인 재해로서 그 영조물의 관리청에게 책임을 물을 수 없다고 보았다. 이 사건 1심과 항소심 재판부는 건교부 하천시설기준상 지자체가 계획홍수위보다 최소 1m 이상 여유높이를 확보해 둑을 건설해야 할 책임이 있는데도 이 지역 둑이 계획홍수위보다 불과 30㎝ 높게 지은 점 등을 들어 서울시의 배상책임을 인정했으나 대법원에서 파기됐다.

[판례 2] 집중호우로 제방도로가 유실되면서 그 곳을 걸어가던 보행자가 강물에 휩쓸려 익사(溺死)한 경우, 사고 당일의 집중호우가 50년 빈도의 최대강우량에 해당한다는 사실만으로 불가항력에 기인한 것으로 볼 수 없다는 이유로 제방도로의 설치·관리상의 하자를 인정한 사례(대판 2000. 5. 26, 99다53247).

[판례 3] 승용차 운전자가 편도 2차선의 국도를 진행하다가 반대차선 진행차량의 바퀴에 튕기어 승용차 앞유리창을 뚫고 들어온 쇠파이프에 맞아 사망한 경우, 국가의 손해배상책임을 부정한 사례(대판 1997. 4. 22, 97다3194).

Ⅱ. 예산부족

재정사정은 영조물의 안전성의 정도에 관하여 **참작사유**는 될 수 있을지언정 안전성을 결정지을 절대적 요건은 되지 못한다(대판 1967. 2. 21, 66다1723).

Ⅲ. 피해자의 과실

피해자에게 과실이 있었던 경우에는 피해자의 과실에 의하여 확대된 손해의 한도 내에서 국가 등의 책임이 부분적으로 감면된다고 보는 것이 타당하다.

피해자가 위험이 형성된 후 위험지역으로 이주하여 위험에 접근한 경우에는 위험에의 접근이론에 따라 손해배상책임이 감면된다.

Ⅳ. 불법행위 또는 영조물의 하자와 감면사유의 경합

① 공공시설 등의 설치나 관리상의 하자로 인한 사고란 공공시설 등의 설치나 관리상의 하자만이 손해발생의 원인이 되는 경우만을 말하는 것이 아니고, 다른 자연적 사실이나 제 3 자의 행위 또는 피해자의 행위와 경합하여 손해가 발생하였더라도 공공시설 등의 설치나 관리상의 하자가 손해발생의 공동원인의 하나가 된 이상 그 손해는 영조물의 설치 또는 관리상의 하자에 의하여 발생한 것이라고 보아야 한다(대판 1994. 11. 22, 94다32924; 대판 2000. 5. 26, 99다53247).

② 영조물의 하자가 제 3 자의 행위와 경합하여 손해를 발생시킨 경우에는 영조물관리자는 제 3 자와 부진정연대채무를 진다. 영조물의 하자가 피해자의 행위와 경합하는 경우에는 과실상계를 한다.

③ 불가항력과 영조물의 하자가 손해의 발생에 있어서 경합된 경우에는 영조물의 하자로 인하여 손해가 확대된 한도 내에서 국가 또는 지방자치단체는 책임을 진다고 보는 것이 타당하다.

Ⅴ. 영조물책임의 감면사유와 공무원의 과실의 경합

불가항력 등 영조물책임의 감면사유가 있는 경우에도 공무원의 과실로 피해가 확대된 경우에는 그 한도 내에서 국가배상법 제 2 조의 배상책임이 인정된다.

제5항 배상책임자

Ⅰ. 피해자에 대한 배상책임자

1. 국가배상법 제 6 조 제 1 항의 입법취지

국가배상법 제 6 조 제 1 항은 국가나 지방자치단체가 국가배상법 제 2 조, 제 3 조 및 제 5 조에 따라 손해배상책임을 지는 경우에 있어서 '공무원의 선임·감독자 또는 영조물의 설치·관리를 맡은 자'와 '공무원의 봉급, 급여, 그 밖의 비용을 부담하는 자 또는 영조물의 설치나 관리의 비용을 부담하는 자'가 동일하지 아니하면 피해자는 어느 쪽에 대하여도 선택적으로 손해배상을 청구할 수 있도록 규정하고 있다.

여기에서 '공무원의 선임·감독자 또는 영조물의 설치·관리를 맡은 자'란 사무의 귀속주체 또는 영조물의 관리주체를 말하고, '공무원의 봉급, 급여, 그 밖의 비용을 부담하는 자 또는 영조물의 설치나 관리의 비용을 부담하는 자'는 사무 또는 영조물의 비용부담주체를 말한다.

예를 들면, 관리자인 지방자치단체장이 설치하여 관할 지방경찰청장에게 관리권한이 위임된 교통신호기의 고장으로 인한 교통사고가 발생한 경우, 지방자치단체뿐만 아니라 국가도 손해배상책임을 진다. 지방경찰청장에 대한 관리권한의 위임은 기관위임이므로 권한을 위임한 관청이 소속된 지방자치단체가 사무의 귀속주체로서 배상책임을 지고, 국가배상법 제 6 조 제 1 항에 따라 교통신호기를 관리하는 지방경찰청장 산하 경찰관들에 대한 봉급을 부담하는 국가도 비용부담주체로서 배상책임을 진다(대판 1999. 6. 25, 99다11120). 아래 [판례] 참조.

[판례] **지방자치단체장이 설치하여 관할 지방경찰청장에게 관리권한이 위임된 교통신호기의 고장으로 인하여 교통사고가 발생한 경우, 지방자치단체뿐만 아니라 국가도 손해배상책임을 지는지 여부**(적극): 도로교통법 제 3 조 제 1 항은 특별시장·광역시장 또는 시장·군수(광역시의 군수를 제외)는 도로에서의 위험을 방지하고 교통의 안전과 원활한 소통을 확보하기 위하여 필요하다고 인정하는 때에는 신호기 및 안전표지를 설치하고 이를 관리하여야 하도록 규정하고, 도로교통법 시행령 제71조의2 제 1 항 제 1 호는 **특별시장·광역시장이 위 법률규정에 의한 신호기 및 안전표지의 설치·관리에 관한 권한을 지방경찰청장에게 위임하는 것으로 규정**하고 있는데, **이와 같이 행정권한이 기관위임된 경우** 권한을 위임받은 기관은 권한을 위임한 기관이 속하는 지방자치단체의 산하 행정기관의 지위에서 그 사무를 처리하는 것이므로 사무귀속의 주체가 달라진다고 할 수 없고, 따라서 권한을 위임받은 기관 소속의 공무원이 위임사무처리에 있어 고의 또는 과실로 타인에게 손해를 가하였거나 위임사무로 설치·관리하는 영조물의 하자로 타인에게 손해를 발생하게 한 경우에는 **권한을 위임한 관청이 소속된 지방자치단체가 국가배상법 제 2 조 또는 제 5 조에 의한 배상책임을 부담하고,** 권한을 위임받은 관청이 속하는 지방자치단체 또는 국가가 국가배상법 제 2 조 또는 제 5 조에 의한 배상책임을 부담하는 것이 아니므로, 지방자치단체장이 교통신호기를 설치하여 그 관리권한이 도로교통법 제71조의2 제 1 항의 규정에 의하여 관할 지방경찰청장에게 위임되어 **지방자치단체 소속 공무원과 지방경찰청 소속 공무원이 합동근무하는 교통종합관제센터에서 그 관리업무를 담당**하던 중 위 신호기가 고장난 채 방치되어 교통사고가 발생한 경우, 국가배상법 제 2 조 또는 제 5 조에 의한 배상책임을 부담하는 것은 지방경찰청장이 소속된 국가가 아니라, **그 권한을 위임한 지방자치단체장이 소속된 지방자치단체라고 할 것**이나, 한편 국가배상법 제 6 조 제 1 항은 같은 법 제 2 조, 제 3 조 및 제 5 조의 규정에 의하여 국가 또는 지방자치단체가 손해를 배상할 책임이 있는 경우에 공무원의 선임·감독 또

는 영조물의 설치·관리를 맡은 자와 공무원의 봉급·급여 기타의 비용 또는 영조물의 설치·관리의 비용을 부담하는 자가 동일하지 아니한 경우에는 그 비용을 부담하는 자도 손해를 배상하여야 한다고 규정하고 있으므로 **교통신호기를 관리하는 지방경찰청장 산하 경찰관들에 대한 봉급을 부담하는 국가도 국가배상법 제 6 조 제 1 항에 의한 배상책임을 부담한다**(대판 1999. 6. 25, 99다11120).

이와 같이 '사무의 귀속주체' 또는 관리주체와 함께 '비용부담주체'도 손해배상책임을 지도록 한 **입법취지는 피해자구제의 실효성**에 있다. 즉 관리주체와 비용부담주체가 일치하지 않는 경우에 손해배상청구의 피고를 잘못 선택함으로 인한 불이익을 피해자가 부담하지 않도록 하기 위한 것이다.

2. 관리주체와 비용부담주체의 의의와 범위

국가배상법 제 6 조 제 1 항 및 제 2 항의 적용과 관련하여 관리주체와 비용부담주체가 무엇을 의미하는지와 그 범위가 문제되고 있다.

(1) 관리주체의 의의와 범위

일반적으로 국가배상법 제 6 조 제 1 항상의 배상책임주체로서 규정된 '**공무원의 선임·감독 또는 영조물의 설치나 관리를 맡은 자**'란 사무의 귀속주체 또는 영조물의 관리주체(관리자)를 의미하는 것으로 해석한다.

관리주체(관리자)란 해당 사무의 관리기관 또는 영조물의 관리기관이 속해 있는 법인격 있는 조직체를 말한다.

국가기관에 의해 지방자치단체의 장에게 위임된 기관위임사무에 있어서 기관위임사무를 집행하는 지방자치단체의 기관은 국가기관의 지위를 갖고 있으므로 국가가 관리주체가 된다(대판 1993. 1. 26, 92다2684). 단체위임사무의 관리주체로서의 배상책임의 주체를 위임자인 국가라고 보는 견해가 있으나, 단체위임사무는 지방자치단체의 사무이므로 단체위임사무의 관리주체는 지방자치단체라고 보는 견해가 타당하다.

[판례] 도로교통법 제 3 조 제 1 항에 의하여 특별시장·광역시장 또는 시장·군수의 권한으로 규정되어 있는 도로에서의 신호기 및 안전표지의 설치·관리에 관한 권한은 같은법 시행령 제71조의2 제 1 항에 의하여 지방경찰청장 또는 경찰서장에게 위탁되었으나, 이와 같은 권한의 위탁은 이른바 기관위임으로서 경찰서장 등은 권한을 위임한 시장 등이 속한 지방자치단체의 산하 행정기관의 지위에서 그 사무를 처리하는 것이므로, **경찰서장 등**

이 설치·관리하는 신호기의 하자로 인한 국가배상법 제 5 조 소정의 배상책임은 그 사무의 귀속 주체인 시장 등이 속한 지방자치단체가 부담한다(대판 2000. 1. 14, 99다24201). [해설] 공물인 신호등의 관리는 경찰작용이 아니라 공물관리작용이다.

(2) 비용부담주체의 의의와 범위

공무원의 불법행위로 인한 배상책임에서 **비용부담주체**(비용부담자)란 '공무원의 봉급, 급여, 그 밖의 비용을 부담하는 자'이다(국가배상법 제 6 조 제 1 항). 그 밖의 비용이란 행정사무의 처리에 드는 공무원의 봉급, 급여 이외의 경비를 말한다.

국가배상법 제 6 조 제 1 항의 비용부담자는 원칙상 대외적으로 해당 사무의 비용 또는 해당 영조물의 설치나 관리비용을 부담(지출)하여야 하는 것으로 되어 있는 자(이하 '형식상 비용부담자'라 한다)를 말한다.

지방자치단체의 장이 기관위임된 국가행정사무를 처리하는 경우에 그에 소요되는 경비의 실질적·궁극적 부담자는 국가이지만, 지방자치단체가 **그 사무에 필요한 경비를 대외적으로 지출하는 자**이므로 국가배상법 제 6 조 제 1 항 소정의 **비용부담자**이다(대판 1994. 12. 9, 94다38137).

문제는 형식상 비용부담의무자와 실질적 비용부담자가 다를 경우에 실질적 비용부담자(보조금의 지급주체, 종국적 비용부담자)도 국가배상법 제 6 조 제 1 항의 비용부담자에 해당되는가. 달리 말하면 피해자에 대하여 배상책임의 주체가 되는가. 피해자구제를 도모한다는 제 6 조의 입법취지에 비추어 이를 긍정하는 것이 타당하다. **판례**도 실질적 비용부담자와 형식적 비용부담자 모두 피해자에 대해 배상책임을 지는 것으로 보고 있다(대판 1994. 12. 9, 94다38137: 형식적 비용부담자의 배상책임을 인정한 사례; 대판 1995. 2. 24, 94다57671: 실질적 비용부담자의 배상책임을 인정한 사례).

Ⅱ. 종국적 배상책임자

1. 원인책임자에 대한 구상권

영조물 하자로 인한 손해의 원인에 대하여 책임을 질 자가 따로 있으면 국가나 지방자치단체는 그 자에게 구상할 수 있다(법 제 5 조 제 2 항).

'손해의 원인에 대하여 책임을 질 자'란 고의 또는 과실로 영조물의 설치 또는 관리에 흠이 있게 한 제 3 자를 말한다(예 영조물의 설계자, 시공자, 장해물의 방치자 등).

국가배상법 제 5 조는 공무원에 대한 구상규정인 국가배상법 제 2 조 제 2 항을 준용하고 있지 않다. 그렇지만 해석상 영조물책임에 국가배상법 제 2 조 제 2 항을 준용하는 것이 타당하다.

2. 관리주체와 비용부담주체 사이의 최종적 책임의 분담

국가배상법 제 6 조 제 2 항은 "제 1 항의 경우에 손해를 배상한 자는 내부관계에서 그 손해를 배상할 책임이 있는 자에게 구상(求償. 배상청구)할 수 있다"라고 규정하고 있다. 이 규정은 최종적인 배상책임자에 대한 구상을 인정하면서 관리주체와 비용부담주체 중 누가 최종적인 책임자인지에 대하여 판단을 내리지 않고 그 판단을 판례에 맡기고 있다.

관리주체와 비용부담자가 다른 경우에 이들 중 종국적 배상책임자는 누구인가. 이에 대하여는 다음과 같이 견해가 대립되고 있다.

(1) 관리주체설

관리주체설은 관리책임의 주체가 최종적인 책임자라고 본다. 이 견해가 **통설**이다. 그 논거는 다음과 같다. ① 이 설은 관리주체가 손해를 방지할 수 있는 위치에 있고 관리주체측의 잘못으로 인하여 손해가 발생한 것이므로 **책임의 원칙**에 비추어 볼 때 관리주체가 책임을 지는 것이 타당하다고 본다. ② 관리주체설은 공평의 원칙 및 위험책임의 원칙에도 근거한다. 즉 사무 또는 영조물의 관리로 인하여 이익을 보는 자는 그로 인하여 발생하는 부담, 즉 사고로 인한 손해배상책임도 부담하여야 한다. ③ "그 비용을 부담하는 자도 손해를 배상하여야 한다"고 규정하고 있는 국가배상법 제 6 조 제 1 항에 비추어 관리주체설이 타당하다. 즉 국가배상법 제 6 조 제 1 항의 문언상 원칙상 관리주체가 배상책임자인데, 피해자구제를 위해 비용부담주체도 배상책임자로 정하고 있다.

(2) 비용부담주체설

비용부담주체설은 해당 사무의 비용을 실질적으로 부담하는 자(실질적 비용부담자)가 최종적인 책임자라고 보는 견해이다.

예를 들면, 기관위임사무를 지방자치단체의 기관이 집행하는 경우에 실질적인 비용부담자는 국가이고, 형식상·법률상 비용부담의무자는 지방자치단체이다. 이 경우에 관리자이며 실질적 비용부담자인 국가가 최종적인 배상책임자가 되게 된다.

이 견해의 **논거**는 다음과 같다.

도로법은 도로에 관한 비용의 부담에 관하여 관리주체가 부담하는 것으로 규정하지 않고, 원칙상 도로의 관리청이 속한 행정주체(국가 또는 지방자치단체)가 부담하는 것으로 하는 특별한 규정을 두고 있다. 즉 도로에 관한 비용은 원칙상 "도로에 관한 비용은 이 법 또는 다른 법률에 특별한 규정이 있는 경우 외에는 도로관리청이 국토교통부장관인 도로에 관한 것은 국가가 부담하고, 그 밖의 도로에 관한 것은 해당 도로의 도로관리청이 속해 있는 지방자치단체가 부담한다"(도로법 제85조 제1항). 따라서 시장이 관리청이 되는 국도(시지역을 통과하는 국도)의 설치·관리비용은 지방자치단체가 부담하는 것으로 된다. 이 경우 지방자치단체는 도로에 관한 비용의 형식적 부담자이며 실질적 부담자가 된다. 따라서 비용부담자설에 따르면 **시지역을 통과하는 국도의 설치나 관리의 하자로 인한 경우에는 지방자치단체가 최종적 배상책임자**가 된다.

(3) 기여도설

기여도설은 손해발생의 기여도에 따라 관리주체뿐만 아니라 실질적 비용부담주체에게도 최종적 배상책임을 지우는 부담자를 정해야 한다는 견해이다.

기여도설의 **논거**는 손해발생을 방지할 수 있는 자에게 책임을 지움으로써 책임의 원칙에 합치하며 손해의 발생에 기여한 만큼의 배상책임을 지도록 함으로써 배상책임의 원리에도 합치한다는 것이다.

(4) 판 례

판례는 **공동책임설**에 가까운 것으로 보인다.

[판례 1] 횡단보도에 설치된 신호기는 원래 원고인 **안산시장**이 설치·관리하여야 할 것인데, 도로교통법 제104조 제1항, 그 시행령 제71조의2 제1호에 의하여 원고 시장이 그 설치·관리에 관한 권한을 피고 산하 경기도 지방경찰청 소속 **안산경찰서장에게 위임함에 따라 안산경찰서장이 원고의 비용부담 아래 이를 설치·관리**하고 있었다. 따라서 **교통신호기의 관리사무**는 지방자치단체가 설치하여 안산경찰서장에게 그 권한을 **기관위임한 사무**로서 피고인 국가 소속 경찰공무원들은 원고의 사무를 처리하는 지위에 있으므로, 원고인 **안산시가** 그 사무에 관하여 **선임·감독자에 해당**하고, 그 교통신호기 시설은 지방자치법 제132조 단서의 규정에 따라 원고인 안산시의 비용으로 설치·관리되고 있으므로, 그 신호기의 설치·관리의 비용을 실질적으로 부담하는 **비용부담자의 지위도 아울러 지니고** 있는 반면, 피고인 국가는 단지 그 소속 경찰공무원에게 봉급만을 지급하고 있을 뿐이므로, **원고와 피고 사이에서 이 사건 손해배상의 궁극적인 책임은 전적으로 원고인 안산시에게 있다고 봄이 상당**하다(대판 2001. 9. 25, 2001다41865).

[판례 2] (1) 국가하천의 관리상 하자로 인한 손해에 관하여, **국가는 사무의 귀속주체 및**

보조금 지급을 통한 실질적 비용부담자로서, 해당 시·도는 구 하천법 제59조 단서에 따른 법령상 비용부담자로서 각각 책임을 중첩적으로 지는 경우, **국가와 해당 시·도 모두가 국가배상법 제 6 조 제 2 항에서 정한 '손해를 배상할 책임이 있는 자'에 해당**한다. (2) 사무의 귀속주체에 해당하여야만 내부관계에서 국가배상법 제 6 조 제 2 항에 규정된 종국적인 배상책임자가 되는 것은 아니다(대판 2015. 4. 23, 2013다211834). **[해설]** 관리주체설을 부정하고, **기여도설 내지 공동책임설에 입각한 판례**이다. 또한, 보조금의 지급도 실질적 비용부담으로 본 사례이다.

다만, 관리주체와 비용부담주체 중 관리주체에게 보다 본질적이고 큰 배상책임이 있는 것으로 본 판례도 있다.

[판례] 이른바 **기관위임사무**라 할 것이고, 이러한 경우 군수는 그 사무의 귀속 주체인 국가 산하 행정기관의 지위에서 그 사무를 처리하는 것에 불과하므로, 군수 또는 군수를 보조하는 공무원이 위임사무처리에 있어 고의 또는 과실로 타인에게 손해를 가하였다 하더라도 **원칙적으로** 군에는 국가배상책임이 없고 그 **사무의 귀속 주체인 국가가 손해배상책임을 지는 것이며, 다만 국가배상법 제 6 조에 의하여 군이 비용을 부담한다고 볼 수 있는 경우에 한하여 국가와 함께 손해배상책임을 부담한다**(대판 2000. 5. 12, 99다70600).

(5) 결　어

배상책임의 원리에 따르는 한 보다 궁극적으로 손해발생의 원인을 제공한 자가 궁극적 배상책임자가 된다고 보아야 한다. 배상책임은 손해발생에 어떠한 원인을 제공한 자가 지는 것으로 되어야 하고 공동의 불법행위가 있는 경우에는 손해발생에 기여한 정도에 따라 배상책임을 지는 것으로 하여야 하므로 기여도설이 타당하다고 본다. 따라서 원칙상 관리주체가 최종적 배상책임자이지만, 비용부담이 불충분함으로 인하여 손해가 발생한 경우에는 비용부담자도 관리주체와 함께 손해배상을 분담하여야 한다.

제6항 국가배상법상 특례규정

Ⅰ. 배상심의회에 대한 배상신청

배상금을 지급받으려는 자는 그 주소지·소재지 또는 배상원인 발생지를 관할하는 지구심의회에 배상신청을 하여야 한다(법 제12조 제 1 항). 배상심의회에 대한 배상청구는 임의절차이다.

심의회(법무부에 두는 본부심의회, 국방부에 두는 특별심의회, 지구심의회)의 결정은 법적 구속력을 갖지 않는다. 신청인은 그 결정에 대한 동의 여부를 결정할 수 있다. 지방자치단체도 그 결정에 따른 배상금의 지급 여부를 결정할 수 있다.

신청인은 배상결정에 동의하거나 배상금을 수령한 경우에도 법원에 배상청구소송을 제기할 수 있다. 다만, 배상주체는 배상금을 지급하면서 불제소(不提訴)의 합의를 할 수 있다.

Ⅱ. 손해배상의 기준에 관한 특례

국가배상은 민법상의 불법행위로 인한 손해배상의 경우와 같이 가해행위와 상당인과관계에 있는 모든 손해에 대하여 행해진다.

그런데 국가배상법(제 3 조 및 제 3 조의2)은 생명 또는 신체를 해친 때 및 타인의 물건을 멸실·훼손한 때에 있어서의 배상기준을 정하고 있다. 이 배상기준은 단순한 배상의 기준에 불과하며 법원은 이에 구속되지 않는다고 보는 견해가 **다수설**이며 **판례**의 입장이다.

Ⅲ. 군인 등에 대한 국가배상청구권의 제한(특별법에 의한 보상)

1. 국가배상법 제 2 조 제 1 항 단서의 취지

국가배상법 제 2 조 제 1 항 단서는 "군인·군무원·경찰공무원 또는 향토예비군대원이 전투·훈련 등 직무집행과 관련하여 전사·순직하거나 공상을 입은 경우에 본인이나 그 유족이 다른 법령에 따라 재해보상금·유족연금·상이연금 등의 보상을 지급받을 수 있을 때에는 이 법 및 민법의 규정에 따른 손해배상을 청구할 수 없다"라고 군인 등에 대해 국가배상청구를 제한하는 것으로 규정하고 있다. 이를 **이중배상금지규정**이라 부르기도 한다. 영국(영국 국왕소추절차법<C. P. A.> 제10조) 및 미국(미국 연방사법법<F. J. C.> 제2680조 J항)은 이와 유사한 규정을 두고 있다.

이중배상금지규정을 둔 **취지**는 위험성이 높은 직무에 종사하는 자에 대하여는 사회보장적 위험부담으로서의 국가보상제도를 별도로 마련함으로써 그것과 경합되는 국가배상청구를 배제하고, 전투·훈련행위중 사고가 발생한 경우 공무원의 과실을 입증하는 것이 쉽지 않고, 위계질서가 강한 군대 등에서 전투·훈련행위중에 발생한 사고가 법정에서 다투어지는 것이 타당하지 않다는 것이다.

2. 이중배상금지규정(국가배상청구권 제한규정)의 위헌 여부

군인 등의 국가배상청구권을 제한하는 국가배상법 제 2 조 제 1 항 단서는 위헌이 아니라는 것이 일반적 견해이다.

그러나 그 논거 특히 제도의 정당성에 관하여는 견해가 나뉜다. 다수설은 군인 등에 대하여서만 국가배상청구권을 제한하는 것은 헌법 제11조의 평등원칙에 반한다고 할 것이나, 이러한 제한을 헌법 자체가 규정하고 있으므로 위헌의 문제는 제기되지 아니한다고 본다.

[판례] 국가배상법 제 2 조 제 1 항 단서는 헌법 제29조 제 1 항에 의하여 보장되는 국가배상청구권을 헌법 내재적으로 제한하는 헌법 제29조 제 2 항에 직접 근거하고, 실질적으로 그 내용을 같이하는 것이므로 헌법에 위반되지 아니한다(헌재 2001. 2. 22, 2000헌바38).
[해설] 그 이유는 헌법재판소에는 헌법의 개별규정 그 자체의 위헌 여부를 판단하는 권한이 없기 때문이다(헌재 1995. 12. 28, 95헌바3).

그러나 이중배상금지에 관한 헌법규정이 없다고 하더라도 군인 등에 대해 국가배상청구권을 제한하는 제도는 그 입법취지에 비추어 정당한 보상을 규정하고 있는 한 그 자체가 위헌은 아니라고 보는 견해가 타당하다.

3. 특별보상규정의 위헌 여부

특별법에 따른 보상이 제도의 취지 및 무과실책임이라는 보상의 성격 등을 고려하여도 **일반손해배상액과 심히 균형을 잃은 경우**에 특별법에 의한 보상제도 자체는 위헌이 아니지만, **해당 보상규정은 위헌**이라고 보아야 한다. 특별보상규정에 대하여 위헌판결이 난 후에는 법률로 정해진 보상법률이 존재하지 않는 것이 되어 제 2 조 제 1 항 단서가 적용되지 않게 되므로 **국가배상법에 근거하여 국가배상을 청구**할 수 있다고 보아야 한다.

4. 적용요건

① 피해자가 군인, 군무원, 경찰공무원 또는 향토예비군대원이어야 한다. **판례**는 현역병으로 입대하였으나 교도소 경비교도대로 된 자(대판 1998. 2. 10, 97다45914),

공익근무요원(대판 1997. 3. 28, 97다4036)을 국가배상법 제 2 조 제 1 항 단서의 군인 등에 해당하지 않는다고 판시하였다. 반면에 **헌법재판소**는 전투경찰순경은 국가배상법 제 2 조 제 1 항 단서에 규정한 경찰공무원에 해당한다고 보았다(헌재 1996. 6. 13, 94헌마118).

② 전투, 훈련 등 직무집행과 관련하여 전사·순직하거나 공상을 입었어야 한다. '전투·훈련 등 직무집행과 관련하여 전사·순직하거나 공상을 입은 경우'란 2005년의 개정취지에 비추어 '전투·훈련 및 이에 준하는 직무행위'만을 의미하는 것으로 제한적으로 해석하여야 할 것이다. **대법원**은 경찰공무원이 숙직실에서 취침중 연탄가스로 사망한 경우에 전투·훈련과 관련된 시설이 아니라는 이유로 이중배상금지의 적용대상이 아니라고 하여 국가배상청구를 인정하였다(대판 전원합의체 1979. 1. 30, 77다2389). 그러나 경찰공무원이 주변 교통정리를 위하여 사고현장으로 이동하던 중 낙석사고를 당한 경우에 전투·훈련 등과 관련 없는 일반 직무집행일지라도 이중배상금지의 적용을 인정하였다(대판 2011. 3. 10, 2010다85942).

③ 본인 또는 그 유족이 다른 법령에 따라 재해보상금, 유족연금, 상이연금 등의 보상을 지급받을 수 있어야 한다. 다른 법령에 따른 보상금은 손해배상에 준하는 것이어야 하며 해당 보상금이 손해배상과는 전혀 성질이 다른 것인 경우에는 국가배상법 제 2 조 제 1 항 단서가 적용되지 않고 피해자는 국가배상법에 근거하여 국가배상을 청구할 수 있다.

판례는 「국가유공자 등 예우에 관한 법률」(국가유공자법)(대판 2017. 2. 3, 2014두40012), 「보훈보상대상자 지원에 관한 법률」(보훈보상자법)(대판 2017. 2. 23, 2015두60075), 군인연금법(대판 1994. 12. 13, 93다29969)이 정한 보상에 관한 규정이 국가배상법 제 2 조 제 1 항 단서가 정한 '다른 법령'에 해당한다고 본다.

군인 등이 공상을 입은 경우에도 그 장애의 정도가 군인연금법 등의 적용대상 등급에 해당하지 않아 다른 법령에 의한 보상을 받을 수 없는 경우에는 국가배상청구가 가능하다(대판 1997. 2. 14, 96다28066).

[판례] (1) **공상을 입은 군인·경찰공무원 등이 별도의 국가보상을 받을 수 없는 경우, 국가배상법 제 2 조 제 1 항 단서의 적용 여부**(소극): 군인·군무원 등 국가배상법 제 2 조 제 1 항에 열거된 자가 전투, 훈련 기타 직무집행과 관련하는 등으로 공상을 입은 경우라고 하더라도 군인연금법 또는 국가유공자예우 등에 관한 법률에 의하여 재해보상금·유족연금·상이연금 등 별도의 보상을 받을 수 없는 경우에는 국가배상법 제 2 조 제 1 항 단서의 적용

대상에서 제외하여야 한다. (2) **군인·경찰공무원이 공상을 입고 전역·퇴직하였으나 그 장애의 정도가 국가유공자예우 등에 관한 법률 또는 군인연금법의 적용 대상 등급에 해당되지 않는 경우, 국가배상청구의 가부**(적극): 군인 또는 경찰공무원으로서 교육훈련 또는 직무수행중 상이(공무상의 질병 포함)를 입고 전역 또는 퇴직한 자라고 하더라도 국가유공자예우 등에 관한 법률에 의하여 국가보훈처장이 실시하는 신체검사에서 대통령령이 정하는 상이등급에 해당하는 신체의 장애를 입지 않은 것으로 판명되고 또한 군인연금법상의 재해보상 등을 받을 수 있는 장애등급에도 해당하지 않는 것으로 판명된 자는 위 각 법에 의한 적용 대상에서 제외되고, 따라서 그러한 자는 국가배상법 제 2 조 제 1 항 단서의 적용을 받지 않아 국가배상을 청구할 수 있다(대판 1997. 2. 14, 96다28066).

5. 적용범위

국가배상법 제 2 조 제 1 항 단서의 이중배상금지의 요건을 충족하는 경우에 피해자가 국가 또는 지방자치단체에 대하여 손해배상을 청구하지 못하는 것은 국가배상법 제 2 조 제 1 항 단서의 규정상 명백하다.

그런데 국가배상법 제 2 조 제 1 항 단서의 해석과 관련하여 군인 등이나 그 유족에 대하여 손해를 배상할 책임이 있는 일반국민(국가와 공동불법행위의 책임이 있는 자, 사고자동차의 운행책임자 등)이 그 군인 등이나 유족에게 손해배상을 하였음을 이유로 국가에 대하여 구상권을 행사할 수 있는지 여부가 문제된다. 대법원은 국가배상법 제 2 조 제 1 항 단서가 적용되는 경우 민간인인 공동불법행위자의 연대책임을 부인하고, 민간인은 자신의 부담부분만을 군인에게 배상하면 되고 국가에 대해 구상청구를 할 수 없다고 한다(대판 전원합의체 2001. 2. 15, 96다42420).

6. 관련 문제

판례는 국가배상법에 따라 손해배상을 받았다는 사정을 들어 국가배상법 제 2 조 제 1 항 단서가 정한 '다른 법령'에 따른 보상의 지급을 거부할 수 없다고 본다(대판 2017. 2. 3, 2014두40012; 대판 2017. 2. 3, 2015두60075).

국가배상청구권의 제한을 받는 자는 군인 등과 그 유족이다. 청구권이 배제되는 유족 개념에는 생존자 가족은 포함되지 않는다(서울고법 2014나2011749). 따라서 생존자 가족은 국가를 상대로 별도로 위자료 등 손해배상청구를 할 수 있다.

Ⅳ. 양도 등 금지

생명·신체의 침해로 인한 국가배상을 받을 권리는 이를 양도하거나 압류하지 못한다(국가배상법 제 4 조).

Ⅴ. 국가배상청구권의 소멸시효

국가배상청구권은 국가배상법 제 8 조에 따라 민법상 손해배상청구권과 마찬가지로 민법 제766조 제 1 항에 따라 피해자나 그 법정대리인이 손해와 가해자를 안 경우, 안 날로부터 3년간 이를 행사하지 아니하면 시효로 소멸한다(대판 1998. 7. 10, 98다7001).

피해자나 그 법정대리인이 손해 및 가해자를 알지 못한 경우에는 국가재정법 제96조 제 1 항에 따라 5 년간 이를 행사하지 아니하면 국가배상청구권은 시효로 소멸한다. 국가재정법 제96조 제 1 항에서 '다른 법률의 규정'이란 다른 법률에 국가재정법 제96조 제 1 항에서 규정한 5년의 소멸시효기간보다 짧은 기간의 소멸시효의 규정이 있는 경우를 가리키는 것이고, 이보다 긴 10년의 소멸시효를 규정한 민법 제766조 제 2 항은 국가재정법 제96조 제 1 항에서 말하는 '다른 법률의 규정'에 해당하지 아니한다.

소멸시효의 주장이 권리남용에 해당하거나 신의성실의 원칙에 반하는 경우에는 국가배상청구권은 시효로 소멸하지 않는다(대판 2008. 5. 29, 2004다33469).

Ⅵ. 차량사고와 국가배상

「자동차손해배상 보장법」(이하 '자배법'이라 한다)은 배상책임의 성립요건에 관하여는 국가배상법에 우선하여 적용된다(대판 1996. 3. 8, 94다23876). 국가나 지방자치단체가 자배법에 따라 손해배상책임이 있을 때에는 국가배상법에 따라 그 손해를 배상하여야 한다(국가배상법 제 2 조 제 1 항). 따라서 국가 또는 지방자치단체가 자배법에 따라 손해배상책임이 있는 때에도 이중배상금지규정인 국가배상법 제 2 조 제 1 항 단서가 적용되고, 피해자는 배상심의회에 배상신청을 할 수 있다.

[판례] 국가소속 공무원이 관리권자의 허락을 받지 아니한 채 **국가소유의 오토바이를 무단으로 사용하다가 교통사고가 발생한 경우**에 있어 국가가 그 오토바이와 시동열쇠를 무단운전이 가능한 상태로 잘못 보관하였고 위 공무원으로서도 국가와의 고용관계에 비추어 위 오토바이를 잠시 운전하다가 본래의 위치에 갖다 놓았을 것이 예상되는 한편 피해자들이 위 무단운전의 점을 알지 못하고 또한 알 수도 없었던 일반 제 3 자인 점에 비추어 보면 **국가가** 위 공무원의 무단운전에도 불구하고 위 **오토바이에 대한 객관적·외형적인 운행지배 및 운행이익을 계속 가지고 있었다고 봄이 상당**하다(대판 1988. 1. 19, 87다카2202).

공무원의 피해자에 대한 개인책임에 관하여도 자배법이 민법이나 국가배상법에 우선하여 적용된다. 따라서 일반적으로 공무원의 공무집행상의 위법행위로 인한 공무원의 개인책임은 고의 또는 중과실의 경우에만 인정되지만, **공무원이 '자기를 위하여 자동차를 운행하는 자'인 때**에는 그 사고가 자동차를 운전한 공무원의 경과실에 따른 것인지 중과실 또는 고의에 따른 것인지를 가리지 않고, 공무원은 **자배법상의 손해배상책임을 부담**한다(대판 1996. 3. 8, 94다23876). **공무원이 자기소유의 자동차를 운행하다가 사고를 낸 경우가 이에 해당한다.**

Ⅶ. 미합중국군대의 구성원 등의 행위로 인한 국가배상

대한민국에 주둔하는 아메리카합중국 군대(이하 '합중국군대'라 한다)의 구성원·고용원 또는 합중국군대에 파견 근무하는 대한민국의 증원군대 구성원이 그 직무를 수행하면서 대한민국에서 대한민국 정부 외의 제 3 자에게 손해를 입힌 경우 및 합중국 군대 또는 합중국 군대에 파견 근무하는 대한민국의 증원군대가 점유·소유 또는 관리하는 토지의 공작물과 그 밖의 시설 또는 물건의 설치나 관리의 하자로 인하여 대한민국 정부 외의 제 3 자에게 손해를 입힌 경우에는 국가배상법의 규정에 따라 국가가 그 손해를 배상하여야 한다(「대한민국과 아메리카 합중국간의 상호방위조약 제 4 조에 의한 시설과 구역 및 대한민국에서의 합중국군대의 지위에 관한 협정의 시행에 관한 민사특별법」(약칭 '주한미군민사법') 제 2 조).

피해자가 협정 제 1 조에 따른 합중국군대의 구성원, 군무원 또는 그 가족인 경우에는 제 2 조를 적용하지 아니한다(법 제 3 조).

Ⅷ. 외국인의 국가배상청구

국가배상법은 상호주의를 적용하여 외국인이 피해자인 경우에는 해당 국가와 상호 보증이 있을 때에만 국가배상법을 적용하는 것으로 규정하고 있다(제7조).

제3절 행정상 손실보상

제1항 행정상 손실보상의 의의

경찰상의 손실보상은 기본적으로 행정상 손실보상과 그 이론적 기초를 같이 하며 경찰상의 손실보상에 관한 모든 논의는 행정상 손실보상에 관한 일반이론에 관한 논의를 그 전제로 한다.[54]

행정상 손실보상이란 적법한 공권력 행사에 의해 국민에게 가해진 특별한 손해를 공적 부담 앞의 평등의 원칙에 근거하여 국가나 지방자치단체 또는 공익사업의 주체가 그 손해를 보상하여 주는 것을 의미하는 것으로 정의하는 것이 타당하다.

한편 재산권 제한의 목적이 위험을 방지하는 경찰목적에 있는 것이라면 일반적 규제권에 근거하는 것으로 보아 손실보상을 요하지 않는다.

제2항 행정상 손실보상의 근거

Ⅰ. 이론적 근거

손실보상의 이론적 근거는 특별희생설 또는 재산권 보장과 공적부담 앞의 평등원칙이라고 보는 것이 타당하다.

54) 서정범·김용주·김민정, 「경찰손실보상법」, 18쪽.

Ⅱ. 존속보장과 가치보장

1. 존속보장

(1) 의 의

존속보장(存續保障)이란 재산권자가 재산권을 보유하고 향유(사용, 수익, 처분)하는 것을 보장하는 것을 말한다.

사유재산제도하에서 재산권은 생활(영업활동 포함)의 기초가 되는 것이므로 존속보장은 특히 중요한 의미를 갖는다.

(2) 존속보장 실현제도

존속보장의 실현제도로는 공용침해에서의 공공필요성 요건(최소침해의 원칙 등 비례의 원칙 포함), 환매제도, 분리이론, 위법한 재산권 침해행위에 대한 취소소송 등이 있다.

2. 가치보장

(1) 의 의

가치보장(價値保障)이란 공공필요에 따라 재산권에 대한 공권적 침해가 행해지는 경우에 재산권의 가치를 보장하기 위해 보상 등 가치보장조치를 취하는 것을 말한다.

(2) 가치보장 실현수단

가치보장의 실현제도로는 손실보상, 매수청구제도 등이 있다. 생활보상은 보상제도인 점에서 가치보장을 위한 것이지만, 존속보장적인 의미도 갖는다.

3. 존속보장과 가치보장의 관계

공공필요를 위해 공용침해가 행해지고 보상금이 지급되는 경우 재산권의 존속보장은 가치보장으로 전환된다.

Ⅲ. 실정법상 근거

1. 헌법적 근거

헌법 제23조 제 3 항은 "공공필요에 의한 재산권에 대한 수용·사용·제한 및 그에 대한 보상은 법률로써 하되, 정당한 보상을 지급하여야 한다"라고 규정하고 있다.

① 우선 이 규정은 재산권의 수용은 공공필요가 있는 경우에 한하며 또한 법률에 근거가 있는 경우에만 가능하도록 하고 있다.

② 다음으로 공공필요를 위한 재산권 침해의 근거를 법률로 정하는 경우에 입법자는 반드시 보상에 관한 사항도 법률로 규정하도록 하고 있다.

③ 또한 입법권은 손실보상에 관한 규정을 제정함에 있어서 무한정의 재량을 갖는 것이 아니라 정당한 보상이 되도록 규정하여야 한다는 것을 분명히 하고 있다.

2. 법률상 근거

「공익사업을 위한 토지 등의 취득 및 보상에 관한 법률」(이하 '토지보상법'이라 한다. '공익사업법'이라고 부르기도 한다)은 헌법 제23조 제 3 항을 토지수용의 분야에서 구체화하는 법률이다. 즉 토지보상법은 공공필요를 위한 토지수용의 근거 및 보상의 기준과 절차 등을 규정하고 있다.

토지보상법 이외에 하천법 등 개별법에서 공공필요에 의한 재산권침해에 대한 보상이 규정되고 있다.

문제는 개별법률에서 공공필요를 위한 재산권침해의 근거를 정하면서도 보상에 관하여는 규정하지 않고 있는 법률이 적지 않다는 것이다. 주로 공용제한의 경우에 그러하다.

3. 분리이론과 경계이론

(1) 분리이론

1) 의 의

분리이론(分離理論)은 공익목적을 위한 재산권 제한을 입법자의 의사에 따라 헌법 제23조 제 1 항 및 제 2 항에 의한 재산권의 내용과 한계의 문제와 헌법 제23조 제 3 항의 공용침해와 손실보상의 문제로 구분한다. 즉 재산권의 내용 및 한계 규정과 공용침해와 손실보상 규정을 별개의 제도로 파악한다. 따라서 재산권의 내용 및 한계에 관한 법률의 규정이 헌법이 허용하는 범위를 넘는 과도한 것인 경우에 곧바로 수용으로 해석되는 것이 아니라 위헌적인 재산권의 내용규정이 될 뿐이다.

헌법 제23조 제 1 항 및 제 2 항에 의한 재산권의 내용적 제한인지 아니면 헌법

제23조 제 3 항의 공용침해(공용수용)인지는 입법의 목적 및 형식을 기준으로 구분한다. 즉 법률의 규정에 의한 재산권의 제한이 일반적인 공익을 위하여 **일반적·추상적으로 재산권을 새롭게 정의하는 것인 경우**에는 헌법 제23조 제 1 항 및 제 2 항의 재산권의 내용과 한계에 해당하고, 법률의 규정에 의한 재산권의 제한이 특정한 공익을 위하여 **개별적·구체적으로 기존의 재산권을 박탈 내지 축소하려는 목적**을 가진 것인 경우에는 헌법 제23조 제 3 항의 공용제한과 손실보상의 문제에 해당한다.

분리이론은 가치보장인 "수용" 및 보상을 제한하고, 존속보장을 강화하려는 견해이다.

2) 재산권의 내용적 제한과 조정조치

재산권의 내용적 제한이 재산권에 내재하는 사회적 제약을 넘어 과도한 제한이 되는 경우에는 비례의 원칙 및 평등원칙에 반하게 된다. 이 경우에 입법자는 비례원칙 위반을 시정하여 재산권 제한을 합헌적으로 하여야 할 의무를 지는데, 이 의무를 **조정조치의무**라고 한다. **조정조치**로는 **일차적으로** 경과규정, 예외규정, 해제규정, 국가침해의 제한 등 비금전적 구제가 행해져야 하고, 이러한 구제조치들이 어려운 경우 **2차적으로** 손실보상, 매수청구 등 금전적 보상이 주어져야 한다.

3) 분리이론에 따른 권리구제

분리이론에 따르면 **재산권의 제한이 헌법 제23조 제 1 항 및 제 2 항의 재산권의 내용과 한계에 속하는 경우** 필요한 경우(재산권에 대한 사회적 제약을 넘어 비례원칙에 반하는 재산권 침해가 되는 경우) 법률의 규정에 의해 손실보상 등 구제조치를 취해야 하고, 법령에 따른 재산권에 대한 제한이 조정조치의 미흡으로 비례원칙에 위반하여 재산권을 침해하는 경우에 입법부작위에 해당하는 경우에는 입법부작위에 대한 헌법소원을 통해, 부진정입법부작위인 경우에는 해당 법령에 대한 헌법소원을 통해 조정조치를 입법하도록 하여 권리구제를 받아야 한다. 이 경우 손실보상규정의 유추적용에 위한 보상청구는 가능하지 않다.

분리이론을 취하는 경우에도 공익목적을 위한 재산권 제한이 **헌법 제23조 제 3 항의 공용침해**(공용수용, 공용사용 또는 공용제한)**에 해당하는 경우**에는 손실보상의 문제가 되고, 손실보상규정 흠결시에는 후술하는 위헌무효설, 직접효력설, 유추적용설, 보상규정유추적용설, 보상입법부작위위헌설의 논의가 필요하다

(2) 경계이론

1) 의 의

경계이론(境界理論)**이란** 공공필요에 의한 **재산권의 제한과 그에 대한 구제를 손실보상의 문제로 보는 견해**이다. 이 견해에 따르면 공공필요에 의한 재산권의 제약이 재산권에 내재하는 사회적 제약을 넘는 특별희생이 있는 경우에 그에 대하여 보상을 하여야 하는 것으로 본다.

경계이론은 재산권의 사회적 제약과 보상의무 있는 공용침해가 별개로 엄격하게 분리된 제도가 아니라, 양자는 하나의 연속선상에 놓여있으므로 모두 재산권 제한의 한 유형으로 보되, 그 구별은 재산권 침해의 강도 및 형태에 따라 경계지워지는 것으로 이해한다. 즉 재산권자가 수인한도를 넘지 아니하는 범위 내에서의 재산권의 제한형식을 보상의무 없는 사회적 제약이라고 하고, 그러한 사회적 제약을 넘는 재산권의 제한 유형은 정당보상 지급의 의무가 있는 수용에 해당한다고 본다.

2) 특별희생과 권리구제

경계이론에 따르면 재산권에 대한 제한이 재산권에 내재하는 사회적 제약인가 특별한 희생인가 하는 문제와 보상규정이 없는 경우의 권리구제문제가 중요한 문제가 된다.

(3) 판 례(분리이론)

헌법재판소는 분리이론에 따라 공익목적을 위한 재산권의 제한 중 많은 경우(예 개발제한구역의 지정과 매수청구)를 헌법 제23조 제 3 항의 보상의 문제가 아니라 제23조 제 1 항과 제 2 항의 재산권의 내용과 한계의 문제로 본다. 물론 분리이론을 취하는 경우에도 공익목적을 위한 재산권 제한이 헌법 제23조 제 3 항의 공용침해(공용수용)에 해당하는 경우에는 손실보상의 문제가 된다.

> [판례] **개성공단 전면중단 조치**는 공익 목적을 위하여 개별적, 구체적으로 형성된 **구체적인 재산권의 이용을 제한하는 공용 제한이 아니므로**, 이에 대한 정당한 보상이 지급되지 않았다고 하더라도, 그 조치가 **헌법 제23조 제 3 항을 위반하여 개성공단 투자기업인 청구인들의 재산권을 침해한 것으로 볼 수 없다**(헌재 2022. 1. 27. 2016헌마364).

대법원도 헌법재판소와 같이 공용침해 이외의 공익목적을 위한 재산권 제한(댐사용권에 대한 취소·변경의 처분)을 헌법 제23조 제 1 항 및 제 2 항에 따른 재산권의 내용과 한계의 문제로 본 점에서 **분리이론**을 취하고 있는 것으로 볼 수 있다.

[판례] (1) **댐사용권 변경처분이 있을 경우 댐사용권자가 납부한 부담금의 반환을 규정한 「댐건설·관리 및 주변지역지원 등에 관한 법률」 제34조 제 1 항이 댐사용권의 제한 내지 침해에 따른 정당한 보상을 정한 법률조항인지 여부(소극)**: 댐 사용권을 그대로 유지하는 것이 곤란하다고 인정되는 경우 **댐 사용권에 대한 취소·변경의 처분을 할 수 있도록 규정한 구 댐건설관리법 제31조 제 4 항 제 2 호가 헌법 제23조 제 1 항 및 제 2 항에 따른 재산권의 내용과 한계를 규정한 조항**인 이상, 위 조항에 따라 댐 사용권을 변경·취소하는 경우에 댐 사용권에 관한 투자비용에 해당하는 **부담금이나 납부금의 일부를 국가가 댐 사용권자에게 반환하도록 규정한 구 댐건설관리법 제34조 제 1 항 역시** 구 댐건설관리법 제31조 제 4 항 제 2호와 일체를 이루어 **재산권인 댐 사용권의 내용과 한계를 정하는 동시에 공익적 요청에 따른 재산권의 사회적 제약을 구체화하는 규정이라고 봄이 타당**하다(헌법재판소 2022. 10. 27. 선고 2019헌바44 결정 참조). (2) **원심판결 중 구 댐건설관리법 제34조 제 1 항**을 댐 사용권 취소 또는 변경처분에 대한 **특별한 손실보상 규정이라고 본 것은 잘못**이나, 피고 대한민국에게는 댐건설관리법 제31조, 제34조 제 1 항에 따라 댐 사용권 취소·변경에 따른 부담금이나 납부금 일부를 반환하도록 할 의무가 있을 뿐 **「공익사업을 위한 토지 등의 취득 및 보상에 관한 법률」 제70조 및 제75조의 유추적용에 의한 손실보상금 지급의무가 있다고 보기 어렵다**(대판 2023. 8. 31, 2019다206223〈손실보상 약정금 지급 청구의 소〉). **[해설]** 섬진강댐의 댐사용권자인 원고 한국농어촌공사가 섬진강댐 재개발사업으로 댐사용권의 변경처분을 받게 되자 그에 대한 손실보상을 구한 사건이다.

4. 손실보상규정 흠결시의 권리구제

공용침해로 인하여 특별한 손해가 발생하는 경우에는 그 손해에 대한 보상규정을 두어야 한다. 그런데 보상규정의 흠결이 있는 경우가 있다. 경계이론에 따르면 이 경우에 국민의 권익구제방안으로 위헌무효설, 직접효력설, 유추적용설, 보상규정 유추적용설, 보상입법부작위위헌설 등이 주장되고 있다. 이 논의는 공용사용과 공용제한, 주로 공용제한으로 인하여 특별한 희생이 발생함에도 공용사용 또는 공용제한의 근거규정에 보상규정이 없는 경우에 문제된다. 공용수용의 경우에는 통상 보상규정이 있고, 공용사용의 경우에도 대체로 그러하기 때문이다.

공용침해로 특별희생이 발생하여 손실보상을 하여야 하는 경우라 함은 경계이론에 입각하는 경우와 분리이론에 따르는 경우에도 헌법 제23조 제 3 항의 문제가 되는 경우에 손실보상규정이 없는 경우(특정한 공익사업을 위해 공용침해가 행해진 경우)를 말한다.

손실보상을 하여야 함에도 보상규정이 없을 때의 권리구제에 관하여는 아래와 같이 견해가 대립하고 있다.

(1) 위헌무효설(입법자구속설)

위헌무효설은 헌법 제23조 제 3 항을 보상청구권의 직접적 근거규정으로 보지 않고, **입법자에 대한 구속규정**으로 보면서 법률이 특별한 희생을 발생시키는 공용침해를 규정하면서 손실보상에 관한 규정을 두지 않은 경우 헌법 제23조 제 3 항에 위반하여 그 법률이 위헌·무효가 된다고 보는 견해이다. 이 견해의 논거는 다음과 같다. ① 헌법 제23조 제 3 항은 보상은 법률로 정하도록 위임하고 있다. ② 보상은 재정지출의 문제를 수반하므로 예산권을 갖고 있는 국회가 법률로 정하는 것이 타당하다. ③ 헌법 제23조 제 3 항은 공용침해를 정하는 법률에서 이에 부대하여 보상에 관한 규정을 법률로써 규정하도록 규정하고 있다. 즉 헌법 제23조 제 3 항은 불가분조항(결합조항(연결조항))이다.

위헌무효설에서의 **권리구제**에 관하여 다음과 같이 견해가 나누어지고 있다. ① 보상규정이 없는 법률에 근거한 공용침해는 위법한 공용침해이므로 **국가배상을 청구**할 수 있다고 보는 견해가 있다. ② 공용침해의 근거가 된 법률의 위헌무효를 주장하면서 공용침해행위에 대하여 **취소소송을 제기**할 수 있다고 하는 견해가 있다. ③ **입법부작위에 대한 헌법소원**을 통하여 보상규정이 흠결된 법률에 근거한 공용침해행위에 대한 구제를 받을 수 있다고 보는 견해가 있다.

(2) 직접효력설

직접효력설은 헌법 제23조 제 3 항을 **국민에 대하여 직접적 효력이 있는 규정**으로 보고, 만일에 공용침해의 근거가 되는 법률이 보상규정을 두지 않고 있는 경우에는 직접 헌법 제23조 제 3 항에 근거하여 보상을 청구할 수 있다고 본다. 보상금청구소송이 제기되면 법원은 완전보상의 원칙에 따라 보상액을 객관적으로 확인·결정할 수 있다고 본다. 직접효력설은 헌법 제23조 제 3 항을 불가분조항으로 보지 않는다.

이 견해는 헌법 제23조 제 3 항에서 정당보상의 원칙이 명시적으로 규정되고 있고, 이 헌법규범도 법규범으로 입법자뿐만 아니라 법원 및 국민에게도 직접적 구속력을 갖는다고 보는 데 근거한다.

이 견해에 따르면 행정청이 손실보상을 거부하는 경우에는 공법상 당사자소송으로 손실보상청구소송을 제기하여야 한다.

(3) 헌법 제23조 제 1 항(재산권 보장규정) 및 헌법 제11조(평등원칙)로부터 손실보상청구권을 도출할 수 있다는 견해(유추적용설)

유추적용설은 보상규정이 없는 공용침해에 대하여는 수용유사침해이론에 의해 수용에 준하는 보상을 해 주어야 한다고 보고, 수용유사침해보상의 법적 근거를 헌법 제23조 제 1 항(재산권보장규정) 및 헌법 제11조(평등원칙)에서 찾는 견해이다.

이 견해에 따르면 행정청이 손실보상을 거부하는 경우에는 공법상 당사자소송으로 손실보상청구소송을 제기하여야 한다.

(4) 보상입법부작위위헌설

보상입법부작위위헌설은 공공필요를 위하여 공용제한을 규정하면서 손실보상규정을 두지 않은 경우 그 공용제한규정 자체는 헌법에 위반되는 것은 아니라고 보고, 손실보상을 규정하지 않은 입법부작위가 위헌이라고 보는 견해이다.

(5) 판례의 태도

헌법재판소는 군정법령에 의해 사설철도회사를 수용하고 조선철도의 통일폐지법률에 의하여 군정법령을 폐지하고 그 보상에 관하여 아무런 입법조치를 취하지 않은 입법부작위를 위헌이라고 하고 있다(헌재 1994. 12. 29, 89헌마2).

대법원은 공용침해로 인한 특별한 손해에 대한 보상규정이 없는 경우에 관련보상법령규정을 유추적용하여 보상하려는 경향이 있다(보상규정유추적용설)(대판 1999. 11. 23, 98다11529). 판례가 취하는 보상규정유추적용설의 문제는 유추적용할 보상규정도 없고, 국가배상책임도 인정할 수 없는 경우 권리구제가 안 된다는 점이다.

(6) 결 어

현행 헌법 제23조 제 3 항이 완전보상의 원칙으로 해석되는 정당보상의 원칙을 선언하고 있고, 완전보상에 따른 보상액을 법원이 결정할 수 있으므로 국민의 권리구제의 실효성을 위하여 직접효력설이 타당하다.

현행 헌법 제23조 제 3 항이 보상은 법률로 정하도록 하고 있다는 이유로 직접효력설을 비판하고 위헌무효설을 지지하는 견해가 있지만 이 견해는 타당하지 않다. 현행 헌법은 '보상은 법률로 하되, 정당한 보상을 하여야 한다'라고 규정함으로써 정당한 보상의 원칙을 확립하고 있는데, 헌법 제23조 제 3 항상의 정당보상이란 원칙적으로 완전보상을 의미한다고 보는 것이 타당하며 완전보상이란 개념은 보상의 기준을 정하는 여러 법률의 규정 및 경험칙상 범위가 확정될 수 있는 개념이다. 따라서 법률에서 보상의 기준 등에 관한 규정이 없는 경우에는 법원이 일반 보상의 법리에 따라 보상액을 정하여 보상을 결정할 수 있다고 해석하는 것이 가능하다. 그리고 이렇게 해석하는 것이 국민의 권익구제라는 관점에서 바람직하다.

법원이 보상액을 정하는 것은 법원이 입법권의 권한을 대신 행사하는 것으로 타당하지 않다는 비판이 있지만, 법원이 보상액을 정하는 것이 입법권을 대신하여 행사하는 것은 아니며 정당보상의 원칙을 해석·적용하는 것에 불과하다. 日本에서는 직접효력설이 판례의 입장이다.

보상규정 흠결시의 권리구제는 다음과 같이 행하는 것이 타당하다. ① 유추적용할 법률규정이 있는 경우에는 이 법률규정을 유추적용하여 보상한다. ② 유추적용할 법률규정이 없는 경우에는 헌법 제23조 제 3 항에 근거하여 손실보상청구권이 인정된다. ③ 행정청이 손실보상을 거부하는 경우에는 공법상 당사자소송으로 손실보상청구소송을 제기하여야 한다.

제3항 행정상 손실보상의 요건

행정상 손실보상이 인정되기 위하여는 적법한 공용침해로 손실이 발생하였고, 그 손실이 특별한 손해(희생)에 해당하여야 한다.

Ⅰ. 적법한 공용침해

적법한 공용침해란 공공필요에 의하여 법률에 근거하여 가해진 국민의 권익에 대한 침해를 말한다.

1. 공공필요

재산권에 대한 수용·사용·제한은 공공필요가 있는 경우에 한하여 인정된다(헌법 제23조 제 3 항). 즉 공공필요는 수용의 정당화사유가 된다. 공공필요라는 개념은 공익이라는 개념과 비례의 원칙을 포함하는 개념이다. 공익사업에 공익성이 있어야 하고, 수용으로 인하여 달성하는 공익이 수용으로 인하여 침해되는 이익(공익 및 사익)보다 커야 한다. 수용으로 인하여 침해되는 공익의 예로는 환경상 이익, 문화재보호이익을 들 수 있다.

2. 법률의 근거

공공의 필요만으로 수용이 가능한 것은 아니며 법률의 근거가 있어야 한다. 토지보상법 제 4 조는 토지를 수용 또는 사용할 수 있는 사업을 열거하고 있다. 그 밖의 개별법률에 수용 또는 사용의 근거가 규정되어 있다.

법률의 근거가 있다 하더라도 공공의 필요가 없으면 수용은 인정될 수 없다.

3. 공용침해(공용수용 · 공용사용 · 공용제한)

공용수용 · 공용사용 · 공용제한을 포괄하여 **공용침해**라고 한다.

공용수용이란 공공필요를 위하여 타인의 토지를 강제적으로 취득하는 것을 말한다. **공용사용**이란 공공필요를 위하여 특정인의 토지 등 재산을 강제로 사용하는 것을 말한다. **공용제한**이란 공공필요를 위하여 재산권에 대하여 가해지는 제한을 말한다.

Ⅱ. 공용침해로 손실이 발생하였을 것

① 손실보상이 인정되기 위하여는 손해가 현실적으로 발생하였어야 한다(대판 2010. 12. 9, 2007두6571).

② **판례**는 공익사업과 손실 사이에 상당인과관계가 있어야 손실보상의 대상인 손실이 된다고 본다(대판 2009. 6. 23, 2009두2672). 그러나 **손실보상의 요건으로** 공익사업과 손실 사이에 국가배상책임에서 요구되는 **상당인과관계가 있을 것을 요구하는 것은 타당하지 않다**. 상당인과관계 대신 '그 손실이 공익사업(공용침해)으로부터 예견된 것일 것'을 손실보상의 한 요건으로 요구하는 것이 타당하다. 의도된 손실(직접손실)뿐만 아니라 예견가능한 손실(간접손실, 수용적 침해)도 손실보상의 대상이 되지만, 예견가능하지 않은 손실은 손실보상의 대상이 되지 않는다고 보아야 한다.

Ⅲ. 특별한 희생(손해)

공공필요를 위한 재산권의 침해가 있는 경우에 손실보상이 되기 위하여는 그 침해로 인한 손실이 '특별한 희생(손해)'에 해당하여야 한다. 그 손해가 '재산권에 내재하는 사회적 제약'에 불과한 경우에는 재산권자가 수인하여야 한다고 보고 있다. 이러한 해결은 재산권의 공공성의 관념에 기초하고 있고, 이 관념의 헌법적 근거는 헌법 제23조 제 2 항이다.

그런데 실제에 있어서 어떠한 손해가 '특별한 손해'인지 아니면 '재산권에 내재하는 사회적 제약'인지 불명확한 경우가 많다. 이 문제는 주로 재산권이 박탈되는 수용의 경우가 아니라 재산권의 사용 또는 수익이 제한되는 공용침해, 즉 공용제한의 경우에 주로 제기된다. 대표적인 예가 도시지역에서의 개발제한구역(Green Belt)의 지정으로 인하여 개발제한구역 내에 있는 토지소유자가 받는 손실이다.

공용침해로 인하여 발생한 손해가 특별한 희생(손해)인가 아니면 재산권에 내재하는 사회적 제약에 불과한가의 판단기준은 무엇인가. 이에 관하여 다음과 같은 학설이 있다.

1. 형식적 기준설

형식적 기준설은 침해행위가 일반적인 것이냐 아니면 개별적인 것이냐라는 형식적 기준에 의해 특별한 희생과 사회적 제약을 구별하려는 견해이다. 즉 재산권에 대한 침해가 특정인 또는 한정된 범위의 사람에게 가해진 경우에는 특별한 희생에 해당하고 재산권 침해가 일반적으로 행해지면 사회적 제약에 해당한다고 본다.

이 견해의 문제점은 특정인에게 가해진 권익침해도 사회적 제약에 해당하는 경우가 있을 수 있고, 공용침해가 어느 정도 일반적인 경우에도 특별한 희생에 해당하는 경우가 있을 수 있다는 것을 간과하고 있다는 점이다. 따라서 형식적 기준만에 의해 특별한 희생과 사회적 제약을 구분할 수는 없다.

2. 실질적 기준설

실질적 기준설은 공용침해의 실질적 내용, 즉 침해의 본질성 및 강도를 기준으로 하여 특별한 희생과 사회적 제약을 구별하려는 견해이다.

이에는 보호가치설, 수인한도설, 사적 효용성설, 목적위배설, 사회적 제약설, 상황적 구속설 등이 있다.

(1) 보호가치설

보호가치설은 재산권을 보호가치 있는 것과 보호가치가 없는 것으로 구분하고 전자에 대한 침해만이 보상의 대상이 되는 특별한 희생이라고 본다.

이 견해에 대하여는 보호가치와 비보호가치에 대한 객관적인 기준을 제공하고 있지 못하다는 비판이 있다.

(2) 수인한도설(기대가능성설)

수인한도설은 재산권에 대한 침해의 본질성과 강도를 구별기준으로 하여 그 침해가 재산권주체에게 보상 없이 수인가능한 것인지 아니면 수인한도를 넘는 것인지에 따라 특별한 희생과 사회적 제약을 구별하려는 견해이다.

(3) 사적 효용설

사적 효용설은 사적 효용을 재산권의 본질적 내용으로 보고, 재산권이 제한되고 있는 상태에서도 아직 재산권의 기능에 합당한 사적인 효용이 유지되는 경우에는 재산권의 단순한 사회적 제약에 불과하지만, 재산권의 침해가 재산권의 사적 효용을 본질적으로 침해하는 경우에는 특별한 희생이 된다고 본다.

(4) 목적위배설

목적위배설은 재산권의 침해가 종래 인정되어 온 재산권의 이용목적 내지 기능에 위배되는지 여부를 기준으로 종래 인정되어 온 재산권의 이용목적에 위배되는 경우에 특별한 희생이고, 재산권에 대한 제한이 있었더라도 재산권의 본래의 이용목적 내지 기능에 따른 이용이 유지되고 있는 경우에는 재산권에 내재하는 사회적 제약이라고 본다.

(5) 상황구속설

상황구속설은 특히 토지 등의 부동산재산권의 경우 그의 지정학적 상황에 의하여 강한 사회적 의무가 수반된다고 보고, 해당 재산권이 처한 특수한 상황에 비추어 재산권 주체가 이미 예상할 수 있는 단순한 재산권 행사상의 제한이 가해진 경우에 그 제한은 사회적 제약에 불과하다고 본다.

3. 결론: 복수기준설

우리나라의 통설은 형식적 기준설과 각 실질적 기준설이 일면의 타당성만을 갖는다고 보고, 형식적 기준설과 실질적 기준설을 종합하여 특별한 희생과 사회적 제약을 구별하여야 한다고 본다. 이를 **복수기준설**이라 한다. 즉 토지 등을 종래의 목적대로 사용할 수 없거나 재산권의 이용이 제한되었음에도 손실보상을 하지 않는 것이 가혹한 경우 특별희생에 해당한다.

[판례 1] 개발제한구역 지정으로 인하여 토지를 종래의 목적으로도 사용할 수 없거나 또는 더 이상 법적으로 허용된 토지이용의 방법이 없기 때문에 실질적으로 토지의 사용·수익의 길이 없는 경우에는 토지소유자가 수인해야 하는 사회적 제약의 한계를 넘는 것으로 보아야 한다. 개발제한구역의 지정으로 인한 개발가능성의 소멸과 그에 따른 지가의 하락이나 지가상승률의 상대적 감소는 토지소유자가 감수해야 하는 사회적 제약의 범주에 속하는 것으로 보아야 한다. 자신의 토지를 장래에 건축이나 개발목적으로 사용할 수 있으리라는 기대가능성이나 신뢰 및 이에 따른 지가상승의 기회는 원칙적으로 재산권의 보호범위에 속하지 않는다. 구역지정 당시의 상태대로 토지를 사용·수익·처분할 수 있는 이상, 구역지정에 따른 단순한 토지이용의 제한은 원칙적으로 재산권에 내재하는 사회적 제약의 범주를 넘지 않는다(헌재 1998. 12. 24, 89헌마214, 90헌바16, 97헌바78(병합)〈개발제한구역사건〉).

[판례 2] 일반 공중의 이용에 제공되는 공공용물에 대하여 특허 또는 허가를 받지 않고 하는 일반사용은 다른 개인의 자유이용과 국가 또는 지방자치단체 등의 공공목적을 위한 개발 또는 관리·보존행위를 방해하지 않는 범위 내에서만 허용된다 할 것이므로, 공공용물에 관하여 적법한 개발행위 등이 이루어짐으로 말미암아 이에 대한 일정범위의 사람들의 일반사용이 종전에 비하여 제한받게 되었다 하더라도 특별한 사정이 없는 한 그로 인한 불이익은 손실보상의 대상이 되는 특별한 손실에 해당한다고 할 수 없다(대판 2002. 2. 26, 99다35300).

제4항 행정상 손실보상의 기준과 내용

Ⅰ. 행정상 손실보상의 일반적 기준 : 정당한 보상의 원칙

손실보상의 일반적 기준인 **정당한 보상**의 의미에 관하여는 종래 완전보상설과 상당보상설이 대립하고 있다.

1. 완전보상설

완전보상설은 공용침해로 인하여 발생한 **객관적 손실 전부를 보상**하여야 한다는 견해이며 이 견해가 **다수 견해**이다. 일반적으로 완전보상은 피침해재산의 객관적 가치의 보상과 함께 부대적 손실의 보상을 전부 보상하는 것을 의미한다. 이에 대하여 생활보상을 완전보상의 범주에 포함시키며 완전보상을 공용침해가 일어나기 전의 생활과 유사한 생활수준을 회복하도록 하는 보상으로 이해하는 견해가 새롭게 제기되고 있다.

정신적 손해와 개발이익은 완전보상에 포함되지 않는다고 보는 것이 일반적 견해이다.

헌법재판소도 헌법 제23조 제 3 항에서 규정하고 있는 정당한 보상이 완전보상을 뜻한다고 보고 있다(헌재 1990. 6. 25, 89헌마107).

2. 상당보상설

상당보상설은 정당한 보상을 피해이익의 성질 및 정도와 함께 침해행위의 공공성을 고려하여 보상이 행해질 당시의 사회통념에 비추어 사회적 정의의 관점에서 객관적으로 타당하다고 여겨지는 보상을 말한다고 보는 견해이다. 상당보상설에 의하면 정당한 보상은 완전보상을 하회하거나 상회할 수 있다.

상당보상설은 독일법에서 채택되고 있다.

3. 결 어

헌법 제23조의 정당한 보상이란 재산권보장의 관점에서 볼 때 완전한 보상을 의미하는 것으로 보아야 한다(완전보상설).

토지보상법 등 보상의 내용을 정하는 법률이 완전보상의 원칙에 반하면 그 법률은 그 한도 내에서 위헌이 된다. 그러나 실정법률에서 완전보상을 상회하여 보상하는 것으로 정하는 것은 가능하다.

또한 보상의 구체적인 기준 및 방법에 관하여는 완전보상의 원칙에 반하지 않는 한도 내에서 입법자에게 재량이 부여된다. 헌법은 정당한 보상의 원칙을 선언하면서도 보상의 구체적인 기준과 방법은 법률로 정하도록 규정하고 있는데 이 규정의 입법취지도 그러하다고 해석할 수 있다.

Ⅱ. 행정상 손실보상의 구체적 기준과 내용

토지보상법상 손실보상의 구체적 기준과 내용은 피침해재산의 객관적 가치의 보상, 부대적 손실의 보상, 확장수용보상, 간접손실(사업시행지 밖의 손실) 보상 및 그 밖의 손실의 보상으로 나누어 볼 수 있다.

제5항 행정상 손실보상의 방법

손실보상은 원칙상 현금으로 보상하는 것을 원칙으로 한다. 그러나 공익사업의 원활한 수행과 피수용자의 생계의 보장을 위하여 채권보상, 대토보상 등 다른 보상 방법도 인정되고 있다.

Ⅰ. 현금보상의 원칙

보상은 다른 법률에 특별한 규정이 있는 경우를 제외하고는 현금으로 지급한다(법 제63조 제 1 항).

Ⅱ. 채권보상

채권보상(債券補償)이란 현금보상의 원칙에 대한 예외로서 채권으로 하는 손실보상을 말한다.

채권보상을 인정하게 된 것은 토지의 가격이 상당히 높기 때문에 보상을 위한 재정의 부족으로 인하여 공익사업을 수행하는 데 어려움이 있기 때문에 일정한 요건하에서 보상액을 채권으로 보상할 수 있도록 함으로써 공익사업의 원활한 수행을 도모하기 위함이다.

최근에는 대규모 보상에 따른 토지투기를 막기 위하여 채권보상이 활용되기도 한다.

채권의 상환기간은 5년 이내로 하고, 채권금액에 대하여 법정의 이자를 지급하여야 한다(법 제63조 제 9 항). 이와 같이 상환기간과 이자율을 제한하고 있는 것은 채권보상이 정당보상의 원칙에 반하지 않도록 하기 위함이다.

Ⅲ. 대토보상

대토보상(代土補償)은 사업시행자의 손실보상금의 부담을 경감하고, 토지구입 수요를 줄임으로써 인근지역 부동산 가격의 상승을 억제할 수 있으며 토지소유자가 개발혜택을 일정 부분 공유할 수 있도록 하는 기능을 갖는 제도이다.

토지소유자가 원하는 경우에는 해당 공익사업의 토지이용계획 및 사업계획 등을 고려하여 **공익사업의 시행으로 조성된 토지로 보상**할 수 있다(법 제63조 제1항 단서·제2항~제5항).

Ⅳ. 사전보상의 원칙

사업시행자는 해당 공익사업을 위한 공사에 착수하기 이전에 토지소유자 및 관계인에 대하여 보상액의 전액을 지급하여야 한다. 다만, 법 제38조의 규정에 의한 천재·지변시의 토지의 사용과 법 제39조에 따른 시급을 요하는 토지의 사용 또는 토지소유자 및 관계인의 승낙이 있은 때에는 그러하지 아니하다(법 제62조).

제6항 보상액의 결정방법 및 불복절차

보상액은 협의매수시에는 사업시행자와 토지소유자 사이의 협의로 결정되고, 강제수용의 경우에는 행정청 또는 소송으로 결정된다.

Ⅰ. 협의에 의한 결정

토지보상법은 **협의전치주의**를 취하고 있다. 사업인정을 받은 사업시행자는 보상에 관하여 토지소유자 및 관계인과 협의하여야 한다(법 제26조 제1항). 다만, 사업인정 이전에 임의협의절차를 거쳤으나 협의가 성립되지 아니하여 사업인정을 받은 사업으로서 토지조서 및 물건조서의 내용에 변동이 없는 때에는 협의절차를 거치지 아니할 수 있다. 다만, 사업시행자 또는 토지소유자 및 관계인이 협의를 요구하는 때에는 협의하여야 한다(법 제26조 제2항).

[판례] 공익사업을 위한 토지 등의 취득 및 보상에 관한 법률(이하 '공익사업법'이라고 한다)에 의한 **보상합의**는 공공기관이 사경제주체로서 행하는 **사법상 계약의 실질을 가지는 것**으로서, 당사자 간의 합의로 같은 법 소정의 손실보상의 기준에 의하지 아니한 손실보상금을 정할 수 있으며, 이와 같이 같은 법이 정하는 기준에 따르지 아니하고 손실보상액에 관한 합의를 하였다고 하더라도 그 합의가 착오 등을 이유로 적법하게 취소되지 않는 한 유효하다. 따라서 공익사업법에 의한 보상을 하면서 손실보상금에 관한 당사자 간의 합의

가 성립하면 그 합의 내용대로 **구속력이 있고, 손실보상금에 관한 합의 내용이 공익사업법에서 정하는 손실보상 기준에 맞지 않는다고 하더라도 합의가 적법하게 취소되는 등의 특별한 사정이 없는 한 추가로 공익사업법상 기준에 따른 손실보상금 청구를 할 수는 없다**(대판 2013. 8. 22, 2012다3517).

사업시행자와 토지소유자 및 관계인 간에 제26조에 따른 절차를 거쳐 협의가 성립되었을 때에는 사업시행자는 관할 토지수용위원회에 협의 성립의 확인을 신청할 수 있다(법 제29조 제 1 항). 사업시행자, 토지소유자 및 관계인은 그 확인된 협의의 성립이나 내용을 다툴 수 없다(법 제29조 제 4 항).

매수 또는 보상에 관한 협의는 제한이 없다. 토지수용위원회의 수용재결이 있은 후라고 하더라도 토지소유자와 사업시행자가 다시 협의하여 토지 등의 취득·사용 및 그에 대한 보상에 관하여 임의로 계약을 체결할 수 있다(대판 2017. 4. 13, 2016두64241).

[판례] 중앙토지수용위원회가 지방국토관리청장이 시행하는 공익사업을 위하여 갑 소유의 토지에 대하여 수용재결을 한 후, 갑과 사업시행자가 '공공용지의 취득협의서'를 작성하고 협의취득을 원인으로 소유권이전등기를 마쳤는데, 갑이 '사업시행자가 수용개시일까지 수용재결보상금 전액을 지급·공탁하지 않아 수용재결이 실효되었다고 주장하며 수용재결의 무효확인을 구하는 소송을 제기한 사안에서, 갑이 수용재결의 무효확인 판결을 받더라도 토지의 소유권을 회복시키는 것이 불가능하고, 무효확인으로 회복할 수 있는 다른 권리나 이익이 남아 있다고도 볼 수 없다고 한 사례(대판 2017. 4. 13, 2016두64241).

Ⅱ. 행정청에 의한 결정

1. 토지보상법상 토지수용위원회의 재결에 따른 결정

(1) 재결의 신청

제26조에 따른 협의가 성립되지 아니하거나 협의를 할 수 없을 때(법 제26조 제 2 항 단서에 따른 협의 요구가 없을 때를 포함한다)에는 사업시행자는 사업인정고시가 된 날부터 1년 이내에 대통령령으로 정하는 바에 따라 관할 토지수용위원회에 재결을 신청할 수 있다(법 제28조 제 1 항).

사업인정고시가 된 후 협의가 성립되지 아니하였을 때에는 토지소유자와 관계인은 대통령령으로 정하는 바에 따라 서면으로 사업시행자에게 재결을 신청할 것을 청구할 수 있다(법 제30조 제 1 항). 사업시행자는 제 1 항에 따른 청구를 받았을 때에는 그 청구를 받은 날부터 60일 이내에 대통령령으로 정하는 바에 따라 관할 토지수용위원회에 재결을 신청하여야 한다(법 제30조 제 2 항).

재결신청에 대한 거부가 처분이 되기 위하여는 신청인에게 재결신청권이 있어야 한다.

(2) 토지수용위원회에 의한 보상금의 결정

> **토지보상법**
>
> 제50조(재결사항) ① 토지수용위원회의 재결사항은 다음 각 호와 같다.
> 1. 수용하거나 사용할 토지의 구역 및 사용방법
> 2. 손실보상
> 3. 수용 또는 사용의 개시일과 기간
> 4. 그 밖에 이 법 및 다른 법률에서 규정한 사항
>
> ② 토지수용위원회는 사업시행자, 토지소유자 또는 관계인이 신청한 범위에서 재결하여야 한다. 다만, 제 1 항제 2 호의 손실보상의 경우에는 증액재결(增額裁決)을 할 수 있다.

토지수용위원회는 보상금을 재결의 형식으로 수용 등과 함께 결정한다(법 제50조). 토지수용위원회의 재결에는 수용재결(수용 및 보상재결), 보상재결, 협의성립확인재결(제29조 제 4 항), 경정재결(제36조)이 있다. 토지수용위원회의 재결사항은 ① 수용하거나 사용할 토지의 구역 및 사용방법, ② 손실보상, ③ 수용 또는 사용의 개시일과 기간, ④ 그 밖에 이 법 및 다른 법률에서 규정한 사항이다(제50조 제 1 항). 토지수용위원회는 사업시행자, 토지소유자 또는 관계인이 신청한 범위에서 재결하여야 한다. 다만, 손실보상의 경우에는 증액재결을 할 수 있다(제50조 제 2 항). 토지수용위원회의 수용재결은 행정심판의 재결이 아니라 원행정행위의 성질을 갖는다.

국가 또는 시·도가 사업시행자인 사업과 수용 또는 사용할 토지가 2 이상의 시·도에 걸치는 사업에 관한 것은 중앙토지수용위원회의 관할에 속하고 그 이외의 사업에 관한 것은 지방토지수용위원회의 관할에 속한다(법 제51조).

판례에 따르면 토지소유자가 사업시행자로부터 손실보상을 받기 위하여는 공익사업법 제34조, 제50조 등에 규정된 재결절차를 거친 다음 그 재결에 대하여 불복할 때 비로소 공익사업법 제83조 내지 제85조에 따라 권리구제를 받을 수 있을

뿐이며, 특별한 사정이 없는 한 이러한 재결절차를 거치지 않은 채 곧바로 사업시행자를 상대로 손실보상을 청구하는 것은 허용되지 않는다(재결전치주의).

[판례] **잔여지 가격감소 등으로 인한 손실보상청구에 재결전치주의가 적용되는지 여부(적극)**: 토지소유자가 사업시행자로부터 공익사업법 제73조에 따른 **잔여지 가격감소 등으로 인한 손실보상**을 받기 위해서는 공익사업법 제34조, 제50조 등에 규정된 **재결절차를 거친 다음** 그 재결에 대하여 불복이 있는 때에 비로소 공익사업법 제83조 내지 제85조에 따라 권리구제를 받을 수 있을 뿐, 이러한 재결절차를 거치지 않은 채 곧바로 사업시행자를 상대로 손실보상을 청구하는 것은 허용되지 않는다고 봄이 상당하고, 이는 수용대상토지에 대하여 재결절차를 거친 경우에도 마찬가지라 할 것이다(대판 2012. 11. 29, 2011두22587〈토지수용보상금증액등〉; 대판 2014. 9. 25, 2012두24092〈손실보상금〉). **[해설]** 잔여지 가격감소 등으로 인한 손실보상액에 대하여 다툼이 있는 경우 수용재결절차를 거친 다음 이의신청 또는 보상금증감청구소송을 제기하여야 한다.

재결절차를 거쳤는지 여부는 보상항목별로 판단하여야 한다. 피보상자별로 어떤 토지, 물건, 권리 또는 영업이 손실보상대상에 해당하는지, 나아가 보상금액이 얼마인지를 심리·판단하는 기초 단위를 보상항목이라고 한다(대판 2018. 7. 20, 2015두4044).

(3) 불복절차

토지수용위원회의 재결에 대한 불복절차로 이의신청과 행정소송이 인정된다.

1) 이의신청

지방토지수용위원회의 재결에 대하여 불복이 있는 자는 해당 지방토지수용위원회를 거쳐 중앙토지수용위원회에, 중앙토지수용위원회의 재결에 대하여 불복이 있는 경우에는 중앙토지수용위원회에 이의신청을 할 수 있다(법 제83조). 이의신청은 행정심판의 성질을 가지며 **임의절차**이다.

이의신청을 받은 중앙토지수용위원회는 원재결(原裁決)이 위법 또는 부당한 때에는 그 원재결의 전부 또는 일부를 취소하거나 손실보상액을 변경할 수 있다(법 제84조 제 1 항). **손실보상액의 변경**이란 손실보상액의 증액 또는 감액을 말한다.

행정심판법상 불고불리의 원칙(제47조 제 1 항)과 불이익변경금지의 원칙(제47조 제 2 항)은 토지보상법상 특별한 규정이 없으므로 특별행정심판인 토지보상법상 이의신청에도 적용된다. 손실보상의 경우에는 증액재결을 할 수 있다는 토지보상법 제50조 제 2 항 단서는 수용재결에 관한 것이고 이의재결에 관한 규정이 아니다.

법 제85조 제 1 항에 따른 기간 이내에 소송이 제기되지 아니하거나 그 밖의 사유로 이의신청에 대한 재결이 확정된 때에는 민사소송법상의 확정판결이 있은 것으로 보며, 재결서 정본은 집행력 있는 판결의 정본과 동일한 효력을 가진다(법 제86조 제 1 항).

2) 행정소송

사업시행자·토지소유자 또는 관계인은 수용재결에 대하여 불복이 있는 때에는 재결서를 받은 날부터 60일 이내에, 이의신청을 거친 때에는 이의신청에 대한 재결서를 받은 날부터 30일 이내에 각각 행정소송을 제기할 수 있다(법 제85조 제 1 항).

수용재결 또는 이의재결에 대한 불복에는 수용 자체를 다투는 경우와 보상액을 다투는 경우가 있다. 불복이 수용 자체를 다투는 것인 때에는 재결에 대하여 취소소송 또는 무효확인소송을 제기하고(법 제85조 제 1 항), 보상금의 증감을 청구하는 것인 때에는 보상액의 증감을 청구하는 소송을 제기하여야 한다(법 제85조 제 2 항).

법 제85조 제 1 항은 수용 자체를 다투는 항고소송(취소소송 또는 무효확인소송)과 보상액을 다투는 보상금증감청구소송 모두를 규율하는 규정이고, 법 제85조 제 2 항은 보상금증감청구소송에 관한 규정이다.

보상금증감청구소송[55)]은 수용재결 중 보상금에 대하여서만 이의가 있는 경우에 보상금의 증액 또는 감액을 청구하는 소송이다. 토지소유자 또는 관계인은 보상금의 증액을 청구하는 소송(보상금증액청구소송)을 제기하고 사업시행자는 보상액의 감액을 청구하는 소송(보상금감액청구소송)을 제기한다.

보상금청구소송은 **형식적 당사자소송의 대표적인 예**이다. 보상금증감청구소송에서 법원은 보상금을 직접 결정한다. 소송제기자가 토지소유자 또는 관계인인 경우에는 사업시행자를, 소송제기자가 사업시행자인 경우에는 토지소유자 또는 관계인을 피고로 하여 제기하여야 한다(법 제85조 제 2 항).

2. 개별법령상 행정청 등의 처분에 따른 결정

개별법에서 행정청 또는 토지수용위원회가 보상금을 결정하도록 규정하고, 특별한 불복절차가 규정되지 않은 경우(예 도로법 제99조 제 3 항) 해당 행정청의 보상금의 결정은 처분이므로 행정심판법상의 행정심판 및 행정소송법상의 행정소송(취소소

55) 2020 변시.

송)의 대상이 된다.

개별법령에서 보상금의 결정과 불복에 관하여 토지보상법을 준용하도록 규정하고 있는 경우에는 보상금결정에 대한 불복소송은 보상금증감청구소송에 의한다.

Ⅲ. 소송에 의한 결정

개별법에서 손실보상의 원칙만을 규정하고, 보상금결정기관에 관한 규정 등 기타 보상에 관한 규정이 전혀 존재하지 않는 경우에 있어서 구체적 손실보상청구권이 법규정에 의해 이미 발생하였다고 볼 수 있는 경우에 토지소유자 등은 직접 보상금지급청구소송을 제기할 수 있다. 이 경우 법원이 직접 손실보상액을 결정한다.

손실보상청구권이 공권인가 사권인가에 따라 보상금지급청구소송의 소송형식이 다르다. 손실보상청구권이 공권인 경우 공법상 당사자소송을 제기하여야 하고, 사권인 경우 민사소송을 제기하여야 한다. 종전 판례는 손실보상청구권을 사권으로 보고 손실보상청구소송을 민사소송으로 보았으나 **최근 대법원 전원합의체 판결**(대판 2006. 5. 18, 2004다6207)은 손실보상청구권을 공권으로 보고 손실보상청구가 민사소송이 아니라 당사자소송의 대상이 된다고 판례를 변경하였다. 토지보상법 제79조 제2항, 동법 시행규칙 제57조에 따른 사업폐지 등에 대한 보상청구권은 공법상 권리임이 분명하므로 그에 관한 쟁송은 민사소송이 아닌 행정소송절차에 의하여야 한다(대판 2012. 10. 11, 2010다23210). 그러나 **판례**는 아직도 수산업법 제81조의 규정에 의한 손실보상청구권이나 손실보상 관련 법령의 유추적용에 의한 손실보상청구권은 사권으로 보고 사업시행자를 상대로 한 민사소송의 방법에 의하여 행사하여야 한다고 하고 있다(대판 2001. 6. 29, 99다56468; 대판 2014. 5. 29, 2013두12478).

Ⅳ. 법률의 근거 없는 수용 또는 보상 없는 공익사업 시행의 경우 권리구제

1. 손해배상청구

법률에 근거하지 않은 수용은 불법행위를 구성하므로 손해배상청구가 가능하다(대판 1966. 10. 18, 66다1715).

실정법령에 공용침해와 보상에 관한 규정이 있음에도 보상 없이 수용을 하거나 공사를 시행한 행위는 불법행위가 되므로 손해배상청구가 가능하다(대판 2000. 5.

26, 99다37382).

다만, 전술한 바와 같이 법에 근거한 공용제한으로 특별한 손실이 발생한 경우 공무원의 고의·과실이 인정되지 않는 한 해당 공용제한은 불법행위를 구성하지 못한다.

2. 부당이득반환청구

판례는 보상 없이 타인의 토지를 점유·사용하는 것은 법률상 원인없이 이득을 얻은 때에 해당한다고 본다(대판 2016. 6. 23, 2016다206369).

제7항 적법한 경찰의 조치에 대한 손실보상청구권

경찰관 직무집행법

제11조의2(손실보상) ① 국가는 경찰관의 적법한 직무집행으로 인하여 다음 각 호의 어느 하나에 해당하는 손실을 입은 자에 대하여 정당한 보상을 하여야 한다. <개정 2018. 12. 24.>

1. 손실발생의 원인에 대하여 책임이 없는 자가 생명·신체 또는 재산상의 손실을 입은 경우(손실발생의 원인에 대하여 책임이 없는 자가 경찰관의 직무집행에 자발적으로 협조하거나 물건을 제공하여 생명·신체 또는 재산상의 손실을 입은 경우를 포함한다)
2. 손실발생의 원인에 대하여 책임이 있는 자가 자신의 책임에 상응하는 정도를 초과하는 생명·신체 또는 재산상의 손실을 입은 경우

② 제 1 항에 따른 보상을 청구할 수 있는 권리는 손실이 있음을 안 날부터 3년, 손실이 발생한 날부터 5년간 행사하지 아니하면 시효의 완성으로 소멸한다.

③ 제 1 항에 따른 손실보상신청 사건을 심의하기 위하여 손실보상심의위원회를 둔다.

④ 경찰청장, 해양경찰청장, 시·도경찰청장 또는 지방해양경찰청장은 제 3 항의 손실보상심의위원회의 심의·의결에 따라 보상금을 지급하고, 거짓 또는 부정한 방법으로 보상금을 받은 사람에 대하여는 해당 보상금을 환수하여야 한다. <개정 2018. 12. 24., 2020. 12. 22., 2024. 3. 19.>

⑤ 보상금이 지급된 경우 손실보상심의위원회는 대통령령으로 정하는 바에 따라 국가경찰위원회 또는 해양경찰위원회에 심사자료와 결과를 보고하여야 한다. 이 경우 국가경찰위원회 또는 해양경찰위원회는 손실보상의 적법성 및 적정성 확인을 위하여 필요한 자료의 제출을 요구할 수 있다. <신설 2018. 12. 24., 2020. 12. 22., 2024.

3. 19.>

⑥ 경찰청장, 해양경찰청장, 시·도경찰청장 또는 지방해양경찰청장은 제 4 항에 따라 보상금을 반환하여야 할 사람이 대통령령으로 정한 기한까지 그 금액을 납부하지 아니한 때에는 국세강제징수의 예에 따라 징수할 수 있다. <신설 2018. 12. 24., 2020. 12. 22., 2024. 3. 19.>

⑦ 제 1 항에 따른 손실보상의 기준, 보상금액, 지급 절차 및 방법, 제 3 항에 따른 손실보상심의위원회의 구성 및 운영, 제 4 항 및 제 6 항에 따른 환수절차, 그 밖에 손실보상에 관하여 필요한 사항은 대통령령으로 정한다. <신설 2018. 12. 24.>

[본조신설 2013. 4. 5.]

경찰관 직무집행법 시행령

제 9 조(손실보상의 기준 및 보상금액 등) ① 법 제11조의2 제 1 항에 따라 손실보상을 할 때 물건을 멸실·훼손한 경우에는 다음 각 호의 기준에 따라 보상한다.

1. 손실을 입은 물건을 수리할 수 있는 경우: 수리비에 상당하는 금액
2. 손실을 입은 물건을 수리할 수 없는 경우: 손실을 입은 당시의 해당 물건의 교환가액
3. 영업자가 손실을 입은 물건의 수리나 교환으로 인하여 영업을 계속할 수 없는 경우: 영업을 계속할 수 없는 기간 중 영업상 이익에 상당하는 금액

② 물건의 멸실·훼손으로 인한 손실 외의 재산상 손실에 대해서는 직무집행과 상당한 인과관계가 있는 범위에서 보상한다.

③ 법 제11조의2 제 1 항에 따라 손실보상을 할 때 생명·신체상의 손실의 경우에는 별표의 기준에 따라 보상한다. <신설 2019. 6. 25.>

④ 법 제11조의2 제 1 항에 따라 보상금을 지급받을 사람이 동일한 원인으로 다른 법령에 따라 보상금 등을 지급받은 경우 그 보상금 등에 상당하는 금액을 제외하고 보상금을 지급한다. <신설 2019. 6. 25.>

[본조신설 2014. 2. 18.]

[제목개정 2019. 6. 25.]

Ⅰ. 경찰손실보상청구권의 의의

경찰손실보상제도는 경찰관의 적법한 직무집행 과정에서 국민에게 생명·신체·재산상의 손실이 발생한 경우 그 손실을 받은 국민이 「경찰관 직무집행법」에 근거하여 간소한 절차에 따라 손실을 보상받을 수 있는 제도를 말한다.

경찰행정청의 적법한 행정작용은 경찰책임자와의 관계에 있어서는 손실보상청

구권을 야기하지 않는다. 이에 대하여 경찰비책임자가 (경찰의) 적법한 조치를 통하여 손실을 입은 경우에는 그에게 손실보상청구권이 인정된다. 즉 경찰비책임자는 일반공중을 위하여 특별한 희생을 받게 되는데, 그에 대해서는 보상이 이루어져야 한다.

2013년 「경찰관 직무집행법」을 개정하여 제11조의2를 신설함으로써 손실보상의 근거규정을 마련하였다(2014년 4월 6일 시행). 이 조항은 “경찰관의 적법한 직무집행으로 인하여” 손실을 입은 경우에 적용된다. 제11조의2는 2018년 12월 24일 개정되었는데, 개정 전에는 재산상의 손실에 대해서만 보상을 하도록 하였으나, 개정법에서는 생명·신체 또는 재산상의 손실로 손실보상의 범위를 확대하였다.

「경찰관 직무집행법」에 경찰손실보상제도가 도입됨으로써 적법한 경찰작용으로 인하여 손실을 입은 국민에게 예산을 전용하거나 현장 경찰관의 개인비용으로 변상을 해왔던 불합리한 관행을 시정하고, 명확한 법적 근거를 가지고 손실보상을 해 줄 수 있는 길이 열리게 되었다. 「경찰관 직무집행법」상의 손실보상규정이 행정상 손실보상에 관한 일반 법리와는 다른 내용을 담고 있고 또한 학계에서의 논의를 받아들여 지금까지 전혀 찾아볼 수 없었던 내용까지 담고 있어서 행정상의 손실보상에 관한 일반 법리가 경찰상의 손실보상에는 그대로 적용될 수 없게 되었기 때문이다.[56)]

Ⅱ. 경찰책임자 및 경찰비책임자의 손실보상청구권

1. 경찰책임자에 대한 손실보상청구권

경찰권 발동으로 인하여 경찰책임자에게 발생한 손실에 대하여는 원칙적으로 손실보상청구가 인정되지 않는다. 즉 자기의 행위 또는 물건 등을 통하여 경찰위해를 일으킴으로 인하여 경찰권이 발동되었고, 그로 인하여 재산상 손실을 입은 자에 대하여는 원칙적으로 손실보상청구권이 인정되지 않는다고 보아야 한다(예 ① 유해음식물을 판매함으로 인하여 관계공무원이 그것을 폐기시킨 경우 ② 건물이 쓰러질 위험이 있어 관계공무원이 그것을 헐어버린 경우 등)(김남진).

경찰책임자에게는 손실보상청구권이 인정되지 않는다는 원칙에 대해 예외인 것처럼 보이는 경우가 어떤 사람의 경찰의무가 내용상 제한되어 있고, 경찰권이 그 자의 경찰의무를 초과하여 발동된 경우에는 그는 초과된 범위에서 경찰비책임자로

56) 서정범 · 김용주 · 김민정, 「경찰손실보상법」(세창출판사, 2024), 5쪽.

경찰권 발동의 대상이 된 것이고, 따라서 그에게 손실보상이 행해질 수 있다.

그리고 외관적 위해발생자라고 불리우는 자에 대한 경찰권발동의 경우도 마찬가지이다. 외관적 위해발생자란 객관적 관찰자에게 위해를 일으키고 있는 것으로 보임으로 인하여 경찰권발동의 대상이 되었으나 사후적으로 그렇지 않은 것으로 판명된 자를 말한다(예, ① 허위로 자살신고나 신변비관신고를 한 경우, ② 가족의 부재를 위험상황으로 오인하여 신고한 경우, ③ 가정폭력신고를 받고 출동하였으나 신고자가 주소를 잘못 알려준 경우). 외관적 위해발생자에 대한 손실보상 여부에 대해서는 학설이 대립하고 있다.[57)]

개정 「경찰관 직무집행법」은 "손실발생의 원인에 대하여 책임이 있는 자가 자신의 책임에 상응하는 정도를 초과하는 생명·신체 또는 재산상의 손실을 입은 경우에는 정당한 보상을 하여야 한다"고 규정하고 있다(법 제11조의2 제 1 항 제 2 호)(2019년 6월 25일 시행).

2. 경찰비책임자의 손실보상청구권

경찰긴급상황에 있어서 경찰권 발동의 대상이 된 자는 그러한 조치로 인하여 자신에게 발생한 손해에 대하여 원칙적으로 정당한 보상을 청구할 수 있다. 개정 「경찰관 직무집행법」은 "손실발생의 원인에 대하여 책임이 없는 자가 생명·신체 또는 재산상의 손실을 입은 경우에 정당한 보상을 하여야 한다"고 규정하고 있다(법 제11조의2 제 1 항 제 1 호).

3. 경찰보조자의 손실보상청구권

경찰긴급상황에 있어서 손실발생의 원인에 대하여 책임이 없는 자가 경찰관의 직무집행에 자발적으로 협조하거나 물건을 제공하여 생명·신체 또는 재산상의 손실을 입은 경우에도 정당한 보상을 하여야 한다(법 제11조의2 제 1 항 제 1 호).

Ⅲ. 손실보상의 원칙과 보상액

1. 손실보상의 원칙

「경찰관 직무집행법」은 손실보상의 원칙으로 '**정당한 보상**'을 규정하고 있다(법 제11조의2 제 1 항).

---

57) 이에 대해서는 서정범·김용주·김민정, 「경찰손실보상법」, 129~130쪽 참조.

2. 손실보상액

경찰관 직무집행법 시행령

제 9 조(손실보상의 기준 및 보상금액 등) ①법 제11조의2 제 1 항에 따라 손실보상을 할 때 물건을 멸실·훼손한 경우에는 다음 각 호의 기준에 따라 보상한다.

1. 손실을 입은 물건을 수리할 수 있는 경우: 수리비에 상당하는 금액
2. 손실을 입은 물건을 수리할 수 없는 경우: 손실을 입은 당시의 해당 물건의 교환가액
3. 영업자가 손실을 입은 물건의 수리나 교환으로 인하여 영업을 계속할 수 없는 경우: 영업을 계속할 수 없는 기간 중 영업상 이익에 상당하는 금액

② 물건의 멸실·훼손으로 인한 손실 외의 재산상 손실에 대해서는 직무집행과 상당한 인과관계가 있는 범위에서 보상한다.

③법 제11조의2 제 1 항에 따라 손실보상을 할 때 생명·신체상의 손실의 경우에는별표의 기준에 따라 보상한다. <신설 2019. 6. 25.>

④법 제11조의2 제 1 항에 따라 보상금을 지급받을 사람이 동일한 원인으로 다른 법령에 따라 보상금 등을 지급받은 경우 그 보상금 등에 상당하는 금액을 제외하고 보상금을 지급한다. <신설 2019. 6. 25.>

[본조신설 2014. 2. 18.]

[제목개정 2019. 6. 25.]

(1) 물건을 멸실·훼손한 경우의 손실보상

법 제11조의2 제 1 항에 따라 손실보상을 할 때 물건을 멸실·훼손한 경우에는 다음과 같이 보상한다(영 제 9 조 제 1 항).

① 손실을 입은 물건을 수리할 수 있는 경우: 수리비에 상당하는 금액(제 1 호)

② 손실을 입은 물건을 수리할 수 없는 경우: 손실을 입은 당시의 해당 물건의 교환가액(제 2 호)

③ 영업자가 손실을 입은 물건의 수리나 교환으로 인하여 영업을 계속할 수 없는 경우: 영업을 계속할 수 없는 기간 중 영업상 이익에 상당하는 금액(제 3 호).

(2) 생명 · 신체상의 손실의 경우의 손실보상

생명 · 신체상의 손실의 경우에는 【별표】의 기준에 따라 보상한다(영 제 9 조 제 3 항).

경찰관 직무집행법 시행령 [별표] 〈신설 2019. 6. 25.〉

생명·신체상의 손실에 대한 보상의 기준(제 9 조 제 3 항 관련)

1. 사망자의 보상금액 기준

「의사상자 등 예우 및 지원에 관한 법률 시행령」 제12조 제 1 항에 따라 보건복지부 장관이 결정하여 고시하는 금액을 보상한다.

2. 부상등급의 기준

「의사상자 등 예우 및 지원에 관한 법률 시행령」 제 2 조 및 별표 1에 따른 부상범위 및 등급을 준용하되, 같은 영 별표 1에 따른 부상 등급 중 제1급부터 제8급까지의 등급에 해당하지 않는 신체상의 손실을 입은 경우에는 부상등급 외의 부상으로 본다.

3. 부상등급별 보상금액 기준

「의사상자 등 예우 및 지원에 관한 법률 시행령」 제12조 제 2 항 및 별표 2에 따른 의상자의 부상등급별 보상금을 준용하되, 제 2 호에 따른 부상등급 외의 부상에 대한 보상금액의 기준은 제 4 호와 같다.

4. 부상등급 외의 부상에 대한 보상금액 기준

가. 부상등급 외의 부상에 대한 보상금액은 제 1 호에 따른 보상금의 100분의 5를 최고 한도로 하여 그 범위에서 진료비, 치료비, 수술비, 약제비, 입원비 등 실제로 지출된 의료비를 지급한다.

나. 가목에도 불구하고 위원회가 최고 한도를 초과하여 보상이 필요하다고 인정하는 경우에는 가목에 따른 최고 한도를 초과하여 실제로 지출된 의료비를 지급할 수 있다.

3. 인과관계

물건의 멸실·훼손으로 인한 손실 외의 재산상 손실에 대해서는 직무집행과 상당한 인과관계가 있는 범위에서 보상한다(영 제 9 조 제 2 항).

경찰의 적법한 직무집행과 생명·신체·재산상의 손실의 발생 사이의 인과관계 여부를 판단하는 데 있어서는 원칙적으로 상당인과관계를 기준으로 해야 하지만, 경찰손실보상에 있어서의 인과관계는 국가배상과는 달리 특별희생적 관점을 고려할 때, 다소 완화할 필요가 있다는 견해가 있다.[58]

58) 서정범·김용주·김민정, 「경찰손실보상법」, 137쪽.

Ⅳ. 손실보상의 지급 절차 및 방법

경찰관 직무집행법 시행령

제10조(손실보상의 지급절차 및 방법) ① 법 제11조의2에 따라 경찰관의 적법한 직무집행으로 인하여 발생한 손실을 보상받으려는 사람(이하 "청구인"이라 한다)은 별지 제 4 호서식의 보상금 지급 청구서에 손실내용과 손실금액을 증명할 수 있는 서류를 첨부하여 다음 각 호의 어느 하나에 해당하는 자에게 제출해야 한다. <개정 2024. 9. 19., 2025. 4. 29.>

1. 경찰청장 또는 해양경찰청장
2. 손실보상청구 사건 발생지를 관할하는 시·도경찰청, 지방해양경찰청 또는 경찰관서의 장. 다만, 직무를 집행한 경찰관이 손실보상청구 사건 발생지를 관할하는 시·도경찰청, 지방해양경찰청 또는 경찰관서 소속이 아닌 경우에는 해당 경찰관이 소속된 시·도경찰청, 지방해양경찰청 또는 경찰관서의 장을 포함한다.

② 제 1 항에 따라 보상금 지급 청구서를 받은 경찰청장, 해양경찰청장, 시·도경찰청장, 지방해양경찰청장 또는 경찰관서의 장은 해당 청구서를 제11조 제 1 항에 따른 손실보상청구 사건을 심의할 손실보상심의위원회가 설치된 경찰청, 해양경찰청, 시·도경찰청 또는 지방해양경찰청의 장(이하 "손실보상 결정권자"라 한다)에게 보내야 한다. <개정 2014. 11. 19., 2017. 7. 26., 2020. 12. 31., 2024. 9. 19., 2025. 4. 29.>

③ 제 1 항 또는 제 2 항에 따라 보상금 지급 청구서를 받은 손실보상 결정권자는 「민원 처리에 관한 법률」 제10조의2에 따른 본인정보 공동이용 또는 「전자정부법」 제36조 제 1 항에 따른 행정정보의 공동이용을 통하여 다음 각 호의 행정정보를 확인해야 한다. 다만, 청구인이 확인에 동의하지 않으면 해당 서류를 직접 첨부하도록 해야 한다. <신설 2025. 4. 29.>

1. 주민등록표 등본
2. 가족관계증명서
3. 자동차등록증(자동차와 관련하여 재산상 손실이 발생한 경우로 한정한다)

④ 제 1 항 또는 제 2 항에 따라 보상금 지급 청구서를 받은 손실보상 결정권자는 특별한 사유가 없으면 보상금 지급 청구서를 받은 날부터 60일 이내에 손실보상심의위원회의 심의·의결에 따라 보상 여부 및 보상금액을 결정해야 한다. 다만, 부득이한 사유로 60일 이내에 결정할 수 없을 때에는 그 기간이 끝나는 날의 다음 날부터 20일의 범위에서 결정기간을 한 차례만 연장할 수 있다. <신설 2025. 4. 29.>

⑤ 제 1 항 또는 제 2 항에 따라 보상금 지급 청구서를 받은 손실보상 결정권자는 청

구인에게 자료 보완을 요구할 수 있으며, 보완된 자료의 제출에 걸리는 기간은 제 4 항에 따른 보상 여부 및 보상금액 결정기간에 산입(算入)하지 않는다. <신설 2025. 4. 29.>

⑥ 손실보상 결정권자는 다음 각 호의 어느 하나에 해당하는 경우에는 그 청구를 각하(却下)하는 결정을 해야 한다. <개정 2019. 6. 25., 2024. 9. 19., 2025. 4. 29.>

1. 청구인이 같은 청구 원인으로 보상신청을 하여 보상금 지급 여부에 대하여 결정을 받은 경우. 다만, 기각 결정을 받은 청구인이 손실을 증명할 수 있는 새로운 증거가 발견되었음을 소명(疎明)하는 경우는 제외한다.
2. 손실보상 청구가 요건과 절차를 갖추지 못한 경우. 다만, 그 잘못된 부분을 시정할 수 있는 경우는 제외한다.

⑦ 손실보상 결정권자는 다음 각 호의 구분에 따라 그 결정 내용(제 2 호의 경우에는 그 사유를 포함한다)을 청구인에게 통지해야 한다. <신설 2025. 4. 29.>

1. 제 4 항에 따른 보상 여부 및 보상금액 결정 또는 제 6 항에 따른 각하 결정에 대해서는 결정일부터 10일 이내에 통지
2. 제 4 항 단서에 따른 결정기간 연장 결정에 대해서는 지체 없이 통지

⑧ 손실보상 결정권자는 제 7 항에 따른 통지를 하는 경우 서면, 전자우편, 문자메시지 등 청구인이 요청하는 방법으로 할 수 있으며, 별도로 요청하는 방법이 없는 경우에는 다음 각 호의 구분에 따른 서면으로 통지한다. <개정 2025. 4. 29.>

1. 보상금을 지급하기로 결정한 경우: 별지 제 5 호서식의 보상금 지급 결정 통지서
2. 보상금을 지급하지 않기로 결정하거나 보상금 지급 청구를 각하하는 경우: 별지 제 6 호서식의 보상금 지급 청구 기각·각하 결정 통지서
3. 보상금 지급 청구 결정기간을 연장하기로 결정한 경우: 별지 제 7 호서식의 손실보상 결정기간 연장 통지서

⑨ 손실보상 결정권자는 특별한 사유가 없으면 보상금을 지급하기로 결정한 날부터 30일 이내에 이를 지급하되, 지급방법은 그 보상금을 지급받을 사람이 지정하는 예금계좌(「우체국예금·보험에 관한 법률」에 따른 체신관서 또는 「은행법」에 따른 은행의 계좌를 말한다)에 입금하는 방법으로 한다. 다만, 부득이한 사유가 있는 경우에는 그 보상금을 지급받을 사람의 신청에 따라 현금으로 지급할 수 있다. <개정 2025. 4. 29.>

⑩ 보상금은 일시불로 지급하되, 예산 부족 등의 사유로 일시불로 지급할 수 없는 특별한 사정이 있는 경우에는 그 보상금을 지급받을 사람의 동의를 받아 분할하여 지급할 수 있다. <개정 2025. 4. 29.>

⑪ 보상금을 지급받은 사람은 보상금을 지급받은 원인과 동일한 원인으로 인한 부상이 악화되거나 새로 발견되어 다음 각 호의 어느 하나에 해당하는 경우에는 보상금

의 추가 지급을 청구할 수 있다. 이 경우 보상금 지급 청구, 보상금액 결정, 보상금 지급 결정에 대한 통지, 보상금 지급 방법 등에 관하여는 제 1 항부터 제10항까지의 규정을 준용한다. <신설 2019. 6. 25., 2025. 4. 29.>

1. 별표 제 2 호에 따른 부상등급이 변경된 경우(부상등급 외의 부상에서 제1급부터 제8급까지의 등급으로 변경된 경우를 포함한다)
2. 별표 제 2 호에 따른 부상등급 외의 부상에 대해 부상등급의 변경은 없으나 보상금의 추가 지급이 필요한 경우

⑫ 제 1 항부터 제11항까지에서 규정한 사항 외에 손실보상의 청구 및 지급에 필요한 사항은 경찰청장 또는 해양경찰청장이 정한다. <개정 2014. 11. 19., 2017. 7. 26., 2019. 6. 25., 2025. 4. 29.>

[본조신설 2014. 2. 18.]

[시행일: 2025. 7. 30.] 제10조

1. 보상금 지급 청구서 제출

법 제11조의2에 따라 경찰관의 적법한 직무집행으로 인하여 발생한 손실을 보상받으려는 사람(이하 "청구인"이라 한다)은 별지 제 4 호서식의 보상금 지급 청구서에 손실내용과 손실금액을 증명할 수 있는 서류를 첨부하여 다음 각 호(1. 경찰청장 또는 해양경찰청장, 2. 손실보상청구 사건 발생지를 관할하는 시 · 도경찰청, 지방해양경찰청 또는 경찰관서의 장. 다만, 직무를 집행한 경찰관이 손실보상청구 사건 발생지를 관할하는 시 · 도경찰청, 지방해양경찰청 또는 경찰관서 소속이 아닌 경우에는 해당 경찰관이 소속된 시 · 도경찰청, 지방해양경찰청 또는 경찰관서의 장을 포함한다)의 어느 하나에 해당하는 자에게 제출해야 한다(영 제10조 제 1 항).

2. 손실보상심의위원회가 설치된 기관으로의 보상금 지급 청구서 이송

제 1 항에 따라 보상금 지급 청구서를 받은 경찰청장, 해양경찰청장, 시 · 도경찰청장, 지방해양경찰청장 또는 경찰관서의 장은 해당 청구서를 제11조 제 1 항에 따른 손실보상청구 사건을 심의할 손실보상심의위원회가 설치된 경찰청, 해양경찰청, 시 · 도경찰청 또는 지방해양경찰청의 장(이하 "손실보상 결정권자"라 한다)에게 보내야 한다(영 제10조 제 2 항).

3. 행정정보의 공동이용을 통한 행정정보 확인

제 1 항 또는 제 2 항에 따라 보상금 지급 청구서를 받은 손실보상 결정권자는 「민원 처리에 관한 법률」 제10조의2에 따른 본인정보 공동이용 또는 「전자정부법」 제36조 제 1 항에 따른 행정정보의 공동이용을 통하여 다음 각 호(1. 주민등록표 등본, 2. 가족관계증명서, 3. 자동차등록증(자동차와 관련하여 재산상 손실이 발생한 경우로 한정한다))의 행정정보를 확인해야 한다. 다만, 청구인이 확인에 동의하지 않으면 해당 서류를 직접 첨부하도록 해야 한다(영 제10조 제 3 항).

4. 보상 여부 및 보상금액 결정

제 1 항 또는 제 2 항에 따라 보상금 지급 청구서를 받은 손실보상 결정권자는 특별한 사유가 없으면 보상금 지급 청구서를 받은 날부터 60일 이내에 손실보상심의위원회의 심의·의결에 따라 보상 여부 및 보상금액을 결정해야 한다. 다만, 부득이한 사유로 60일 이내에 결정할 수 없을 때에는 그 기간이 끝나는 날의 다음 날부터 20일의 범위에서 결정기간을 한 차례만 연장할 수 있다(영 제10조 제 4 항).

5. 자료 보완 요구

제 1 항 또는 제 2 항에 따라 보상금 지급 청구서를 받은 손실보상 결정권자는 청구인에게 자료 보완을 요구할 수 있으며, 보완된 자료의 제출에 걸리는 기간은 제 4 항에 따른 보상 여부 및 보상금액 결정기간에 산입(算入)하지 않는다(영 제10조 제 5 항).

6. 청구 각하 결정

손실보상 결정권자는 다음 각 호(1. 청구인이 같은 청구 원인으로 보상신청을 하여 보상금 지급 여부에 대하여 결정을 받은 경우. 다만, 기각 결정을 받은 청구인이 손실을 증명할 수 있는 새로운 증거가 발견되었음을 소명(疎明)하는 경우는 제외한다. 2. 손실보상 청구가 요건과 절차를 갖추지 못한 경우. 다만, 그 잘못된 부분을 시정할 수 있는 경우는 제외한다)의 어느 하나에 해당하는 경우에는 그 청구를 각하(却下)하는 결정을 해야 한다(영 제10조 제 6 항).

7. 결정 내용의 통지

손실보상 결정권자는 다음 각 호(1. 제 4 항에 따른 보상 여부 및 보상금액 결정 또는 제 6 항에 따른 각하 결정에 대해서는 결정일부터 10일 이내에 통지, 2. 제 4 항 단서에 따른 결정기간 연장 결정에 대해서는 지체 없이 통지)의 구분에 따라 그 결정 내용(제 2 호의 경우에는 그 사유를 포함한다)을 청구인에게 통지해야 한다(영 제10조 제 7 항). 손실보상 결정권자는 제 7 항에 따른 통지를 하는 경우 서면, 전자우편, 문자메시지 등 청구인이 요청하는 방법으로 할 수 있으며, 별도로 요청하는 방법이 없는 경우에는 다음 각 호(1. 보상금을 지급하기로 결정한 경우: 별지 제 5 호서식의 보상금 지급 결정 통지서, 2. 보상금을 지급하지 않기로 결정하거나 보상금 지급 청구를 각하하는 경우: 별지 제 6 호서식의 보상금 지급 청구 기각·각하 결정 통지서, 3. 보상금 지급 청구 결정기간을 연장하기로 결정한 경우: 별지 제 7 호서식의 손실보상 결정기간 연장 통지서)의 구분에 따른 서면으로 통지한다(영 제10조 제 8 항).

8. 지급방법: 원칙상 지정 예금계좌 입금방법

손실보상 결정권자는 특별한 사유가 없으면 보상금을 지급하기로 결정한 날부터 30일 이내에 이를 지급하되, 지급방법은 그 보상금을 지급받을 사람이 지정하는 예금계좌(「우체국예금·보험에 관한 법률」에 따른 체신관서 또는 「은행법」에 따른 은행의 계좌를 말한다)에 입금하는 방법으로 한다. 다만, 부득이한 사유가 있는 경우에는 그 보상금을 지급받을 사람의 신청에 따라 현금으로 지급할 수 있다(영 제10조 제 9 항).

9. 지급원칙: 원칙상 일시불 지급, 예외적 분할 지급

보상금은 일시불로 지급하되, 예산 부족 등의 사유로 일시불로 지급할 수 없는 특별한 사정이 있는 경우에는 그 보상금을 지급받을 사람의 동의를 받아 분할하여 지급할 수 있다(영 제10조 제10항).

10. 보상금의 추가 지급 청구

보상금을 지급받은 사람은 보상금을 지급받은 원인과 동일한 원인으로 인한 부상이 악화되거나 새로 발견되어 다음 각 호(1. 별표 제 2 호에 따른 부상등급이 변경된 경우(부상등급 외의 부상에서 제 1 급부터 제 8 급까지의 등급으로 변경된 경우를 포함한다), 2. 별표 제 2 호에 따른 부상등급 외의 부상에 대해 부상등급의 변경은 없으나 보상금의 추가 지급이 필요한 경우)의 어느 하나에 해당하는 경우에는 보상금의 추가 지급을 청구할 수 있다. 이 경우 보상금 지급 청구, 보상금액 결정, 보상금 지급 결정에 대한 통지, 보상금 지급 방법 등에 관하여는 제 1 항부터 제10항까지의 규정을 준용한다(영 제10조 제11항).

Ⅴ. 보상액의 결정 및 불복절차

1. 손실보상심의위원회의 설치

경찰관 직무집행법

제11조의2(손실보상) ③ 제 1 항에 따른 손실보상신청 사건을 심의하기 위하여 손실보상심의위원회를 둔다.

경찰관 직무집행법 시행령

제11조(손실보상심의위원회의 설치 및 구성) ① 법 제11조의2 제 3 항에 따라 소속 경찰관의 직무집행으로 인하여 발생한 손실보상청구 사건을 심의하기 위하여 경찰청, 해양경찰청, 시·도경찰청 및 지방해양경찰청에 손실보상심의위원회(이하 "위원회"라 한다)를 설치한다. <개정 2014. 11. 19., 2017. 7. 26., 2020. 12. 31., 2024. 9. 19.>

② 위원회는 위원장 1명을 포함한 7명 이상 9명 이내의 위원으로 성별을 고려하여 구성한다. 다만, 청구금액이 100만원 이하인 사건에 대해서는 제 3 항 제 1 호에 해당하는 위원 3명으로만 구성할 수 있다. <개정 2025. 4. 29.>

③ 제 2 항 본문에 따른 위원회의 위원은 다음 각 호의 어느 하나에 해당하는 사람 중에서 손실보상 결정권자가 위촉하거나 임명한다. 이 경우 위원의 과반수는 경찰관이 아닌 사람으로 해야 한다. <개정 2024. 9. 19., 2025. 4. 29.>

1. 소속 경찰관
2. 판사·검사 또는 변호사로 5년 이상 근무한 사람
3. 「고등교육법」 제 2 조에 따른 학교에서 법학 또는 행정학을 가르치는 부교수 이상으로 5년 이상 재직한 사람
4. 경찰 업무와 손실보상에 관하여 학식과 경험이 풍부한 사람

④ 위촉위원의 임기는 2년으로 한다.

⑤ 위원회의 사무를 처리하기 위하여 위원회에 간사 1명을 두되, 간사는 소속 경찰관 중에서 손실보상 결정권자가 지명한다. <개정 2024. 9. 19., 2025. 4. 29.>

[본조신설 2014. 2. 18.]

[시행일: 2025. 7. 30.] 제11조

제12조(보상위원장) ① 위원회의 위원장(이하 "보상위원장"이라 한다)은 제11조 제 3

> 항 제 1 호에 따른 위원 중에서 손실보상 결정권자가 지명한 사람이 된다. <개정 2025. 4. 29.>
> ② 보상위원장은 위원회를 대표하며, 위원회의 업무를 총괄한다. <개정 2025. 4. 29.>
> ③ 보상위원장이 부득이한 사유로 직무를 수행할 수 없는 때에는 보상위원장이 미리 지명한 위원이 그 직무를 대행한다. <개정 2025. 4. 29.>
> [본조신설 2014. 2. 18.]
> [제목개정 2025. 4. 29.]
> [시행일: 2025. 7. 30.] 제12조
> 제13조(손실보상심의위원회의 운영) ① 보상위원장은 위원회의 회의를 소집하고, 그 의장이 된다. <개정 2025. 4. 29.>
> ② 위원회의 회의는 재적위원 과반수의 출석으로 개의(開議)하고, 출석위원 과반수의 찬성으로 의결한다.
> ③ 위원회는 심의를 위하여 필요한 경우에는 관계 공무원이나 관계 기관에 사실조사나 자료의 제출 등을 요구할 수 있으며, 관계 전문가에게 필요한 정보의 제공이나 의견의 진술 등을 요청할 수 있다.
> [본조신설 2014. 2. 18.]
> [시행일: 2025. 7. 30.] 제13조

경찰관의 적법한 직무집행으로 인한 손실보상신청 사건을 심의하기 위하여 손실보상보상심의위원회를 둔다(법 제11조의2 제 3 항).

법 제11조의2 제 3 항에 따라 소속 경찰관의 직무집행으로 인하여 발생한 손실보상청구 사건을 심의하기 위하여 경찰청, 해양경찰청, 시 · 도경찰청 및 지방해양경찰청에 손실보상심의위원회(이하 "위원회"라 한다)를 설치한다(영 제11조 제 1 항). 위원회는 위원장 1명을 포함한 7명 이상 9명 이내의 위원으로 성별을 고려하여 구성한다. 다만, 청구금액이 100만원 이하인 사건에 대해서는 제 3 항 제 1 호에 해당하는 위원 3명으로만 구성할 수 있다(영 제11조 제 2 항). 제 2 항 본문에 따른 위원회의 위원은 다음 각 호(1. 소속 경찰관, 2. 판사 · 검사 또는 변호사로 5년 이상 근무한 사람, 3.「고등교육법」 제 2 조에 따른 학교에서 법학 또는 행정학을 가르치는 부교수 이상으로 5년 이상 재직한 사람, 4. 경찰 업무와 손실보상에 관하여 학식과 경험이 풍부한 사람)의 어느 하나에 해당하는 사람 중에서 손실보상 결정권자가 위촉하거나 임명한다. 이 경우 위원의 과반수는 경찰관이 아닌 사람으로 해야 한다(영 제11조 제 3 항). 위촉위원의 임기는 2년으로 한다(영 제11조 제 4 항). 위원회의 사무를 처리하기 위하여 위원회에 간사 1명을 두되, 간사는 소속 경찰관 중에서 손실보상 결정권자가 지명한다(영 제11조 제 5 항).

2. 불복절차

「경찰관 직무집행법」은 경찰청장등이 보상금을 결정하도록 규정하고 있지만, 불복절차에 관하여는 규정하고 있지 않다. 특별한 불복절차가 규정되지 않은 경우에 개별법률의 근거가 있어야 보상금증감청구소송이 인정된다는 일반적 견해에 따르면, 이 경우 경찰청장등의 보상금의 결정은 처분이므로 행정심판법상의 행정심판 및 행정소송법상의 행정소송(취소소송)의 대상이 된다.

3. 보상금의 환수절차

경찰관 직무집행법

제11조의2(손실보상) ① ~ ③ 생략

④ 경찰청장, 해양경찰청장, 시·도경찰청장 또는 지방해양경찰청장은 제 3 항의 손실보상심의위원회의 심의·의결에 따라 보상금을 지급하고, 거짓 또는 부정한 방법으로 보상금을 받은 사람에 대하여는 해당 보상금을 환수하여야 한다. <개정 2018. 12. 24., 2020. 12. 22., 2024. 3. 19.>

경찰관 직무집행법 시행령

제17조의2(보상금의 환수절차) ① 손실보상 결정권자는 법 제11조의2 제 4 항에 따라 보상금을 환수하려는 경우에는 위원회의 심의·의결에 따라 환수 여부 및 환수금액을 결정하고, 거짓 또는 부정한 방법으로 보상금을 받은 사람에게 다음 각 호의 내용을 서면으로 통지해야 한다. <개정 2020. 12. 31., 2024. 9. 19., 2025. 4. 29.>

1. 환수사유
2. 환수금액
3. 납부기한
4. 납부기관

② 법 제11조의2 제 6 항에서 "대통령령으로 정한 기한"이란 제 1 항에 따른 통지일부터 40일 이내의 범위에서 손실보상 결정권자가 정하는 기한을 말한다. <개정 2020. 12. 31., 2024. 9. 19., 2025. 4. 29.>

③ 제 1 항 및 제 2 항에서 규정한 사항 외에 보상금 환수절차에 관하여 필요한 사항은 경찰청장 또는 해양경찰청장이 정한다. <개정 2024. 9. 19.>

[본조신설 2019. 6. 25.]
[시행일: 2025. 7. 30.] 제17조의2

경찰청장, 해양경찰청장, 시 · 도경찰청장 또는 지방해양경찰청장은 제 3 항의 손실보상심의위원회의 심의 · 의결에 따라 보상금을 지급하고, 거짓 또는 부정한 방법으로 보상금을 받은 사람에 대하여는 해당 보상금을 환수하여야 한다(법 제11조의2 제 4 항).

보상금의 환수절차는 다음과 같다. ① 손실보상 결정권자는 법 제11조의2 제 4 항에 따라 보상금을 환수하려는 경우에는 위원회의 심의 · 의결에 따라 환수 여부 및 환수금액을 결정하고, 거짓 또는 부정한 방법으로 보상금을 받은 사람에게 다음 각 호(1. 환수사유, 2. 환수금액, 3. 납부기한, 4. 납부기관)의 내용을 서면으로 통지해야 한다(영 제17조의2 제 1 항). 법 제11조의2 제 6 항에서 "대통령령으로 정한 기한"이란 제 1 항에 따른 통지일부터 40일 이내의 범위에서 손실보상 결정권자가 정하는 기한을 말한다(영 제17조의2 제 2 항). 제 1 항 및 제 2 항에서 규정한 사항 외에 보상금 환수절차에 관하여 필요한 사항은 경찰청장 또는 해양경찰청장이 정한다(영 제17조의2 제 3 항).

주요 참고문헌

강동욱, 불심검문, 고시원, 1994.
김남진, 경찰행정법, 경세원, 2004.
김남진·김연태, 행정법Ⅰ·행정법Ⅱ, 법문사, 2025.
김남현·정경선·이운주, 경찰행정법, 경찰대학, 2002.
김남철, 행정법강론, 박영사, 2025.
김동희·최계영, 행정법Ⅱ, 박영사, 2025.
김민호, 행정법, 박영사, 2018.
김성수, 일반행정법, 홍문사, 2014.
김성수, 개별행정법, 법문사, 2004.
김성태, 위험방지작용의 이해, 홍익대학교 출판부, 2007.
김성태, 경찰 정보활동 임무 －경찰관 직무집행법의 해석과 제안－, 박영사, 2021.
김유환, 현대행정법, 박영사, 2025.
김재광, 국책사업갈등관리법론, 박영사, 2013.
김재광, 경찰관직무집행법, 학림, 2012
김재광·양지수, 민간경비업법론, 박영사, 2019.
김재광, 행정법담론(중판), 박영사, 2019.
김철용, 행정법Ⅱ, 박영사, 2008.
김형규, 경찰관직무집행법의 이론과 실제(제2판), 박영사, 2024.
에버하르트 슈미트 －아스만(김현준 역), 행정법 도그마틱, 법문사, 2019.
류지태·박종수, 행정법신론, 박영사, 2025.
박균성, 행정법기본강의, 박영사, 2025.
박균성, 행정법강의, 박영사, 2025.
박균성, 행정법론(상)(하), 박영사, 2025.
박균성, 판례행정법, 법률신문, 2009.
박균성·김재광, 경찰행정법(제7판), 박영사, 2024.
박균성·김재광, 경찰행정법입문(제9판), 박영사, 2025.
박기호, 경찰활동과 무기사용에 관한 연구, 한국형사정책연구원, 1993.
박상희·서정범, 경찰작용법제의 개선방안, 한국법제연구원, 1996.
박윤흔·정형근, 최신행정법강의(상)(하), 박영사, 2009.
朴正勳, 행정법의 체계와 방법론, 박영사, 2005.
朴正勳, 행정소송의 구조와 기능, 박영사, 2006.

朴正勳·정초신, 사권보호를 위한 경찰권 발동에 관한 연구, 치안연구소, 2001.
박평준·박창석, 경찰행정법, 고시연구사, 2005.
볼프 R. 쉰케(서정범 역), 독일경찰법론, 세창출판사, 1998.
서정범·김연태·이기춘, 경찰법연구(제 3 판), 세창출판사, 2018.
서정범·김용주·김민정, 경찰손실보상법, 세창출판사, 2024.
석종현·송동수, 일반행정법총론, 박영사, 2025.
손재영, 경찰법, 박영사, 2018.
서정범, "경찰권발동의 근거 －개괄적 수권조항을 중심으로－",「중앙법학」제 8 집 제 1 호(중앙법학회), 2006.
Dieter Kugelmann(서정범·박병욱 역), 쿠겔만의 독일경찰법, 세창출판사, 2015.
오준근, 행정절차법, 삼지원, 1998.
이기춘, 위험방지를 위한 협력의무로서 경찰책임의 귀속에 관한 연구, 고려대학교 대학원 법학과 박사학위논문, 2002. 12.
이기춘, "경찰관직무집행법 제 5 조 제 1 항과 독일경찰질서법상 개괄적 수권조항과의 비교",「JURIST」393호.
이승민, 프랑스법상 경찰행정에 관한 연구, 서울대학교 대학원 법학과 박사학위논문, 2010. 2.
이원우, 경제규제법론, 홍문사, 2010.
이일세, 행정법총론, 법문사, 2020.
정남철, 한국행정법론, 법문사, 2024.
정하중·김광수, 행정법개론, 법문사, 2025.
정형근, 행정법, PNC, 2018.
최영규, 경찰행정법, 법영사, 2013.
최정일, 행정법의 정석(Ⅰ), 박영사, 2010.
하명호, 행정법, 박영사, 2025.
한귀현(역), 일본경찰법, 한국법제연구원, 2003.
허경미, 경찰행정법, 법문사, 2003.
홍정선, 행정법특강, 박영사, 2025.
홍정선, 기본경찰행정법, 박영사, 2025.
홍정선, 행정기본법해설, 박영사, 2021.
홍준형, 시민을 위한 행정법입문, 박영사, 2018.

부 록

경찰관 직무집행법

[시행 2024. 9. 20.] [법률 제20374호, 2024. 3. 19., 일부개정]

제1조(목적) ① 이 법은 국민의 자유와 권리 및 모든 개인이 가지는 불가침의 기본적 인권을 보호하고 사회공공의 질서를 유지하기 위한 경찰관(경찰공무원만 해당한다. 이하 같다)의 직무 수행에 필요한 사항을 규정함을 목적으로 한다.<개정 2020. 12. 22.>

② 이 법에 규정된 경찰관의 직권은 그 직무 수행에 필요한 최소한도에서 행사되어야 하며 남용되어서는 아니 된다.

[전문개정 2014. 5. 20.]

제2조(직무의 범위) 경찰관은 다음 각 호의 직무를 수행한다.<개정 2018. 4. 17., 2020. 12. 22.>

1. 국민의 생명·신체 및 재산의 보호
2. 범죄의 예방·진압 및 수사

2의2. 범죄피해자 보호

3. 경비, 주요 인사(人士) 경호 및 대간첩·대테러 작전 수행
4. 공공안녕에 대한 위험의 예방과 대응을 위한 정보의 수집·작성 및 배포
5. 교통 단속과 교통 위해(危害)의 방지
6. 외국 정부기관 및 국제기구와의 국제협력
7. 그 밖에 공공의 안녕과 질서 유지

[전문개정 2014. 5. 20.]

제3조(불심검문) ① 경찰관은 다음 각 호의 어느 하나에 해당하는 사람을 정지시켜 질문할 수 있다.

1. 수상한 행동이나 그 밖의 주위 사정을 합리적으로 판단하여 볼 때 어떠한 죄를 범하였거나 범하려 하고 있다고 의심할 만한 상당한 이유가 있는 사람
2. 이미 행하여진 범죄나 행하여지려고 하는 범죄행위에 관한 사실을 안다고 인정되는 사람

② 경찰관은 제1항에 따라 같은 항 각 호의 사람을 정지시킨 장소에서 질문을 하는 것이 그 사람에게 불리하거나 교통에 방해가 된다고 인정될 때에는 질문을 하기 위하여 가까운 경찰서·지구대·파출소 또는 출장소(지방해양경찰관서를 포함하며, 이하 "경찰관서"라 한다)로 동행할 것을 요구할 수 있다. 이 경우 동행을 요구받은 사람은 그 요구를 거절할 수 있다. <개정 2014. 11. 19., 2017. 7. 26.>

③ 경찰관은 제1항 각 호의 어느 하나에 해당하는 사람에게 질문을 할 때에 그 사람이 흉기를 가지고 있는지를 조사할 수 있다.

④ 경찰관은 제1항이나 제2항에 따라 질문을 하거나 동행을 요구할 경우 자신의 신분을 표시하는 증표를 제시하면서 소속과 성명을 밝히고 질문이나 동행의 목적과 이유를 설명하여야 하며, 동행을 요구하는 경우에는 동행 장소를 밝혀야 한다.

⑤ 경찰관은 제2항에 따라 동행한 사람의 가족이나 친지 등에게 동행한 경찰관의 신분, 동행 장소, 동행 목적과 이유를 알리거나 본인으로 하여금 즉시 연락할 수 있는 기회를 주어야 하며, 변호인의 도움을 받을 권리가 있음을 알려야 한다.

⑥ 경찰관은 제2항에 따라 동행한 사람을 6시간을 초과하여 경찰관서에 머물게 할 수 없다.

⑦ 제1항부터 제3항까지의 규정에 따라 질문을 받거나 동행을 요구받은 사람은 형사소송에 관한 법률에 따르지 아니하고는 신체를 구속당하지 아니하며, 그 의사에 반하여 답변을 강요당하지 아니한다.

[전문개정 2014. 5. 20.]

제4조(보호조치 등) ① 경찰관은 수상한 행동이나 그 밖의 주위 사정을 합리적으로 판단해 볼 때 다음 각 호의 어느 하나에 해당하는 것이 명백하고 응급구호가 필요하다고 믿을 만한 상당한 이유가 있는 사람(이하 "구호대상자"라 한다)을 발견하였을 때에는 보건의료기관이나 공공구호기관에 긴급구호를 요청하거나 경찰관서에 보호하는 등 적절한 조치를 할 수 있다.

1. 정신착란을 일으키거나 술에 취하여 자신 또는 다른 사람의 생명·신체·재산에 위해를 끼칠 우려가 있는 사람
2. 자살을 시도하는 사람
3. 미아, 병자, 부상자 등으로서 적당한 보호자가 없으며 응급구호가 필요하다고 인정되는 사람. 다만, 본인이 구호를 거절하는 경우는 제외한다.

② 제1항에 따라 긴급구호를 요청받은 보건의료기관이나 공공구호기관은 정당한 이유 없이 긴급구호를 거절할 수 없다.

③ 경찰관은 제1항의 조치를 하는 경우에 구호대상자가 휴대하고 있는 무기·흉기 등 위험을 일으킬 수 있는 것으로 인정되는 물건을 경찰관서에 임시로 영치(領置)하여 놓을 수 있다.

④ 경찰관은 제1항의 조치를 하였을 때에는 지체 없이 구호대상자의 가족, 친지 또는 그 밖

의 연고자에게 그 사실을 알려야 하며, 연고자가 발견되지 아니할 때에는 구호대상자를 적당한 공공보건의료기관이나 공공구호기관에 즉시 인계하여야 한다.

⑤ 경찰관은 제4항에 따라 구호대상자를 공공보건의료기관이나 공공구호기관에 인계하였을 때에는 즉시 그 사실을 소속 경찰서장이나 해양경찰서장에게 보고하여야 한다.<개정 2014. 11. 19., 2017. 7. 26.>

⑥ 제5항에 따라 보고를 받은 소속 경찰서장이나 해양경찰서장은 대통령령으로 정하는 바에 따라 구호대상자를 인계한 사실을 지체 없이 해당 공공보건의료기관 또는 공공구호기관의 장 및 그 감독행정청에 통보하여야 한다.<개정 2014. 11. 19., 2017. 7. 26.>

⑦ 제1항에 따라 구호대상자를 경찰관서에서 보호하는 기간은 24시간을 초과할 수 없고, 제3항에 따라 물건을 경찰관서에 임시로 영치하는 기간은 10일을 초과할 수 없다.

[전문개정 2014. 5. 20.]

제5조(위험 발생의 방지 등) ① 경찰관은 사람의 생명 또는 신체에 위해를 끼치거나 재산에 중대한 손해를 끼칠 우려가 있는 천재(天災), 사변(事變), 인공구조물의 파손이나 붕괴, 교통사고, 위험물의 폭발, 위험한 동물 등의 출현, 극도의 혼잡, 그 밖의 위험한 사태가 있을 때에는 다음 각 호의 조치를 할 수 있다.

1. 그 장소에 모인 사람, 사물(事物)의 관리자, 그 밖의 관계인에게 필요한 경고를 하는 것
2. 매우 긴급한 경우에는 위해를 입을 우려가 있는 사람을 필요한 한도에서 억류하거나 피난시키는 것
3. 그 장소에 있는 사람, 사물의 관리자, 그 밖의 관계인에게 위해를 방지하기 위하여 필요하다고 인정되는 조치를 하게 하거나 직접 그 조치를 하는 것

② 경찰관서의 장은 대간첩 작전의 수행이나 소요(騷擾) 사태의 진압을 위하여 필요하다고 인정되는 상당한 이유가 있을 때에는 대간첩 작전지역이나 경찰관서·무기고 등 국가중요시설에 대한 접근 또는 통행을 제한하거나 금지할 수 있다.

③ 경찰관은 제1항의 조치를 하였을 때에는 지체 없이 그 사실을 소속 경찰관서의 장에게 보고하여야 한다.

④ 제2항의 조치를 하거나 제3항의 보고를 받은 경찰관서의 장은 관계 기관의 협조를 구하는 등 적절한 조치를 하여야 한다.

[전문개정 2014. 5. 20.]

제6조(범죄의 예방과 제지) 경찰관은 범죄행위가 목전(目前)에 행하여지려고 하고 있다고 인정될 때에는 이를 예방하기 위하여 관계인에게 필요한 경고를 하고, 그 행위로 인하여 사람의 생명·신체에 위해를 끼치거나 재산에 중대한 손해를 끼칠 우려가 있는 긴급한 경우에

는 그 행위를 제지할 수 있다.
[전문개정 2014. 5. 20.]

제7조(위험 방지를 위한 출입) ① 경찰관은제5조 제1항·제2항 및 제6조에 따른 위험한 사태가 발생하여 사람의 생명·신체 또는 재산에 대한 위해가 임박한 때에 그 위해를 방지하거나 피해자를 구조하기 위하여 부득이하다고 인정하면 합리적으로 판단하여 필요한 한도에서 다른 사람의 토지·건물·배 또는 차에 출입할 수 있다.
② 흥행장(興行場), 여관, 음식점, 역, 그 밖에 많은 사람이 출입하는 장소의 관리자나 그에 준하는 관계인은 경찰관이 범죄나 사람의 생명·신체·재산에 대한 위해를 예방하기 위하여 해당 장소의 영업시간이나 해당 장소가 일반인에게 공개된 시간에 그 장소에 출입하겠다고 요구하면 정당한 이유 없이 그 요구를 거절할 수 없다.
③ 경찰관은 대간첩 작전 수행에 필요할 때에는 작전지역에서 제2항에 따른 장소를 검색할 수 있다.
④ 경찰관은 제1항부터 제3항까지의 규정에 따라 필요한 장소에 출입할 때에는 그 신분을 표시하는 증표를 제시하여야 하며, 함부로 관계인이 하는 정당한 업무를 방해해서는 아니 된다.
[전문개정 2014. 5. 20.]

제8조(사실의 확인 등) ① 경찰관서의 장은 직무 수행에 필요하다고 인정되는 상당한 이유가 있을 때에는 국가기관이나 공사(公私) 단체 등에 직무 수행에 관련된 사실을 조회할 수 있다. 다만, 긴급한 경우에는 소속 경찰관으로 하여금 현장에 나가 해당 기관 또는 단체의 장의 협조를 받아 그 사실을 확인하게 할 수 있다.
② 경찰관은 다음 각 호의 직무를 수행하기 위하여 필요하면 관계인에게 출석하여야 하는 사유·일시 및 장소를 명확히 적은 출석 요구서를 보내 경찰관서에 출석할 것을 요구할 수 있다.
1. 미아를 인수할 보호자 확인
2. 유실물을 인수할 권리자 확인
3. 사고로 인한 사상자(死傷者) 확인
4. 행정처분을 위한 교통사고 조사에 필요한 사실 확인
[전문개정 2014. 5. 20.]

제8조의2(정보의 수집 등) ① 경찰관은 범죄·재난·공공갈등 등 공공안녕에 대한 위험의 예방과 대응을 위한 정보의 수집·작성·배포와 이에 수반되는 사실의 확인을 할 수 있다.
② 제1항에 따른 정보의 구체적인 범위와 처리 기준, 정보의 수집·작성·배포에 수반되는

사실의 확인 절차와 한계는 대통령령으로 정한다.
[본조신설 2020. 12. 22.]
[종전 제8조의2는 제8조의3으로 이동 <2020. 12. 22.>]

제8조의3(국제협력) 경찰청장 또는 해양경찰청장은 이 법에 따른 경찰관의 직무수행을 위하여 외국 정부기관, 국제기구 등과 자료 교환, 국제협력 활동 등을 할 수 있다.<개정 2014. 11. 19., 2017. 7. 26.>
[본조신설 2014. 5. 20.]
[제8조의2에서 이동 <2020. 12. 22.>]

제9조(유치장) 법률에서 정한 절차에 따라 체포·구속된 사람 또는 신체의 자유를 제한하는 판결이나 처분을 받은 사람을 수용하기 위하여 경찰서와 해양경찰서에 유치장을 둔다.<개정 2014. 11. 19., 2017. 7. 26.>
[전문개정 2014. 5. 20.]

제10조(경찰장비의 사용 등) ① 경찰관은 직무수행 중 경찰장비를 사용할 수 있다. 다만, 사람의 생명이나 신체에 위해를 끼칠 수 있는 경찰장비(이하 이 조에서 "위해성 경찰장비"라 한다)를 사용할 때에는 필요한 안전교육과 안전검사를 받은 후 사용하여야 한다.
② 제1항 본문에서 "경찰장비"란 무기, 경찰장구(警察裝具), 경찰착용기록장치, 최루제(催淚劑)와 그 발사장치, 살수차, 감식기구(鑑識機具), 해안 감시기구, 통신기기, 차량·선박·항공기 등 경찰이 직무를 수행할 때 필요한 장치와 기구를 말한다.<개정 2024. 1. 30.>
③ 경찰관은 경찰장비를 함부로 개조하거나 경찰장비에 임의의 장비를 부착하여 일반적인 사용법과 달리 사용함으로써 다른 사람의 생명·신체에 위해를 끼쳐서는 아니 된다.
④ 위해성 경찰장비는 필요한 최소한도에서 사용하여야 한다.
⑤ 경찰청장은 위해성 경찰장비를 새로 도입하려는 경우에는 대통령령으로 정하는 바에 따라 안전성 검사를 실시하여 그 안전성 검사의 결과보고서를 국회 소관 상임위원회에 제출하여야 한다. 이 경우 안전성 검사에는 외부 전문가를 참여시켜야 한다.
⑥ 위해성 경찰장비의 종류 및 그 사용기준, 안전교육·안전검사의 기준 등은 대통령령으로 정한다.
[전문개정 2014. 5. 20.]

제10조의2(경찰장구의 사용) ① 경찰관은 다음 각 호의 직무를 수행하기 위하여 필요하다고 인정되는 상당한 이유가 있을 때에는 그 사태를 합리적으로 판단하여 필요한 한도에서

경찰장구를 사용할 수 있다.

1. 현행범이나 사형·무기 또는 장기 3년 이상의 징역이나 금고에 해당하는 죄를 범한 범인의 체포 또는 도주 방지
2. 자신이나 다른 사람의 생명·신체의 방어 및 보호
3. 공무집행에 대한 항거(抗拒) 제지

② 제1항에서 "경찰장구"란 경찰관이 휴대하여 범인 검거와 범죄 진압 등의 직무 수행에 사용하는 수갑, 포승(捕繩), 경찰봉, 방패 등을 말한다.

[전문개정 2014. 5. 20.]

제10조의3(분사기 등의 사용) 경찰관은 다음 각 호의 직무를 수행하기 위하여 부득이한 경우에는 현장책임자가 판단하여 필요한 최소한의 범위에서 분사기(「총포·도검·화약류 등의 안전관리에 관한 법률」에 따른 분사기를 말하며, 그에 사용하는 최루 등의 작용제를 포함한다. 이하 같다) 또는 최루탄을 사용할 수 있다.<개정 2015. 1. 6.>

1. 범인의 체포 또는 범인의 도주 방지
2. 불법집회·시위로 인한 자신이나 다른 사람의 생명·신체와 재산 및 공공시설 안전에 대한 현저한 위해의 발생 억제

[전문개정 2014. 5. 20.]

제10조의4(무기의 사용) ① 경찰관은 범인의 체포, 범인의 도주 방지, 자신이나 다른 사람의 생명·신체의 방어 및 보호, 공무집행에 대한 항거의 제지를 위하여 필요하다고 인정되는 상당한 이유가 있을 때에는 그 사태를 합리적으로 판단하여 필요한 한도에서 무기를 사용할 수 있다. 다만, 다음 각 호의 어느 하나에 해당할 때를 제외하고는 사람에게 위해를 끼쳐서는 아니 된다.

1. 「형법」에 규정된 정당방위와 긴급피난에 해당할 때
2. 다음 각 목의 어느 하나에 해당하는 때에 그 행위를 방지하거나 그 행위자를 체포하기 위하여 무기를 사용하지 아니하고는 다른 수단이 없다고 인정되는 상당한 이유가 있을 때
   가. 사형·무기 또는 장기 3년 이상의 징역이나 금고에 해당하는 죄를 범하거나 범하였다고 의심할 만한 충분한 이유가 있는 사람이 경찰관의 직무집행에 항거하거나 도주하려고 할 때
   나. 체포·구속영장과 압수·수색영장을 집행하는 과정에서 경찰관의 직무집행에 항거하거나 도주하려고 할 때
   다. 제3자가 가목 또는 나목에 해당하는 사람을 도주시키려고 경찰관에게 항거할 때
   라. 범인이나 소요를 일으킨 사람이 무기·흉기 등 위험한 물건을 지니고 경찰관으로부터

3회 이상 물건을 버리라는 명령이나 항복하라는 명령을 받고도 따르지 아니하면서 계속 항거할 때

3. 대간첩 작전 수행 과정에서 무장간첩이 항복하라는 경찰관의 명령을 받고도 따르지 아니할 때

② 제1항에서 "무기"란 사람의 생명이나 신체에 위해를 끼칠 수 있도록 제작된 권총·소총·도검 등을 말한다.

③ 대간첩·대테러 작전 등 국가안전에 관련되는 작전을 수행할 때에는 개인화기(個人火器) 외에 공용화기(共用火器)를 사용할 수 있다.

[전문개정 2014. 5. 20.]

제10조의5(경찰착용기록장치의 사용) ① 경찰관은 다음 각 호의 어느 하나에 해당하는 직무 수행을 위하여 필요한 경우에는 필요한 최소한의 범위에서 경찰착용기록장치를 사용할 수 있다.

1. 경찰관이 「형사소송법」 제200조의2, 제200조의3, 제201조 또는 제212조에 따라 피의자를 체포 또는 구속하는 경우
2. 범죄 수사를 위하여 필요한 경우로서 다음 각 목의 요건을 모두 갖춘 경우
   가. 범행 중이거나 범행 직전 또는 직후일 것
   나. 증거보전의 필요성 및 긴급성이 있을 것
3. 제5조 제1항에 따른 인공구조물의 파손이나 붕괴 등의 위험한 사태가 발생한 경우
4. 경찰착용기록장치에 기록되는 대상자(이하 이 조에서 "기록대상자"라 한다)로부터 그 기록의 요청 또는 동의를 받은 경우
5. 제4조 제1항 각 호에 해당하는 것이 명백하고 응급구호가 필요하다고 믿을 만한 상당한 이유가 있는 경우
6. 제6조에 따라 사람의 생명·신체에 위해를 끼치거나 재산에 중대한 손해를 끼칠 우려가 있는 범죄행위를 긴급하게 예방 및 제지하는 경우
7. 경찰관이 「해양경비법」 제12조 또는 제13조에 따라 해상검문검색 또는 추적·나포하는 경우
8. 경찰관이 「수상에서의 수색·구조 등에 관한 법률」에 따라 같은 법 제2조 제4호의 수난구호 업무 시 수색 또는 구조를 하는 경우
9. 그 밖에 제1호부터 제8호까지에 준하는 경우로서 대통령령으로 정하는 경우

② 이 법에서 "경찰착용기록장치"란 경찰관이 신체에 착용 또는 휴대하여 직무수행 과정을 근거리에서 영상·음성으로 기록할 수 있는 기록장치 또는 그 밖에 이와 유사한 기능을 갖춘 기계장치를 말한다.

[본조신설 2024. 1. 30.]

제10조의6(경찰착용기록장치의 사용 고지 등) ① 경찰관이 경찰착용기록장치를 사용하여 기록하는 경우로서 이동형 영상정보처리기기로 사람 또는 그 사람과 관련된 사물의 영상을 촬영하는 때에는 불빛, 소리, 안내판 등 대통령령으로 정하는 바에 따라 촬영 사실을 표시하고 알려야 한다.

② 제1항에도 불구하고 제10조의5 제1항 각 호에 따른 경우로서 불가피하게 고지가 곤란한 경우에는 제3항에 따라 영상음성기록을 전송·저장하는 때에 그 고지를 못한 사유를 기록하는 것으로 대체할 수 있다.

③ 경찰착용기록장치로 기록을 마친 영상음성기록은 지체 없이 제10조의7에 따른 영상음성기록정보 관리체계를 이용하여 영상음성기록정보 데이터베이스에 전송·저장하도록 하여야 하며, 영상음성기록을 임의로 편집·복사하거나 삭제하여서는 아니 된다.

④ 그 밖에 경찰착용기록장치의 사용기준 및 관리 등에 필요한 사항은 대통령령으로 정한다.

[본조신설 2024. 1. 30.]

제10조의7(영상음성기록정보 관리체계의 구축·운영) 경찰청장 및 해양경찰청장은 경찰착용기록장치로 기록한 영상·음성을 저장하고 데이터베이스로 관리하는 영상음성기록정보 관리체계를 구축·운영하여야 한다.

[본조신설 2024. 1. 30.]

제11조(사용기록의 보관) 제10조 제2항에 따른 살수차, 제10조의3에 따른 분사기, 최루탄 또는 제10조의4에 따른 무기를 사용하는 경우 그 책임자는 사용 일시·장소·대상, 현장책임자, 종류, 수량 등을 기록하여 보관하여야 한다.

[전문개정 2014. 5. 20.]

제11조의2(손실보상) ① 국가는 경찰관의 적법한 직무집행으로 인하여 다음 각 호의 어느 하나에 해당하는 손실을 입은 자에 대하여 정당한 보상을 하여야 한다.<개정 2018. 12. 24.>

1. 손실발생의 원인에 대하여 책임이 없는 자가 생명·신체 또는 재산상의 손실을 입은 경우(손실발생의 원인에 대하여 책임이 없는 자가 경찰관의 직무집행에 자발적으로 협조하거나 물건을 제공하여 생명·신체 또는 재산상의 손실을 입은 경우를 포함한다)
2. 손실발생의 원인에 대하여 책임이 있는 자가 자신의 책임에 상응하는 정도를 초과하는 생명·신체 또는 재산상의 손실을 입은 경우

② 제1항에 따른 보상을 청구할 수 있는 권리는 손실이 있음을 안 날부터 3년, 손실이 발생한 날부터 5년간 행사하지 아니하면 시효의 완성으로 소멸한다.

③ 제1항에 따른 손실보상신청 사건을 심의하기 위하여 손실보상심의위원회를 둔다.
④ 경찰청장, 해양경찰청장, 시 · 도경찰청장 또는 지방해양경찰청장은 제3항의 손실보상심의위원회의 심의 · 의결에 따라 보상금을 지급하고, 거짓 또는 부정한 방법으로 보상금을 받은 사람에 대하여는 해당 보상금을 환수하여야 한다.<개정 2018. 12. 24., 2020. 12. 22., 2024. 3. 19.>
⑤ 보상금이 지급된 경우 손실보상심의위원회는 대통령령으로 정하는 바에 따라 국가경찰위원회 또는 해양경찰위원회에 심사자료와 결과를 보고하여야 한다. 이 경우 국가경찰위원회 또는 해양경찰위원회는 손실보상의 적법성 및 적정성 확인을 위하여 필요한 자료의 제출을 요구할 수 있다.<신설 2018. 12. 24., 2020. 12. 22., 2024. 3. 19.>
⑥ 경찰청장, 해양경찰청장, 시 · 도경찰청장 또는 지방해양경찰청장은 제4항에 따라 보상금을 반환하여야 할 사람이 대통령령으로 정한 기한까지 그 금액을 납부하지 아니한 때에는 국세강제징수의 예에 따라 징수할 수 있다.<신설 2018. 12. 24., 2020. 12. 22., 2024. 3. 19.>
⑦ 제1항에 따른 손실보상의 기준, 보상금액, 지급 절차 및 방법, 제3항에 따른 손실보상심의위원회의 구성 및 운영, 제4항 및 제6항에 따른 환수절차, 그 밖에 손실보상에 관하여 필요한 사항은대통령령으로 정한다.<신설 2018. 12. 24.>
[본조신설 2013. 4. 5.]

제11조의3(범인검거 등 공로자 보상) ① 경찰청장, 해양경찰청장, 시 · 도경찰청장, 지방해양경찰청장, 경찰서장 또는 해양경찰서장(이하 이 조에서 "경찰청장등"이라 한다)은 다음 각 호의 어느 하나에 해당하는 사람에게 보상금을 지급할 수 있다.<개정 2020. 12. 22., 2024. 3. 19.>
1. 범인 또는 범인의 소재를 신고하여 검거하게 한 사람
2. 범인을 검거하여 경찰공무원에게 인도한 사람
3. 테러범죄의 예방활동에 현저한 공로가 있는 사람
4. 그 밖에 제1호부터 제3호까지의 규정에 준하는 사람으로서 대통령령으로 정하는 사람
② 경찰청장등은 제1항에 따른 보상금 지급의 심사를 위하여 대통령령으로 정하는 바에 따라 각각 보상금심사위원회를 설치 · 운영하여야 한다.<개정 2020. 12. 22., 2024. 3. 19.>
③ 제2항에 따른 보상금심사위원회는 위원장 1명을 포함한 5명 이내의 위원으로 구성한다.
④ 제2항에 따른 보상금심사위원회의 위원은 소속 경찰공무원 중에서 경찰청장등이 임명한다.<개정 2020. 12. 22., 2024. 3. 19.>
⑤ 경찰청장등은 제2항에 따른 보상금심사위원회의 심사 · 의결에 따라 보상금을 지급하고, 거짓 또는 부정한 방법으로 보상금을 받은 사람에 대하여는 해당 보상금을 환수한다.<개정

2020. 12. 22., 2024. 3. 19.>

⑥ 경찰청장등은 제5항에 따라 보상금을 반환하여야 할 사람이 대통령령으로 정한 기한까지 그 금액을 납부하지 아니한 때에는 국세강제징수의 예에 따라 징수할 수 있다.<개정 2018. 12. 24., 2020. 12. 22., 2024. 3. 19.>

⑦ 제1항에 따른 보상 대상, 보상금의 지급 기준 및 절차, 제2항 및 제3항에 따른 보상금심사위원회의 구성 및 심사사항, 제5항 및 제6항에 따른 환수절차, 그 밖에 보상금 지급에 관하여 필요한 사항은 대통령령으로 정한다.<신설 2018. 12. 24.>

[본조신설 2016. 1. 27.]

[제목개정 2018. 12. 24.]

제11조의4(소송 지원) 경찰청장과 해양경찰청장은 경찰관이제2조각 호에 따른 직무의 수행으로 인하여 민·형사상 책임과 관련된 소송을 수행할 경우 변호인 선임 등 소송 수행에 필요한 지원을 할 수 있다.

[본조신설 2021. 10. 19.]

제11조의5(직무 수행으로 인한 형의 감면) 다음 각 호의 범죄가 행하여지려고 하거나 행하여지고 있어 타인의 생명·신체에 대한 위해 발생의 우려가 명백하고 긴급한 상황에서, 경찰관이 그 위해를 예방하거나 진압하기 위한 행위 또는 범인의 검거 과정에서 경찰관을 향한 직접적인 유형력 행사에 대응하는 행위를 하여 그로 인하여 타인에게 피해가 발생한 경우, 그 경찰관의 직무수행이 불가피한 것이고 필요한 최소한의 범위에서 이루어졌으며 해당 경찰관에게 고의 또는 중대한 과실이 없는 때에는 그 정상을 참작하여 형을 감경하거나 면제할 수 있다.

1. 「형법」 제2편 제24장 살인의 죄, 제25장 상해와 폭행의 죄, 제32장 강간과 추행의 죄 중 강간에 관한 범죄, 제38장 절도와 강도의 죄 중 강도에 관한 범죄 및 이에 대하여 다른 법률에 따라 가중처벌하는 범죄
2. 「가정폭력범죄의 처벌 등에 관한 특례법」에 따른 가정폭력범죄,「아동학대범죄의 처벌 등에 관한 특례법」에 따른 아동학대범죄

[본조신설 2022. 2. 3.]

제12조(벌칙) 이 법에 규정된 경찰관의 의무를 위반하거나 직권을 남용하여 다른 사람에게 해를 끼친 사람은 1년 이하의 징역이나 금고 또는 300만원 이하의 벌금에 처한다.<개정 2024. 1. 30.>

[전문개정 2014. 5. 20.]

경찰관 직무집행법 시행령

[시행 2024. 12. 27.] [대통령령 제35038호, 2024. 12. 3., 타법개정]

제1조(목적) 이 영은 「경찰관 직무집행법」에서 위임된 사항과 그 시행에 필요한 사항을 규정함을 목적으로 한다.<개정 2024. 9. 19.>

제2조(임시영치) 경찰관(경찰공무원만 해당한다. 이하 같다)이 「경찰관 직무집행법」(이하 "법"이라 한다) 제4조 제3항에 따라 무기 · 흉기 등을 임시영치한 때에는 소속 경찰서 · 지구대 · 파출소 또는 출장소(지방해양경찰관서를 포함하며, 이하 "경찰관서"라 한다)의 장은 그 물건을 소지하였던 사람에게 별지 제1호서식의 임시영치증명서를 교부해야 한다.
[전문개정 2024. 9. 19.]

제3조(피구호자의 인계통보) 법 제4조 제6항의 규정에 의한 경찰서장 또는 해양경찰서장의 공중보건의료기관 · 공공구호기관의 장 및 그 감독행정청에 대한 통보는 별지 제2호서식에 의한다. <개정 1996 · 8 · 8, 2014.11.19, 2017.7.26>
[전문개정 1989 · 3 · 7]

제4조(대간첩 작전지역 등에 대한 접근 등의 금지 · 제한) 경찰관서의 장은 법 제5조 제2항에 따라 대간첩 작전지역 등에 대한 접근 또는 통행을 제한하거나 금지한 때에는 보안상 부득이한 경우를 제외하고는 지체 없이 그 기간 · 장소와 그 밖에 필요한 사항을 방송 · 벽보 · 경고판 · 전단살포 등의 적당한 방법으로 일반인에게 널리 알려야 한다. 이를 해제한 때에도 또한 같다.<개정 2006. 6. 29., 2024. 9. 19.>
[제목개정 2024. 9. 19.]

제5조(신분을 표시하는 증표) 법 제3조 제4항 및 법 제7조 제4항의 신분을 표시하는 증표는 경찰관의 공무원증으로 한다. <개정 1989 · 3 · 7, 2006.6.29, 2020.12.31., 2024.9.19>

제6조(출석요구서) 법 제8조 제2항의 규정에 의한 출석요구서는 별지 제3호서식에 의한다.

제7조(보고) 경찰관은 다음의 조치를 한 때에는 소속 경찰관서의 장에게 이를 보고해야 한다.<개정 2006. 6. 29., 2020. 12. 31., 2024. 9. 19.>
1. 법 제3조 제2항의 규정에 의한 동행요구를 한 때

2. 법 제4조 제1항의 규정에 의한 긴급구호요청 또는 보호조치를 한 때
3. 법 제4조 제3항의 규정에 의한 임시영치를 한 때
4. 법 제6조 제1항의 규정에 의하여 범죄행위를 제지한 때
5. 삭제 <1989·3·7>
6. 법 제7조 제2항 및 제3항의 규정에 의하여 다수인이 출입하는 장소에 대하여 출입 또는 검색을 한 때
7. 법 제8조 제1항 단서의 규정에 의한 사실확인을 한 때
8. 삭제<1999. 11. 27.>
9. 삭제<1999. 11. 27.>

제8조 삭제<2024. 12. 3.>

제9조(손실보상의 기준 및 보상금액 등) ①법 제11조의2 제1항에 따라 손실보상을 할 때 물건을 멸실·훼손한 경우에는 다음 각 호의 기준에 따라 보상한다.
1. 손실을 입은 물건을 수리할 수 있는 경우: 수리비에 상당하는 금액
2. 손실을 입은 물건을 수리할 수 없는 경우: 손실을 입은 당시의 해당 물건의 교환가액
3. 영업자가 손실을 입은 물건의 수리나 교환으로 인하여 영업을 계속할 수 없는 경우: 영업을 계속할 수 없는 기간 중 영업상 이익에 상당하는 금액

② 물건의 멸실·훼손으로 인한 손실 외의 재산상 손실에 대해서는 직무집행과 상당한 인과관계가 있는 범위에서 보상한다.
③ 법 제11조의2 제1항에 따라 손실보상을 할 때 생명·신체상의 손실의 경우에는별표의 기준에 따라 보상한다.<신설 2019. 6. 25.>
④ 법 제11조의2 제1항에 따라 보상금을 지급받을 사람이 동일한 원인으로 다른 법령에 따라 보상금 등을 지급받은 경우 그 보상금 등에 상당하는 금액을 제외하고 보상금을 지급한다.<신설 2019. 6. 25.>
[본조신설 2014. 2. 18.]
[제목개정 2019. 6. 25.]

제10조(손실보상의 지급절차 및 방법) ① 법 제11조의2에 따라 경찰관의 적법한 직무집행으로 인하여 발생한 손실을 보상받으려는 사람(이하 "청구인"이라 한다)은 별지 제4호서식의 보상금 지급 청구서에 손실내용과 손실금액을 증명할 수 있는 서류를 첨부하여 다음 각 호의 어느 하나에 해당하는 자에게 제출해야 한다.<개정 2024. 9. 19., 2025. 4. 29.>
1. 경찰청장 또는 해양경찰청장

2. 손실보상청구 사건 발생지를 관할하는 시·도경찰청, 지방해양경찰청 또는 경찰관서의 장. 다만, 직무를 집행한 경찰관이 손실보상청구 사건 발생지를 관할하는 시·도경찰청, 지방해양경찰청 또는 경찰관서 소속이 아닌 경우에는 해당 경찰관이 소속된 시·도경찰청, 지방해양경찰청 또는 경찰관서의 장을 포함한다.

② 제1항에 따라 보상금 지급 청구서를 받은 경찰청장, 해양경찰청장, 시·도경찰청장, 지방해양경찰청장 또는 경찰관서의 장은 해당 청구서를 제11조 제1항에 따른 손실보상청구 사건을 심의할 손실보상심의위원회가 설치된 경찰청, 해양경찰청, 시·도경찰청 또는 지방해양경찰청의 장(이하 "손실보상 결정권자"라 한다)에게 보내야 한다.<개정 2014. 11. 19., 2017. 7. 26., 2020. 12. 31., 2024. 9. 19., 2025. 4. 29.>

③ 제1항 또는 제2항에 따라 보상금 지급 청구서를 받은 손실보상 결정권자는 「민원 처리에 관한 법률」 제10조의2에 따른 본인정보 공동이용 또는 「전자정부법」 제36조 제1항에 따른 행정정보의 공동이용을 통하여 다음 각 호의 행정정보를 확인해야 한다. 다만, 청구인이 확인에 동의하지 않으면 해당 서류를 직접 첨부하도록 해야 한다.<신설 2025. 4. 29.>

1. 주민등록표 등본
2. 가족관계증명서
3. 자동차등록증(자동차와 관련하여 재산상 손실이 발생한 경우로 한정한다)

④ 제1항 또는 제2항에 따라 보상금 지급 청구서를 받은 손실보상 결정권자는 특별한 사유가 없으면 보상금 지급 청구서를 받은 날부터 60일 이내에 손실보상심의위원회의 심의·의결에 따라 보상 여부 및 보상금액을 결정해야 한다. 다만, 부득이한 사유로 60일 이내에 결정할 수 없을 때에는 그 기간이 끝나는 날의 다음 날부터 20일의 범위에서 결정기간을 한 차례만 연장할 수 있다.<신설 2025. 4. 29.>

⑤ 제1항 또는 제2항에 따라 보상금 지급 청구서를 받은 손실보상 결정권자는 청구인에게 자료 보완을 요구할 수 있으며, 보완된 자료의 제출에 걸리는 기간은 제4항에 따른 보상 여부 및 보상금액 결정기간에 산입(算入)하지 않는다.<신설 2025. 4. 29.>

⑥ 손실보상 결정권자는 다음 각 호의 어느 하나에 해당하는 경우에는 그 청구를 각하(却下)하는 결정을 해야 한다.<개정 2019. 6. 25., 2024. 9. 19., 2025. 4. 29.>

1. 청구인이 같은 청구 원인으로 보상신청을 하여 보상금 지급 여부에 대하여 결정을 받은 경우. 다만, 기각 결정을 받은 청구인이 손실을 증명할 수 있는 새로운 증거가 발견되었음을 소명(疎明)하는 경우는 제외한다.
2. 손실보상 청구가 요건과 절차를 갖추지 못한 경우. 다만, 그 잘못된 부분을 시정할 수 있는 경우는 제외한다.

⑦ 손실보상 결정권자는 다음 각 호의 구분에 따라 그 결정 내용(제2호의 경우에는 그 사유를 포함한다)을 청구인에게 통지해야 한다.<신설 2025. 4. 29.>

1. 제4항에 따른 보상 여부 및 보상금액 결정 또는 제6항에 따른 각하 결정에 대해서는 결정일부터 10일 이내에 통지
2. 제4항 단서에 따른 결정기간 연장 결정에 대해서는 지체 없이 통지

⑧ 손실보상 결정권자는 제7항에 따른 통지를 하는 경우 서면, 전자우편, 문자메시지 등 청구인이 요청하는 방법으로 할 수 있으며, 별도로 요청하는 방법이 없는 경우에는 다음 각 호의 구분에 따른 서면으로 통지한다.<개정 2025. 4. 29.>

1. 보상금을 지급하기로 결정한 경우: 별지 제5호서식의 보상금 지급 결정 통지서
2. 보상금을 지급하지 않기로 결정하거나 보상금 지급 청구를 각하하는 경우: 별지 제6호서식의 보상금 지급 청구 기각·각하 결정 통지서
3. 보상금 지급 청구 결정기간을 연장하기로 결정한 경우: 별지 제7호서식의 손실보상 결정기간 연장 통지서

⑨ 손실보상 결정권자는 특별한 사유가 없으면 보상금을 지급하기로 결정한 날부터 30일 이내에 이를 지급하되, 지급방법은 그 보상금을 지급받을 사람이 지정하는 예금계좌(「우체국예금·보험에 관한 법률」에 따른 체신관서 또는 「은행법」에 따른 은행의 계좌를 말한다)에 입금하는 방법으로 한다. 다만, 부득이한 사유가 있는 경우에는 그 보상금을 지급받을 사람의 신청에 따라 현금으로 지급할 수 있다.<개정 2025. 4. 29.>

⑩ 보상금은 일시불로 지급하되, 예산 부족 등의 사유로 일시불로 지급할 수 없는 특별한 사정이 있는 경우에는 그 보상금을 지급받을 사람의 동의를 받아 분할하여 지급할 수 있다.<개정 2025. 4. 29.>

⑪ 보상금을 지급받은 사람은 보상금을 지급받은 원인과 동일한 원인으로 인한 부상이 악화되거나 새로 발견되어 다음 각 호의 어느 하나에 해당하는 경우에는 보상금의 추가 지급을 청구할 수 있다. 이 경우 보상금 지급 청구, 보상금액 결정, 보상금 지급 결정에 대한 통지, 보상금 지급 방법 등에 관하여는 제1항부터 제10항까지의 규정을 준용한다.<신설 2019. 6. 25., 2025. 4. 29.>

1. 별표 제2호에 따른 부상등급이 변경된 경우(부상등급 외의 부상에서 제1급부터 제8급까지의 등급으로 변경된 경우를 포함한다)
2. 별표 제2호에 따른 부상등급 외의 부상에 대해 부상등급의 변경은 없으나 보상금의 추가 지급이 필요한 경우

⑫ 제1항부터 제11항까지에서 규정한 사항 외에 손실보상의 청구 및 지급에 필요한 사항은 경찰청장 또는 해양경찰청장이 정한다.<개정 2014. 11. 19., 2017. 7. 26., 2019. 6. 25., 2025. 4. 29.>

[본조신설 2014. 2. 18.]

[시행일: 2025. 7. 30.] 제10조

제11조(손실보상심의위원회의 설치 및 구성) ① 법 제11조의2 제3항에 따라 소속 경찰관의 직무집행으로 인하여 발생한 손실보상청구 사건을 심의하기 위하여 경찰청, 해양경찰청, 시·도경찰청 및 지방해양경찰청에 손실보상심의위원회(이하 "위원회"라 한다)를 설치한다. <개정 2014. 11. 19., 2017. 7. 26., 2020. 12. 31., 2024. 9. 19.>

② 위원회는 위원장 1명을 포함한 7명 이상 9명 이내의 위원으로 성별을 고려하여 구성한다. 다만, 청구금액이 100만원 이하인 사건에 대해서는 제3항 제1호에 해당하는 위원 3명으로만 구성할 수 있다. <개정 2025. 4. 29.>

③ 제2항 본문에 따른 위원회의 위원은 다음 각 호의 어느 하나에 해당하는 사람 중에서 손실보상 결정권자가 위촉하거나 임명한다. 이 경우 위원의 과반수는 경찰관이 아닌 사람으로 해야 한다. <개정 2024. 9. 19., 2025. 4. 29.>

1. 소속 경찰관
2. 판사·검사 또는 변호사로 5년 이상 근무한 사람
3. 「고등교육법」 제2조에 따른 학교에서 법학 또는 행정학을 가르치는 부교수 이상으로 5년 이상 재직한 사람
4. 경찰 업무와 손실보상에 관하여 학식과 경험이 풍부한 사람

④ 위촉위원의 임기는 2년으로 한다.

⑤ 위원회의 사무를 처리하기 위하여 위원회에 간사 1명을 두되, 간사는 소속 경찰관 중에서 손실보상 결정권자가 지명한다. <개정 2024. 9. 19., 2025. 4. 29.>

[본조신설 2014. 2. 18.]

[시행일: 2025. 7. 30.] 제11조

제12조(보상위원장) ① 위원회의 위원장(이하 "보상위원장"이라 한다)은 제11조제3항제1호에 따른 위원 중에서 손실보상 결정권자가 지명한 사람이 된다. <개정 2025. 4. 29.>

② 보상위원장은 위원회를 대표하며, 위원회의 업무를 총괄한다. <개정 2025. 4. 29.>

③ 보상위원장이 부득이한 사유로 직무를 수행할 수 없는 때에는 보상위원장이 미리 지명한 위원이 그 직무를 대행한다. <개정 2025. 4. 29.>

[본조신설 2014. 2. 18.]

[제목개정 2025. 4. 29.]

[시행일: 2025. 7. 30.] 제12조

제13조(손실보상심의위원회의 운영) ① 보상위원장은 위원회의 회의를 소집하고, 그 의장이 된다. <개정 2025. 4. 29.>

② 위원회의 회의는 재적위원 과반수의 출석으로 개의(開議)하고, 출석위원 과반수의 찬성으

로 의결한다.

③ 위원회는 심의를 위하여 필요한 경우에는 관계 공무원이나 관계 기관에 사실조사나 자료의 제출 등을 요구할 수 있으며, 관계 전문가에게 필요한 정보의 제공이나 의견의 진술 등을 요청할 수 있다.

[본조신설 2014. 2. 18.]

[시행일: 2025. 7. 30.] 제13조

제14조(위원의 제척 · 기피 · 회피) ① 위원회의 위원이 다음 각 호의 어느 하나에 해당하는 경우에는 위원회의 심의 · 의결에서 제척(除斥)된다.

1. 위원 또는 그 배우자나 배우자였던 사람이 심의 안건의 청구인인 경우
2. 위원이 심의 안건의 청구인과 친족이거나 친족이었던 경우
3. 위원이 심의 안건에 대하여 증언, 진술, 자문, 용역 또는 감정을 한 경우
4. 위원이나 위원이 속한 법인이 심의 안건 청구인의 대리인이거나 대리인이었던 경우
5. 위원이 해당 심의 안건의 청구인인 법인의 임원인 경우

② 청구인은 위원에게 공정한 심의 · 의결을 기대하기 어려운 사정이 있는 경우에는 위원회에 기피 신청을 할 수 있고, 위원회는 의결로 이를 결정한다. 이 경우 기피 신청의 대상인 위원은 그 의결에 참여하지 못한다.

③ 위원이 제1항 각 호에 따른 제척 사유에 해당하는 경우에는 스스로 해당 안건의 심의 · 의결에서 회피(回避)하여야 한다.

[본조신설 2014. 2. 18.]

제15조(위원의 해촉) 손실보상 결정권자는 위원회의 위원이 다음 각 호의 어느 하나에 해당하는 경우에는 해당 위원을 해촉(解囑)할 수 있다. <개정 2024. 9. 19., 2025. 4. 29.>

1. 심신쇠약 등으로 장기간 직무를 수행할 수 없게 된 경우
2. 직무태만, 품위손상이나 그 밖의 사유로 위원으로 적합하지 아니하다고 인정되는 경우
3. 제14조 제1항 각 호의 어느 하나에 해당하는 데에도 불구하고 회피하지 아니한 경우
4. 제16조를 위반하여 직무상 알게 된 비밀을 누설한 경우

[본조신설 2014. 2. 18.]

[시행일: 2025. 7. 30.] 제15조

제16조(비밀 누설의 금지) 위원회의 회의에 참석한 사람은 직무상 알게 된 비밀을 누설해서는 아니 된다.

[본조신설 2014. 2. 18.]

제17조(위원회의 운영 등에 필요한 사항) 제11조부터 제16조까지에서 규정한 사항 외에 위원회의 운영 등에 필요한 사항은 경찰청장 또는 해양경찰청장이 정한다.<개정 2014. 11. 19., 2017. 7. 26.>
[본조신설 2014. 2. 18.]

제17조의2(보상금의 환수절차) ① 손실보상 결정권자는 법 제11조의2 제4항에 따라 보상금을 환수하려는 경우에는 위원회의 심의·의결에 따라 환수 여부 및 환수금액을 결정하고, 거짓 또는 부정한 방법으로 보상금을 받은 사람에게 다음 각 호의 내용을 서면으로 통지해야 한다.<개정 2020. 12. 31., 2024. 9. 19., 2025. 4. 29.>
1. 환수사유
2. 환수금액
3. 납부기한
4. 납부기관

② 법 제11조의2 제6항에서 "대통령령으로 정한 기한"이란 제1항에 따른 통지일부터 40일 이내의 범위에서 손실보상 결정권자가 정하는 기한을 말한다.<개정 2020. 12. 31., 2024. 9. 19., 2025. 4. 29.>
③ 제1항 및 제2항에서 규정한 사항 외에 보상금 환수절차에 관하여 필요한 사항은 경찰청장 또는 해양경찰청장이 정한다.<개정 2024. 9. 19.>
[본조신설 2019. 6. 25.]
[시행일: 2025. 7. 30.] 제17조의2

제17조의3(국가경찰위원회 등에 대한 보고) ① 법 제11조의2 제5항에 따라 위원회는 보상금 지급과 관련된 심사자료와 결과를 반기별로 국가경찰위원회 또는 해양경찰위원회에 보고해야 한다.<개정 2020. 12. 31., 2024. 9. 19.>
② 국가경찰위원회 또는 해양경찰위원회는 필요하다고 인정하는 때에는 수시로 보상금 지급과 관련된 심사자료와 결과에 대한 보고를 위원회에 요청할 수 있다. 이 경우 위원회는 그 요청에 따라야 한다.<개정 2020. 12. 29., 2024. 9. 19.>
[본조신설 2019. 6. 25.]
[제목개정 2024. 9. 19.]

제18조(범인검거 등 공로자 보상금 지급 대상자) 법 제11조의3 제1항 제4호에서 "대통령령으로 정하는 사람"이란 다음 각 호의 어느 하나에 해당하는 사람을 말한다.
1. 범인의 신원을 특정할 수 있는 정보를 제공한 사람

2. 범죄사실을 입증하는 증거물을 제출한 사람
3. 그 밖에 범인 검거와 관련하여 경찰 수사 활동에 협조한 사람 중 보상금 지급 대상자에 해당한다고 법 제11조의3 제2항에 따른 보상금심사위원회가 인정하는 사람

[본조신설 2016. 6. 21.]
[제목개정 2019. 6. 25.]

제19조(보상금심사위원회의 구성 및 심사사항 등) ① 법 제11조의3 제2항에 따라 경찰청, 해양경찰청, 시·도경찰청, 지방해양경찰청, 경찰서 또는 해양경찰서에 두는 보상금심사위원회의 위원장은 해당 기관 소속 과장급 이상의 경찰관 중에서 경찰청장, 해양경찰청장, 시·도경찰청장, 지방해양경찰청장, 경찰서장 또는 해양경찰서장(이하 "경찰청장등"이라 한다)이 임명하는 사람으로 한다.<개정 2024. 9. 19.>
② 삭제<2024. 9. 19.>
③ 법 제11조의3 제2항에 따른 보상금심사위원회(이하 "보상금심사위원회"라 한다)는 다음 각 호의 사항을 심사·의결한다.
1. 보상금 지급 대상자에 해당하는 지 여부
2. 보상금 지급 금액
3. 보상금 환수 여부
4. 그 밖에 보상금 지급이나 환수에 필요한 사항
④ 보상금심사위원회의 회의는 재적위원 과반수의 찬성으로 의결한다.
[본조신설 2016. 6. 21.]

제20조(범인검거 등 공로자 보상금의 지급 기준) 법 제11조의3 제1항에 따른 보상금의 최고액은 5억원으로 하며, 구체적인 보상금 지급 기준은 경찰청장 또는 해양경찰청장이 정하여 고시한다.<개정 2024. 9. 19.>
[본조신설 2016. 6. 21.]
[제목개정 2019. 6. 25.]

제21조(범인검거 등 공로자 보상금의 지급 절차 등) ① 경찰청장등은 보상금 지급사유가 발생한 경우에는 직권으로 또는 보상금을 지급받으려는 사람의 신청에 따라 소속 보상금심사위원회의 심사·의결을 거쳐 보상금을 지급한다.<개정 2020. 12. 31., 2024. 9. 19.>
② 보상금심사위원회는 제20조에 따라 경찰청장 또는 해양경찰청장이 정하여 고시한보상금 지급 기준에 따라 보상 금액을 심사·의결한다. 이 경우 보상금심사위원회는 다음 각 호의 사항을 고려하여 보상금액을 결정할 수 있다.<개정 2024. 9. 19.>

1. 테러범죄 예방의 기여도
2. 범죄피해의 규모
3. 범인 신고 등 보상금 지급 대상 행위의 난이도
4. 보상금 지급 대상자가 다른 법령에 따라 보상금 등을 지급받을 수 있는지 여부
5. 그 밖에 범인검거와 관련한 제반 사정

③ 경찰청장등은 소속 보상금심사위원회의 보상금 심사를 위하여 필요한 경우에는 보상금 지급 대상자와 관계 공무원 또는 기관에 사실조사나 자료의 제출 등을 요청할 수 있다.<개정 2020. 12. 31., 2024. 9. 19.>

[본조신설 2016. 6. 21.]

[제목개정 2019. 6. 25.]

제21조의2(범인검거 등 공로자 보상금의 환수절차) ① 경찰청장등은 법 제11조의3 제5항에 따라 보상금을 환수하려는 경우에는 보상금심사위원회의 심사·의결에 따라 환수 여부 및 환수금액을 결정하고, 거짓 또는 부정한 방법으로 보상금을 받은 사람에게 다음 각 호의 내용을 서면으로 통지해야 한다.<개정 2020. 12. 31., 2024. 9. 19.>

1. 환수사유
2. 환수금액
3. 납부기한
4. 납부기관

②법 제11조의3 제6항에서 "대통령령으로 정한 기한"이란 제1항에 따른 통지일부터 40일 이내의 범위에서 경찰청장등이 정하는 기한을 말한다.<개정 2020. 12. 31., 2024. 9. 19.>

[본조신설 2019. 6. 25.]

제22조(범인검거 등 공로자 보상금의 지급 등에 필요한 사항) 제18조부터 제21조까지 및제21조의2에서 규정한 사항 외에 보상금의 지급 등에 필요한 사항은 경찰청장 또는 해양경찰청장이 정하여 고시한다.<개정 2019. 6. 25., 2024. 9. 19.>

[본조신설 2016. 6. 21.]

[제목개정 2019. 6. 25.]

판례색인

대결 1996. 5. 15, 95모94 ······ 194
대판 1966. 6. 28, 66다808 ······ 210
대판 1966. 10. 18, 66다1715 ······ 275
대판 1967. 2. 21, 66다1723 ······ 241
대판 1969. 4. 22, 68다2225 ······ 212
대판 1970. 5. 26, 70다471 ······ 210
대판 1971. 3. 23, 70다2986 ······ 212
대판 1971. 4. 6, 70다2955 ······ 207
대판 1972. 10. 10, 69다701 ······ 207, 228
대판 1973. 10. 10, 72다2583 ······ 225
대판 1974. 2. 12, 73다849 ······ 131
대판 1975. 11. 25, 73다1896 ······ 210
대판 1979. 1. 30, 77다2389(전) ······ 251
대판 1980. 9. 24, 80다1051 ······ 211
대판 1981. 8. 25, 80다1598 ······ 225
대판 1984. 7. 24, 84다카597 ······ 225
대판 1985. 7. 29, 85모16 ······ 185
대판 1985. 11. 12, 85누303 ······ 22
대판 1986. 1. 28, 85도2448 ······ 29
대판 1987. 9. 22, 87다카1164 ······ 223
대판 1988. 1. 19, 87다카2202 ······ 254
대판 1990. 8. 14, 90도870 ······ 93
대판 1991. 5. 10, 91다6764 ······ 229
대판 1991. 5. 28, 91다10084 ······ 130, 131, 133
대판 1991. 9. 10, 91다19913 ······ 133
대판 1992. 5. 26, 91다38334 ······ 184
대판 1992. 10. 27, 92다21371 ······ 83
대판 1993. 1. 26, 92다2684 ······ 244
대판 1993. 2. 12, 91다43466 ······ 218, 219
대판 1993. 7. 13, 92다47564 ······ 210
대판 1993. 7. 27, 93다9163 ······ 133
대판 1993. 11. 23, 93다35155 ······ 183
대판 1994. 3. 11, 93도958 ······ 71, 73
대판 1994. 11. 8, 94다25896 ······ 133
대판 1994. 11. 22, 94다32924 ······ 242
대판 1994. 12. 9, 94다38137 ······ 245
대판 1994. 12. 13, 93다29969 ······ 251
대판 1995. 2. 24, 94다57671 ······ 245
대판 1995. 5. 26, 94다37226 ······ 73, 158
대판 1995. 9. 26, 95누6069 ······ 22
대판 1995. 11. 10, 95다23897 ······ 119, 224
대판 1996. 1. 26, 94누16168 ······ 22
대판 1996. 2. 15, 95다38677(전) ······ 228
대판 1996. 3. 8, 94다23876 ······ 253, 254
대판 1996. 5. 14, 96도561 ······ 108
대판 1996. 5. 31, 94다15271 ······ 213
대판 1996. 10. 25, 95다45927 ······ 69
대판 1997. 2. 10, 97다32536 ······ 237
대판 1997. 2. 14, 96다28066 ······ 251, 252
대판 1997. 3. 28, 97다4036 ······ 251
대판 1997. 4. 22, 97다3194 ······ 238, 241
대판 1997. 5. 16, 96다54002 ······ 234
대판 1997. 7. 25, 94다2480 ······ 215
대판 1997. 8. 22, 97도1240 ······ 185, 187
대판 1998. 2. 10, 97다32536 ······ 240
대판 1998. 2. 10, 97다45914 ······ 250
대판 1998. 2. 13, 97다49800 ······ 237
대판 1998. 5. 8, 97다54482 ······ 66
대판 1998. 7. 10, 98다7001 ······ 253
대판 1998. 8. 25, 98다16890 ······ 39, 83
대판 1998. 10. 23, 98다17381 ······ 230

대판 1999. 3. 23, 98다63445 ··············· 133
대판 1999. 6. 22, 98다61470 ··············· 132
대판 1999. 6. 25, 99다11120 ······ 243, 244
대판 1999. 11. 23, 98다11529 ··············· 262
대판 1999. 12. 28, 98도138 ··················· 184
대판 2000. 1. 14, 99다24201 ··············· 245
대판 2000. 2. 25, 99다54004 ··············· 236
대판 2000. 5. 12, 99다70600 ······ 223, 248
대판 2000. 5. 26, 99다37382 ··············· 276
대판 2000. 5. 26, 99다53247 ······ 241, 242
대판 2000. 11. 10, 2000다26807 ·· 161, 216
대판 2001. 1. 5, 98다39060 ··············· 210
대판 2001. 2. 9, 98다52988 ··············· 225
대판 2001. 2. 9, 99다55434 ··············· 206
대판 2001. 2. 15, 96다42420(전) ········ 252
대판 2001. 3. 9, 99다64278 ··············· 217
대판 2001. 3. 13, 2000다20731 ··········· 225
대판 2001. 6. 29, 99다56468 ··············· 275
대판 2001. 7. 27, 2000다56822 ················ 234, 235, 238
대판 2001. 9. 25, 2001다41865 ··········· 247
대판 2001. 10. 23, 99다36280 ··············· 219
대판 2002. 2. 26, 99다35300 ··············· 267
대판 2002. 8. 23, 2002다9158 ············· 233
대판 2003. 3. 14, 2002다57218 ···· 22, 118
대판 2003. 7. 11, 99다24218 ··············· 221
대판 2003. 10. 23, 2001다48057 ················ 236, 239, 240
대판 2003. 11. 14, 2002다55304 ··········· 211
대판 2004. 3. 12, 2002다14242 ··········· 236
대판 2004. 5. 13, 2003다57956 ·· 129, 145
대판 2004. 9. 23, 2003다49009 ············· 74
대판 2004. 10. 14, 2004도4029 ············· 169
대판 2005. 6. 10, 2002다53995 ··········· 218
대판 2006. 5. 18, 2004다6207 ············· 275
대판 2006. 7. 6, 2005도6810 ···· 185, 186
대판 2007. 5. 10, 2005다31828 ··········· 222
대판 2007. 9. 21, 2005다65678 ··········· 239
대판 2007. 10. 25, 2005다62235 ··········· 239
대판 2007. 10. 26, 2005다51235 ·· 232, 235
대판 2008. 2. 1, 2006다6713 ············ 133
대판 2008. 4. 10, 2005다48994 ··········· 220
대판 2008. 5. 29, 2004다33469 ··········· 253
대판 2008. 6. 12, 2007다64365 ·· 215, 217
대판 2008. 11. 13, 2007도97940 ······ 92, 96
대판 2008. 12. 11, 2008도8214 ··············· 87
대판 2009. 2. 26, 2007다22262 ·· 232, 235
대판 2009. 6. 23, 2009두2672 ············· 264
대판 2010. 1. 28, 2007다82950, 82867 ···· ···· 211, 229
대판 2010. 9. 9, 2008다77795 ·· 217, 227
대판 2010. 12. 9, 2007두6571 ············· 264
대판 2011. 3. 10, 2010다85942 ··········· 251
대판 2011. 9. 29, 2010다5892 ············· 223
대판 2011. 10. 13, 2009도13846 ············· 33
대판 2012. 3. 29, 2011도10012 ············· 66
대판 2012. 9. 13, 2010도6203 ···················· 161, 168, 169
대판 2012. 10. 11, 2010다23210 ··········· 275
대판 2012. 11. 29, 2011두22587 ··········· 273
대판 2012. 12. 13, 2012도11162 ················ 63, 64, 66, 77
대판 2013. 8. 22, 2012다3517 ············· 271
대판 2013. 9. 26, 2013도643 ········ 93, 192
대판 2014. 2. 27, 2011도13999 ················ 56, 161, 169
대판 2014. 5. 29, 2013두12478 ··········· 275
대판 2014. 8. 20, 2012다54478 ··········· 229
대판 2014. 9. 25, 2012두24092 ··········· 273
대판 2014. 12. 11, 2014도7976 ············· 169
대판 2015. 4. 23, 2013다211834 ········· 248
대판 2015. 8. 27, 2012다204587 ········· 215
대판 2016. 6. 23, 2016다206369 ········· 276
대판 2016. 8. 25, 2014다225083 ········· 220
대판 2016. 12. 15, 2016두47659 ······ 23, 24
대판 2017. 2. 3, 2014두40012 ·· 251, 252
대판 2017. 2. 3, 2015두60075 ·· 251, 252
대판 2017. 4. 13, 2016두64241 ··········· 271
대판 2019. 4. 5, 2018다300067 ··········· 69
대판 2020. 4. 29, 2015다2247970 ······· 215

대판 2020. 4. 29, 2015다224797 ········· 214
대판 2020. 5. 14, 2020도398 ··············· 173
대판 2020. 10. 15, 2017다278446 ········· 226
대판 2021. 7. 21, 2021두33838 ··········· 218
대판 2021. 10. 28, 2017다219218 ·· 91, 216
대판 2021. 11. 11, 2018다288631 ········· 229
대판 2022. 1. 27, 2019두59851 ············· 21
대판 2022. 4. 28, 2017다233061 ········· 223
대판 2022. 7. 28, 2022다225910 ··························· 233, 234
대판 2022. 8. 30, 22018다212610(전) ························ 225
대판 2022. 8. 31, 2019다298482 ········· 225
대판 2022. 11. 30, 2016다26662, 26679, 26686 ········· 106
대판 2023. 1. 12, 2021다201184 ········· 224
대판 2023. 8. 31, 2019다206223 ········· 260

대전고판 2007. 10. 31, 2007노284 ·········· 96
대전고판 2016. 11. 9, 2016나10498 ···· 142
대전고판 2007. 10. 31, 2007노284 ·········· 92
부산고판 2005. 12. 22, 2003나18432 ···· 138
서울고판 2013. 12. 19, 2013노2986 ······ 144
서울고판 2017. 2. 6, 2016노3980 ······ 172

대구지판 2019. 3. 26, 2018노4026 ······ 104
대구지판 서부지원 2018. 10. 17, 2018고단114 ········· 103
대구지판 서부지원 2023. 9. 21, 2022고단3741 ········· 90
대전지판 2015. 12. 23, 2015가합513 ···· 140
부산지판 2012. 2. 13, 2011고단6582 ···· 86
부산지판 2013. 6. 27, 2011가합21849 123
부산지판 2016. 8. 25, 2016고단3047 ···· 88
부산지판 2016. 11. 11, 2016노3442 ········ 88
서울북부지판 2023. 11. 22, 2023고단3538 ········· 80, 109
서울중앙지판 1992. 12. 23, 92고합1834 177
서울중앙지판 2015. 8. 21, 2014고합1189 ········· 102
서울중앙지판 2017. 7. 5, 2016고정4083 ········· 89
서울중앙지판 2018. 5. 31, 2018고단1418 ········· 116
서울중앙지판 2019. 5. 3, 2018노1723 ········· 117
서울중앙지판 2019. 5. 22, 2018가합533770 ········· 75
서울중앙지판 2021. 6. 23, 2020고단8007, 8756 ········· 79
서울중앙지판 2021. 10. 13, 2020나8349 ········· 175
서울중앙지판 2022. 3. 30, 2021노1752 ········· 79
서울중앙지판 2022. 5. 26, 2021고단2027 ········· 95
서울중앙지판 2023. 12. 8, 2023노399 ·· 78
서울중앙지판 2023. 2. 2, 2022고단2631 ········· 77
서울중앙지판 2023. 12. 8, 2020가단5011479 ········· 113
수원지판 2003. 1. 8, 2001가단84387 ········· 145
수원지판 2003. 10. 1, 2003나2304 ······ 145
수원지판 2014. 5. 29, 2014노97 ·········· 168
수원지판 2018. 6. 29, 2018노996 ········ 115
수원지판 성남지원 2013. 12. 11, 2013고정1046 ········· 167
수원지판 성남지원 2018. 1. 31, 2017고단1705 ········· 114
수원지판 안산지원 2021. 8. 12, 2020고단4922 ········· 150
의정부지판 2019. 12. 12, 2019노453, 2054 ········· 172
의정부지판 2023. 7. 11, 2023고단709 ·· 58
인천지판 2023. 1. 27, 2022고단5832 ·· 100
인천지판 2024. 6. 4, 2023노500 ········ 101
제주지판 2012. 10. 17, 2012고단736 ······ 87
창원지판 2023. 11. 17, 2023고단1798 ·· 170
창원지판 진주지원 2003. 11. 14, 2002가합

1454 ………………………………………………… 137
서울행판 1999. 12. 14, 99구4371 ………… 37

헌재 2002. 7. 18, 2000헌마327(전원) ‥ 112
헌재 2009. 4. 30, 2005헌마514(전원) ‥ 111
헌재 2021. 11. 23. 2021헌바315 ………… 176
헌재 2022. 10. 27, 2019헌바44 ………… 260
헌재 1990. 6. 25, 89헌마107 ……………… 268
헌재 1992. 12. 24. 92헌가8 ………………… 176
헌재 1994. 12. 29, 89헌마2 ………………… 262
헌재 1995. 12. 28, 95헌바3 ………………… 250
헌재 1998. 12. 24, 89헌마214, 90헌바16, 97헌바78(병합) ……………………………… 267
헌재 2001. 2. 22, 2000헌바38 …………… 250
헌재 2002. 6. 27, 99헌마480 ……………… 33
헌재 2004. 1. 29, 2002헌마293 ………… 165
헌재 2005. 5. 26, 99헌마513, 2004헌마190(병합)(전원) ……………………………… 29
헌재 2005. 7. 21, 2004헌가30 …………… 21
헌재 2011. 6. 30, 2009헌마406 …… 29, 30
헌재 2022. 1. 27. 2016헌마364 ………… 259
헌재 전원재판부 2000. 6. 1, 99헌가11·12(병합) ……………………………………… 21

사항색인

[ㄱ]

가치보장 ………… 256
간접출입 ………… 97
강제보호조치 ………… 64
개별검문 ………… 165
검색 ………… 99
결과불법설 ………… 214
경계검문 ………… 164
경계이론(境界理論)이 ………… 259
경찰(警察) ………… 3
경찰관서 ………… 68
경찰권(警察權) ………… 3
경찰보조자 ………… 279
경찰비책임자 ………… 279
경찰상 긴급상태 ………… 46
경찰손실보상청구권 ………… 277
경찰장구 ………… 107
경찰장비 ………… 104
경찰착용기록장치 ………… 146
경찰책임 ………… 40
경찰책임의 승계 ………… 47
경찰책임의 원칙 ………… 40
경찰책임자 ………… 278
경찰하명긍정설 ………… 190
경찰하명부정설 ………… 190
공공갈등 ………… 61
공공구호기관 ………… 67
공공의 안녕 ………… 31
공공의 원칙 ………… 37
공공의 질서 ………… 32
공공필요 ………… 263
공동책임설 ………… 247
공로자 보상 ………… 194
공무원 ………… 210
공무집행 ………… 128
공물 ………… 230
공용사용 ………… 264
공용수용 ………… 264
공용제한 ………… 264
공용침해 ………… 264
과실책임의 원칙 ………… 204
관리주체 ………… 244
관리주체설 ………… 246
교통검문 ………… 164
구상권 ………… 229
구상책임 ………… 229
국가배상 ………… 203
국가의 과실책임 ………… 207
국제협력 ………… 194
권한남용금지의 원칙 ………… 23, 36
금제품(禁制品) ………… 72
기관이론에 입각한 자기책임설 ………… 208
기여도설 ………… 247
긴급배치검문 ………… 164
긴급출입 ………… 98
긴급피난 ………… 130

[ㄷ]
다수자책임 ········ 45
대위책임설 ········ 208
대토보상 ········ 269

[ㅁ]
무기 ········ 127
물적 하자 ········ 234
민사관계불간섭의 원칙 ········ 38

[ㅂ]
벌칙 ········ 198
범죄의 제지 ········ 91
법률유보의 원칙 ········ 25
법익균형성의 원칙 ········ 21
보건의료기관 ········ 67
보상금증감청구소송 ········ 274
보상입법부작위위헌설 ········ 262
보충성원칙 ········ 130
보호실 ········ 72
복합적 책임 ········ 45
부당이득반환청구 ········ 276
분리이론 ········ 257
분사기 ········ 119
불가항력 ········ 240
불심검문 ········ 156
비례의 원칙 ········ 20, 36
비용부담주체 ········ 245
비용부담주체설 ········ 246

[ㅅ]
사법경찰작용설 ········ 157
사생활불가침의 원칙 ········ 38
사생활자유의 원칙 ········ 37
사실조회 ········ 193
사전배려의 원칙 ········ 34
사전보상 ········ 270
사전예방의 원칙 ········ 34
사주소불간섭의 원칙 ········ 38
상당보상설 ········ 268
상당성의 원칙 ········ 21
상대적 위법성설 ········ 214
상태책임 ········ 44
성질상의 무기 ········ 127
소극목적의 원칙 ········ 36
소극적 저항 ········ 123
소송 지원 ········ 196
소지품(흉기소지 여부)조사 ········ 53
손실보상보상심의위원회 ········ 288
수상한 행동 ········ 159
수용재결 ········ 272
순응 ········ 123
신자기책임설(절충설) ········ 208
실질적 경찰책임 ········ 41
실질적 기준설 ········ 265
실질적 직무관련성설 ········ 212

[ㅇ]
안전관리의무위반설 ········ 231
영장집행 ········ 130
영조물 ········ 230
영조물책임 ········ 230
영치 ········ 69
예방출입 ········ 98
오상위험 ········ 33
완전보상설 ········ 267
외관상 위험 ········ 34
외형설 ········ 212
용법상의 무기 ········ 127
원인책임자 ········ 245

위법 · 무과실 ······ 225
위법 · 무과실책임설 ······ 232
위해성 경찰장비 ······ 105
위헌무효설(입법자구속설) ······ 261
위험발생의 방지조치 ······ 81
위험이론 ······ 205
위험책임설적 자기책임설 ······ 208
위험책임의 원리 ······ 204
유추적용설 ······ 262
유치장 ······ 73
이격조치 ······ 94
이용상 하자 ······ 235
이중배상금지규정 ······ 249
인공공물 ······ 236
인과관계 ······ 43
일반수권조항 ······ 25
일반수권조항 위헌설 ······ 26
일반수권조항 합헌설 ······ 26
일제검문 ······ 164
임시영치 ······ 70
임의동행 ······ 183

[ㅈ]
자기책임설 ······ 208
자동차검문 ······ 163
자살시도자 ······ 67
자연공물 ······ 236
잠재적 위험 ······ 34
재결전치주의 ······ 273
재난 ······ 61
적극적 저항 ······ 123
적법한 공용침해 ······ 263
적합성의 원칙 ······ 20
정당방위 ······ 129
정보 ······ 59
정보활동 ······ 59
정신질환자 ······ 65
정신착란자 ······ 65
정지 ······ 160
제지 ······ 93
존속보장 ······ 256
주위의 사정 ······ 159
주취자 ······ 66
중간설 ······ 209
즉시강제란 ······ 63
직무관련성 ······ 212
직무의무위반설 ······ 214
직무행위 ······ 211
직접확인 ······ 193
직접효력설 ······ 261
질문 ······ 162

[ㅊ]
채권보상 ······ 269
체포 ······ 186
최루탄 ······ 118
최소침해의 원칙 ······ 21
출석요구 ······ 193
출입 ······ 97
치명적 공격 ······ 124
치명적 사격(사살) ······ 132

[ㅌ]
토지수용위원회 ······ 271
특별한 희생(손해) ······ 264

[ㅍ]
폭력적 공격 ······ 124
필요성의 원칙 ······ 21

[ㅎ]

하천홍수위 ········· 239
행위위법설 ········· 214
행위책임 ········· 42
행정경찰작용설 ········· 157
행정상 손실보상 ········· 255
행정상 손해배상 ········· 203
행정상 손해전보 ········· 203
현금보상 ········· 269
협의의 비례원칙 ········· 21
협의전치주의 ········· 270
형식적 경찰책임 ········· 41
형식적 기준설 ········· 265
형식적 당사자소송 ········· 274
형의 감면 ········· 197
후추가루 분사기 ········· 119
흉기의 소지 ········· 53

공저자약력

김재광

경희대학교 및 동 대학원 졸업(법학박사 — 행정법전공)
서울대학교 행정대학원 정보통신방송정책과정 수료
서울대학교 법학연구소 객원연구원 역임
경희대학교 법과대학·법과대학원/숙명여대 법과대학 강사 역임
국무총리 소속 한국법제연구원 연구위원 역임
행정고시, 경찰공무원시험 등 국가시험 위원 역임
경찰의 날 기념 행정자치부장관 감사장 수상(2006)
경찰의 날 기념 경찰청장 감사장 수상(2003, 2005, 2008, 2023)
경찰청장 감사패 수상(2016), 경찰청장 감사장 수상(2017)
교육과학기술부장관 표창장 수상(2012), 법제처장 표창장 수상(2019)
극토교통부장관 감사장 수상(2025)
경찰청 성과평가위원회 위원(2006~2017), 경찰청 새경찰추진자문위원회 위원(2015), 충남경찰청 경찰개혁자문위원회 위원장(2018~2020), 국립경찰대학교 발전자문협의회 위원, 경찰수사연수원 발전자문위원회 위원 등
행정안전부 자문위원(전자정부, 개인정보보호, 자치행정), 법무부 범죄피해자보호위원회 위원, 국민권익위원회 규제개선위원회 위원, 식품의약품안전처 식품위생심의위원회 위원, 국무총리 소속 포항지진진상조사위원회 자문위원, 법제처 행정법제 혁신 자문위원회 위원, 충청남도행정심판위원회 위원, 한국법제연구원 연구자문위원, 한국법학교수회 부회장(사무총장 역임), 아산시 지방세심의위원회 위원, 충남교육청행정심판위원회 위원, 대한행정사회 고문, 대전일보 칼럼니스트, 국민권익위원회 소속 중앙행정심판위원회 비상임위원, 국토교통부 소속 중앙토지수용위원회 비상임위원 역임
한국공법학회 회장(제43대), 한국사이버안보법정책학회 회장, 입법이론실무학회 회장, 한국토지공법학회 부회장, 한국행정법학회 부회장 등 역임
선문대학교 인문사회대학 학장, 이니티움교양대학 학장, 성화학숙 관장 역임
현재 선문대학교 법·경찰학과 교수, 자유전공대학 학장, 인권센터장, 법학연구원장, 국민권익위원회 공공재정환수법 해석자문위원, 충청남도의회 정책위원회 위원, 충청남도의회 입법평가위원회 위원, 서울시 시민감사옴부즈만위원회 법률자문단 자문위원, 아산소방서·천안동남소방서·천안서북소방서·예산소방서 징계심의위원회 위원, 아산시청 용역심의위원회 위원, 아산문화재단 인사위원회 위원 등
한국공법학회 고문, 한국사이버안보법정책학회 고문, 입법이론실무학회 고문, 한국토지보상법연구회 부회장, 한국법제학회 부회장 등

[주요저서]
법학, 동림사, 2003
경찰법각론, 한국법제연구원, 2007
경찰관직무집행법, 학림, 2012
법학이야기, 한국학술정보, 2013
국책사업갈등관리법론, 박영사, 2013
광고판례백선(공저), 정독, 2019
사이버안보와 법(공저), 박영사, 2021
법학산책(제 3 판), 박영사, 2023
경찰행정법입문(제 9 판, 공저), 박영사, 2025
도로교통법 전문개정방안연구, 2002
민간경비 관련법제의 개선방안 연구, 2004
경범죄처벌법 전문개정방안연구, 2006
교통안전법·제도 개선방안 연구, 2009
유비쿼터스시대의 법학이야기(개정판), 한국학술정보, 2007
전자정부법, 한국법제연구원, 2010
사회갈등시설법론(제 3 판), 한국학술정보, 2013
관광법규론(제 2 판, 공저), 학림, 2013
정보법판례백선(Ⅱ)(공저), 박영사, 2016
행정법담론(중판), 박영사, 2019
민간경비업법(공저), 박영사, 2022
경찰행정법(제 7 판, 공저), 박영사, 2024
사례중심 경찰관직무집행법(공저), 박영사, 2025
경찰관직무집행법의 개선방안 연구, 2003
도로교통법 시행령·시행규칙 전문개정방안연구, 2005
총포·도검·화약류등 단속법 전문개정방안연구, 2007
경범죄처벌법 하위법령 개정방안 연구, 2012 등 다수

이경락

경찰대학 행정학과 졸업
도쿄대학교 법학정치학연구과 졸업(법학석사)
경북경찰청 상주경찰서 방범계장, 수사계장 역임
경북경찰청 기획예산계 기획반장 역임
경북경찰청 현장교육팀(교육계) 교육팀장 역임
경찰대학 치안정책연구소 기획팀장 역임
현재 선문대학교 대학원 법학과 박사과정(전공: 행정법), 선문대학교 법경찰학과 겸임교수, 경찰인재개발원 교무과 교수요원

[주요저서]
少年事件における先議権に関する研究(소년사건에서 선의권에 관한 연구), 도쿄대학 석사학위논문, 2013
실용글쓰기(공저), 청어람, 2019
우리나라에 대한 드론테러 가능성과 대응방안, 통일문제연구 제32권 2호, 2020
한방에 끝내는 실용글쓰기(공저), 경찰공제회, 2022
경찰 정통성 추구와 경찰활동의 저하에 관한 연구, 경찰인재개발원 연구보고서, 2023
미국 경찰활동에 관한 조사 ― 경찰관의 위험 실태 ―, 경찰인재개발원 연구보고서, 2023
일본 경찰법 정립 과정을 통한 우리 경찰법 운영 고찰, 경찰인재개발원 연구보고서, 2024
일본 자치경찰제도 고찰을 통한 우리 경찰조직에의 시사점 연구, 경찰인재개발원 연구보고서, 2024
사례중심 경찰관직무집행법(공저), 박영사, 2025

김진용
숙명여대 법학과 졸업(법학사)
한양대 국제관광대학원 융합관광학과 졸업(국제관광학석사)
한양대 일반대학원 관광학과 졸업(관광학박사)
㈜ 메이선(법컨설팅, 시스템통합자문구축, HRD컨설팅, 학술연구개발) 연구원 역임
사단법인 한국사이버안보법정책학회 부사무국장 역임
사단법인 입법이론실무학회 사무국장 역임
사단법인 한국공법학회 사무국장 역임
현재 선문대학교 일반대학원 법학과 박사과정(전공: 행정법), 사단법인 한국공법학회 재무간사, 선문대학교 법학연구원 연구원, 선문대학교 법경찰학과 강사

[주요저서]
국외관광자의 소비자분쟁조정 사례분석: 국외여행표준약관을 중심으로, 한양대학교, 2017
관광소비자의 권리침해 경험에 대한 현상학적 연구 ― OTA를 대상으로 ―, 관광연구논총, 2021
관광소비자의 불공정거래 경험에 대한 현상학적 연구: OTA를 대상으로, 관광진흥연구, 2021
관광자의 소비자문제해결과정에 대한 근거이론 연구, 한양대학교, 2022
사례중심 경찰관직무집행법(공저), 박영사, 2025

사례중심 경찰관직무집행법

초판발행 2025년 8월 30일

지은이 김재광·이경락·김진용
펴낸이 안종만·안상준

편 집 김선민
기획/마케팅 정연환
표지디자인 벤스토리
제 작 고철민·김원표

펴낸곳 (주) 박영사
서울특별시 금천구 가산디지털2로 53, 210호(가산동, 한라시그마밸리)
등록 1959. 3. 11. 제300-1959-1호(倫)
전 화 02)733-6771
f a x 02)736-4818
e-mail pys@pybook.co.kr
homepage www.pybook.co.kr
ISBN 979-11-303-2495-1

정 가 25,000원